全 世 界 无 产 者，联 合 起 来！

列宁全集

第二版增订版

第二十六卷

1914年7月—1915年8月

中共中央 马克思 恩格斯 列宁 斯大林 著作编译局编译

人民出版社

《列宁全集》第二版是根据中国共产党中央委员会的决定，由中共中央马克思恩格斯列宁斯大林著作编译局编译的。

凡　例

1. 正文和附录中的文献分别按写作或发表时间编排。在个别情况下，为了保持一部著作或一组文献的完整性和有机联系，编排顺序则作变通处理。

2. 每篇文献标题下括号内的写作或发表日期是编者加的。文献本身在开头已注明日期的，标题下不另列日期。

3. 1918年2月14日以前俄国通用俄历，这以后改用公历。两种历法所标日期，在1900年2月以前相差12天（如俄历为1日，公历为13日），从1900年3月起相差13天。编者加的日期，公历和俄历并用时，俄历在前，公历在后。

4. 目录中凡标有星花*的标题，都是编者加的。

5. 在引文中尖括号〈　〉内的文字和标点符号是列宁加的。

6. 未说明是编者加的脚注为列宁的原注。

7.《人名索引》、《文献索引》条目按汉语拼音字母顺序排列。在《人名索引》条头括号内用黑体字排的是真姓名；在《文献索引》中，带方括号[　]的作者名、篇名、日期、地点等等，是编者加的。

凡例

目　　录

1915年

附　　录

插　图

前　　言

本卷收载列宁在1914年7月至1915年8月期间的著作。

第一次世界大战于1914年8月1日(公历)以德国对俄国正式宣战而爆发,历时4年又3个月。大战主要在欧洲进行,但卷入战争的有全世界的许多国家。这是一场帝国主义战争。19世纪末至20世纪初,世界资本主义发展到了帝国主义阶段。在19世纪的最后30年里,资本主义发展的不平衡异常加剧,英、法等老牌资本主义国家的经济发展速度趋缓,美、德等后起资本主义国家的经济发展十分迅速。到20世纪初,德国的工业生产总额仅次于美国而跃居世界第二位,在欧洲首屈一指。帝国主义各国之间新的力量对比,同历史上形成的殖民地和势力范围的占有情况极不相符。各个帝国主义国家为在世界范围内重新分割殖民地和势力范围而加紧外交结盟和军事准备。早在大战以前就已形成两个敌对的帝国主义集团,这就是以德国、奥匈帝国和意大利为首的同盟国集团和以英国、法国、俄国为首的协约国集团。而世界资本主义发展到帝国主义阶段后,它所固有的政治、经济矛盾越来越尖锐;进入20世纪以来发生的多次经济危机使各国的工业生产急剧下降,失业人数猛增。随之,帝国主义国家内部的阶级斗争大大激化,殖民地、半殖民地国家的民族解放运动不断高涨。在欧洲一些国家,无产阶级革命大有一触即发之势。为了摆脱国内严重的政治、经济危机，帝国主义国家加紧扩军备战。1914 年 8 月，帝国主义大战终于开始了。

战争爆发后，各交战国政府冠冕堂皇地声明本国参战的正义性，掩盖各自的掠夺计划。各交战国社会党和第二国际的大多数领袖抛弃他们在国际社会党代表大会上通过的反对帝国主义战争的决议，纷纷站到本国资产阶级一边，支持本国政府进行战争，成为社会沙文主义者。最有影响的德国社会民主党在帝国国会投票赞成政府的军事拨款。法国社会党的领袖茹·盖得和马·桑巴参加了资产阶级政府。社会党国际局主席埃·王德威尔得出任比利时政府的大臣。德国社会民主党右派领袖菲·谢德曼和卡·列金代表帝国政府去一些中立国游说，争取这些国家的社会党人和舆论在战争中支持德国；英国和法国的社会党人则到俄国活动。俄国的孟什维克也支持沙皇政府进行战争。第二国际大多数领袖背叛社会主义的行为意味着第二国际的破产。只有以列宁为首的布尔什维克党以及各国社会党内少数左派坚持马克思主义的革命路线，举起无产阶级国际主义旗帜，始终反对这场帝国主义大战。

载入本卷的列宁文献，绝大部分都涉及这场帝国主义大战的问题。刊于卷首的《革命的社会民主党在欧洲大战中的任务》，即"关于战争的提纲"，是列宁在战争爆发后所写的第一个文件。列宁以这个文件为基础写成了俄国社会民主工党中央委员会的著名宣言《战争和俄国社会民主党》。列宁在这两篇文献中阐明了这场战争的性质，表明了布尔什维克党对这场战争的态度。列宁认为这场欧洲的和世界的大战具有十分明显的资产阶级、帝国主义、王朝战争的性质。"强占别国领土，征服其他国家；打垮竞争的国家并掠夺其财富；转移劳动群众对俄、德、英等国国内政治危机的注意力；分裂工人，用民族主义愚弄工人，消灭他们的先锋队，以削弱无产阶级的革命运动——这就是当前这场战争唯一真实的内容、作用和意义。”（见本卷第12页）列宁揭穿交战双方统治阶级为了鼓吹战争所散布的谎言。他指出：德国资产阶级发动战争的目的是掠夺较富有的竞争者；英法资产阶级作战的目的是夺取德国的殖民地，打垮经济发展更为迅速的竞争国；它们正是为了这个目的而帮助野蛮的沙皇政府进一步扼杀波兰、乌克兰，镇压俄国的革命；所以，两个参战国集团在战争中都在掠夺，都表现出野蛮和无限残暴，谁也丝毫不比对手逊色。列宁提出俄国社会民主党的首要任务是同大俄罗斯的和沙皇君主派的沙文主义作斗争，同俄国自由派——立宪民主党人、部分民粹派以及其他资产阶级政党为这种沙文主义进行诡辩的行为作斗争。列宁还提出，由于俄国还没有完成资产阶级革命，因此社会民主党人仍然要为建立民主共和国（其中一切民族都享有充分的平等和自决权）、没收地主土地、实行八小时工作制这三个基本条件的实现而斗争。

列宁在战争爆发后提出了“变帝国主义战争为国内战争”的口号。上述俄国社会民主工党中央委员会的宣言认为这一口号是无产阶级在这次战争中的唯一正确的口号，不管这一转变会遇到多大困难，社会党人在这方面应始终不渝地做准备工作。列宁在《关于无产阶级和战争的报告》中揭穿了资产阶级把这场战争说成民族战争的谎言，指出这场战争不是过去常见的那种民族战争。“民族战争的时代已经过去。我们面临的是一场帝国主义战争，社会党人的任务则是变‘民族’战争为国内战争。”（见本卷第38页）列宁在《社会党国际的状况和任务》一文中进一步指出：“资产阶级愚弄群众，用旧的‘民族战争’观念来掩饰帝国主义的掠夺。无产阶级则揭穿这种欺骗,宣布变帝国主义战争为国内战争的口号。”(见本卷第44页)列宁还说明:这个口号的精神是为战前的国际斯图加特和巴塞尔决议所肯定的,也是在分析高度发达的资产阶级国家之间的帝国主义战争的各种条件后得出的;只有这样的策略才会成为工人阶级适应新历史时期各种条件的真正革命的策略。这个口号要求社会党人利用战争所造成的革命形势来加速资本主义的崩溃,也就是利用战争给各国政府造成的困难和群众的愤慨来进行社会主义革命。列宁在为俄国社会民主工党国外支部代表会议起草的决议中解释说:“革命的社会民主党在当前这个时代所号召的国内战争,是无产阶级拿起武器反对资产阶级,在先进资本主义国家剥夺资本家阶级,在俄国实行民主革命(建立民主共和国、实行八小时工作制、没收地主土地),在一般落后的君主国建立共和国,等等。”(见本卷第165页)。他提出变帝国主义战争为国内战争首先应当采取的步骤是:无条件拒绝投票赞成军事拨款,退出资产阶级内阁;同“国内和平”政策彻底决裂;建立秘密组织;支持各交战国士兵举行联欢;支持无产阶级的各种群众性的革命行动。

除“变帝国主义战争为国内战争”的口号外,列宁还同资产阶级和社会沙文主义者宣扬的“保卫祖国”口号针锋相对,提出了“使自己的政府在帝国主义战争中失败”的口号。列宁在上述俄国社会民主工党国外支部代表会议的决议中指出:“在每个国家,要同进行帝国主义战争的自己的政府作斗争,就不应当害怕进行革命鼓动可能促使自己的国家失败。政府军队的失败会削弱这个政府,会促进受其奴役的民族的解放,会有助于反对统治阶级的国内战争。”(见本卷第168页)列宁认为这一点特别适用于俄国,如果俄国获胜,世界反动势力和国内反动势力就会加强,被侵占地区的民族就会处于完全被奴役的地位，因此，在任何情况下，俄国战败都为害最小。列宁还专门写了《关于自己的政府在帝国主义战争中的失败》一文。列宁在文中指出：革命的阶级在反动的战争中只能希望本国政府失败；毫无疑问，在战时采取反对本国政府的革命行动，就意味着不仅希望本国政府失败，而且实际地促成这种失败。列宁在文中批判了托洛茨基和孟什维克机会主义者为反对"使自己的政府在帝国主义战争中失败"的口号而提出的"不胜不败"的口号，指出："谁赞成'不胜不败'这一口号，谁就是自觉或不自觉的沙文主义者，谁就充其量是调和主义的小资产者，总之是无产阶级政策的**敌人**，是当今的政府和当今的统治阶级的拥护者。"（见本卷第302页）列宁强调指出，只有促使本国政府失败的策略，才能导致欧洲的革命，导致社会主义的持久和平。

希望沙皇政府在帝国主义战争中失败是不是不爱自己祖国的表现，对这个问题列宁在《论大俄罗斯人的民族自豪感》一文中作了回答。列宁说：大俄罗斯的觉悟的无产者当然不是没有民族自豪感，他们爱自己的语言和祖国；他们满怀民族自豪感，希望大俄罗斯无论如何要成为一个自由的和独立自主的、民主的、共和的、足以自豪的国家，按照平等这一人道的原则，而不是按照败坏伟大民族声誉的农奴制特权的原则对待邻国。列宁揭露资产阶级和社会沙文主义者的虚伪的爱国言辞。他认为布尔什维克才是真正的爱国主义者，因为他们用一切革命手段反对自己祖国的君主制度、地主和资本家，反对祖国的这些最可恶的敌人，他们把爱国主义和国际主义结合起来。大俄罗斯人"保卫祖国"，只能是希望沙皇政府在一切战争中遭到失败，这对十分之九的大俄罗斯居民危害最小。

本卷中的《以后怎么办？（论工人政党反对机会主义和社会沙文主义的任务）》、《俄国的休特古姆派》、《拉林在瑞典代表大会上宣布的是什么样的“统一”？》、《社会沙文主义者的诡辩》、《为反动派效劳和玩弄民主的把戏是怎样结合起来的？》等文阐述了布尔什维克和孟什维克对这次大战的不同态度和采取的不同方针。大战爆发后，俄国一些社会民主党人提出要一致行动，要俄国各派统一。列宁认为，不少孟什维克领袖人物，如格·普列汉诺夫、亚·波特列索夫、涅·切列万宁等，坚持社会沙文主义立场，因此谈不上同他们讲统一的问题。列宁指出：无产阶级的统一是无产阶级在争取社会主义革命的斗争中的最伟大的武器，而在那些妨碍为争取社会主义革命而斗争的小资产阶级分子大量涌入无产阶级政党的时候，同这些分子讲统一，对于无产阶级的事业是有害的和极其危险的。列宁说：“现在，在 1914 年以后，无产阶级为争取社会主义革命而斗争的统一，要求工人政党无条件地同机会主义者的政党分开。”（见本卷第 117 页）

上述一些文献，还有《俄国社会民主工党中央委员会向协约国社会党人伦敦代表会议提出的宣言草案》、《谈伦敦代表会议》、《国际主义者联合的问题》、《空泛的国际主义的破产》、《关于俄国社会民主党内的状况》等文，评述了俄国中派的立场。大战爆发后出现的俄国中派，其代表人物有托洛茨基以及尔·马尔托夫、帕·阿克雪里罗得、尤·拉林等人，他们以孟什维克派报纸《我们的言论报》为活动基地。俄国中派也高喊“统一”、“联合”，并建议“国际主义者”采取共同的行动来反对“正式的社会沙文主义”。列宁认为他们的“国际主义”不过是口头上的一句空话，他们时而“空泛地赞成国际主义”，时而主张与社会沙文主义和解，他们宁肯同社会沙文主义者讲统一而不愿接近那些同社会沙文主义者不妥协的人。列宁指出："同机会主义者和社会沙文主义者在一起，不可能执行真正的无产阶级国际主义政策，不可能进行反对战争的宣传，并为此积聚力量。"（见本卷第120页）

本卷中的《对俄国社会民主党工人党团的审判证明了什么？》以及其他一些文章谈论的是布尔什维克党在议会内外进行的反战活动。战争一开始，第四届国家杜马的俄国社会民主党工人党团（布尔什维克"六人团"）拒绝投票赞成军事拨款，而且到工人群众中去说明战争的真相，揭露战争的帝国主义性质，激发工人反对沙皇制度以及资产阶级和地主。因此，它的5名成员受到审判而被流放到西伯利亚。审判证明了布尔什维克党利用议会制度的情况，说明了布尔什维克党在无产阶级群众中进行广泛的、秘密的反战活动的情况。列宁说：在战争爆发后的头几个月里，俄国工人的觉悟的先锋队实际上就已团结在布尔什维克所领导的中央委员会和中央机关报的周围；俄国的觉悟工人已经建立了这样的政党，选拔出这样的先进部队，它们在世界大战和国际机会主义在全世界崩溃的时候表现出能执行国际的革命社会民主党人的职责。

从本卷所载文献可以看出，列宁从大战爆发后所写的第一篇文章起，就同第二国际的机会主义领袖背叛社会主义和无产阶级革命事业的行为作斗争，指出他们对这次大战所采取的态度和立场宣告了第二国际的破产。在《社会党国际的状况和任务》、《死去的沙文主义和活着的社会主义（怎样重建国际？）》、《警察和反动分子是怎样保护德国社会民主党的统一的》、《论反对社会沙文主义》等文献中，特别是在《第二国际的破产》一文中，列宁痛斥了各国社会民主党内的社会沙文主义者，揭示了第二国际破产的原因，提出了左派社会党人的任务。

列宁在《第二国际的破产》一文中指出：对于第二国际的破产，不能单从形式方面去理解，认为是交战国社会党之间的国际联系的中断、国际代表会议和社会党国际局会议的无法召开，等等；第二国际的破产是大多数正式社会民主党令人触目惊心地背叛了自己的信念，背叛了自己在斯图加特国际代表大会和巴塞尔国际代表大会上的演说和决议中所作的最庄严声明，首先是它们中间为首的、第二国际中最大和最有影响的德国党倒向本国总参谋部、本国政府、本国资产阶级方面而反对无产阶级。列宁分析了德国以及法国、比利时、英国社会民主党内社会沙文主义者的言行。

列宁批判了社会沙文主义者为抹杀战争的帝国主义性质而炮制的理论，特别是普列汉诺夫的“祸首”论和考茨基的“超帝国主义”论。列宁指出，普列汉诺夫和考茨基用诡辩术偷换辩证法，辩证法要求从发展中去全面研究某个社会现象，要求把外部的、表面的东西归结于基本的动力，归结于生产力的发展和阶级斗争；辩证法的基本原理运用在战争上就是：战争不过是政治通过另一种手段即暴力手段的继续；现在这场战争的客观内容是帝国主义的政治的继续，即列强的已经衰朽的资产阶级和他们的政府掠夺其他民族的政治的继续。“祸首”论和“超帝国主义”论用诡辩抹杀战争的帝国主义性质，暴露了普列汉诺夫和考茨基的社会沙文主义面目。

列宁剖析了社会沙文主义和机会主义的内在联系，指出：所谓社会沙文主义，是指肯定在当前这场帝国主义战争中保卫祖国的思想，为社会党人在这场战争中同本国资产阶级和政府实行联合作辩护，拒绝宣传和支持无产阶级反对自己国家的资产阶级的革命行动，等等。“社会沙文主义就是熟透了的机会主义”（见本卷第261页），社会沙文主义的基本思想政治内容同机会主义的基本原则是完全一致的；工人运动中的沙文主义和机会主义的经济基础是相同的，即无产阶级和小市民中从本国的资本的特权中分享一点油水的少数上层分子联合起来反对无产者群众，反对全体被压迫的劳动群众。社会沙文主义是机会主义在1914—1915年的战争环境中的产物，机会主义的主要内容就是阶级合作的思想，战争使这种思想发展到了顶点。第二国际时代（1889—1914年）社会党人分为机会主义派和革命派的旧的划分，大体上是与现在分为沙文主义者和国际主义者的新的划分相一致的。

列宁在论述帝国主义战争时期的革命形势时阐明了革命形势和革命的关系，指出：没有革命形势，就不可能发生革命，但不是任何革命形势都会引起革命。列宁列举了革命形势的三个主要特征：“（1）统治阶级已经不可能照旧不变地维持自己的统治；‘上层’的这种或那种危机，统治阶级在政治上的危机，给被压迫阶级不满和愤慨的迸发造成突破口。要使革命到来，单是‘下层不愿’照旧生活下去通常是不够的，还需要‘上层不能’照旧生活下去。（2）被压迫阶级的贫困和苦难超乎寻常地加剧。（3）由于上述原因，群众积极性大大提高，这些群众在‘和平’时期忍气吞声地受人掠夺，而在风暴时期，无论整个危机的环境，**还是‘上层’本身**，都促使他们投身于独立的历史性行动。”（见本卷第230页）列宁进一步指出：没有这些不仅不以各个集团和政党的意志、而且也不以各个阶级的意志为转移的客观变化即革命形势，革命通常是不可能的；只有在上述客观变化再加上主观变化即革命阶级能够发动足以摧毁旧政府的强大的革命群众行动这样的形势下才会产生革命。为此，列宁提出社会党人的任务是:“向群众揭示革命形势的存在,说明革命形势的广度和深度,唤起无产阶级的革命意识和革命决心,帮助无产阶级转向革命行动,并建立适应革命形势需要的、进行这方面工作的组织。”(见本卷第233页)

列宁在本文中以及在俄国社会民主工党国外支部代表会议的决议等文献中,为了阐明这场战争的帝国主义性质,对帝国主义的基本特征作了科学分析,指出:帝国主义是垄断的资本主义,是资本主义的最高、最后的阶段,在这一阶段商品输出和资本输出具有最重要的意义,生产的卡特尔化和经济生活的国际化达到了相当大的规模,殖民政策导致了几乎整个地球的瓜分,世界资本主义生产力的发展越出了民族国家的划分这种狭隘范围。

列宁在《打着别人的旗帜》一文中揭露了孟什维克机会主义者企图用民族解放运动和民主解放运动的时代来偷换帝国主义时代的把戏,指出:要确定一个大的历史时代,应当知道哪个阶级是这个或那个时代的中心,决定着时代的主要内容、时代发展的主要方向、时代的历史背景的主要特点等等。列宁运用马克思主义观点科学判断时代特征,把法国大革命以来资本主义的发展划分为三个历史时代:第一个时代(1789—1871年)是资产阶级崛起并获得完全胜利的时代,是资产阶级的上升时期;第二个时代(1871—1914年)是资产阶级取得完全统治而走向衰落的时代,是新的阶级即现代民主派准备和慢慢聚集力量的时代;第三个时代(1914年以后)刚刚开始,是帝国主义时代,是帝国主义发生动荡和由帝国主义引起动荡的时代。

载入本卷的《社会主义与战争(俄国社会民主工党对战争的态度)》是列宁同格·季诺维也夫合写的一本重要的小册子,它总结了社会民主党在这次帝国主义大战中的策略。为了确立社会党人对战争的态度，列宁运用历史唯物主义的分析方法，阐明了马克思主义者不同于和平主义者和无政府主义者的战争观。马克思主义者认为，战争和国内阶级斗争有必然的联系，不消灭阶级，不建立社会主义，就不可能消灭战争；马克思主义者完全承认国内战争即被压迫阶级反对压迫阶级的战争是合理的、进步的和必要的；马克思主义者必须用辩证唯物主义观点分别地研究每次战争。列宁指出，从1789年起到1871年为止，战争的类型之一是具有资产阶级进步性的、民族解放性质的战争。但是现在资本主义已经由进步变为反动，目前的战争已经变为帝国主义战争。列宁研究了历史上的各种战争，把战争区分为两种类型：正义战争和非正义战争。正义战争指被压迫阶级反对压迫阶级的战争，推翻异族统治、把劳动者从封建主义和资本主义的压迫下解放出来、使殖民地和附属国摆脱帝国主义的束缚的战争；非正义战争指帝国主义战争，掠夺和奴役别的国家和人民的战争。列宁援引德国军事学家克劳塞维茨提出的“战争是政治通过另一种手段〈暴力手段〉的继续”这一著名论断揭示帝国主义战争与民族解放战争的本质区别，指出：“用这个观点来考察当前这场战争就会看到，英、法、德、意、奥、俄这些国家的政府和统治阶级几十年来，几乎半个世纪以来一直在推行掠夺殖民地、压迫其他民族、镇压工人运动的政治。当前这场战争所继续的，正是这种政治，也只能是这种政治。”“相反，在中国、波斯、印度和其他附属国里，近几十年来我们所看到的是一种唤起千百万人争取民族生存、摆脱反动‘大’国压迫的政治。在这种历史基础上进行的战争，即使在今天也可以是具有资产阶级进步性的、民族解放的战争。”（见本卷第327—328页）列宁认为：在民族解放运动中，在保卫民族独立的战争中，“保卫祖国”的口号是正确的，无产阶级给予支持；而在帝国主义战争中，“保卫祖国”的口号则是对群众的欺骗，无产阶级不但不给予支持，并且坚决加以揭露。列宁揭露了第二国际领袖们的叛卖行为，同时阐明了布尔什维克关于战争与和平、战争与革命等问题的理论和策略，指出真正的马克思主义者是要变这场各帝国主义国家之间的战争为国内战争，使各国无产阶级利用各帝国主义国家的政治经济危机推翻资产阶级统治，建立社会主义国家，“我们义不容辞的责任，就是要朝着这个方向去一贯地和不屈不挠地进行工作”（见本卷第337页）。

在小册子中，列宁揭露“社会沙文主义是登峰造极的机会主义”并阐明社会民主党在战争条件下的革命策略，指出：在任何情况下都不应拒绝利用合法手段组织和宣传社会主义，但必须摒弃崇拜合法性的思想；在资产阶级已破坏了合法性的时候，应该建立秘密组织，准备各种革命斗争手段，把群众引向革命，使本国政府在战争中失败；在和平问题上，利用群众要求和平的情绪是一切社会民主党人的责任，但马克思主义不是和平主义，只有在号召进行革命斗争的情况下，要求和平才具有无产阶级的意义，不进行一系列的革命，所谓民主的和平只能是小市民的空想；在民族自决权问题上，资产阶级用来欺骗人民的一个最常见的手段就是用“民族解放”的观念来掩盖战争的掠夺目的，实际上这是一场世界大多数民族压迫者为巩固和扩大这种压迫而进行的战争，社会党人应反对一切民族压迫，压迫民族的社会党必须承认和维护被压迫民族的自决权，被压迫民族的社会民主党人应无条件地为被压迫民族和压迫民族的工人的完全统一而斗争。

列宁在小册子中还论述了建立第三国际的问题。他指出，摆在革命社会民主党人面前的任务，不是恢复旧国际，而是必须使革命社会民主党人同社会沙文主义者彻底决裂，使革命无产阶级政党同小资产阶级的即机会主义的政党无条件地分离，并在这个基础上建立新国际。要创立一个国际的马克思主义的组织，就必须在各个国家里都准备建立独立的马克思主义的政党。列宁同时提出了在国际范围内团结马克思主义左派的任务。随着社会主义运动在帝国主义战争中的分裂，各个国家都涌现出了一些左派社会民主党人。列宁说："我们最关心的当然是德国左派的情况。我们把德国左派看做我们的同志，看做一切国际主义者的希望。"（见本卷第350页）他同时说明，俄国国际主义者丝毫也不想干涉德国左派同志的内部事务，而仅仅是开诚布公地向他们说明对情况的看法，因为他们完全有权根据时间和地点的条件来确定自己反对机会主义者的斗争方法。和上述问题有关的是列宁在这个期间所拟的《左派社会民主党人为国际社会党第一次代表会议准备的决议草案》。这一文献反映了列宁为筹备即将于1915年9月在齐美尔瓦尔德召开的国际社会党代表会议、为争取左派所付出的努力。

载入本卷的《论欧洲联邦口号》是列宁写的一篇重要文章。所谓"欧洲联邦"口号在第一次世界大战以前就以各种不同的形式不止一次地提出过，在战争年代得到了特别广泛的传播，考茨基分子、托洛茨基分子曾加以鼓吹。这个口号宣传的是帝国主义大国之间可能消除竞争和军事冲突而在和平基础上进行联合即结成"和平联盟"的思想。列宁在本卷中多次提到这个口号，认为它是一个欺骗性的和毫无意义的口号。本文着重揭示了"欧洲联邦"口号的经济内容和经济意义。列宁指出：从帝国主义的经济条件来看，即从殖民大国的资本输出和瓜分世界这一点来看，欧洲联邦在资本主义制度下不是无法实现的,便是反动的。欧洲资本家和大国之间缔结暂时的协定是可能的,这仅仅是为了共同镇压欧洲社会主义运动,共同保卫已经抢得的殖民地。列宁根据他在研究帝国主义时发现的帝国主义时代资本主义经济和政治发展不平衡的规律,第一次提出了关于"社会主义可能首先在少数甚至在单独一个资本主义国家内获得胜利"(见本卷第 367 页)的思想。列宁在新的历史条件下得出的这个新结论丰富和发展了马克思主义,为俄国人民争取十月革命胜利提供了理论指导。

本卷收载的《卡尔·马克思(传略和马克思主义概述)》是列宁 1914 年为《格拉纳特百科词典》写的一个词条。列宁简要地叙述了马克思主义的创始人和无产阶级革命导师马克思的伟大一生和他的学说。列宁指出,马克思主义是马克思的观点和学说的体系,是 19 世纪德国古典哲学、英国古典政治经济学和法国社会主义的继承和发展。马克思的观点极其彻底而严整,这些观点总起来就构成作为世界各文明国家工人运动的理论和纲领的现代唯物主义和现代科学社会主义。列宁扼要地论述了马克思主义哲学、政治经济学、科学社会主义的基本原理和革命斗争的策略原则,并阐明了这些基本原理、策略原则之间的相互关系。本词条附有《书目》,介绍马克思本人的著作和有关马克思、马克思主义的书刊。列宁在《书目》中强调指出:"要正确评价马克思的观点,无疑必须熟悉他最亲密的同志和合作者**弗里德希·恩格斯**的著作。不研读恩格斯的**全部**著作,就不可能理解马克思主义,也不可能完整地阐述马克思主义。"(见本卷第 95 页)

在《列宁全集》第 2 版中,本卷文献比第 1 版相应时期的文献增加 9 篇。其中,《关于变帝国主义战争为国内战争的口号》、《寄语〈鹰之歌〉的作者》、《〈乌克兰与战争〉一文编者按语》、《国际妇女社会党人代表会议决议草案》等的内容都与帝国主义大战的问题直接有关。

弗·伊·列宁

（1914 年）

革命的社会民主党在欧洲大战中的任务[1]

（1914年8月23—24日〔9月5—6日〕）

俄国社会民主党对欧洲大战的态度

我们从最可靠方面获悉，俄国社会民主工党的一些领导人不久前举行了一次会议，讨论了欧洲大战问题。这次会议不是十分正式的会议，因为沙皇政府所进行的大规模逮捕和闻所未闻的迫害，使俄国社会民主工党中央委员会还无法召开会议。但是我们十分确切地知道，这次会议真正反映了俄国社会民主工党中最有影响的人们的观点。

会议通过了一项决议，现在我们把它作为文件全文引述如下：

一批社会民主党人通过的决议

（1）这场欧洲的和世界的大战，具有十分明显的资产阶级、帝国主义、王朝战争的性质。争夺市场和掠夺其他国家，力图扼制国内无产阶级和民主派的革命运动，力图愚弄、分裂和屠杀各国无产者，驱使一国的雇佣奴隶为了资产阶级的利益去反对另一国的雇佣奴隶——这就是这场战争唯一真实的内容和作用。

(2)第二国际(1889—1914年)最强大和最有影响的党——德国社会民主党的领袖们投票赞成军事预算[2]，重弹普鲁士容克和资产阶级的资产阶级沙文主义老调，这是直接背叛社会主义的行为。不管怎样，即使这个党确实力量过于薄弱而不得不暂时屈从本国资产阶级多数的意志，德国社会民主党领袖们的行为也是不能原谅的。实际上，这个党现在采取了民族主义自由派政策。

(3)比利时和法国社会民主党的领袖们参加了资产阶级内阁[3]，出卖了社会主义，他们的行为理应受到同样的谴责。

(4)第二国际(1889—1914年)大多数领袖背叛社会主义，意味着这个国际在思想上政治上的破产。这种破产的主要原因是，在第二国际中事实上占优势的是小资产阶级机会主义，对于它的资产阶级性和危险性，世界各国革命无产阶级的优秀代表早就指出过了。机会主义者早就在为第二国际的破产准备条件了：他们否定社会主义革命而代之以资产阶级改良主义；他们否定阶级斗争及其在一定时机转变为国内战争的必然性，而鼓吹阶级合作；他们在爱国主义和保卫祖国的幌子下鼓吹资产阶级沙文主义，而忽视或否定《共产党宣言》中早已阐明的一条社会主义的基本真理，即工人没有祖国①；他们在同军国主义的斗争中局限于感伤主义的小市民观点，而不承认所有国家的无产者必须以革命战争来反对所有国家的资产阶级；他们把必须利用资产阶级的议会制度和资产阶级所容许的合法性变成盲目崇拜这种合法性，而忘记了在

① 见《马克思恩格斯文集》第2卷第50页。——编者注

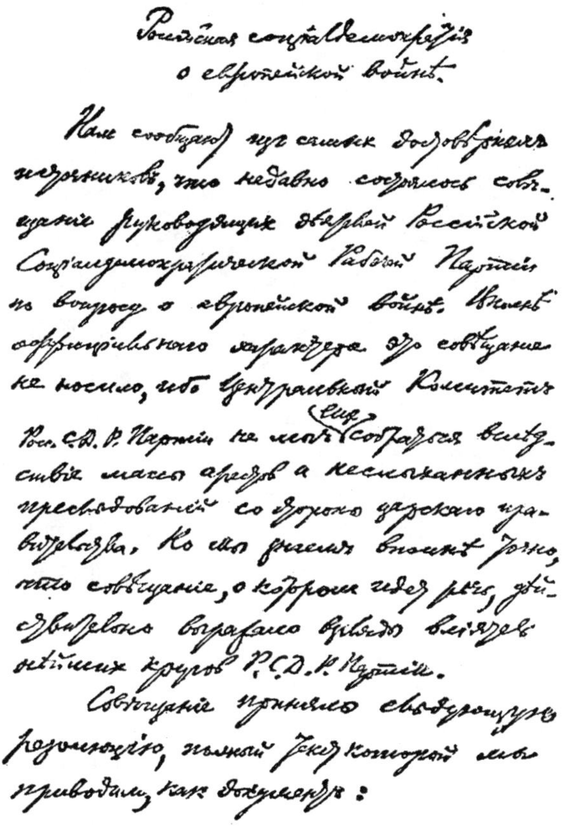
Россійская соціалдемократія о европейской войнѣ.

Нам сообщают изъ самыхъ достовѣрныхъ источниковъ, что недавно состоялось совѣщаніе руководящихъ дѣятелей Россійской Соціалдемократической Рабочей Партіи по вопросу о европейской войнѣ. Вполнѣ оффиціальнаго характера это совѣщаніе не носило, ибо Центральный Комитетъ Росс. С.Д.Р. Партіи не могъ (еще) собраться вслѣдствіе массы арестовъ и неслыханныхъ преслѣдованій со стороны царскаго правительства. Но мы знаемъ вполнѣ точно, что совѣщаніе, о которомъ идетъ рѣчь, дѣйствительно выражало взгляды вліятельнѣйшихъ круговъ Р.С.Д.Р. Партіи.

Совѣщаніе приняло слѣдующую резолюцію, полный текстъ которой мы приводимъ, какъ документъ:

1914年列宁《革命的社会民主党在欧洲大战中的任务》提纲的引言的手稿

（按原稿缩小）

危机时代必须有秘密的组织形式和鼓动形式。机会主义的国际机关刊物之一,早已站在民族主义自由派立场上的德国《社会主义月刊》[4],现在正在为自己战胜欧洲社会主义而欢欣鼓舞,这是完全有道理的。德国社会民主党内和其他国家社会民主党内的所谓“中派”,事实上已经胆怯地向机会主义者举手投降了。未来的国际的任务,应当是坚决彻底地抛开社会主义运动中的这一资产阶级派别。

(5)在欧洲大陆上相互角逐的两个主要民族——德意志民族和法兰西民族——的资产阶级政党和政府着力用来愚弄群众,而社会主义运动中盲目地追随资产阶级的公开和隐蔽的机会主义者则不断加以重复的那些资产阶级和沙文主义的诡辩中,以下几点应当特别指出并严厉地加以驳斥:

德国资产者说他们是要保卫祖国,反对沙皇政府,捍卫文化发展和民族发展的自由,这是在撒谎,因为以威廉为首的普鲁士容克和德国大资产阶级,一直是奉行维护沙皇君主政府的政策的,而且不管战争的结局如何,他们都一定会竭力支持沙皇君主政府的;他们是在撒谎,因为实际上奥地利资产阶级向塞尔维亚发动了强盗式的进攻,德国资产阶级正在压迫丹麦人、波兰人和阿尔萨斯—洛林的法国人,他们向比利时和法国发动进攻性战争以掠夺这两个较富有较自由的国家,他们发动进攻是在他们认为可以使用其经过改进的最新军事技术装备的最有利的时机,是在俄国实行所谓大军事计划的前夜。

法国资产者也说他们是要保卫祖国等等,他们也是在撒谎,因为事实上他们是在维护资本主义技术比较落后的、发展比较缓慢的国家,用亿万巨款雇用俄国沙皇政府的黑帮分子发动进攻性战争，即掠夺奥地利和德国的领土。

两个参战国集团在战争中都表现出极端残暴和野蛮，谁也丝毫不比对手逊色。

(6)俄国社会民主党的首要任务，就是无情地、全力地同大俄罗斯的和沙皇君主派的沙文主义作斗争，同俄国自由派——立宪民主党人[5]、部分民粹派[6]以及其他资产阶级政党为这种沙文主义进行诡辩的行为作斗争。从俄国各民族的工人阶级和劳动群众的观点来看，沙皇君主政府和它的军队战败为害最小，因为它们压迫波兰、乌克兰和俄国的许多民族，并且煽起民族仇恨来加强大俄罗斯人对其他民族的压迫和巩固反动的野蛮的沙皇君主政府。

(7)社会民主党现时的口号应当是：

第一，在各方面(包括在军队内、在战场上)宣传社会主义革命，宣传必须把枪口对准各国反动的资产阶级政府和政党，而不是对准自己的弟兄——其他国家的雇佣奴隶。迫切需要在各国军队中组织秘密的支部和小组，以便用各种语言进行这种宣传。要向一切国家的小市民的和资产者的沙文主义和"爱国主义"展开无情的斗争。必须依靠承受着战争全部重负、在大多数情况下敌视机会主义和沙文主义的工人群众的革命觉悟，来反对当今的国际的背叛了社会主义的领袖人物；

第二，作为当前的口号之一，宣传建立德意志、波兰、俄罗斯等共和国，并且把欧洲各个单独的国家变成共和制的欧洲联邦[7]；

第三，特别要同沙皇君主制度和大俄罗斯的、泛斯拉夫主义的沙文主义作斗争，宣传在俄国进行革命以及让俄国压迫下的各民族获得解放和自决，其当前的口号是建立民主共和国、没收地主土地、实行八小时工作制。

一批社会民主党人（俄国社会民主工党党员）

载于1929年《列宁全集》俄文第2、3版第18卷；引言载于1948年《列宁全集》俄文第4版第21卷

译自《列宁全集》俄文第5版第26卷第1—7页

欧洲大战和国际社会主义

(1914 年 8 月底—9 月)

对社会党人来说，最严重的灾祸不是战争，——我们始终拥护“一切被压迫者为了赢得**他们自己的**祖国而进行神圣的战争！”——而是当今的社会主义运动中领袖人物的叛变，当今的国际的破产。

我们看到，德国社会党人令人震惊地改变了立场(在德国宣战以后)，伪善地宣扬反沙皇政府的解放战争，忘记了德国帝国主义，忘记了对塞尔维亚的掠夺，鼓吹为了资产阶级的利益而同英国作战，如此等等，难道这不是对社会民主党的叛变吗？爱国主义者，沙文主义者，在投票赞成军事预算！！

法国和比利时的社会党人的行为，难道不也是这种叛变吗？他们对于德国帝国主义揭露得倒很出色，但可惜的是，对于英、法帝国主义，特别是对于野蛮的俄国帝国主义，他们却熟视无睹！难道他们看不见法国资产阶级几十年来一直在用亿万巨款雇用俄国沙皇政府的黑帮分子，看不见沙皇政府镇压俄国大多数非俄罗斯民族、掠夺波兰、压迫大俄罗斯的工人和农民等等令人愤慨的事实吗？

在这样的时刻，当读到《**前进报**》[8]大胆而直率地指着**休特古姆**说出了一句辛辣的实话，指着德国社会党人说出了一句实话，说他们是**帝国主义者**即沙文主义者的时候，社会党人心里感到痛快。

而当读到齐博尔迪的文章(9 月 2 日《前进报》)时,心里就感到更加痛快,因为这篇文章不仅揭露了德国和奥地利的沙文主义(这对**意大利**资产阶级是有好处的),而且也揭露了**法国的**沙文主义,并确认这场战争是**各**国资产阶级的战争!!

《**前进报**》的立场和**齐博尔迪**的文章——与一批革命的社会民主党人(不久前在一个斯堪的纳维亚国家举行的会议上)通过的决议[9]一样——向我们表明:人们常说的国际遭到破产这句话,哪种含义是正确的,哪种含义是不正确的。资产者和机会主义者("右翼改良主义者")重复这句话时抱着幸灾乐祸的态度,社会党人(例如在苏黎世出版的《民权报》[10]、《不来梅市民报》[11])重复它时则怀着痛苦的心情。这句话包含了很多真理!! **当今的**国际的**领袖们**和多数政党的破产已经是**事实**。(请你们把《前进报》[12]、维也纳《工人报》[13]、《汉堡回声报》[14]同《人道报》[15]比较一下,把比利时和法国社会党人的宣言同德国的执行委员会的"答复"[16]比较一下。)**群众还**没有发表意见呢!!!

但**齐博尔迪**的话说得非常正确,他说,不是"理论有误",不是社会主义的"药剂""不对",只是"它的剂量不够","某些社会党人不是'够格的社会党人'"。

当今的欧洲国际的破产并不是社会主义的破产,而是不够格的社会主义即**机会主义**和**改良主义**的破产。正是这种**在各个地方**、在各个国家存在的并由比索拉蒂之流在意大利如此鲜明地表现出来的"倾向"遭到了破产,正是这种倾向多年来一直**教导**人们忘掉阶级斗争**等等,等等**(**参看决议**①)。

① 见本卷第 1—7 页。——编者注

齐博尔迪的话是正确的，他认为欧洲社会党人的主要过错在于：他们“力图事后找些理由，为他们束手无策、不能防止这场大厮杀，反而要参加这场大厮杀作辩护”；他们“喜欢装出一副样子，好像他们在完全自愿地干事业〈欧洲社会主义〉，而实际上他们是不得已才干的”；社会党人“都**竭诚拥护**自己的民族，拥护自己民族的**资产阶级**政府，以致使我们〈和所有**非**机会主义者的社会党人〉感到失望，而使意大利的所有非社会党人感到高兴”（也不只是意大利一国，而是所有国家，例如，请看俄国的自由派）。

的确，即使欧洲社会党人完全束手无策，无能为力，他们的领袖们的行为也是背叛和无耻：工人们被赶上屠场，而领袖们呢？他们却在投**赞成**票，在参加**内阁**！！！即使他们完全无能为力，他们也应当投**反对**票，**不参加**内阁，不发表可耻的沙文主义的言论，**不**声明拥护自己的“国家”，**不**维护“自己的”资产阶级，而是揭露它的可耻行为。

因为**到处**都同样是资产阶级和帝国主义者，到处都同样是在卑鄙地准备大厮杀。如果说俄国沙皇制度**特别**卑鄙和野蛮（最反动），那么德国帝国主义也是君主专制的，它追求的是封建王朝的目的，它的粗鲁的资产阶级不如法国的自由。俄国社会民主党人说得对：**对他们来说**，沙皇制度战败为害较小，**他们的**直接敌人首先是**大俄罗斯的**沙文主义，而每个国家的社会党人（不是机会主义者）都应当把“自己的”（“本国的”）沙文主义视为自己的主要敌人。

然而，是否真的已经完全“束手无策”呢？是这样吗？只能去开枪？去英勇地死和可耻地死？？去为了**并非属于自己的祖国**而战？？并不总是这样！！**主动想办法**曾经是可能的，也是应当的。进行秘密宣传和国内战争，对于社会党人来说，是**更正当**的，是更应当的(**这**就是俄国社会党人现在所宣传的)。

例如,有人用这样的幻想来安慰自己:战争迟早会结束,一切都会好起来…… 不!!为了使当今的国际(1889—1914 年)的破产不至于成为社会主义运动的破产,为了使**群众**不离开我们,为了防止无政府主义和工团主义占统治地位(就像在法国那样丢脸),就要正视现实。不管谁取得胜利,欧洲都受到沙文主义的**加强**、“**复仇情绪**”等等的威胁。无论是德国的还是大俄罗斯的军国主义,都在激起逆反的沙文主义,等等,等等。

我们的责任就是作出结论,确认曾在意大利那样郑重地加以宣传的(并且遭到意大利的同志们[17]那样坚决拒绝的)机会主义即改良主义的彻底破产,并……①

注意,补充:《**新时代**》**杂志**[18]对意大利社会党人和《**前进报**》的轻蔑和鄙视态度:对机会主义的小小让步!!!“中庸。”

所谓的“中派”=机会主义者的奴仆。

载于 1929 年 8 月 1 日《真理报》第 174 号

译自《列宁全集》俄文第 5 版第 26 卷第 8—11 页

① 手稿到此中断。下面两句话是写在页边的附记。——俄文版编者注

战争和俄国社会民主党[19]

(1914年9月28日〔10月11日〕以前)

各国的政府和资产阶级政党准备了几十年的欧洲大战终于爆发了。军备的扩张,在各先进国家资本主义发展的最新阶段即帝国主义阶段争夺市场斗争的极端尖锐化,以及最落后的各东欧君主国的王朝利益,都不可避免要导致而且已经导致了这场战争。强占别国领土,征服其他国家;打垮竞争的国家并掠夺其财富;转移劳动群众对俄、德、英等国国内政治危机的注意力;分裂工人,用民族主义愚弄工人,消灭他们的先锋队,以削弱无产阶级的革命运动——这就是当前这场战争唯一真实的内容、作用和意义。

社会民主党的责任,首先是揭露这场战争的这种真实意义,无情地揭穿统治阶级即地主和资产阶级为了替战争辩护而散布的谎言、诡辩和“爱国主义的”花言巧语。

一个参战国集团为首的是德国资产阶级。他们愚弄工人阶级和劳动群众,硬说自己进行战争是为了保卫祖国、自由和文化,是为了解放受沙皇政府压迫的各族人民,是为了摧毁反动的沙皇制度。而实际上正是这个充当以威廉二世为首的普鲁士容克的走狗的资产阶级,一直是沙皇政府最忠实的盟友和俄国工农革命运动的敌人。实际上,不管战争的结局如何,这个资产阶级都将同容克一道去全力支持沙皇君主政府反对俄国革命。

实际上德国资产阶级向塞尔维亚发动了强盗式的进攻，企图征服塞尔维亚和扼杀南方斯拉夫人的民族革命，同时把自己的主要兵力用来进攻比利时和法国这两个较自由的国家，以便掠夺较富有的竞争者。德国资产阶级一直在散布一种神话，说他们所进行的是防御性战争，实际上他们选择了他们认为是进行战争最有利的时机来使用其经过改进的最新军事技术装备，抢在了俄法两国实现它们已经计划好、已经决定要实行的更新军备之前。

另一个参战国集团为首的是英法资产阶级。他们愚弄工人阶级和劳动群众，硬说他们进行战争是为了保卫祖国、自由和文化，反对德国的军国主义和专制制度。而实际上英法资产阶级早就在用亿万巨款雇用和训练欧洲最反动最野蛮的君主政府——俄国沙皇政府的军队去进攻德国。

实际上英法资产阶级作战的目的是夺取德国的殖民地，打垮这个经济发展更为迅速的竞争国。为了达到这个高尚的目的，这两个“先进的”、“民主的”国家正在帮助野蛮的沙皇政府进一步扼杀波兰、乌克兰等，进一步镇压俄国的革命。

两个参战国集团在战争中都在掠夺，都表现出野蛮和无限残暴，谁也丝毫不比对手逊色，但是，为了愚弄无产阶级，为了转移他们对唯一真正的解放战争，即既反对“自己”国家的也反对“别人”国家的资产阶级的国内战争的注意力——为了这个崇高的目的，各国资产阶级都在用爱国主义的虚伪言词极力地宣扬为“自己”国家进行战争的意义，硬说他们竭力战胜对方，并不是为了掠夺和侵占领土，而是为了“解放”除自己本国人民以外的所有其他各国人民。

但是，各国的政府和资产阶级愈是拼命地设法分裂工人，唆使他们自相残杀,愈是穷凶极恶地为了这个崇高的目的而实施戒严和战时书报检查(这一切即使是在目前,在战争时期,也主要是为了迫害"国内"敌人,其次才是为了对付国外敌人),觉悟的无产阶级就愈是要刻不容缓地负起责任,维护自己的阶级团结,捍卫自己的国际主义,坚持自己的社会主义信念,反对各国"爱国主义的"资产阶级集团的猖獗的沙文主义。如果觉悟的工人放弃这项任务,那就是放弃自己对自由和民主的一切追求,更不要说对社会主义的追求了。

我们不得不以极其难过的心情指出,欧洲最主要的一些国家的社会党,没有执行自己的这项任务,而这些党的领袖们的行为,特别是德国党的领袖们的行为,已经近乎对社会主义事业的直接背叛了。在这一具有重大的世界历史意义的关头,当今的第二社会主义国际(1889—1914 年)的大多数领袖力图以民族主义来偷换社会主义。由于他们的这种行为,这些国家的工人政党不但没有起来反对政府的罪恶行径,反而号召工人阶级**使**自己的立场同帝国主义政府的立场**一致起来**。国际的领袖们背叛了社会主义,他们投票赞成军事拨款,重复"自己"国家的资产阶级沙文主义("爱国主义")口号,为战争辩护,参加交战国的资产阶级内阁,等等。当代欧洲最有影响的社会党领袖和最有影响的社会党报刊所持的观点,都是资产阶级沙文主义和自由主义的观点,而决不是社会主义的观点。对于这样玷污社会主义首先应该负责的是德国社会民主党人,因为他们是第二国际最强大和最有影响的党。但是也不能说法国的社会党人是正确的,因为他们接受了资产阶级政府的部长席位,而这个资产阶级正是当年出卖自己的祖国、同俾斯麦勾结起来镇压公社的资产阶级。

德国和奥地利的社会民主党人试图为自己支持战争的行为辩护，说他们这样做似乎是在反对俄国沙皇政府。我们俄国社会民主党人声明，我们认为这种辩护纯粹是诡辩。在我国，近几年来重新掀起了强大的反对沙皇政府的革命运动。俄国工人阶级始终走在这一运动的前列。近几年来成百万人参加的政治罢工，提出了推翻沙皇制度、建立民主共和国的口号。就在大战前夕，当法兰西共和国总统彭加勒访问尼古拉二世的时候，他在彼得堡的街头可以亲眼看到俄国工人筑起的街垒。为了使全人类摆脱沙皇君主制度这一耻辱，俄国无产阶级从来不惜作出任何牺牲。但是我们必须指出：如果说有什么东西在某种条件下可以推迟沙皇制度的灭亡，可以帮助沙皇制度反对俄国的整个民主派的话，那就是目前的战争；因为这场战争是拿英、法、俄等国资产阶级的钱袋来为沙皇制度的反动目的服务的。如果说有什么东西可以阻挠俄国工人阶级反对沙皇制度的革命斗争的话，那就是俄国沙文主义报刊不断地举出来让我们仿效的德国和奥地利社会民主党领袖们的行为。

就假定德国社会民主党的力量小到不得不放弃任何革命活动的程度，那么，即使在这种情况下，它也决不能参加沙文主义阵营，也决不能采取那些使意大利社会党人完全有理由说德国社会民主党的领袖们玷污了无产阶级国际的旗帜的步骤。

我们的党，俄国社会民主工党，已经蒙受而且还将蒙受战争所造成的巨大牺牲。我们的一切合法的工人报刊都被取缔。大多数工会被查禁，我们的许多同志被逮捕和流放。但是，我们的议会代表团——国家杜马中的俄国社会民主党工人党团——认为自己的不可推卸的社会主义职责是，不投票赞成军事拨款，甚至退出杜马会议厅以表示更强烈的抗议[20]；认为自己的职责是谴责欧洲各国政府的政策是帝国主义政策。不管沙皇政府的压迫如何变本加厉，俄国社会民主党工人党员已经印发了第一批秘密的反战号召书[21]，履行了对民主运动和国际的职责。

如果说以德国社会民主党少数派和中立国优秀的社会民主党人为代表的革命的社会民主党人，因第二国际的这种破产而感到莫大的耻辱，如果说英法两国都有一些社会党人发出了反对大多数社会民主党内的沙文主义的呼声，如果说譬如以德国《社会主义月刊》(«Sozialistische Monatshefte»)为代表的、早已站在民族主义自由派立场上的机会主义者，正在完全理所当然地为自己战胜欧洲社会主义而欢欣鼓舞，那么，最能给无产阶级帮倒忙的，莫过于那些动摇于机会主义和革命的社会民主主义之间的人(德国社会民主党内的"中派"之类)，这些人极力闭口不谈第二国际的破产，或者用外交辞令来加以掩饰。

相反，应当公开承认这种破产，并了解破产的原因，以便能够建立起各国工人新的更巩固的社会主义团结。

机会主义者撕毁了斯图加特、哥本哈根和巴塞尔代表大会的决议[22]，这些决议责成各国社会党人在任何条件下都要反对沙文主义，责成社会党人要以加紧宣传国内战争和社会革命来回答资产阶级和各国政府挑起的任何战争。第二国际的破产是在那个已经过去了的(所谓"和平的")历史时代的特点的基础上发展起来并于近几年在国际中取得了实际统治地位的机会主义的破产。机会主义者早就在为这一破产准备条件了：他们否定社会主义革命而代之以资产阶级改良主义；他们否定阶级斗争及其在一定时机转变为国内战争的必然性，而鼓吹阶级合作；他们在爱国主义和保卫祖国的幌子下鼓吹资产阶级沙文主义，而忽视或否定《共产党宣言》中早已阐明的一条社会主义的基本真理，即工人没有祖国；他们在同军国主义的斗争中局限于感伤主义的小市民观点，而不承认所有国家的无产者必须以革命战争来反对所有国家的资产阶级；他们把必须利用资产阶级的议会制度和资产阶级所容许的合法性变成盲目崇拜这种合法性，而忘记了在危机时代必须有秘密的组织形式和鼓动形式。在目前的危机时期，作为机会主义天然的“补充”的无政府工团主义思潮（同样是资产阶级的，同样与无产阶级观点即马克思主义观点相敌对的），其特征是同样恬不知耻、自鸣得意地重复沙文主义口号。

如果不坚决同机会主义决裂，如果不向群众说明机会主义彻底失败的必然性，那就不可能完成社会主义运动在现时期的各项任务，就不可能实现工人真正的国际团结。

每个国家社会民主党人的首要任务，应当是同本国的沙文主义作斗争。在俄国，这种沙文主义已经完全支配了资产阶级自由派（“立宪民主党人”）和部分民粹派直到社会革命党人和“右派”社会民主党人的思想。（特别要痛斥像叶·斯米尔诺夫、彼·马斯洛夫和格·普列汉诺夫等所发表的、得到资产阶级“爱国主义”报刊赞同和被它们广泛利用的沙文主义言论。）

在现时情况下，从国际无产阶级的观点来看，无法断定两个参战国集团哪一个集团战败对社会主义为害最小。但是，我们俄国社会民主党人坚信，从俄国各民族的工人阶级和劳动群众的观点来看，沙皇君主政府这个压迫欧亚两洲的民族和人口数量最多的、最反动最野蛮的政府战败为害最小。

欧洲社会民主党人当前的政治口号应当是建立共和制的欧洲联邦。但是，与只要能把无产阶级卷入沙文主义大潮流什么事情都可以“答应”的资产阶级不同，社会民主党人将要阐明：如果不提以革命推翻德、奥、俄三国的君主制度，这个口号便完全是欺骗性的和毫无意义的。

由于俄国最落后，由于它还没有完成资产阶级革命，这个国家的社会民主党人的任务仍然是实现彻底的民主改革所要求的三个基本条件：建立民主共和国（其中一切民族都享有充分的平等和自决权）、没收地主土地、实行八小时工作制。但是在一切先进国家，战争已把社会主义革命的口号提到日程上来。压在无产阶级肩上的战争负担愈沉重，无产阶级在当今的“爱国主义的”野蛮行为（它是在大资本主义所造成的巨大技术成就的条件下发生的）带来的灾祸过去以后重建欧洲时应当起的作用愈积极，这一口号就愈是显得迫切。资产阶级正利用战时法律来封住无产阶级的嘴，这就向无产阶级提出一项任务——必须创立秘密的鼓动形式和组织形式。让机会主义者不惜用背叛自己信念的代价去“保全”合法组织吧，革命的社会民主党人要利用工人阶级在组织方面的素养和联系，去创立适应于危机时代的为社会主义而斗争的秘密形式，使工人不是同自己国家的沙文主义资产阶级，而是同各国的工人团结起来。无产阶级的国际没有灭亡，也不会灭亡。工人群众定将冲破一切障碍创立一个新的国际。机会主义目前的胜利是不会长久的。战争造成的牺牲愈大，工人群众就会愈加看清机会主义者背叛工人事业的行为，愈加认清把枪口转向各自国家的政府和资产阶级的必要性。

变当前的帝国主义战争为国内战争，是唯一正确的无产阶级口号，这个口号是公社的经验所启示的，是巴塞尔决议（1912 年）所规定的，也是在分析高度发达的资产阶级国家之间的帝国主义战争的各种条件后得出的。既然战争已经成为事实，那么，不管这种转变在某一时刻会遇到多大困难，社会党人也决不放弃在这方面进行经常不断的、坚定不移的、始终不渝的准备工作。

只有沿着这条道路，无产阶级才能摆脱依附沙文主义资产阶级的地位，才能以不同的形式比较迅速地迈出坚定的步伐，走向各民族的真正自由，走向社会主义。

工人们在反对各国资产阶级沙文主义和资产阶级爱国主义的斗争中的国际团结万岁！

清除了机会主义的无产阶级国际万岁！

俄国社会民主工党中央委员会

载于1914年11月1日《社会民主党人报》第33号

译自《列宁全集》俄文第5版第26卷第13—23页

就格·瓦·普列汉诺夫的报告《论社会党人对战争的态度》所作的发言[23]

（1914年9月28日〔10月11日〕）

简 要 报 道

列宁同志在开始发言时说："由党中央委员会拟定的我们的提纲，已经寄给了意大利的同志们，其中许多内容——可惜不是全部——已经写入卢加诺决议[24]。"

普列汉诺夫报告的第一部分说明了德国社会民主党人的背叛行为，对这一部分，他的论战对手认为讲得很好，可是对第二部分就不能这样说了。普列汉诺夫在第二部分试图全盘地为法国社会党人的立场辩护。

怎么能为号召意大利人进行战争的法国社会党辩护呢？甚至在国际的那些有很大伸缩性的决议中也难找到为这种号召辩护的地方。

目前的战争表明，欧洲社会主义内部已经掀起了多么巨大的机会主义浪潮。欧洲的机会主义者为了给自己恢复名誉，力图求助于"组织上的完整性"这种陈旧的论据。德国的正统派为了保持党在形式上的统一而放弃了自己的立场。他（列宁同志）一向指出对问题的这种提法本身就包含着一种机会主义，他一向反对那种不惜牺牲原则的调和主义。王德威尔得和考茨基的所有决议案都带有这种缓和明显的矛盾的机会主义倾向。考茨基在他的《论战争》一文[25]中竟然认为人人都有理，说所有的人从自己的观点来看都是对的，因为他们**主观上**都认为自己处在危险中，**主观上**都认为自己的生存权利遭到了践踏。当然，从一时的心境，从人之常情来看，法国人有这种情绪是比较可以理解的，因而也是比较值得同情的，但是社会党人毕竟不能只根据对进攻的恐惧来谈问题，所以应当坦率地说，在法国人的行为中，沙文主义要多于社会主义。

列宁接着说，普列汉诺夫批评了认为不可能弄清谁首先发动进攻的那些同志。在他的对手看来，目前的战争根本不是以这次或那次进攻为转移的**偶然现象**，它是由资产阶级社会发展的全部条件酿成的。这场战争早就被预测到了，而这种预测正是根据这些条件的组合，根据这种发展的路线作出的。巴塞尔代表大会关于这场战争已经说得很明白，甚至预见到了塞尔维亚将成为冲突的借口。

列宁同志接着说明了社会党人在战争时期的职责。**社会民主党人**只有**同自己国家的沙文主义狂热作斗争，才是履行自己的职责**。塞尔维亚社会民主党人[26]就是履行了这种职责的最好的榜样。

无产阶级如果没有忘记马克思的“工人没有祖国”这句话，就不应当参与维护旧的资产阶级国家格局，而应当参与创造新的社会主义共和国格局。而无产阶级广大群众通过自己可靠的直觉是一定能理解这一点的。现在欧洲所发生的事情，正是利用最坏的、同时也是最根深蒂固的偏见来进行投机。列宁说：“我们的任务不是随波逐流，而是要把民族战争——假的民族战争变成无产阶级同统治阶级的决战。”

列宁然后批评了社会党人参加内阁的行为，他指出，这些社会党人必须对自己支持政府的每一步骤这一点负责。

“最好到中立国家去，在那里说真话，最好自由地独立地向无产阶级发出呼吁，这要比当部长好”，——对手用这句话结束了他的简短发言。

载于1914年10月21日《呼声报》第33号

译自《列宁全集》俄文第5版第26卷第24—26页

关于变帝国主义战争为国内战争的口号[27]

（不早于1914年9月）

※ 唯一正确的无产阶级口号是变当前的帝国主义战争为国内战争。这种转变正是当前的战争灾难的所有客观条件所产生的必然结果，只有在这方面进行经常不断的宣传和鼓动，工人政党才能履行它们在巴塞尔承担的义务。

只有这样的策略才会成为工人阶级适应新历史时期各种条件的真正革命的策略。※

译自《列宁全集》俄文第5版
第26卷第362页

《欧洲大战和欧洲社会主义》一书提纲[28]

（1914 年 9—10 月）

欧洲大战和欧洲社会主义

1. 战争的性质：帝国主义（是主要的）。
帝国主义是资本主义发展的**最后**阶段。

<table>
<tr>
<td rowspan="2">2. 资产阶级时代初期的民族战争与——→
资产阶级时代末期的帝国主义战争对比。</td>
<td>民族战争：统一民族地域，作为发展资本主义的基地，扫除资本主义以前的残余。</td>
</tr>
<tr>
<td>帝国主义战争：大家都已感到正在沉没的资本主义航船十分拥挤，都想排挤他人和延缓资本主义的灭亡。</td>
</tr>
</table>

3. 战争的长时期的（30—40 年）外交准备：战争的“合乎自然”和“在预期之中”的性质（对此“不习惯了”：阿德勒在国际局上一次会议上的发言[29]）。

4. 民族战争（塞尔维亚）在当前的战争中的次要性。

5. 资产阶级利用民族战争传统：**《祖国》，卢扎蒂**①。

① 参看本卷第 37 页。——编者注

6.“祖国”。摘自《共产党宣言》的引文。对引文的分析。

7.(α)工人没有祖国。

(β)**首先**在民族范围内 ⟶ 对照 1790—1814 年、1859 年、1866 年、1870 年的战争。

目前在印度或在中日之间发生战争((假定))

(γ)即使如此也**不是**资产阶级所理解的含义。

(δ)没有无产者的共同努力,解放是不可能的。

(ε)民族壁垒的消失。

8.对这一真理的态度:机会主义者对民族主义的维护(饶勒斯的《新军队》)……[30]

(赫·文德尔的文章,1914 年《**新时代**》杂志第 19 期第 **843** 页;**赞同**饶勒斯。)[31]

9.国际内部的动摇:防御性战争和进攻性战争或“无产阶级利益的观点”?

10.摘引倍倍尔等人过去的声明而只字不提 1912 年决议。

11.巴塞尔宣言(α)摘引斯图加特决议

(β)国内战争(1871 年和 1905 年)的威胁

(γ)“犯罪行为”

12.“侵略造成的灾难”=诡辩(考茨基)……

“托尔斯泰主义” =同上。

"实际问题是：是**自己的**国家获胜还是失败"[32]＝诡辩。

这一切归结为两个阵营的问题。

是的，然而是两个什么样的阵营呢？是民族还是阶级？

工人失去祖国的什么？祖国的"永恒的东西"。

祖国作为资产阶级国家及其疆界，——祖国作为语言、领土等。

13. 社会党人对这场战争的实际态度：

战前：《新时代》杂志上赫·文德尔的文章。**1914 年第 18 期**。

并见《**前进报**》[33]

《莱比锡人民报》论同"沙皇政府"的战争

并见《**前进报**》[34]。

14. 战争爆发后：塞尔维亚社会党人。［侵略？征服？］摘录第 10 页。

15. 俄国社会民主党人（离开会议厅不起作用，参看费舍[35]。）

附于 15。

巴黎的俄国人"志愿兵"??

(1)俄国社会党人的宣言。[36]

(2)列德尔等人的宣言。

《呼声报》第 9 号。[37]

普列汉诺夫的立场

‖《现代言论报》**摘录**。[38]

‖《**呼声报**》**第 3 号**(9 月 15 日)。[39]

斯米尔诺夫(叶·)和彼·马斯洛夫。[40]

16. 法国社会党人和比利时社会党人。

受压迫？因此……当资产阶级的部长??

王德威尔得。盖得。（权威?） 投票赞成军事拨款?

怎么办？宣传并准备国内战争。不去当部长，而去当秘密宣传员!!

《人道报》上瓦扬等人的**沙文主义**。[41]

孔佩尔-莫雷尔论1792年[42]和……

……在波兰的俄国人。

卑鄙的古·爱尔威和无政府工团主义者们。[43]

“民主”——那么和沙皇结成联盟是怎么回事呢??

17. 英国社会党人

海德门和战前德国社会民主党的报刊对他的态度。[44]

基尔-哈第和麦克唐纳。[45]

同**自己**国内的沙文主义的斗争。

普鲁士军国主义，而埃及呢？而对妇女的压制呢?

参加招兵。

18. 德国社会民主党人。主力。在国际中的领导地位。“要求于他们的也会很多”……

哈阿兹的发言…… 为战争辩护。[46]

投票赞成军事拨款＝背叛!

“沙皇制度”。诡辩和谎言!!

资产阶级的谎言!!

伯恩施坦在《前进报》上引述恩格斯(1859年)……[47]

恩格斯1890年[48]（**梅林**的反驳）[49]

《汉堡回声报》**与**《前进报》。[50]

19. 凶狠的沙文主义与枯燥的、伪善的沙文主义。

20. 理·费舍以及对费舍的回答。[51]

(为破坏比利时的中立辩护。)

《社会主义月刊》:为破坏比利时的中立作道义上的辩护。[52]

21. 德国社会主义运动中的两派

卡·李卜克内西(《呼声报》第12号[53]以及一些英国报纸)。

《不来梅市民报》[54]——梅林——哈雷[55]

(胆怯的抗议)……

22. 国际的破产 {《不来梅市民报》[56] / 梅林[57] / 一些瑞士报纸} 论**国际的破产**

《民权报》[58]

法国人和德国人的论战

法国人和比利时人的(国际局的?)宣言。

"法国人的政府观点"

(而德国人的呢??)

"恢复了的和清除了变节分子的国际"。

"清除了变节分子的国际"(《呼声报》第12号)。[59]

23. 对国际的破产进行**粉饰**。

王德威尔得和考茨基

"杜鹃和公鸡"[60]。

"双方都是正确的"

"怯懦的朋友"??

注意

休特古姆的旅行。[61]
法国资产阶级和德国资产阶级的利益。

24. 国际破产的原因:机会主义。

1907 年斯图加特。

1910 年哥本哈根左派会议。[62]

25. 机会主义者的思想和目前的行为

{引用关于机会主义的丹麦决议[63]。}

26. 是整个国际吗?

不是!!! 塞尔维亚人

基尔-哈第

对费舍的回答。

第三国际的成分。

权威:考茨基、**盖得**、王德威尔得??

(对权威的态度)……

27. 国际中的机会主义与"中派"对比。

《社会主义月刊》。
多数社会民主党报纸。
《前进报》的手法
考茨基。

{伪善或者粉饰。}

28. 是用和平对抗战争，还是用国内战争对抗民族战争？（与资产阶级联合起来的机会主义者的和平。）

"亲善的和平"——小资产阶级激进派和整个小资产阶级的口号（参看英国特里维廉等人的话[64]）。

对照《**法兰克福报**》，摘录。[65]

29. 变民族战争为国内战争

1871 年

1905 年

这一转变的历史性质。

《**取得政权的道路**》和"**推翻政权的渴望**"。

这一转变的快慢是一回事，朝这一转变的努力是另一回事。

30. 组织的合法性和不合法性。

里加和俄国彼得堡委员会[66]（《**俄国旗帜报**》的评论[67]）

反对卡·考茨基等人关于俄国工人"爱国主义"的论调。

与军队比较。

《呼声报》第 18 号第 1 栏和第 18 号第 4 栏。[68]

补 30.《前进报》和**阶级斗争**。[69]

（《70 式厕所》[70]）

不放弃合法组织，但不局限于合法组织

31. "人民战争"。是的！但是

由此得出了别的结论。

→ 民兵决不是只为了防御。

→ 光荣属于战争和42厘米[71]!!

32. 弗兰克和"献身"[72]

……"按社会民主党的观点"……

补 32. 战争暴露了各国政府和各国社会党的所有弱点。

33. 战争的灾难及战争的后果。革命运动——和"中派"卑鄙的外交手腕的破产。

补 33. 战争的反动目的 《**十字报**》[73]和《**新时报**》[74]。

麦克唐纳的"悲观主义"?[75]

民族主义的**加强**。

最后的战争?

《俄罗斯新闻》[76]第202号上叶·斯米尔诺夫的文章。

俄国的民族主义。立宪民主党和社会革命党。

"志愿兵":见第15条。

34. 工作方针:投票赞成军事拨款=战争的吹鼓手。

(1)不投票赞成军事拨款。这是背叛。

(2)反对**自己**国家的沙文主义者。

(3)不局限于合法组织。

(4)不忘记巴塞尔宣言中关于国内战争的威胁。

35. 也许在社会主义革命之前还要有半个世纪的奴役，可是**我们这个**时代将留下些什么？我们将作出什么贡献？对机会主义者和叛徒采取鄙视态度，还是进行国内战争的**准备**??

《呼声报》第 21 号上马尔托夫的文章

还不能提公社这个口号：会脱离广大人民群众而孤立起来!!?[77]

载于 1930 年《列宁文集》俄文版
第 14 卷

译自《列宁全集》俄文第 5 版
第 26 卷第 363—370 页

关于无产阶级和战争的报告[78]

（1914年10月1日〔14日〕）

报　道

报告人把报告分成两部分：弄清这次战争的性质和阐明社会党人对这次战争的态度。

弄清战争的性质，是马克思主义者解决自己对战争的态度问题的必要前提。而要弄清战争的性质，首先必须判明这次战争的客观条件和具体环境是怎样的。必须把这次战争和产生它的历史环境联系起来，只有这样才能确定对它的态度。否则就会对问题作出不是唯物主义的，而是折中主义的解释。

根据历史环境、阶级关系等情况，对于战争，在不同的时期应当持不同的态度。永远地根本拒绝参加任何战争是荒谬的。另一方面，把战争分为防御性战争和进攻性战争也是荒谬的。马克思在1848年之所以痛恨俄国，是因为当时落后的俄国的反动魔掌压制着德国的民主力量，使它不能得到胜利和发展，不能把国家团结成一个统一的民族整体。

为了弄清自己对这次战争应采取的态度，必须了解这次战争同过去的战争有什么不同，它的特点是什么。

资产阶级作过这种说明吗？没有。不仅过去没有作过，而且今后也绝不会作出这种说明。如果从社会党人中间目前发生的情况来判断，或许会以为他们也不了解这次战争的特殊性质。

其实，社会党人对这次战争已经有过十分清楚的说明和预见了。而且，在社会党议会代表的任何一次演说中，在社会党政论家的任何一篇文章中，都包含有这种说明。这种说明非常简单，以致人们竟不大注意，然而这种说明却提供了如何正确对待这次战争的锁钥。

当前的战争是帝国主义战争，这就是这场战争的基本性质。

为了弄清这种性质，必须研究一下以前的各次战争是怎么回事，帝国主义战争又是怎么回事。

列宁相当详细地分析了 18 世纪末和整个 19 世纪的各次战争的性质。这些战争都是**民族战争**，它们总是伴随着并且促进民族国家的建立。

这些战争标志着封建制度的崩溃，反映了新的资产阶级社会同封建社会的斗争。民族国家是资本主义发展中的一个必经阶段。争取民族自决、民族独立、语言自由和人民代议制的斗争，目的就是为了建立民族国家，建立这个在资本主义的一定阶段上发展生产力所必需的基础。

从法国大革命起直到意大利的和普鲁士的多次战争，其性质都是如此。

民族战争的这个任务，有的由民主派本身完成，有的在俾斯麦的帮助下完成，——这是不以战争参加者本身的意志和意识为转移的。使现代文明获得胜利，使资本主义繁荣昌盛，把全体人民和各个民族都吸引到资本主义方面来——这就是民族战争即资本主义初期的战争的目的。

帝国主义战争是另外一回事。在这一点上，一切国家和一切派别的社会党人之间过去没有什么意见分歧。在历次代表大会上讨论对可能爆发的战争应采取的态度的决议案时，大家都一致地认为这次战争将是**帝国主义战争**。所有欧洲国家都已经达到同等的资本主义发展阶段，它们都已经提供了资本主义所能提供的一切。资本主义已经达到自己的最高形式，输出的已经不是商品，而是资本了。资本主义在本国范围内已经容纳不下，所以现在便来争夺地球上剩下的最后一些未被占据的地盘。如果说 18 世纪和 19 世纪的民族战争曾标志着资本主义的开始，那么帝国主义战争则表明资本主义的终结。

整个 19 世纪末和 20 世纪初都充满了帝国主义的政治。

帝国主义给当前的战争打上完全不同的烙印，把它和以往所有的战争区别开来。

只有把这次战争同它的特殊历史环境联系起来加以考察，像马克思主义者必须做到的那样，我们才能弄清自己对它应采取的态度。否则我们就会搬用那些在另一种环境中、在旧的环境中使用的陈旧的概念和论据。关于祖国的概念和上面提到的把战争划分为防御性战争和进攻性战争，就属于这类陈腐的概念。

当然，就是在当前，在活生生的现实画面上也还残留着旧色彩的斑痕。例如，在所有交战国当中，唯有塞尔维亚人还在为民族生存而战。在印度和中国，觉悟的无产者也只能走民族的道路，因为他们的国家还没有形成为民族国家。如果中国为此而不得不进行进攻性战争的话，我们也只能加以支持，因为这在客观上将是进步的战争。马克思在 1848 年所以可以宣传对俄国的进攻性战争，道理也就在这里。

总之，19 世纪末和 20 世纪初的特征是帝国主义政治。

帝国主义是资本主义完成了它所能完成的一切而转向衰落的这样一种状态。这是一个并非社会党人虚构，而是存在于实际关系之中的特殊的时代。当前的斗争就是为了瓜分剩下的一点地盘。这是资本主义的最后一项历史任务。这个时代将延续多久，我们无法断言。这样的战争可能会爆发若干次，但是必须清楚地认识到，这完全不是过去那种战争，因此，社会党人面临的任务也在发生变化。

为了完成这些新任务，无产阶级政党就会需要完全另一种类型的组织。

考茨基在他的《取得政权的道路》这本小册子中，仔细而周密地考察了各种经济现象，并且非常慎重地从中作出了结论，他指出，我们正在进入一个与过去那种和平的渐进的发展完全不同的阶段……

与这一阶段相适应的新的组织形式应当是什么样的，现在还很难说。但是有一点很清楚：为了完成新的任务，无产阶级必须建立新的组织或改造旧的组织。所以，德国社会民主党人十分明显地表露出来的那种害怕打乱自己的组织的情绪，是相当荒谬的，这种不惜任何代价的合法主义，是非常荒唐的。我们知道，彼得堡委员会印发了反战的秘密传单。高加索组织和俄国其他一些组织也这样做了。毫无疑问，在国外也可以这样做而同时并不断绝各种联系。

当然，合法性是一种十分宝贵的东西，正因为如此，恩格斯曾经说："资产者老爷们，请你们先动手破坏自己的合法性吧！"[79]现在发生的情况，也许会使德国社会民主党人受到教育，因为一向夸耀自己容许合法性的政府，竟毫不客气地全面破坏了合法性。在这方面，柏林卫戍司令的粗暴的命令也许是大有教益的，他迫使《前进报》在第1版上登载了这个命令[80]。但是，《前进报》既然因惧怕查封而放弃了阶级斗争，并答应在战争结束前不再谈论阶级斗争，那它就是已经自杀了。正如现在欧洲一家最好的社会党报纸——巴黎的《呼声报》正确指出的：《前进报》已经死亡。过去我同马尔托夫经常发生尖锐的意见分歧，正因为如此，现在我就愈是应当肯定地说，这位著作家现在所做的，正是一个社会民主党人应当做的。他批评自己的政府，他揭露自己的资产阶级，他责骂自己国家的部长。而有些社会党人却在自己的政府面前解除武装而专门揭露和辱骂别国的部长和统治阶级，他们扮演的是资产阶级著作家的角色。休特古姆本人客观上正在扮演德国政府代理人的角色，正如有些人在扮演法俄这两个盟国的代理人的角色一样。

不理解这场战争是帝国主义战争，不能用历史观点观察这场战争的社会党人，就根本不会懂得这场战争。他们只能这样天真幼稚地设想这场战争：一个人在夜间掐住了另一个人的喉咙，于是邻居们不得不来拯救被害者，或者胆怯地把门"锁上"（普列汉诺夫语），免惹是非。

我们不要让自己受骗，让资产阶级的谋士们把战争解释得这么简单：好像大家本来和和平平，突然一个人发动了进攻，另一个人则起来自卫。

列宁同志读了一家意大利报纸上刊载的卢扎蒂的文章中的一段话。这位意大利政治家在这篇文章中高兴地说，战争中的伟大胜利者是……祖国，是祖国这个概念，他重复说，应当记住西塞罗的一句话："内战是最大的灾难。"

这就是资产者已经设法办到的事情，这就是最使他们激动和高兴并为此花费了大量财力和精力的事情。他们竭力要我们相信,这场战争仍然是过去常见的那种民族战争。

不。民族战争的时代已经过去。我们面临的是一场帝国主义战争,社会党人的任务则是变“民族”战争为国内战争。

我们大家都等待这场帝国主义战争,都在为它作准备。既然如此,是谁发动了进攻就完全无关紧要了;大家都在准备战争,而发动进攻者不过是认为这个时机对他比较有利而已。

接下去,列宁同志谈到从社会主义的观点来看“祖国”这个概念的定义问题。

这个概念在《共产党宣言》的光辉篇页中已有确切而明白的规定,这些篇页已经完全得到实践的验证。列宁宣读了《共产党宣言》中的一段话,在这段话中,祖国的概念被看做是一个历史范畴,它同社会发展的一定阶段相适应,而在这以后就成为多余的东西。无产阶级不能爱它所没有的东西。无产阶级没有祖国。

社会党人在当前的战争中的任务是什么呢?

列宁同志宣读了后来在哥本哈根和巴塞尔得到确认和补充的斯图加特决议。这项决议明确指出了社会党人同导致战争的各种倾向进行斗争的方法,以及他们对于已经爆发的战争的义务。这些义务是根据俄国革命和巴黎公社的先例确定的。由于考虑到各种各样的刑事法规,斯图加特决议写得很谨慎,但是决议中指出的任务是很明确的。巴黎公社是国内战争。形式、时间和地点如何——这是另外一个问题,但是我们的工作方针是规定得很明确的。

从这一观点出发,列宁同志接着分析了不同国家的社会党人实际上所采取的立场。正如意大利的《前进报》指出的,除了塞尔维亚人以外，俄国人履行了自己的职责，基尔-哈第通过揭露爱德华·格雷的政策也在履行自己的职责。

既然战争已经爆发，想要回避它已不可能。必须行动起来，去做社会党人应做的事情。人们在战争中所想的和考虑的多半比“在家里”要多些。应当到那里去，在那里把无产阶级组织起来，去实现最终目的，因为，以为无产阶级将会通过和平道路达到最终目的，那是空想。不打破民族的框框就不能从资本主义转到社会主义，就像当年没有民族思想便不能从封建主义转到资本主义一样。

载于1914年10月25日和27日
《呼声报》第37号和第38号

译自《列宁全集》俄文第5版
第26卷第27—35页

社会党国际的状况和任务

(不晚于1914年10月7日〔20日〕)

在目前这场危机中,最严重的就是欧洲社会主义运动的大多数正式的代表人物被资产阶级民族主义即沙文主义所征服。各国资产阶级报纸时而讥笑他们,时而宽宏大量地赞扬他们,这是不奇怪的。所以,对于想要继续做社会党人的人来说,最重要的任务就在于弄清社会主义的这场危机的原因和分析一下国际的任务。

有一些人害怕承认这样一个真理,即这场危机——更确切些说——第二国际的破产,是机会主义的破产。

例如他们谈到,法国社会党人的意见是一致的;社会主义运动中的那些旧有的派别,在对待战争的问题上似乎已经打乱而完全重新组合了。但这些说法都是不正确的。

维护阶级合作,背弃社会主义革命的思想和革命的斗争方法,迎合资产阶级民族主义,忘记了民族或祖国的疆界的历史暂时性,盲目崇拜资产阶级所容许的合法性,由于害怕脱离"广大群众"(应读做:小资产阶级)而放弃阶级观点和阶级斗争——这些无疑就是机会主义的思想基础。而第二国际大多数领袖当前的沙文主义、爱国主义情绪,正是在这种土壤上面生长起来的。不同的观察家早就从各个不同的方面指出了机会主义者在第二国际大多数领袖中间实际上占有的优势。战争只是特别迅速和特别尖锐地揭示出这种优势在现实中达到了什么程度。异常尖锐的危机在旧有的派别中间引起了多次重新组合，这是不足为奇的。但是，总的说来，这种重新组合只是涉及个人。社会主义运动内部的派别仍然同先前一样。

法国社会党人并不是完全一致的。同盖得、普列汉诺夫、爱尔威等人一起奉行沙文主义路线的瓦扬自己也不得不承认，他收到过许多法国社会党人的抗议信，他们在信里指出：这场战争是帝国主义战争，法国资产阶级对战争所负的责任并不比其他国家的资产阶级轻些。同时不要忘记，不仅获胜的机会主义，而且战时书报检查机关都一直在压制这种呼声。在英国人那里，海德门集团（英国的社会民主党人——“英国社会党”[81]），也同工联的大多数半自由派领袖一样，已经完全滚到沙文主义立场上去了。沙文主义遭到了机会主义的“独立工党”[82]的麦克唐纳和基尔-哈第的反对。这确实是一个例外。而早就反对海德门的某些革命的社会民主党人，现在已退出了“英国社会党”。德国的情况很清楚：机会主义者已经取得胜利，他们兴高采烈，他们“心满意足”。以考茨基为首的“中派”已经滚到机会主义方面，并以特别虚伪、庸俗和自鸣得意的诡辩来为机会主义辩护。从革命的社会民主党人——梅林、潘涅库克、卡·李卜克内西那里以及德国和瑞士德语区的许多无名人士中间，都发出了抗议的呼声。在意大利，派别也划分得很清楚：极端机会主义者比索拉蒂之流维护“祖国”，拥护盖得—瓦扬—普列汉诺夫—爱尔威。以《前进报》为首的革命的社会民主党人（“社会党”）则同沙文主义进行斗争，揭露战争叫嚣背后的资产阶级自私目的，因而得到了大多数先进工人的支持。在俄国，取消派阵营的极端机会主义者，已经通过讲演和报刊公然表示支持沙文主义。

彼·马斯洛夫和叶·斯米尔诺夫借口维护祖国而维护沙皇政府(说德国是在“用刺刀”逼迫“我们”接受通商条约，而沙皇政府过去和现在大概从来都**没有**用刺刀、皮鞭和绞架摧残十分之九的俄国居民的经济生活、政治生活和民族生活!)，并且为社会党人参加资产阶级的反动内阁辩护，为他们今天投票赞成军事拨款明天投票赞成进一步扩充军备进行辩护!!普列汉诺夫已经滚进民族主义的泥潭，他正在以亲法主义来掩饰自己的俄国沙文主义，阿列克辛斯基也是如此。从巴黎的《呼声报》来看，马尔托夫是这一帮人中间表现最好的一个，他抨击德法两国的沙文主义，他既反对《前进报》，也反对海德门先生，也反对马斯洛夫，但是他不敢坚决地向整个国际机会主义和它的“最有影响的”维护者即德国社会民主党内的“中派”宣战。把当志愿兵作为实现社会主义任务的做法(见社会民主党人和社会革命党人组成的巴黎俄国志愿兵小组的宣言，以及波兰社会民主党人即列德尔等人的宣言)[83]，只得到普列汉诺夫一个人的拥护。我们党的巴黎支部[84]的大多数人都斥责了这种做法。读者从今天本报社论①中可以看到我们党中央的立场。为了避免误解起见，我们必须就我们党的观点的表述经过说明以下情况：我们党的一批党员，在克服巨大困难力求恢复被战争中断了的组织联系的同时，先草拟了一个“提纲”，并于公历9月6—8日交给同志们传阅。然后，通过瑞士社会民主党人，把提纲交给了在卢加诺召开的意大利瑞士代表会议(9月27日)的两位代表。只是在10月中旬，才得以恢复联系和表述党中央的观点。这篇社论就是“提纲”的最后定稿。

---

① 见本卷第12—19页。——编者注

欧洲和俄国的社会民主党的状况，简单说来就是如此。国际的破产已经是事实。法国和德国社会党人在报刊上展开的论战确凿无疑地证实了这一点。不仅是左派社会民主党人（梅林和《不来梅市民报》），连温和的瑞士报纸（《民权报》）也确认了这一点。考茨基企图掩盖这一破产，那是一种怯懦的狡辩。而这一破产恰恰是当了资产阶级俘虏的机会主义的破产。

资产阶级的立场很清楚。机会主义者只是在盲目地重复资产阶级的论据，这也是同样清楚的。对于社论中所谈的，只须作一点补充，即只须提一下《新时代》杂志的一种侮辱性的说法：仿佛国际主义就是要一国的工人为了保卫祖国而向另一国的工人开枪！

我们对机会主义者的答复是：无视这场战争的具体的历史性质，就无法谈论祖国问题。这场战争是帝国主义战争，即资本主义最发达的时代的战争，资本主义**灭亡**的时代的战争。《**共产党宣言**》说，工人阶级首先必须“把自身组织成为民族”[①]，同时又指出，我们对民族和祖国的承认，是**有限度和有条件**的，认为这是资产阶级制度的、因而也是资产阶级祖国的必要形式。机会主义者歪曲这一真理，把在资本主义产生的时代是正确的东西搬用到资本主义灭亡的时代。而在谈到这个时代，谈到无产阶级已经不是为摧毁封建主义而是为摧毁资本主义而斗争的任务时，《共产党宣言》明确地指出：“工人没有祖国”。不难理解，为什么机会主义者害怕承认这个社会主义的真理，甚至在多数场合害怕公开地探讨这一真理。社会主义运动在祖国这个旧框框内不可能取得胜利。社会主义运动正在创造人类社会生活新的更高级的形式，在这样的形

① 见《马克思恩格斯文集》第2卷第50页。——编者注

式下，**任何一个**民族的劳动群众的合理要求和进步愿望，都将在消除现有民族壁垒的条件下，通过国际统一而第一次得到满足。现代资产阶级试图以“保卫祖国”的虚伪借口来分裂和离间工人，对此，觉悟的工人将要作出的回答是：进行连续不断的坚持不懈的努力，在推翻各国资产阶级统治的斗争中建立起各国工人的统一。

资产阶级愚弄群众，用旧的“民族战争”观念来掩饰帝国主义的掠夺。无产阶级则揭穿这种欺骗，宣布变帝国主义战争为国内战争的口号。这个口号正是斯图加特和巴塞尔决议所提出的，这两个决议所预见到的并不是一般的战争，而恰恰是目前的这场战争；决议所谈的，不是什么“保卫祖国”，而是“加速资本主义的崩溃”，利用战争造成的危机来达到这一目的，并谈到了公社这个先例。公社就是变民族间的战争为国内战争的。

当然，这种转变并不是轻而易举的事情，不是某些党“愿意”就能实现的。但是，正是这种转变寓于一般资本主义的特别是资本主义灭亡时代的客观条件之中。因此社会党人应当朝这个方向而且只能朝这个方向进行工作。不投票赞成军事拨款，不纵容“自己”国家（和盟国）的沙文主义，首先同“自己的”资产阶级的沙文主义作斗争，而当危机到来，资产阶级自己抛弃了它所建立的合法性的时候，就不局限于合法的斗争形式，——这就是**导向**国内战争并且将在战火笼罩整个欧洲的某一时刻导致国内战争的行动**路线**。

战争并不是偶然现象，也不是基督教牧师（他们在宣扬爱国主义、博爱与和平方面并不比机会主义者差）所认为的“罪恶”，而是资本主义的一个不可避免的阶段，它与和平一样，也是**资本主义**生活的一种合乎规律的形式。当前的战争是民族间的战争。根据这个事实不应该得出结论说，必须顺应“民众的”沙文主义潮流，应该得出的结论是，使各民族分裂的那些阶级矛盾在战时，在战争中，在战争的条件下还继续存在并将表现出来。拒绝服兵役，举行反战罢工等等，纯粹是一种愚蠢行为，是可怜而怯懦地幻想凭赤手空拳反对武装的资产阶级，是梦想不通过殊死的国内战争或者一系列战争而消灭资本主义。在军队中也进行阶级斗争的宣传，是社会党人的职责；在各国资产阶级发生帝国主义武装冲突的时代，变民族间的战争为国内战争是唯一的社会主义的工作。打倒“不惜任何代价的和平”这种牧师式的感伤主义的和愚蠢的呼吁！我们要高举国内战争的旗帜！帝国主义严重地威胁着欧洲文化的命运，如果没有一连串胜利的革命，这场战争过去之后，很快又会有其他的战争接踵而来。关于所谓“最后的战争”的童话，完全是一种空洞而有害的童话，是小市民的“神话”（按《呼声报》的恰当说法）。不是在今天就是在明天，不是在战时就是在战后，不是在这次战争中就是在下一次战争中，无产阶级的国内战争的旗帜一定会不仅把成千上万觉悟的工人团结到自己周围，而且把现在受沙文主义愚弄的千百万半无产者和小资产者团结到自己周围，战争的惨祸不仅会使他们恐惧和畏缩，也会启发、教育、唤醒、组织、锻炼和训练他们去同“自己”国家的也同“别的”国家的资产阶级进行战争。

第二国际死亡了，它已被机会主义所战胜。打倒机会主义！不仅清除了“变节分子”（就像《呼声报》所希望的那样）而且清除了机会主义的第三国际万岁！

第二国际完成了它的有益的准备工作，在19世纪最后⅓和20世纪初这一资本主义奴役最残酷、资本主义进步最迅速的漫长的"和平"时代里,把无产阶级群众初步组织起来。第三国际面临的任务是,组织无产阶级的力量向各国资本主义政府发起革命进攻,进行反对各国资产阶级的国内战争,以夺取政权,争取社会主义的胜利!

载于1914年11月1日《社会民主党人报》第33号

译自《列宁全集》俄文第5版第26卷第36—42页

卡尔·马克思

（传略和马克思主义概述）[85]

（1914年11月）

序　　言

现在用单行本出版的《卡尔·马克思》一文，是我在1913年（根据我的记忆）为格拉纳特词典写的。原来文末附有相当详细的、多半是外文的、论述马克思的书目。这个书目没有编进本版。其次，词典编辑部考虑到书报检查，又把本文结尾阐述马克思的革命策略的部分删去了。可惜在这里我无法把结尾部分再加进去，因为原稿留在克拉科夫或瑞士我的某些文稿中。我只记得，在文章的结尾部分，我还引用了1856年4月16日马克思给恩格斯的信中的两句话："德国的全部问题将取决于是否有可能由某种再版的农民战争来支持无产阶级革命。如果那样就太好了。"①这就是我们的孟什维克从1905年起就没有能理解的地方，而现在，他们已完全背叛社会主义而投到资产阶级方面去了。

尼·列宁

1918年5月14日于莫斯科

---

① 见《马克思恩格斯文集》第10卷第131页。——编者注

马克思，卡尔　1818年公历5月5日生于特里尔城（莱茵普鲁士）。他的父亲是一位律师，犹太人，1824年加入新教。这个家庭是富裕的，有教养的，但不是革命的。马克思在特里尔中学毕业后，先后入波恩和柏林的大学攻读法学，但他研究得最多的是历史和哲学。1841年大学毕业时提交了一篇论伊壁鸠鲁哲学的学位论文。马克思就其当时的观点来说，还是一个黑格尔唯心主义者。在柏林，他加入过"左派黑格尔派"（布鲁诺·鲍威尔等人）的圈子，这派人想从黑格尔哲学中作出无神论的和革命的结论。

大学毕业后，马克思迁居波恩，打算当教授。但是当时政府实行反动政策，1832年撤销路德维希·费尔巴哈的教授职务，1836年又拒绝让费尔巴哈进大学讲课，1841年又剥夺青年教授布鲁诺·鲍威尔在波恩的讲学资格，这样就迫使马克思放弃了当学者的前程。当时左派黑格尔派的观点在德国发展很快。路德维希·费尔巴哈，特别是从1836年起，开始批判神学，转向唯物主义，到1841年，唯物主义在他的思想中已经完全占了上风（《基督教的本质》）；他的另一著作《未来哲学原理》于1843年问世。后来，恩格斯在谈到费尔巴哈的这些著作时写道：这些书的"解放作用，只有亲身体验过的人才能想象得到"。"我们〈即左派黑格尔派，包括马克思〉一时都成为费尔巴哈派了。"[①]这时，一些同左派黑格尔派接

① 见《马克思恩格斯文集》第4卷第275页。——编者注

近的莱茵激进派资产者，在科隆创办了一个反对派的报纸《莱茵报》[86]（1842 年 1 月 1 日创刊）。马克思和布鲁诺·鲍威尔被聘为主要撰稿人。1842 年 10 月，马克思担任该报主笔，并从波恩迁居科隆。该报在马克思的编辑下，革命民主倾向愈来愈明确。所以政府起初对该报进行双重的，甚至是三重的检查，后来，在 1843 年 1 月 1 日决定干脆将其查封。马克思被迫在查封之前辞职，但该报并没有因此而得救，终于在 1843 年 3 月被查封。马克思在《莱茵报》上发表的主要文章，除后面列举的（见**书目**①）以外，恩格斯还曾提到论摩泽尔河谷酿造葡萄酒的农民的状况一文[87]。办报工作使马克思感到自己的政治经济学知识不够，于是他发奋研究这门科学。

1843 年，马克思在克罗伊茨纳赫同童年时代的女友燕妮·冯·威斯特华伦结婚。马克思还在大学读书时就同她订了婚。燕妮出身于一个反动的普鲁士贵族家庭。她的哥哥曾在 1850—1858 年这个最反动的时期任普鲁士内务大臣。1843 年秋，马克思赴巴黎，此行的目的是和阿尔诺德·卢格（1802—1880 年；左派黑格尔派，1825—1830 年被监禁，1848 年以后流亡国外；1866—1870 年以后成为俾斯麦主义者）一起在国外创办一种激进的杂志。这个《德法年鉴》杂志[88]只出了第 1 期。其所以停刊，是因为在德国秘密发行困难，加上马克思同卢格意见不合。马克思在这个杂志上发表的文章表明他已经是一个革命家。他主张“对现存的一切进行无情的批判”，尤其是“武器的批判”②；他诉诸**群众**，诉诸**无产阶级**。

1844 年 9 月，弗里德里希·恩格斯曾到巴黎小住数日，他从这时起便成为马克思最亲密的朋友。他们两人一起极其热情地投

① 见本卷第 83—95 页。——编者注

② 见《马克思恩格斯文集》第 10 卷第 7 页，第 1 卷第 11 页。——编者注

入当时巴黎各革命团体的沸腾生活（蒲鲁东的学说当时特别有影响，马克思于1847年在《哲学的贫困》中对它进行了彻底的清算），并在同各种小资产阶级的社会主义学说进行的尖锐斗争中创立了革命的**无产阶级社会主义**或者说共产主义（马克思主义）的理论和策略（见后面的**书目**所载的马克思在1844—1848年这一时期的著作）。1845年，在普鲁士政府的坚决要求下，马克思作为一个危险的革命分子而被驱逐出巴黎。此后他迁居布鲁塞尔。1847年春，马克思和恩格斯加入秘密宣传团体“共产主义者同盟”[89]，参加了该同盟的第二次代表大会（1847年11月在伦敦举行）并起了突出的作用，他们受大会委托起草了1848年2月发表的著名的《共产党宣言》。这部著作以天才的透彻而鲜明的语言描述了新的世界观，即把社会生活领域也包括在内的彻底的唯物主义、作为最全面最深刻的发展学说的辩证法以及关于阶级斗争和共产主义新社会创造者无产阶级肩负的世界历史性的革命使命的理论。

1848年二月革命[90]爆发时，马克思被驱逐出比利时。他重返巴黎，并于三月革命[91]后，又从巴黎回到德国科隆。1848年6月1日至1849年5月19日，在科隆出版了《新莱茵报》[92]；马克思任该报主编。1848—1849年的革命事态的发展极好地证实了新的理论，后来世界各国所有的无产阶级运动和民主运动也同样证实了这一理论。得胜的反革命势力起初将马克思提交法庭审判（1849年2月9日宣告无罪），以后又把他驱逐出德国（1849年5月16日）。马克思先到巴黎，在1849年6月13日游行示威[93]后又被驱逐出巴黎，此后他移居伦敦，直到去世。

流亡生活极端困苦，这一点从马克思同恩格斯的通信（1913年出版）[94]中可以特别清楚地看出。马克思及其一家饱受贫困的折磨。如果不是恩格斯牺牲自己而不断给予资助，马克思不但无法写成《资本论》，而且势必会死于贫困。此外，当时占优势的小资产阶级和所有非无产阶级的社会主义学说和思潮，迫使马克思经常进行无情的斗争，有时还要反驳各种穷凶极恶的人身攻击（《福格特先生》[95]）。马克思竭力避开流亡者的圈子，写了一些历史著作（见**书目**）来详细阐述自己的唯物主义理论，并主要致力于政治经济学的研究。马克思通过《政治经济学批判》（1859 年出版）和《资本论》（1867 年出版第 1 卷）这两部著作，使这门科学发生了一场革命（见后面马克思的**学说**）。

50 年代末和 60 年代民主运动复兴时期，马克思又投入实际活动。1864 年（9 月 28 日），在伦敦成立了有名的第一国际，即“国际工人协会”。马克思是这个协会的灵魂，协会的第一个《宣言》[96]以及许多决议、声明和公告都出自他的手笔。马克思把各个国家的工人运动统一起来，竭力把各种非无产阶级的即马克思主义以前的社会主义（马志尼、蒲鲁东、巴枯宁、英国的自由派工联主义、德国拉萨尔右倾分子等等）纳入共同行动的轨道，并同所有这些派别和学派的理论进行斗争，从而为各个国家的工人阶级制定了统一的无产阶级斗争策略。在 1871 年巴黎公社——马克思对它曾经作过极其深刻、准确、出色而**有影响的**、革命的分析（1871 年的《法兰西内战》）——失败之后，在巴枯宁分子使第一国际分裂之后，第一国际已无法在欧洲继续存在。在海牙国际代表大会（1872 年）[97]以后，马克思把国际总委员会移至纽约。第一国际完成了自己的历史使命，随之而来的是世界各国工人运动空前大发展的时代，即工人运动**向广度**发展，以各个民族国家为基地建立**群众性的**社会主义工人政党的时代。

在第一国际中的紧张工作和更为紧张的理论研究活动，完全损坏了马克思的健康。他继续进行改造政治经济学和完成《**资本论**》的工作，为此大量收集新的资料，学习好几种语言（例如俄语），可是疾病使他没有能够写完《**资本论**》。

1881年12月2日，马克思的妻子去世。1883年3月14日，马克思静静地长眠于他的安乐椅中。他被安葬于伦敦的海格特公墓，安息在妻子的身边。马克思的子女，有几个由于当时家境十分贫困，在童年时便死于伦敦。三个女儿爱琳娜、劳拉、燕妮，分别嫁给了英国和法国的社会主义者艾威林、拉法格、龙格。燕妮的儿子是法国社会党党员。

马克思的学说

马克思主义是马克思的观点和学说的体系。马克思是19世纪人类三个最先进国家中的三种主要思潮——德国古典哲学、英国古典政治经济学以及同法国所有革命学说相联系的法国社会主义——的继承者和天才的完成者。马克思的观点极其彻底而严整，这是马克思的对手也承认的，这些观点总起来就构成作为世界各文明国家工人运动的理论和纲领的现代唯物主义和现代科学社会主义。因此，我们在阐述马克思主义的主要内容即马克思的经济学说之前，必须把他的整个世界观作一简略的叙述。

哲学唯物主义

从1844—1845年马克思的观点形成时起，他就是一个唯物主义者，首先是路·费尔巴哈的信奉者，就是到后来他还认为，费尔巴哈的弱点仅仅在于他的唯物主义不够彻底和全面。马克思认为费尔巴哈的“划时代的”世界历史作用，就在于他坚决同黑格尔的唯心主义决裂，宣扬了唯物主义，这种唯物主义早“在 18 世纪，特别是在法国，不仅是反对现存政治制度的斗争，同时是反对现存宗教和神学的斗争，而且还是……反对一切形而上学〈意即与“清醒的哲学”相反的“醉醺醺的思辨”〉……的斗争”（《遗著》中的《神圣家族》）[①]。马克思写道：“在黑格尔看来，思维过程，即甚至被他在观念这一名称下转化为独立主体的思维过程，是现实事物的创造主〈创造者、缔造者〉…… 我的看法则相反，观念的东西不外是移入人的头脑并在人的头脑中改造过的物质的东西而已。”（《资本论》第 1 卷第 2 版跋[②]）弗·恩格斯在《反杜林论》一书（**见该书**，马克思看过该书的手稿）中完全以马克思的这个唯物主义哲学为依据，并阐述了这个哲学，他写道：“……世界的统一性并不在于它的存在，而在于它的物质性，这种物质性……是由哲学和自然科学的长期的和持续的发展所证明的。……运动是物质的存在方式。无论何时何地，都没有也不可能有没有运动的物质和没有物质的运动。……如果进一步问：究竟什么是思维和意识，它们是从哪里来的，那么就会发现，它们都是人脑的产物，而人本身是自然界的产物，是在自己所处的环境中并且和这个环境一起发展起来的；这里不言而喻，归根到底也是自然界产物的人脑的产物，并不同自然界的其他联系相矛盾，而是相适应的。”“黑格尔是唯心主义者，就是说，在他看来，他头脑中的思想不是现实的事物和过程的或多或少

---

① 参看《马克思恩格斯文集》第 1 卷第 327 页。——编者注

② 见《马克思恩格斯文集》第 5 卷第 22 页。——编者注

抽象的反映〈Abbilder，意即映象，恩格斯有时还称为“印象”〉，相反，在他看来，事物及其发展只是在世界出现以前已经在某个地方存在着的‘观念’的现实化的反映。”[①]弗·恩格斯在叙述自己和马克思对费尔巴哈哲学的看法的《路德维希·费尔巴哈》一书中（此书付排前，恩格斯重新阅读了他和马克思于1844—1845年写的论述黑格尔、费尔巴哈和唯物主义历史观的原稿）写道：“全部哲学，特别是近代哲学的重大的基本问题，是思维和存在、精神和自然界的关系问题。……什么是本原的，是精神，还是自然界？……哲学家依照他们如何回答这个问题而分成了两大阵营。凡是断定精神对自然界说来是本原的，从而归根到底承认某种创世说的人……组成唯心主义阵营。凡是认为自然界是本原的，则属于唯物主义的各种学派。”[②]在其他任何意义上运用（哲学的）唯心主义和唯物主义这两个概念，都只能造成混乱。马克思不但坚决驳斥了始终这样或那样地同宗教相连的唯心主义，而且坚决驳斥了现时特别流行的休谟观点和康德观点，即形形色色的不可知论、批判主义和实证论，认为这类哲学是对唯心主义的一种“反动的”让步，充其量是“暗中接受唯物主义而当众又加以拒绝的羞羞答答的做法”[③]。关于这个问题，除上面已指出的马克思和恩格斯的著作以外，还可参看1868年12月12日马克思给恩格斯的信。在这封信中，马克思谈到了著名博物学家托·赫胥黎发表的比通常“更具有唯物主义精神”的演讲，谈到了他认为“当我们真正观察和思考的时候，我们永远也不能脱离唯物主义”，但同时又斥责赫胥黎为不

---

① 参看《马克思恩格斯文集》第9卷第47、64、38—39、27页。——编者注

② 参看《马克思恩格斯文集》第4卷第277、278页。——编者注

③ 同上书，第280页。——编者注

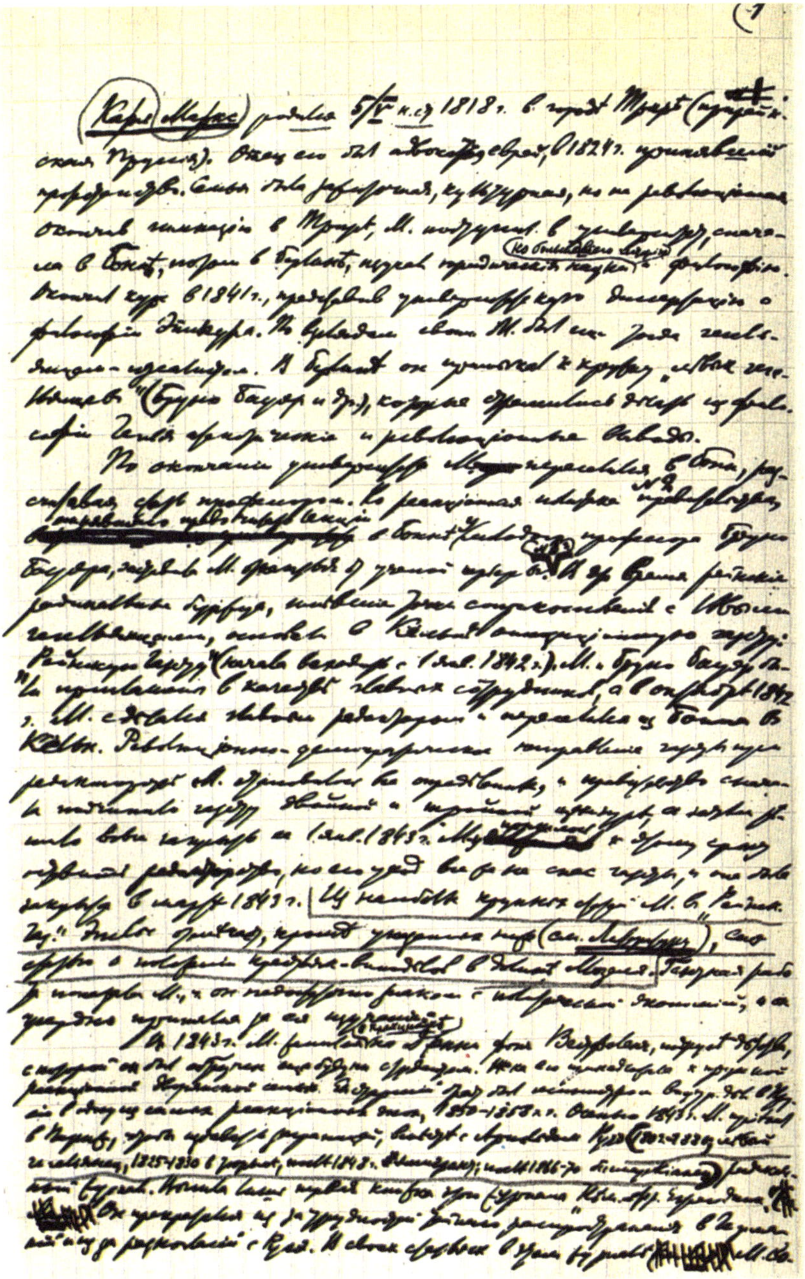

1914 年 7—11 月列宁《卡尔・马克思》手稿第 1 页

1929—1949 年我国出版的列宁《卡尔·马克思》的部分中译本

可知论、为休谟主义留下了“后路”。[①] 特别应当指出马克思关于自由与必然的关系的观点:“必然只有在它没有被理解时才是盲目的。自由是对必然的认识。”(恩格斯《反杜林论》)[②]这也就是承认自然界的客观规律性,承认必然向自由的辩证转化(如同尚未认识但可以认识的“自在之物”向“为我之物”转化,“物的本质”向“现象”转化一样)。马克思和恩格斯认为,“旧”唯物主义,包括费尔巴哈的唯物主义在内(更不要说毕希纳、福格特、摩莱肖特的“庸俗”唯物主义了),其主要缺点是:(1)这种唯物主义“主要是机械的”唯物主义,它没有考虑到化学和生物学(现在还应加上物质的电学理论)的最新发展;(2)旧唯物主义是非历史的、非辩证的(是反辩证法意义上的形而上学的),它没有彻底和全面地贯彻发展的观点;(3)他们抽象地理解“人的本质”,而不是把它理解为“一切社会关系的〈一定的具体历史条件下的〉总和”,所以他们只是“解释”世界,而问题却在于“改变”世界,也就是说,他们不理解“革命实践活动”的意义[③]。

辩　证　法

马克思和恩格斯认为,黑格尔辩证法这个最全面、最富有内容、最深刻的发展学说,是德国古典哲学的最大成就。他们认为,任何其他关于发展的原理、进化的原理的说法,都是片面的、内容贫乏的,只能把自然界和社会的实际发展过程(往往伴有飞跃、剧变、革命)弄得残缺不全。“马克思和我,可以说是唯一把自觉的辩证法拯

① 参看《马克思恩格斯全集》第 1 版第 32 卷第 213 页。——编者注

② 见《马克思恩格斯文集》第 9 卷第 120 页。——编者注

③ 参看《马克思恩格斯文集》第 1 卷第 499—502 页。——编者注

救出来〈使其不致与包括黑格尔主义在内的唯心主义一同被粉碎〉并运用于唯物主义的自然观的人。”“自然界是检验辩证法的试金石，而且我们必须说，现代自然科学为这种检验提供了极其丰富的〈这是在镭、电子和元素转化等等发现以前写的！〉、与日俱增的材料，并从而证明了，自然界的一切归根到底是辩证地而不是形而上学地发生的。”①

恩格斯写道：“一个伟大的基本思想，即认为世界不是既成事物的集合体，而是过程的集合体，其中各个似乎稳定的事物同它们在我们头脑中的思想映象即概念一样都处在生成和灭亡的不断变化中，——这个伟大的基本思想，特别是从黑格尔以来，已经成了一般人的意识，以致它在这种一般形式中未必会遭到反对了。但是，口头上承认这个思想是一回事，实际上把这个思想分别运用于每一个研究领域，又是一回事。”“在辩证哲学面前，不存在任何最终的东西、绝对的东西、神圣的东西；它指出所有一切事物的暂时性；在它面前，除了生成和灭亡的不断过程、无止境地由低级上升到高级的不断过程，什么都不存在。它本身就是这个过程在思维着的头脑中的反映。”因此，在马克思看来，辩证法就是“关于外部世界和人类思维的运动的一般规律的科学”。②

马克思接受并发展了黑格尔哲学的这一革命的方面。辩证唯物主义“不再需要任何凌驾于其他科学之上的哲学”。以往的哲学只留下了“关于思维及其规律的学说——形式逻辑和辩证法”。③而辩证法，按照马克思的理解，同样也根据黑格尔的看法，其本身包括现在称之为认识论的内容，这种认识论同样应当历史地观察

① 参看《马克思恩格斯文集》第 9 卷第 13、25 页。——编者注
② 参看《马克思恩格斯文集》第 4 卷第 298—299、270、298 页。——编者注
③ 见《马克思恩格斯文集》第 9 卷第 28 页。——编者注

自己的对象，研究并概括认识的起源和发展，从**不**知到知的转化。

现在，发展观念，进化观念，几乎完全深入社会的意识，但不是通过黑格尔哲学，而是通过另外的途径。不过，这个观念，按马克思和恩格斯依据黑格尔哲学而作的表述，要比一般流行的进化观念全面得多，丰富得多。发展似乎是在重复以往的阶段，但它是以另一种方式重复，是在更高的基础上重复（“否定的否定”），发展是按所谓螺旋式，而不是按直线式进行的；发展是飞跃式的、剧变式的、革命的；“渐进过程的中断”；量转化为质；发展的内因来自对某一物体、或在某一现象范围内或某一社会内发生作用的各种力量和趋势的矛盾或冲突；每种现象的**一切**方面（而且历史在不断地揭示出新的方面）相互依存，极其密切而不可分割地联系在一起，这种联系形成统一的、有规律的世界运动过程，——这就是辩证法这一内容更丰富的（与通常的相比）发展学说的若干特征。（参看马克思 1868 年 1 月 8 日给恩格斯的信，其中嘲笑施泰因的“死板的三分法”，认为把三分法同唯物主义辩证法混为一谈是荒谬的[①]。）

唯物主义历史观

马克思认识到旧唯物主义的不彻底性、不完备性和片面性，确信必须“使关于社会的科学同唯物主义的基础协调起来，并在这个基础上加以改造”[②]。既然唯物主义总是用存在解释意识而不是相反，那么应用于人类社会生活时，唯物主义就要求用**社会**存在解释**社会**意识。马克思在《资本论》第 1 卷中说：“工艺学揭示出人对

① 参看《马克思恩格斯全集》第 1 版第 32 卷第 10 页。——编者注

② 参看《马克思恩格斯文集》第 4 卷第 284 页。——编者注

自然的能动关系，人的生活的直接生产过程，从而人的社会生活关系和由此产生的精神观念的直接生产过程。”[①]马克思在《政治经济学批判》序言中，对推广运用于人类社会及其历史的唯物主义的基本原理，作了如下的完整的表述：

“人们在自己生活的社会生产中发生一定的、必然的、不以他们的意志为转移的关系，即同他们的物质生产力的一定发展阶段相适合的生产关系。

这些生产关系的总和构成社会的经济结构，即有法律的和政治的上层建筑竖立其上并有一定的社会意识形式与之相适应的现实基础。物质生活的生产方式制约着整个社会生活、政治生活和精神生活的过程。不是人们的意识决定人们的存在，相反，是人们的社会存在决定人们的意识。社会的物质生产力发展到一定阶段，便同它们一直在其中运动的现存生产关系或财产关系（这只是生产关系的法律用语）发生矛盾。于是这些关系便由生产力的发展形式变成生产力的桎梏。那时社会革命的时代就到来了。随着经济基础的变更，全部庞大的上层建筑也或慢或快地发生变革。在考察这些变革时，必须时刻把下面两者区别开来：一种是生产的经济条件方面所发生的物质的、可以用自然科学的精确性指明的变革，一种是人们借以意识到这个冲突并力求把它克服的那些法律的、政治的、宗教的、艺术的或哲学的，简言之，意识形态的形式。

我们判断一个人不能以他对自己的看法为根据，同样，我们判断这样一个变革时代也不能以它的意识为根据；相反，这个意识必须从物质生活的矛盾中，从社会生产力和生产关系之间的现存冲

① 见《马克思恩格斯文集》第5卷第429页。——编者注

突中去解释。……”“大体说来，亚细亚的、古希腊罗马的、封建的和现代资产阶级的生产方式可以看做是经济的社会形态演进的几个时代。”①(参看马克思 1866 年 7 月 7 日给恩格斯的信中的简短表述：“我们关于生产资料决定劳动组织的理论”②。)

发现唯物主义历史观，或者更确切地说，把唯物主义贯彻和推广运用于社会现象领域，消除了以往的历史理论的两个主要缺点。第一，以往的历史理论至多只是考察了人们历史活动的思想动机，而没有研究产生这些动机的原因，没有探索社会关系体系发展的客观规律性，没有把物质生产的发展程度看做这些关系的根源；第二，以往的理论从来忽视居民**群众**的活动，只有历史唯物主义才第一次使我们能以自然科学的精确性去研究群众生活的社会条件以及这些条件的变更。马克思以前的“社会学”和历史学，**至多**是积累了零星收集来的未加分析的事实，描述了历史过程的个别方面。马克思主义则指出了对各种社会经济形态的产生、发展和衰落过程进行全面而周密的研究的途径，因为它考察了所有各种矛盾的趋向的**总和**，把这些趋向归结为可以准确测定的、社会**各阶级**的生活和生产的条件，排除了选择某种“主导”思想或解释这种思想时的主观主义和武断态度，揭示了物质生产力的状况是所有一切思想和各种不同趋向的**根源**。人们自己创造自己的历史，但人们即群众的动机是由什么决定的，各种矛盾的思想或意向间的冲突是由什么引起的，一切人类社会中所有这些冲突的总和是怎样的，构成人们全部历史活动基础的、客观的物质生活的生产条件是怎样的，这些条件的发展规律是怎样的，——马克思对这一切都注意到了，并且指出了科学地

① 见《马克思恩格斯文集》第 2 卷第 591—592 页。——编者注

② 见《马克思恩格斯文集》第 10 卷第 238 页。——编者注

研究历史这一极其复杂、充满矛盾而又是有规律的统一过程的途径。

阶级斗争

某一社会中一些成员的意向同另一些成员的意向相抵触;社会生活充满着矛盾;我们在历史上看到各民族之间,各社会之间,以及各民族、各社会内部的斗争,还看到革命和反动、和平和战争、停滞和迅速发展或衰落等不同时期的更迭,——这些都是人所共知的事实。马克思主义提供了一条指导性的线索,使我们能在这种看来扑朔迷离、一团混乱的状态中发现规律性。这条线索就是阶级斗争的理论。只有研究某一社会或某几个社会的全体成员的意向的总和,才能科学地确定这些意向的结果。其所以有各种矛盾的意向,是因为每个社会所分成的**各阶级**的地位和生活条件不同。马克思在《共产党宣言》中写道:"至今一切社会的历史〈恩格斯后来补充说明,原始公社的历史除外〉都是阶级斗争的历史。自由民和奴隶、贵族和平民、领主和农奴、行会师傅和帮工,一句话,压迫者和被压迫者,始终处于相互对立的地位,进行不断的、有时隐蔽有时公开的斗争,而每一次斗争的结局都是整个社会受到革命改造或者斗争的各阶级同归于尽。……从封建社会的灭亡中产生出来的现代资产阶级社会并没有消灭阶级对立。它只是用新的阶级、新的压迫条件、新的斗争形式代替了旧的。但是,我们的时代,资产阶级时代,却有一个特点:它使阶级对立简单化了。整个社会日益分裂为两大敌对的阵营,分裂为两大相互直接对立的阶级:资产阶级和无产阶级。"①

① 见《马克思恩格斯文集》第2卷第31—32页。——编者注

从法国大革命以来，欧洲许多国家的历史非常明显地揭示出事变的这种真实背景，即阶级斗争。法国复辟时代就出现了这样一些历史学家（梯叶里、基佐、米涅、梯也尔），他们在总结当时的事变时，不能不承认阶级斗争是了解整个法国历史的锁钥。而当今这个时代，即资产阶级取得了完全胜利、设立了代议机构、实行了广泛的（甚至是普遍的）选举制、有了供群众阅读的廉价的日报等等的时代，已经建立起势力强大的、范围不断扩大的工人联合会和企业主同盟等等的时代，更加清楚地（虽然有时是用很片面的、“和平的”、“立宪的”形式）表明，阶级斗争是事变的推动力。马克思的《共产党宣言》中的下面一段话可以向我们表明，马克思怎样要求社会科学根据对现代社会中每个阶级的发展条件的分析对每个阶级所处的地位作出客观的分析：“在当前同资产阶级对立的一切阶级中，只有无产阶级是真正革命的阶级。其余的阶级都随着大工业的发展而日趋没落和灭亡，无产阶级却是大工业本身的产物。中间等级，即小工业家、小商人、手工业者、农民，他们同资产阶级作斗争，都是为了维护他们这种中间等级的生存，以免于灭亡。所以，他们不是革命的，而是保守的。不仅如此，他们甚至是反动的，因为他们力图使历史的车轮倒转。如果说他们是革命的，那是鉴于他们行将转入无产阶级的队伍，这样，他们就不是维护他们目前的利益，而是维护他们将来的利益，他们就离开自己原来的立场，而站到无产阶级的立场上来。”①在一系列历史著作中（见**书目**），马克思提供了用唯物主义观点研究历史、分析**每个**阶级以至一个阶级内部各个集团或阶层所处地位的光辉而深刻的范例，透彻地

① 见《马克思恩格斯文集》第 2 卷第 41—42 页。——编者注

指明为什么和怎么说"一切阶级斗争都是政治斗争"①。我们上面引证的一段话清楚地说明，马克思为了测定历史发展的整个合力，分析了多么纷繁复杂的各种社会关系以及从一个阶级到另一个阶级、从过去到将来的各个**过渡**阶段。

使马克思的理论得到最深刻、最全面、最详尽的证明和运用的是他的经济学说。

马克思的经济学说

马克思在《资本论》序言中写道，"本书的最终目的就是揭示现代社会〈即资本主义社会，资产阶级社会〉的经济运动规律"②。研究这个历史上一定的社会的生产关系的发生、发展和衰落，就是马克思的经济学说的内容。在资本主义社会里，**商品**生产占统治地位，所以马克思的分析也就从分析商品入手。

价　　值

商品是这样一种物，一方面，它能满足人们的某种需要，另一方面，它能用来交换别种物。物的有用性使物成为**使用价值**。交换价值(或简称价值)首先是一定量的一种使用价值同一定量的另一种使用价值相交换的关系或比例。每天的经验都向我们表明，这种亿万次的交换，总是使各种极不相同的互相不可比的使用价

① 见《马克思恩格斯文集》第2卷第40页。——编者注
② 见《马克思恩格斯文集》第5卷第10页。——编者注

值趋于彼此相等。这些在一定社会关系体系内总是可以彼此相等的不同物之间,究竟有什么共同的东西呢?它们之间的共同的东西,就是它们都是**劳动产品**。人们通过交换产品,使各种极不相同的劳动彼此相等。商品生产是一种社会关系体系,在这种社会关系体系中,各个生产者制造各种不同的产品(社会分工),而所有这些产品在交换中彼此相等。因此,一切商品的共同的东西,并不是某一生产部门的具体劳动,并不是某一种类的劳动,而是**抽象的**人类劳动,即一般的人类劳动。表现在全部商品价值总额中的一个社会的全部劳动力,都是同一的人类劳动力,亿万次交换的事实都证明这一点。因此,每一单个商品所表现的只是一定份额的**社会必要**劳动时间。价值的大小由社会必要劳动量决定,或者说,由生产某种商品即某种使用价值所消耗的社会必要劳动时间决定。"人们在交换中使他们的各种产品彼此相等,也就使他们的各种劳动彼此相等。他们没有意识到这一点,但是他们这样做了。"①一位旧经济学家[98]说过,价值是两个人之间的一种关系。不过他还应当补充一句:被物的外壳掩盖着的关系。只有从一定的历史社会形态的社会生产关系体系来看,并且只有从表现在大量的、重复亿万次的交换现象中的关系体系来看,才能了解什么是价值。"作为价值,一切商品都只是一定量的凝固的劳动时间。"②马克思仔细分析了体现在商品中的劳动二重性以后,就进而分析**价值形式**和**货币**。这里,马克思的主要任务是:研究货币价值形式的**起源**,研究交换发展的**历史过程**——从个别的偶然的交换行为("简单

① 参看《马克思恩格斯文集》第5卷第91页。——编者注
② 同上书,第53页。——编者注

的、个别的或偶然的价值形式”①：一定量的一种商品同一定量的另一种商品相交换）开始，直到一般价值形式，这时若干不同的商品同一种固定的商品相交换，最后到货币价值形式，这时金成为这种固定的商品，即一般等价物。货币是交换和商品生产发展的最高产物，它把私人劳动的社会性，把由市场联结在一起的各个生产者之间的社会联系遮蔽起来，掩盖起来。马克思极其详细地分析了货币的各种职能；而在这里（也如同在《资本论》开头的两章中一样）特别重要的是要看到，抽象的、有时好像是纯粹演绎式的叙述，实际上是再现了交换和商品生产发展史的大量实际材料。“货币是以商品交换发展到一定高度为前提的。货币的各种特殊形式，即单纯的商品等价物，或流通手段，或支付手段、贮藏货币和世界货币，按其中这种或那种职能的不同作用范围和相对占优势的情况，表示社会生产过程的极不相同的阶段。”（《资本论》第1卷）②

剩余价值

商品生产发展到一定阶段，货币就转化为资本。商品流通的公式是：T（商品）——Д（货币）——T（商品），这就是说，卖出一种商品是为了买进另一种商品。相反，资本的一般公式是Д——T——Д，这就是说，买是为了卖（带来利润）。马克思把投入周转的货币的原有价值的这种增加叫做剩余价值。货币在资本主义周转中的这种“增殖”，是人所共知的事实。正是这种“增殖”使货币转

① 见《马克思恩格斯文集》第5卷第62页。——编者注

② 同上书，第198页。——编者注

化为**资本**，转化为一种特殊的、历史上一定的社会生产关系。剩余价值不能从商品流通中产生，因为商品流通只能是等价物的交换；也不能从加价中产生，因为买主和卖主相互间的盈亏会抵消，而这里说的正是大量的、平均的、社会的现象，而不是个别的现象。为了获得剩余价值，"货币占有者就必须在市场上发现这样一种商品，它的使用价值本身具有成为价值源泉的独特属性"①，它的使用过程同时也是价值的创造过程。这样的商品是存在的。这就是人的劳动力。它的使用就是劳动，而劳动则创造价值。货币占有者按劳动力的价值购买劳动力，而劳动力的价值，和其他任何商品的价值一样，是由生产劳动力所需要的社会必要劳动时间（即工人及其家属的生活费用的价值）决定的。货币占有者购买了劳动力，就有权使用劳动力，即迫使他整天劳动，譬如说劳动 12 个小时。其实工人在 6 小时（"必要"劳动时间）内就创造出补偿其生活费用的产品，而在其余 6 小时（"剩余"劳动时间）内则创造出资本家没有付给报酬的"剩余"产品或者说剩余价值。因此，从生产过程来看，必须把资本区分为两部分：一部分是耗费在生产资料（机器、劳动工具、原料等等）上面的不变资本，它的价值（一下子或者一部分一部分地）不变地转到成品上去；另一部分是耗费在劳动力上面的可变资本。这种资本的价值不是不变的，而是在劳动过程中有所增加，创造出剩余价值。因此，为了表示资本对劳动力的剥削程度，不应当把剩余价值同全部资本相比，而应当把它只同可变资本相比。这种比例，马克思称做剩余价值率，例如，在上面所举的例子中，它是$\frac{6}{6}$，即 100％。

资本产生的历史前提是：第一，在一般商品生产发展到比较高的

① 参看《马克思恩格斯文集》第 5 卷第 194—195 页。——编者注

水平的情况下某些人手里积累了一定数量的货币;第二,存在双重意义上“自由的”工人,从他们可以不受任何约束或限制地出卖劳动力来说是自由的,从他们没有土地和任何生产资料来说也是自由的,他们是没有产业的工人,是只能靠出卖劳动力为生的工人“无产者”。

增加剩余价值可以有两种基本方法:延长工作日(“绝对剩余价值”)和缩短必要劳动时间(“相对剩余价值”)。马克思在分析第一种方法时,展示了工人阶级为缩短工作日而斗争,以及国家政权为延长工作日(14—17 世纪)和为缩短工作日(19 世纪的工厂立法)而进行干预的壮观情景。《资本论》问世后,世界一切文明国家的工人运动的历史,又提供了成千成万件表明这种情景的新的事实。

马克思在分析相对剩余价值的生产时,考察了资本主义提高劳动生产率的三个基本历史阶段:(1)简单协作;(2)分工和工场手工业;(3)机器和大工业。马克思在这里对资本主义发展的各种基本的典型的特征揭示得多么深刻,从对俄国的所谓“手工”工业的考察提供了足以说明这三个阶段的前两个阶段的极其丰富的材料这一点就可以看出。而马克思在 1867 年所描写的大机器工业的革命作用,从那时到现在这半个世纪中在许多“新”国家(俄国、日本等等)里也都显示了出来。

其次,马克思对**资本积累**的分析是极其重要和新颖的。资本积累,就是把一部分剩余价值转化为资本,不是用它来满足资本家的个人需要或嗜欲,而是把它投入新的生产。马克思指出,整个先前的古典政治经济学(从亚当·斯密起)的一个错误就在于,它认为剩余价值在转化为资本时全部都用做可变资本。而事实上,剩余价值分为**生产资料**和可变资本。在资本主义发展和资本主义转变为社会主义的过程中,不变资本部分(在全部资本中)比可变资本部分增长得快，是具有重大意义的。

资本积累加速机器对工人的排挤，在一极造成富有，在另一极造成贫困，因而产生所谓“劳动后备军”，即工人的“相对过剩”或“资本主义的人口过剩”。这种过剩具有多种多样的形式，并使资本有异常迅速地扩大生产的可能性。这种可能性加上信用制度及生产资料方面的资本积累，也为我们提供了理解生产过剩**危机**的锁钥，这种危机在资本主义国家里总是周期性地发生，起初平均每隔十年一次，后来则间隔的时间比较长，而且比较不固定。必须把资本主义基础上的资本积累同所谓原始积累区别开来。原始积累是强迫劳动者同生产资料分离，把农民从土地上赶走，侵占公有地，实行殖民制度、国债制度、保护关税制度等等。“原始积累”在一极造成“自由的”无产者，在另一极造成货币占有者即资本家。

马克思曾用下面的一段名言说明“**资本主义积累的历史趋势**”：“对直接生产者的剥夺，是用最残酷无情的野蛮手段，在最下流、最龌龊、最卑鄙和最可恶的贪欲的驱使下完成的。私有者〈农民和手工业者〉靠自己劳动挣得的私有制，即以各个独立劳动者与其劳动条件相结合为基础的私有制，被资本主义私有制，即以剥削他人的但形式上是自由的劳动为基础的私有制所排挤。……现在要剥夺的已经不再是独立经营的劳动者，而是剥削许多工人的资本家了。这种剥夺是通过资本主义生产本身的内在规律的作用，即通过资本的集中进行的。一个资本家打倒许多资本家。随着这种集中或少数资本家对多数资本家的剥夺，规模不断扩大的劳动过程的协作形式日益发展，科学日益被自觉地应用于技术方面，土地日益被有计划地利用，劳动资料日益转化为只能共同使用的劳动资料，一切生产资料因作为结合的、社会的劳动的生产资料使用而日益节省，各国人民日益被卷入世界市场网，从而资本主义制度日益具有国际的性质。随着那些掠夺和垄断这一转化过程的全部利益的资本巨头不断减少，贫困、压迫、奴役、退化和剥削的程度不断加深，而日益壮大的、由资本主义生产过程本身的机制所训练、联合和组织起来的工人阶级的反抗也不断增长。资本的垄断成了与这种垄断一起并在这种垄断之下繁盛起来的生产方式的桎梏。生产资料的集中和劳动的社会化，达到了同它们的资本主义外壳不能相容的地步。这个外壳就要炸毁了。资本主义私有制的丧钟就要响了。剥夺者就要被剥夺了。”(《资本论》第1卷)①

其次，马克思在《资本论》第2卷中对社会总资本的再生产的分析，也是极其重要和新颖的。马克思在这里考察的也不是个别现象，而是普遍现象；不是社会经济的零星部分，而是整个社会经济的总和。马克思纠正了古典经济学家的上述错误，将整个社会生产分为两大部类，即(I)生产资料的生产和(II)消费品的生产，并通过他所列举的数字例证详细地考察了在以原有规模再生产的情况下和在积累的情况下社会总资本的流通。《资本论》第3卷所解决的是在价值规律的基础上形成平均利润率的问题。马克思把经济科学推进了一大步，这表现在他是根据普遍的经济现象，根据社会经济的全部总和来分析问题，而不是像庸俗政治经济学或现代的“边际效用论”那样，往往只根据个别偶然现象或竞争的表面现象来分析问题。马克思先分析了剩余价值的来源，然后考察了剩余价值之分为利润、利息和地租。利润②是剩余价值与投入企业的全部资本之比。“有机构成高”(即不变资本超过可变资本的数额高于社会平均

① 参看《马克思恩格斯文集》第5卷第873—874页。——编者注

② 看来是笔误，应是“利润率”。——编者注

数)的资本所提供的利润率,低于平均利润率。"有机构成低"的资本所提供的利润率,则高于平均利润率。资本之间的竞争,资本从一个部门自由地转入另一个部门,会使上述两种情况下的利润率都趋向平均。一个社会的全部商品的价值总量是同商品的价格总量相符的,但由于竞争的影响,在各个企业和各个生产部门内,商品不是按其价值,而是按等于所耗费的资本加平均利润的**生产价格**出卖的。

这样,价格离开价值和利润平均化这一众所周知的、无可争辩的事实,就被马克思根据价值规律充分说明了,因为全部商品的价值总量是同价格总量相符的。然而价值(社会的)变为价格(个别的),不是经过简单的直接的途径,而是经过极其复杂的途径,因为很自然,在完全靠市场联系起来的分散的商品生产者的社会中,规律性只能表现为平均的、社会的、普遍的规律性,而不同方向的个别的偏离则相互抵消。

劳动生产率的提高,表示不变资本比可变资本增长得快。而既然产生剩余价值的只是可变资本,所以利润率(剩余价值与全部资本之比,而不只是与资本的可变部分之比)当然就有下降的趋势。马克思详细分析了这一趋势和阻挡或者说抵消这一趋势的许多情况。现在我们不再转述《资本论》第 3 卷中论述高利贷资本、商业资本和货币资本的那些引人入胜的章节,只谈最主要的——**地租**理论。由于土地面积有限,而在资本主义国家中土地又全被各个业主所占有,所以农产品的生产价格不是取决于中等地的生产费用,而是取决于劣等地的生产费用,不是取决于产品运往市场的中等条件,而是取决于产品运往市场的劣等条件。这种生产价格与优等地(或优等条件下)的生产价格的差别,就产生等差地租或者说**级差**地租。马克思仔细分析了这种地租,说明它来源于各块土地肥力的差别，来源于土地的投资量的差别，这就完全揭露了（并见《剩余价值理论》，那里对洛贝尔图斯的批评特别值得注意）李嘉图的错误。李嘉图认为级差地租只是由于从优等地依次向劣等地转移而产生的。实则相反，也有逆向的转移，也有某一类土地转变为别类土地的情况（由于农业技术的进步、城市的发展等等），所以那个出名的“土地肥力递减规律”是极其错误的，是把资本主义的缺陷、局限性和矛盾归咎于自然界。其次，利润在工业的各个部门乃至整个国民经济的各个部门中平均化的前提，是竞争的完全自由，是资本从一个部门向另一个部门流动的自由。但土地私有制造成垄断，妨碍这种自由流动。由于这种垄断，资本有机构成较低从而个别利润率较高的农业的产品，就不加入完全自由的利润率平均化过程；土地所有者作为垄断者有可能使价格保持在平均价格之上，而这种垄断价格就产生**绝对**地租。在资本主义存在的条件下，级差地租是不可能消灭的，而绝对地租却**可能**消灭，例如在土地国有化的时候，在土地转归国家所有的时候就可能消灭。这种转变会打破私有者的垄断，会导致在农业中更彻底更充分地实行自由竞争。因此——马克思指出——激进派资产者曾在历史上多次提出土地国有化这一资产阶级的进步要求，但资产阶级中大多数人却害怕这个要求，因为这个要求太接近于“触动”当代另一种特别重要和特别“敏感的”垄断，即一般生产资料的垄断。（马克思在 1862 年 8 月 2 日给恩格斯的信中，特别通俗简明地叙述了自己关于资本平均利润和绝对地租的理论。见《通信集》第 3 卷第 77—81 页。并参看 1862 年 8 月 9 日的信，同上，第 86—87 页。）①

① 见《马克思恩格斯文集》第 10 卷第 185—190、192—193 页。——编者注

讲到地租史的时候，还必须提到马克思对地租的转化过程所作的分析，即由工役地租（农民用自己的劳动在地主的土地上创造剩余产品）转化为产品地租或实物地租（农民在自己的土地上生产剩余产品，因受“经济外的强制”而将剩余产品交给地主），然后转化为货币地租（也是一种实物地租，即由于商品生产的发展而转化为货币，在旧日罗斯称“代役租”），最后转化为资本主义地租，这时农民已为使用雇佣劳动从事耕作的农业企业主所代替。讲到对“资本主义地租的产生”的这种分析时，必须指出马克思关于**农业资本主义演进**的许多深刻的（对像俄国这样一些落后的国家有特别重要意义的）思想。“此外，在由实物地租转化为货币地租时，不仅与此同时必然形成一个无产的、为货币而受人雇用的短工阶级，而且甚至在这种转化之前就形成这个阶级。在这个新阶级刚刚产生，还只是偶然出现的时期，在那些境况较佳的有交租义务的农民中间，必然有那种自行剥削农业雇佣工人的习惯发展起来，正如早在封建时期，富裕的依附农自己又拥有依附农一样。因此，他们积累一定的财产并且本人转化为未来资本家的可能性也就逐渐发展起来。在这些旧式的、亲自劳动的土地占有者中间，也就形成了培植资本主义租地农场主的温床，他们的发展，取决于农村以外的资本主义生产的一般发展……”（《资本论》第 3 卷下册第 332 页）①“一部分农村居民的被剥夺和被驱逐，不仅为工业资本游离出工人及其生活资料和劳动材料，同时也建立了国内市场。”（《资本论》第 2 版第 1 卷第 778 页）②而农村居民的贫困和破产，又在为资本造成劳动后备军方面起了作用。在任何资本主义国家中，“一部分农村

① 见《马克思恩格斯文集》第 7 卷第 902—903 页。——编者注

② 见《马克思恩格斯文集》第 5 卷第 857 页。——编者注

人口因此经常准备着转入城市人口或制造业人口〈即非农业人口〉的队伍。相对过剩人口的这一源泉是长流不息的。……农业工人的工资被压到最低限度,他总是有一只脚陷在需要救济的赤贫的泥潭里"(《资本论》第 2 版第 1 卷第 668 页)①。农民对自己耕种的土地的私有权,是小生产的基础,是小生产繁荣并成为典型形态的条件。但这种小生产只能同狭隘的原始的生产范围和社会范围相容。在资本主义制度下,"农民所受的剥削和工业无产阶级所受的剥削,只是在形式上不同罢了。剥削者是同一个:资本。单个的资本家通过抵押和高利贷来剥削单个的农民;资本家阶级通过国家赋税来剥削农民阶级"(《法兰西阶级斗争》)②。"农民的小块土地现在只是使资本家得以从土地上榨取利润、利息和地租,而让农民自己考虑怎样去挣自己的工资的一个借口。"(《雾月十八日》)③通常农民甚至把一部分工资交给资本主义社会,即交给资本家阶级,自己却下降到"爱尔兰佃农的地步,而这全是在私有者的名义下发生的"(《法兰西阶级斗争》)④。"小块土地所有制占统治地位的国家的谷物价格所以低于资本主义生产方式的国家的原因之一"(《资本论》第 3 卷下册第 340 页)⑤何在呢?在于农民把一部分剩余产品白白交给社会(即资本家阶级)。"因此,这种较低的价格〈粮食和其他农产品的〉是生产者贫穷的结果,而决不是他们的劳动生产率的结果。"(《资本论》第 3 卷下册第 340 页)⑥在资本主

① 参看《马克思恩格斯文集》第 5 卷第 740 页。——编者注
② 见《马克思恩格斯文集》第 2 卷第 160 页。——编者注
③ 同上书,第 570 页。——编者注
④ 同上书,第 160 页。——编者注
⑤ 见《马克思恩格斯文集》第 7 卷第 911 页。——编者注
⑥ 同上。——编者注

义制度下，小块土地所有制，即小生产的标准形态，不断衰退、毁灭、消亡。“小块土地所有制按其性质来说排斥社会劳动生产力的发展、劳动的社会形式、资本的社会积聚、大规模的畜牧和对科学的累进的应用。高利贷和税收制度必然到处使这种所有制陷入贫困境地。资本在土地价格上的支出，势必夺去用于耕种的资本。生产资料无止境地分散，生产者本身无止境地互相分离。〈合作社，即小农协作社，虽能起非常进步的资产阶级的作用，但只能削弱这个趋势，而不能消灭这个趋势；同时不应当忘记，这种合作社对富裕农民的好处很多，对贫苦农民群众的好处则很少，几乎没有，而且协作社本身也会成为雇佣劳动的剥削者。〉人力发生巨大的浪费。生产条件越来越恶化和生产资料越来越昂贵是小块土地所有制的必然规律。”①资本主义在农业方面，也和在工业方面一样，完全是以“生产者的殉难史”②为代价来改造生产过程的。“农业工人在广大土地上的分散，同时破坏了他们的反抗力量，而城市工人的集中却增强了他们的反抗力量。在现代的即资本主义的农业中，像在现代工业中一样，劳动生产力的提高和劳动量的增大是以劳动力本身的破坏和衰退为代价的。此外，资本主义农业的任何进步，都不仅是掠夺劳动者的技巧的进步，而且是掠夺土地的技巧的进步……　因此，资本主义生产发展了社会生产过程的技术和结合，只是由于它同时破坏了一切财富的源泉——土地和工人。”(《资本论》第 1 卷第 13 章末)③

① 见《马克思恩格斯文集》第 7 卷第 912 页。——编者注
② 见《马克思恩格斯文集》第 5 卷第 579 页。——编者注
③ 同上书，第 579—580 页。——编者注

社 会 主 义

从上文可以看出，资本主义社会必然要转变为社会主义社会这个结论，马克思完全是从现代社会的经济的运动规律得出的。劳动社会化通过无数种形式日益迅速地向前发展，在马克思去世后的半个世纪以来，特别明显地表现在大生产与资本家的卡特尔、辛迪加和托拉斯的增长以及金融资本的规模和势力的巨大增长上，——这就是社会主义必然到来的主要物质基础。这个转变的思想上精神上的推动者和实际上的执行者，就是资本主义本身培养的无产阶级。表现于多种多样和内容日益丰富的形式的无产阶级反对资产阶级的斗争，必然要成为以无产阶级夺取政权（“无产阶级专政”）为目标的政治斗争。生产社会化不能不导致生产资料转变为社会所有，导致“剥夺者被剥夺”。劳动生产率大大提高，工作日缩短，完善的集体劳动代替残存的原始的分散的小生产，——这就是这种转变的直接结果。资本主义彻底破坏了农业同工业的联系，但同时又以自己的高度发展准备新的因素来建立这种联系，使工业同农业在自觉运用科学和合理组织集体劳动的基础上，在重新分布人口（既消除农村的荒僻、与世隔绝和不开化状态，也消除大量人口集中在大城市的反常现象）的基础上结合起来。现代资本主义的最高形式准备着新的家庭形式，并为妇女的地位和青年一代的教育准备新的条件。在现代社会里，女工和童工的使用，资本主义对父权制家庭的瓦解，必然采取最可怕最痛苦最可憎的形式。但是“由于大工业使妇女、男女少年和儿童在家庭范围以外，在社会地组织起来的生产过程中起着决定性的作用，它也就为家庭和两性关系的更高级的形式创造了新的经济基础。当然，把基督教日耳曼家庭形式看成绝对的东西，就像把古罗马家庭形式、古希腊家庭形式和东方家庭形式看成绝对的东西一样，都是荒谬的。这些形式依次构成一个历史的发展序列。同样很明白，由各种年龄的男女个人组成的结合劳动人员这一事实，尽管在其自发的、野蛮的、资本主义的形式中，也就是在工人为生产过程而存在，不是生产过程为工人而存在的那种形式中，是造成毁灭和奴役的祸根，但在适当的条件下，必然会反过来转变成人道的发展的源泉"(《资本论》第 1 卷第 13 章末)①。工厂制度使我们看到"未来教育的幼芽……对所有已满一定年龄的儿童来说，就是生产劳动同智育和体育相结合，它不仅是提高社会生产的一种方法，而且是造就全面发展的人的唯一方法"(同上)②。马克思的社会主义把民族问题和国家问题也放在同样的历史的基础上，这就是说不仅仅限于解释过去，而且大胆地预察未来，并勇敢地用实际活动来实现未来。民族是社会发展到资产阶级时代的必然产物和必然形式。工人阶级如果不"把自身组织成为民族"，如果不成为"民族的"("虽然完全不是资产阶级所理解的那种意思")③，就不能巩固、成熟和最终形成。但是资本主义的发展，日益打破民族壁垒，消除民族隔绝状态，用阶级对抗代替民族对抗。因此，就发达的资本主义国家来说，"工人没有祖国"，工人至少是各文明国家的工人的"联合的行动""是无产阶级获得解放的首要条件之一"(《共产党宣言》)④。

---

① 见《马克思恩格斯文集》第 5 卷第 563 页。——编者注
② 同上书，第 556—557 页。——编者注
③ 见《马克思恩格斯文集》第 2 卷第 50 页。——编者注
④ 同上。——编者注

这些论断，是不容置疑的真理。国家这个有组织的暴力，是社会发展到一定阶段必然产生的，这时社会已分裂成相互不可调和的阶级，如果没有一种似乎站在社会之上并在一定程度上脱离社会的"权力"，社会就无法存在。国家从阶级矛盾中产生后，便成为"最强大的、在经济上占统治地位的阶级的国家，这个阶级借助于国家而在政治上也成为占统治地位的阶级，因而获得了镇压和剥削被压迫阶级的新手段。因此，古希腊罗马时代的国家首先是奴隶主用来镇压奴隶的国家，封建国家是贵族用来镇压农奴……的机关，现代的代议制的国家是资本剥削雇佣劳动的工具"(恩格斯《家庭、私有制和国家的起源》，这里恩格斯叙述了自己的和马克思的观点)①。甚至民主共和国这一最自由最进步的资产阶级国家形式，也丝毫不能消除这个事实，而只能改变这个事实的形式(政府和交易所之间的联系，对官吏和报刊的直接或间接的收买，等等)。社会主义将导致阶级消灭，从而也导致国家消灭。恩格斯在《反杜林论》中写道："国家真正作为整个社会的代表所采取的第一个行动，即以社会的名义占有生产资料，同时也是它作为国家所采取的最后一个独立行动。那时，国家政权对社会关系的干预在各个领域中将先后成为多余的事情而自行停止下来。那时，对人的统治将由对物的管理和对生产过程的领导所代替。国家不是'被废除'的，它是自行消亡的。"②"在生产者自由平等的联合体的基础上……来组织生产的社会，将把全部国家机器放到它应该去的地方，即放到古物陈列馆去，同纺车和青铜斧陈列在一起。"(恩格斯

① 见《马克思恩格斯文集》第 4 卷第 191 页。——编者注
② 见《马克思恩格斯文集》第 9 卷第 297 页。——编者注

《家庭、私有制和国家的起源》)①

最后,关于马克思的社会主义对待那些在剥夺者被剥夺时期还将继续存在的小农的态度问题,必须举出恩格斯表达马克思的思想的一段话:"当我们掌握了国家政权的时候,我们决不会考虑用暴力去剥夺小农(不论有无赔偿,都是一样),像我们将不得不如此对待大土地占有者那样。我们对于小农的任务,首先是把他们的私人生产和私人占有变为合作社的生产和占有,不是采用暴力,而是通过示范和为此提供社会帮助。当然,到那时候,我们将有足够的手段,向小农许诺,他们将得到现在就必须让他们明了的好处。"(恩格斯《西方土地问题》,阿列克谢耶娃出版的版本第 17 页,俄译本有错误。原文载于《新时代》杂志。)②

无产阶级阶级斗争的策略

早在 1844—1845 年,马克思就判明了旧唯物主义的根本缺陷之一,就是未能理解革命实践活动的情况和正确评价这一活动的意义,所以,马克思后来在从事理论写作的同时,毕生都十分注意无产阶级阶级斗争的策略问题。马克思的**全部**著作,特别是 1913 年出版的四卷本马克思和恩格斯通信集,都在这方面提供了大量的材料。这些材料还远远没有收齐,没有汇集在一起,没有加以研究和整理。因此,我们在这里只能作一个最一般最简短的评介,着重说明,马克思正确地认为,唯物主义缺少**这一**方面,就是不

① 见《马克思恩格斯文集》第 4 卷第 193 页。——编者注

② 《西方土地问题》即《法德农民问题》,引文见《马克思恩格斯文集》第 4 卷第 524—525 页。——编者注

彻底的、片面的、毫无生气的唯物主义。马克思是严格根据他的辩证唯物主义世界观的一切前提确定无产阶级策略的基本任务的。先进阶级只有客观地考虑到某个社会中一切阶级相互关系的全部总和,因而也考虑到该社会发展的客观阶段,考虑到该社会和其他社会之间的相互关系,才能据以制定正确的策略。这就是说,不应当把各个阶级和各个国家看做是静态的,而应当看做是动态的,即不应当看做是处于不动的状态,而应当看做是处于运动之中(运动的规律是从每个阶级的存在的经济条件中产生的)。而对运动,不仅要从过去的观点来看,而且要从将来的观点来看,并且不是像"进化论者"那样庸俗地理解,只看到缓慢的变化,而是要辩证地理解:"在这种伟大的发展中,二十年等于一天,殊不知以后可能又会有一天等于二十年的时期"——马克思在给恩格斯的信中这样写道(《通信集》第3卷第127页)[①]。在每个发展阶段,在每一时刻,无产阶级的策略都要考虑到人类历史的这一客观必然的辩证法,一方面要利用政治消沉时代或龟行发展即所谓"和平"龟行发展的时代来发展先进阶级的意识、力量和战斗力,另一方面要把这种利用工作全部引向这个阶级的运动的"最终目的",并使这个阶级在"一天等于二十年"的伟大日子到来时有能力实际完成各项伟大的任务。在这个问题上马克思的两个论点特别重要:一个是在《哲学的贫困》中论述无产阶级的经济斗争和经济组织时提出的,另一个是在《共产党宣言》中论述无产阶级的政治任务时提出的。前一个论点是:"大工业把大批互不相识的人们聚集在一个地方。竞争使他们的利益分裂。但是维护工资这一对付老板的共同利益,使他

① 参看《马克思恩格斯文集》第10卷第203页。——编者注

们在一个共同的思想（反抗、组织同盟）下联合起来。……原来孤立的同盟就组成为集团，而且在经常联合的资本面前，对于工人来说，维护自己的联盟，就比维护工资更为重要。……在这一斗争（真正的内战）中，未来战斗的一切必要的要素在聚集和发展着。一旦达到这一点，联盟就具有政治性质。”①这就是经济斗争和工会运动在以后几十年内，在准备无产阶级的力量去进行“未来战斗”的整个长时期内的纲领和策略。在这方面应当注意马克思和恩格斯还有许多论述，他们用英国工人运动的实例说明，工业的“繁荣”怎样引起“收买无产阶级”（《马克思和恩格斯通信集》第 1 卷第 136 页）②、使无产阶级放弃斗争的尝试，这种繁荣怎样“起了败坏无产阶级的作用”（第 2 卷第 218 页）③；英国无产阶级怎样日益“资产阶级化”——“这一所有民族中最资产阶级化的民族〈英国〉，看来想把事情最终弄到这样的地步，即除了资产阶级，它还要有资产阶级化的贵族和资产阶级化的无产阶级”（第 2 卷第 290 页）④；英国无产阶级怎样日益丧失“革命斗志”（第 3 卷第 124 页）⑤；怎样必须在一个较长的时期内等待“英国工人摆脱资产阶级对他们的明显的腐蚀”（第 3 卷第 127 页）⑥；英国工人运动怎样缺乏“老宪章派[99]的热情”（1866 年；第 3 卷第 305 页）⑦；英国工人领袖怎样在变成“在激进资产者和工人之间”的中间类型的人（关于侯里欧克，第 4 卷第

---

① 见《马克思恩格斯文集》第 1 卷第 653—654 页。——编者注

② 参看《马克思恩格斯全集》第 1 版第 27 卷第 201 页。——编者注

③ 参看《马克思恩格斯全集》第 1 版第 29 卷第 225 页。——编者注

④ 见《马克思恩格斯文集》第 10 卷第 165 页。——编者注

⑤ 参看《马克思恩格斯全集》第 1 版第 30 卷第 334 页。——编者注

⑥ 参看《马克思恩格斯文集》第 10 卷第 203 页。——编者注

⑦ 参看《马克思恩格斯全集》第 1 版第 31 卷第 199 页。——编者注

209 页)①;由于英国拥有垄断地位,而且只要这种垄断地位未被破坏,“不列颠工人也只能是这样”(第 4 卷第 433 页)②。与工人运动的整个进程(**和结局**)相联系的经济斗争的策略,在这里是以极其广阔的、全面的、辩证的、真正革命的观点来加以考察的。

关于政治斗争策略,《共产党宣言》提出了马克思主义的一个基本原理:“共产党人为工人阶级的最近的目的和利益而斗争,但是他们在当前的运动中同时代表运动的未来。”③因此,马克思在 1848 年支持了波兰主张“土地革命”的政党,即“发动过 1846 年克拉科夫起义**100**的政党”④。马克思在 1848—1849 年支持了德国的极端革命民主派,而且以后也从没有收回他当时关于策略问题所说的话。马克思认为德国资产阶级“一开始就蓄意背叛人民〈资产阶级当时只有同农民联合,才能完全实现它的任务〉,而与旧社会的戴皇冠的代表人物妥协”⑤。下面就是马克思对资产阶级民主革命时代德国资产阶级的阶级状况所作的一个总结性的分析(这一分析是唯物主义从运动中并且不是只从运动的**过去**方面观察社会的榜样):“……不相信自己,不相信人民,在上层面前嘟囔,在下层面前战栗……害怕世界风暴……毫无毅力,到处剽窃;……没有首创精神……活像一个受诅咒的老头,注定要糟蹋健壮人民的初次勃发的青春激情而使其服从于自己风烛残年的需求……”(载于 1848 年《新莱茵报》,见《遗著》第 3 卷第 212 页)⑥大约过了

① 参看《马克思恩格斯全集》第 1 版第 32 卷第 376 页。——编者注
② 参看《马克思恩格斯全集》第 1 版第 35 卷第 19 页。——编者注
③ 见《马克思恩格斯文集》第 2 卷第 65 页。——编者注
④ 同上。——编者注
⑤ 同上书,第 75 页。——编者注
⑥ 同上书,第 76 页。——编者注

20 年，马克思在给恩格斯的信（第 3 卷第 224 页）[①]中指出，1848 年革命失败的原因是，资产阶级宁愿要用奴役换取的平静，而不愿看到哪怕只是争取自由的斗争的前景。当 1848—1849 年革命时代已经结束时，马克思便反对任何以革命为儿戏的做法了（反对沙佩尔和维利希），要求人们善于在似乎是“以和平方式”准备着新革命的新阶段进行工作。马克思当时要求人们以怎样的精神进行这项工作，这可以从他对德国在 1856 年这一最黑暗的反动年代的形势所作的估计中看出：“德国的全部问题将取决于是否有可能由某种再版的农民战争来支持无产阶级革命。”（《马克思和恩格斯通信集》第 2 卷第 108 页）在德国的民主革命（资产阶级革命）还没有完成时，在社会主义无产阶级的策略方面，马克思一直是把全部注意力集中在发挥农民的民主力量上面。马克思当时所以认为拉萨尔“客观上是为普鲁士人的利益而背叛整个工人运动”（第 3 卷第 210 页）[②]，其原因之一就是拉萨尔纵容了地主和普鲁士民族主义。1865 年，恩格斯在一封给马克思的信中就他们将在报刊上共同发表的意见同马克思交换看法时写道：“在一个农业占优势的国家里，代表工业无产阶级说话时只抨击资产阶级，而一字不提大封建贵族对农村无产阶级的宗法式的‘凭借棍棒进行的剥削’，这是卑鄙的。”（第 3 卷第 217 页）[③]1864—1870 年间，当德国完成资产阶级民主革命的时期，即普鲁士和奥地利的剥削阶级为以这种或那种方式**从上面**完成这个革命而斗争的时期即将结束时，马克思不仅斥责过同俾斯麦勾搭的拉萨尔，而且纠正过陷入“亲奥主义”和

① 见《马克思恩格斯文集》第 10 卷第 218 页。——编者注

② 参看《马克思恩格斯全集》第 1 版第 31 卷第 48 页。——编者注

③ 同上书，第 58 页。——编者注

拥护分立主义的李卜克内西；马克思当时要求实行革命策略：对俾斯麦和亲奥派同样地进行无情的斗争，不迁就“胜利者”普鲁士容克，而**不顾**普鲁士军事胜利所造成的**状况**立刻恢复反对容克的革命斗争(《马克思和恩格斯通信集》第 3 卷第 134、136、147、179、204、210、215、418、437、440—441 页)①。在国际 1870 年 9 月 9 日的那篇著名的宣言中，马克思曾事先提醒法国无产阶级不要举行不合时宜的起义②；但当起义终于发生了的时候(1871 年)，马克思却以欢欣鼓舞的心情欢呼“冲天的”群众的革命首创精神(马克思给库格曼的信)③。从马克思的辩证唯物主义观点看来，在这种形势下，也同在许多其他形势下一样，革命行动的失败对无产阶级斗争的整个进程**和结局**的危害，要比放弃阵地、不战而降小，因为不战而降会使无产阶级士气沮丧，削弱无产阶级的战斗力。马克思十分重视在政治停滞和资产阶级所容许的合法性占统治地位的时代利用合法斗争手段，所以他在 1877—1878 年，在反社会党人非常法**101**颁布以后，严厉地斥责了莫斯特的“革命空谈”，但他同样严厉甚至更为严厉地痛斥了当时在正式的社会民主党中一时占上风的机会主义，因为这个党没有立刻表现出坚定性、坚决性、革命性和为对付非常法而转向不合法斗争的决心(《马克思和恩格斯通信集》第 4 卷第 397、404、418、422、424 页④，并参看给左尔格的信)。

---

① 参看《马克思恩格斯全集》第 1 版第 30 卷第 351、353、370、419 页，第 31 卷第 40、48、55、376、408、418 页。——编者注

② 见《马克思恩格斯文集》第 3 卷第 120—130 页。——编者注

③ 见《马克思恩格斯文集》第 10 卷第 352—353 页。——编者注

④ 参看《马克思恩格斯全集》第 1 版第 34 卷第 54—55、64—65、89—90、101—102、105 页。——编者注

书　目

马克思的著作和书信到现在还没有全部收齐出版。马克思著作已经译成俄文的，比译成其他任何文字的都多。下面把这些著作按时间顺序加以排列。1841 年，马克思写了论伊壁鸠鲁哲学的学位论文（马克思去世后编入《遗著》。关于《遗著》，下面还要谈到）。在这篇论文中，马克思所持的还完全是黑格尔唯心主义的观点。1842 年，马克思在《莱茵报》（科隆）上发表了一些文章，其中特别应当提到的是对第六届莱茵省议会关于出版自由的辩论，关于林木盗窃法的辩论的评论，以及维护政教分离的文章[102]等等（部分编入《遗著》）。从这些文章可以看出马克思开始从唯心主义转向唯物主义，从革命民主主义转向共产主义。1844 年在巴黎出版了马克思和阿尔诺德·卢格主编的《德法年鉴》，上述的转变在这里彻底完成。马克思的特别出色的文章有：《黑格尔法哲学批判导言》（除编入《遗著》外，还出版了单行本）和《论犹太人问题》（除编入《遗著》外，还有知识出版社出版的小册子，编为《廉价丛书》第 210 辑）。1845 年马克思和恩格斯共同出版（在美因河畔法兰克福）《神圣家族。驳布鲁诺·鲍威尔及其伙伴》一书（除编入《遗著》外，俄文出了两种单行本：1906 年圣彼得堡新声出版社版和 1907 年圣彼得堡知识公报出版社版）。1845 年春马克思写作了关于费尔巴哈的提纲（后作为弗·恩格斯的《路德维希·费尔巴哈》一书的附录发表；有俄译本）。1845—1847 年马克思在巴黎出版的《前进报》以及《德意志—布鲁塞尔报》（1847 年）、《威斯特伐利亚汽船》杂志(1845—1848年在比勒菲尔德出版)、《社会明镜》杂志(1846年在爱北斐特出版)上发表过许多文章(大部分还没有收集起来,没有重新出版,也没有译成俄文)。1847年在布鲁塞尔和巴黎出版了马克思反对蒲鲁东的基本著作《哲学的贫困。答蒲鲁东先生的〈贫困的哲学〉》(俄译本有新世界出版社的3个版本,以及格·李沃维奇、阿列克谢耶娃、启蒙出版社的版本,均出版于1905—1906年间)。1848年在布鲁塞尔出版了《关于贸易自由的演说》(有俄译本),后来在伦敦又和弗·恩格斯合作出版了著名的《共产党宣言》,它被译成欧洲几乎一切国家的文字及世界上其他一部分国家的文字(俄译本共有大约8种版本,在1905—1906年出版,其中包括铁锤出版社、钟声出版社和阿列克谢耶娃等的版本。大部分被没收。曾用过《共产主义宣言》、《论共产主义》、《社会各阶级和共产主义》、《资本主义和共产主义》和《历史哲学》等各种名称;该书及马克思其他著作的完整的和最确切的译本,大部分见"劳动解放社"在国外出版的版本)。1848年6月1日至1849年5月19日在科隆出版了《新莱茵报》,马克思是该报事实上的主编。马克思在这个到现在还是革命无产阶级最好最卓越的机关报上发表的许多文章,没有收集起来,也没有全部重新出版。其中一些最重要的文章已编入《遗著》。马克思在该报发表的一组以《雇佣劳动与资本》为题的文章曾多次出版单行本(俄译本有1905—1906年出版的科兹曼、铁锤出版社、米雅科夫和李沃维奇的4种版本)。在该报发表的文章还有一些以《执政的自由派》为题出版了单行本(1906年圣彼得堡知识出版社出版,编为《廉价丛书》第272辑)。1849年马克思在科隆出版了《两个政治审判案》(这是马克思的两篇辩护词,他被控在报刊发表的文章中违法和号召武装反抗政府，后来陪审法庭宣告马克思无罪；俄译本有 1905—1906 年阿列克谢耶娃、铁锤出版社、米雅科夫、知识出版社、新世界出版社的共 5 种版本）。1850 年马克思在汉堡出版了 6 期《新莱茵报》杂志，在其中发表的一些最重要的文章已编入《遗著》。马克思的几篇特别出色的文章后来由恩格斯在 1895 年以单行本形式重新出版，其标题是《1848 年至 1850 年的法兰西阶级斗争》（俄译本有玛・马蕾赫出版的《丛书》第 59—60 辑合订本；也编入 1906 年圣彼得堡斯基尔蒙特出版的、巴扎罗夫和斯捷潘诺夫翻译的文集《历史著作集》，以及 1912 年圣彼得堡出版的《关于 20 世纪生活的思想和观点》）。1852 年在纽约出版了马克思的小册子《路易・波拿巴的雾月十八日》（俄译文收入上述的文集）。同年在伦敦出版了《科隆共产党人审判案真相》（俄译本有 1906 年 10 月 28 日圣彼得堡出版的《大众科学丛书》第 43 辑《科隆共产党人审判案》）。1851 年 8 月至 1862 年①马克思是纽约《论坛报》（«The New York Tribune»）的经常撰稿人，他在该报发表的文章，许多都没有署名，而以编辑部的名义发表。其中特别出色的是《德国的革命和反革命》这一组文章**103**，这些文章在马克思和恩格斯去世后译成德文重新出版（俄译文收入由巴扎罗夫和斯捷潘诺夫翻译的两个文集，后来又有 1905—1906 年阿列克谢耶娃的以及公益、新世界、普及丛书和铁锤等出版社出版的共 5 种单行本）。马克思在《论坛报》上发表的有些文章后来曾在伦敦出版过单行本，如 1856 年出版的论帕麦斯顿的小册子、《18 世纪外交史内幕》（论英国自由党大臣

① 恩格斯在《政治学词典》第 6 卷第 603 页关于马克思的条目中，伯恩施坦在 1911 年《不列颠百科全书》第 11 版关于马克思的条目中，都把年代误为 1853—1860 年。见 1913 年出版的马克思和恩格斯通信集。

们为一己的私利而经常依附俄国)等等。马克思去世后，他的女儿爱琳娜·艾威林出版了他在《论坛报》上发表的关于东方问题的一系列文章，标题为《东方问题》(«The Eastern Question»)，1897 年在伦敦出版。其中一部分已译成俄文，收入《战争与革命》一书，其第 1 编为《马克思恩格斯未发表的文章(1852 年、1853 年、1854 年)》1919 年哈尔科夫版(《我们的思想》丛书)。1854 年年底和 1855 年期间，马克思是《新奥得报》的撰稿人，1861—1862 年又为维也纳《新闻报》撰稿。马克思的这些文章也像他的许多书信一样，还没有收集起来，只有一部分发表在《新时代》杂志上。马克思在《人民报》(1859 年在伦敦出版)上发表的有关 1859 年意大利战争的外交史的一些文章，情况也是这样。1859 年在柏林出版了马克思的《政治经济学批判》一书(俄译本有 1896 年莫斯科出版的、由曼努伊洛夫校订的和 1907 年圣彼得堡出版的、鲁勉采夫翻译的两种)。1860 年在伦敦出版了马克思的小册子《福格特先生》(«Herr Vogt»)。

1864 年在伦敦出版了马克思写的《国际工人协会成立宣言》(有俄译本)。马克思为国际总委员会起草了许多宣言、公告和决议。所有这些材料还远未加以分析研究，甚至还没有收集起来。首先做这项工作的是古·耶克，他写了《国际》一书(有 1906 年圣彼得堡知识出版社出版的俄译本)，书中也收载了马克思的几封信和由他起草的几项决定草案。马克思为国际写的文件有总委员会关于巴黎公社的宣言，于 1871 年在伦敦出版单行本，题为《法兰西内战》(俄译本有经列宁校订的、铁锤出版社出版的版本和其他出版社的版本)。1862—1874 年期间马克思和国际会员库格曼有书信往来(通信集俄译本有两种版本，一种由亚·哥伊赫巴尔格翻译，另一种经列宁校订）。1867年马克思的主要著作《资本论。政治经济学批判》第1卷在汉堡问世。第2卷和第3卷在马克思去世后由恩格斯于1885年和1894年出版。俄译本第1卷共有5种版本（有1872年和1898年出版的、丹尼尔逊翻译的两个版本，有由E.A.古尔维奇和A.M.扎克翻译、经司徒卢威校订的1899年第1版和1905年第2版两个版本，还有一种由巴扎罗夫和斯捷潘诺夫校订的版本）。第2卷和第3卷有丹尼尔逊的译本（较差）及巴扎罗夫和斯捷潘诺夫校订的译本（较好）。1876年马克思参加恩格斯《反杜林论》(«Herrn Eugen Dührings Umwälzung der Wissenschaft»)一书的写作，看过全书的手稿并写了论述政治经济学史的整个一章。

马克思去世后，出版了他的下列著作：《哥达纲领批判》（俄译本于1906年在圣彼得堡出版，德文原文刊载于1890—1891年《新时代》杂志第18期）。《工资、价格和利润》（1865年6月26日作的报告，载于《新时代》杂志第16年卷（1897—1898年）；俄译本有1906年铁锤出版社和1905年李沃维奇出版社的版本）。《卡·马克思、弗·恩格斯、斐·拉萨尔的遗著》，共3卷，1902年在斯图加特出版（俄译本有经阿克雪里罗得等人校订的两卷，1908年在圣彼得堡出版。还有E.古尔维奇校订的第1卷，1907年在莫斯科出版。拉萨尔致马克思的信曾单独出版，后编入《遗著》）。《卡·马克思、弗·恩格斯等致左尔格书信集》（俄译本有两种版本：一种由阿克雪里罗得校订，另一种由列宁作序，由达乌盖出版社出版）。《剩余价值理论》，共3卷4册，1905—1910年在斯图加特出版，即考茨基出版的《资本论》第4卷手稿（俄译本只有第1卷，有3种版本：1906年圣彼得堡版，普列汉诺夫校订；1906年基辅版，热列兹诺夫校订;1907 年基辅版,图恰普斯基校订);1913 年在斯图加特出版了四大卷《马克思和恩格斯通信集》,收有 1844 年 9 月至 1883 年 1 月 10 日期间的 1 386 封信,这些信为研究卡·马克思的传记和观点提供了大量的极其宝贵的材料。1917 年出版了两卷《马克思恩格斯 1852—1862 年论文集》(德文本)。最后,对于这份马克思著作目录,还必须附带说明一点:这里没有编入大部分是在《新时代》杂志、《前进报》及社会民主党的其他德文报刊上发表的某些比较短小的文章和书信;这里所开列的马克思著作俄译本目录,特别是 1905—1906 年出版的一些小册子的目录,肯定也是不完全的。

论述马克思和马克思主义的著作数量甚多,不胜枚举。这里我们只能择其要者作一介绍。我们把作者分成三大类:在根本上持马克思观点的马克思主义者;本质上敌视马克思主义的资产阶级著作家;似乎承认马克思主义的某些原理而实际上用资产阶级观点代替马克思主义的修正主义者。民粹派对马克思的态度,应看做修正主义的一种特殊的俄国变种。韦·桑巴特在他的《马克思主义书目》(《社会科学和社会政治文库》第 20 卷(1905 年)第 2 册第 413—430 页)中开列了 300 本书,那还是很不齐全的。作为它的补充,可参看 1883—1907 年及往后几年的《新时代》杂志上的索引。此外,可以参看约瑟夫·施塔姆哈默尔的《社会主义和共产主义书目》(1893—1909 年)耶拿版第 1—3 卷。要得到有关马克思主义的详细书目,还可以参看《社会科学书目》柏林版第 1 年卷(1905 年)及以后各年卷。也可以参看**尼·亚·鲁巴金**的《书林概述》(第 2 版第 2 卷)。我们在这里举出的只是最重要的。有关马克思的传记,首先应当指出**弗·恩格斯**在《人民历书》(1878 年由白拉克在不伦瑞克出版）和《政治学词典》（第6卷第600—603页）上写的条目。此外还有：**威·李卜克内西**的《纪念卡尔·马克思》1896年纽伦堡版。**拉法格**的《回忆马克思》（德文版）。**威·李卜克内西**的《卡尔·马克思》（1906年圣彼得堡俄文第2版）。**保·拉法格**的《回忆马克思》（1905年敖德萨俄文版，原文见《新时代》杂志第9年卷第1册）。《**卡·马克思纪念集**》（1908年圣彼得堡版，共410页，文集所收的文章的作者为：尤·涅夫佐罗夫、尼·罗日柯夫、弗·巴扎罗夫、尤·斯切克洛夫、亚·芬-叶诺塔耶夫斯基、彼·鲁勉采夫、卡·伦纳、罕·罗兰-霍尔斯特、弗·伊林、罗·卢森堡、格·季诺维也夫、尤·加米涅夫、普·奥尔洛夫斯基和米·塔甘斯基）。**弗·梅林**的《卡尔·马克思》。美国社会党人斯帕戈用英文编写的大本马克思传记（**斯帕戈**《卡·马克思的生平和事业》1911年伦敦版），是不能令人满意的。关于马克思事业的概述，见**卡·考茨基**的《卡·马克思的历史功绩。纪念大师逝世二十五周年》（1908年柏林版）。俄译本：《卡·马克思和他的历史作用》（1908年圣彼得堡版）。还可参看**克拉拉·蔡特金**的通俗小册子《卡·马·及其毕生事业》（1913年）。回忆马克思的文章有：**安年科夫**在1880年《欧洲通报》杂志第4期发表的文章（及其《回忆录》第3卷，1882年圣彼得堡出版的《光辉的十年》），**卡尔·舒尔茨**在1906年《俄国财富》杂志第12期、**马·柯瓦列夫斯基**在1909年《欧洲通报》杂志第6期及以后几期上发表的文章。

关于马克思主义哲学及历史唯物主义问题，格·瓦·普列汉诺夫的下列著作作了最好的论述：《二十年来》（1909年圣彼得堡第3版）、《由防御到进攻》（1910年圣彼得堡版）、《马克思主义的基本问题》（1908年圣彼得堡版）、《对我们的批判者的批判》（1906

年圣彼得堡版)、《论一元论历史观之发展》(1908 年圣彼得堡版)等等。还有:**安东尼奥·拉布里奥拉**的《论唯物主义历史观》(1898 年圣彼得堡版)**和他的**《历史唯物主义和哲学》(1906 年圣彼得堡版)。**弗·梅林**的《论历史唯物主义》(1906 年圣彼得堡版,有启蒙出版社和铁锤出版社出版的两种版本)**和他的**《莱辛传奇》(1908 年圣彼得堡知识出版社版)。还可参看**沙·安德列尔**(非马克思主义者)的《共产主义宣言。历史、序言和注释》(1906 年圣彼得堡版)。也可以参看《历史唯物主义》(1908 年圣彼得堡版,收入恩格斯、考茨基、拉法格等许多人的文章的论文集)。**柳·阿克雪里罗得**的《哲学论文集。答历史唯物主义的哲学批评家》(1906 年圣彼得堡版)。专门为狄慈根背离马克思主义的失败尝试辩护的有**恩·温特尔曼**的《狭隘马克思主义的逻辑缺陷》(1910 年慕尼黑版,共 753 页,是一部篇幅很大但不严肃的著作)。**胡戈·里克斯**的《马克思主义的哲学根源》,载于《一般政治学杂志》第 62 年卷(1906 年)第 3 册第 407—432 页,这是一个反对马克思观点的人的一部值得注意的著作,他表明了这些观点从唯物主义角度来看的哲学严整性。**本诺·埃尔德曼**的《唯物主义历史观的哲学前提》,载于《立法、行政和国民经济年鉴》(施穆勒年鉴)1907 年第 3 册第 1—56 页,对马克思哲学唯物主义的一些基本原理作了很有用的表述,并综述了从流行的康德主义以及整个不可知论观点出发的各种反对意见。**鲁·施塔姆勒**(康德主义者)的《从唯物史观看经济和法》(1906 年莱比锡第 2 版)。**伏尔特曼**(也是康德主义者)的《历史唯物主义》(俄译本,1901 年出版)。**福伦德**(也是康德主义者)的《康德和马克思》(1909 年圣彼得堡版)。还可参看亚·波格丹诺夫、弗·巴扎罗夫等(《马克思主义哲学概论》1908 年圣彼得堡版。**亚·波格丹诺夫**的《伟大拜物教的没落》1909年莫斯科版以及其他著作）同弗·伊林（《唯物主义和经验批判主义》1909年莫斯科版）之间的论战。关于历史唯物主义和伦理学问题的著作有：**卡·考茨基**的《伦理学和唯物史观》（1906年圣彼得堡版）和考茨基的其他许多著作。再参看**布丁**的《卡·马克思的理论体系》（1909年斯图加特版。俄译本：**路·布丁**《以现代批评眼光看卡·马克思的理论体系》，译自英文，维·查苏利奇校订，1908年圣彼得堡版）。**赫尔曼·哥尔特**的《历史唯物主义》（1909年版）。马克思主义的反对者的著述有：**杜冈-巴拉诺夫斯基**的《马克思主义的理论基础》（1907年圣彼得堡版）。**谢·普罗柯波维奇**的《马克思批判》（1901年圣彼得堡版）。**哈马赫尔**的《马克思主义的哲学经济学体系》（1910年莱比锡版，共730页，是引文的汇编）。**威·桑巴特**的《19世纪的社会主义和社会运动》（圣彼得堡版）。**麦克斯·阿德勒**（康德主义者）的《因果性和目的论》（收入1909年维也纳出版的《马克思研究》）和《思想家马克思》。

黑格尔派唯心主义者**卓·詹梯利**的《马克思的哲学》（1899年比萨版）是值得注意的一本书。作者指出了通常被康德主义者和实证论者等等所忽视的、马克思唯物主义辩证法的几个主要方面。**莱维**的《费尔巴哈》也值得注意，此书论述了马克思的最主要的哲学先辈之一。**切尔内绍夫**的《马克思主义者备忘手册》（1908年圣彼得堡事业出版社版），是把马克思许多著作中的话摘编在一起的一部有益的书。关于马克思的经济学说问题，见**卡·考茨基**的《马克思的经济学说》（有许多俄译本）**和他的**《土地问题》、《爱尔福特纲领解说》和许多小册子。还可参看**伯恩施坦**的《马克思的经济学说。〈资本论〉第3卷》（俄译本，1905年出版）。**加布里埃尔·杰**

维尔的《资本论》(《资本论》第1卷的阐述,俄译本,1907年出版)。马克思主义者中在土地问题上的所谓修正主义的代表人物是**爱・大卫**,他写了《社会主义和农业》(俄译本,1902年圣彼得堡出版)。对修正主义的批判,见**弗・伊林**《土地问题》(1908年圣彼得堡版第1册)以及**他的**《俄国资本主义的发展》(1908年圣彼得堡第2版)、《经济评论集》(1899年圣彼得堡版)、《关于农业中资本主义发展规律的新材料》(1917年第1编)。**孔佩尔-莫雷尔**的《法兰西的土地问题和社会主义》(1912年巴黎版,共455页),是运用马克思的观点(某些地方有所背离)来分析法国土地关系的最新材料。进一步发展马克思的经济观点,将它运用于经济生活中的最新现象的书,见**希法亭**的《金融资本》(1911年圣彼得堡版;纠正该作者在价值理论上根本错误观点的文章,见考茨基在《新时代》杂志上发表的《黄金、纸币和商品》(«Gold, Papier und Ware»)第30年卷(1912年)第1册第837、886页)、**弗・伊林**的《帝国主义是资本主义的最新阶段》(1917年)。**彼・马斯洛夫**的《土地问题》(两卷本)及《国民经济发展理论》(1910年圣彼得堡版)在一些重要问题上背离了马克思主义。对其中某些错误的批判,见考茨基在《新时代》杂志第29年卷(1911年)第1册上的文章《马尔萨斯主义和社会主义》。

以资产阶级教授中间广泛流行的"边际效用"论的观点批判马克思的经济学说的有:**柏姆-巴维克**的《马克思体系的终结》(1896年柏林版,载于《政治学著作》,敬献给卡・克尼斯)(俄译本:《马克思的理论及对它的批判》1897年圣彼得堡版)和**他的**《资本和利润》(1900—1902年因斯布鲁克第2版,两卷本)(《资本和利润》1909年圣彼得堡版)。并见**里克斯**的《价值和交换价值》(1899

年)；**冯·博尔特克维奇**的《马克思主义体系中的价值核算和价格核算》(1906—1907年出版的《社会科学文库》)；莱奥·冯·布赫的《政治经济学基本要素。第1集。劳动强度、价值和价格》(也有俄译本)。以马克思的观点分析柏姆-巴维克的批评的有：**希法亭**的《柏姆-巴维克对马克思的批评》(《马克思研究》,1904年维也纳版第1卷)及在《新时代》杂志上发表的一些比较短小的文章。

关于在解释和阐发马克思主义方面的两大派别——“修正派”和激进派(“正统派”)的问题,见**爱·伯恩施坦**的《社会主义的前提和社会民主党的任务》(德文原本1899年斯图加特版;俄译本有1901年圣彼得堡出版的《历史唯物主义》和1901年莫斯科出版的《社会问题》),并参看**他的**《社会主义的历史和理论概述》(1902年圣彼得堡版)。反驳伯恩施坦的著作有**卡·考茨基**的《伯恩施坦与社会民主党的纲领》(德文原本1899年斯图加特版;俄译本有1905—1906年出版的4种版本)。法文的马克思主义著作有：**茹尔·盖得**的《阶级斗争的四年》、《警惕!》、《昨天和今天的问题》(1911年巴黎版)；**保·拉法格**的《卡·马克思的经济决定论》(1909年巴黎版)。**安·潘涅库克**的《工人运动中的两种趋向》。

阐述马克思的资本积累理论问题的新著作有**罗莎·卢森堡**的《资本积累论》(1913年柏林版)。对该书中曲解马克思理论的部分进行分析的著作有：**奥托·鲍威尔**的《资本积累论》(《新时代》杂志第31年卷(1913年)第1册第831页和第862页)。**埃克施泰因**在《前进报》(1913年)上发表的和**潘涅库克**在《不来梅市民报》(1913年)上发表的文章。

俄国较早评述马克思的著作有：**波·契切林**的《德国的社会主义者》(载于1888年圣彼得堡出版的别佐布拉佐夫的《国务知识汇

编》)及《政治学说史》(1902年莫斯科版第5册第156页)。**季别尔**的《契切林先生透过有色眼镜所看到的德国经济学家》(载于《季别尔文集》1900年圣彼得堡版第2卷),该书是对上述的契切林著作的反驳。**路·斯洛尼姆斯基**的《卡·马克思的经济学说》(1898年圣彼得堡版)。**尼·季别尔**的《大卫·李嘉图和卡·马克思的社会经济研究》(1885年圣彼得堡版)和《季别尔文集》两卷集(1900年圣彼得堡版)。还有**伊·考夫曼**(伊·考—曼)的一篇对《资本论》的评论文章(载于1872年《欧洲通报》杂志第5期),这篇文章颇为有名,因为马克思后来在《资本论》第2版跋中引用了伊·考—曼的话,认为这篇文章正确地论述了他的唯物主义辩证方法。

俄国民粹派论述马克思主义的文章有:**尼·康·米海洛夫斯基**针对彼·司徒卢威《评述》一书(1894年圣彼得堡版)所发表的文章(载于《俄国财富》杂志1894年第10期和1895年第1期和第2期,后收入他的《文集》),对这本《评述》,**克·土林**(即弗·伊林)在《说明我国经济发展状况的资料》(1895年圣彼得堡版,已被书报检查机关销毁)中曾根据马克思主义观点进行过分析,该文收入**弗·伊林**的《十二年来》(1908年圣彼得堡版)。其次,民粹派的著作还有:**瓦·沃·**的《我们的方针》(1892年圣彼得堡版)**和他的**《从70年代到1900年》(1907年圣彼得堡版)。**尼古拉·—逊**的《我国改革后的社会经济概况》(1893年圣彼得堡版)。**维·切尔诺夫**的《马克思主义和土地问题》(1906年圣彼得堡版)**和他的**《哲学和社会学论文集》(1907年圣彼得堡版)。

除民粹派的著作外,还有:**尼·卡列耶夫**的《关于历史唯物主义的新旧评论文集》(1896年圣彼得堡版,1913年第2版书名改为《经济唯物主义批判》)。**马萨里克**的《马克思主义的哲学和社会学基础》(1900年莫斯科版)。**柯罗齐**的《历史唯物主义和马克思主义经济学》(1902年圣彼得堡版)。

要正确评价马克思的观点,无疑必须熟悉他最亲密的同志和合作者**弗里德里希·恩格斯**的著作。不研读恩格斯的**全部**著作,就不可能理解马克思主义,也不可能完整地阐述马克思主义。

以无政府主义的观点批评马克思的著作的有:**瓦·切尔克佐夫**的《马克思主义学说》(1905年圣彼得堡版,共两册);**韦·捷凯尔**的《代替一本书》(1907年莫斯科版)。工团主义者**索雷尔**的《现代经济学的社会研究》(1908年莫斯科版)。

载于1915年《格拉纳特百科词典》第7版第28卷(有删节);序言载于1918年莫斯科波涛出版社出版的《卡尔·马克思》一书

译自《列宁全集》俄文第5版第26卷第43—93页

一个德国人对战争的评论

（1914年11月22日〔12月5日〕）

"……世界的情景一夜之间就骤然改变了…… 人人都把罪过推到邻居身上。人人都说自己是迫不得已才采取行动的防御者。请看，大家都只是在保卫自己最神圣的财富，自己的家园，自己的祖国…… 民族的虚荣心和民族的权势欲占了上风…… 甚至伟大的国际工人阶级……也遵从民族的命令，在战场上互相残杀…… 我们的文明破产了…… 一些在欧洲大名鼎鼎的著作家恬不知耻地成了狂热的盲目的沙文主义者…… 我们过于相信害怕经济崩溃的心理会抑制帝国主义的疯狂…… 我们正在经历一场争夺世界霸权的赤裸裸的帝国主义斗争。也许除了要推翻俄国的弥诺陶洛斯**104**……推翻那把自己国家最高贵的儿女交给刽子手的沙皇及其王公大臣之外，任何地方都没有任何迹象表明人们是在为实现某些伟大的思想而斗争…… 但是，难道我们没有看到，自由这个传统的体现者，高尚的法兰西，怎样成了刽子手沙皇的盟友吗？难道我们没有看到，诚实的德意志……怎样违背自己的诺言，扼杀不幸的中立国比利时吗？……这一切将以什么而告终呢？如果贫困达到极点，如果绝望支配一切，如果人们看到身穿敌人军装的是自己的弟兄，那么还可能发生意料不到的事情，人们可能把枪口转向那些驱使他们进行战争的人，突然团结起来的各国人民会忘掉强行灌输给他们的仇恨。我们不想作什么预言，但是，如果欧洲大战能使我们向欧洲社会共和国接近一步，那么，这场战争也就不会像现在看来这样毫无意义。"

这是谁的评论？也许是某个德国社会民主党人的评论吧？

哪儿能是他们呢！他们以考茨基为首，现在已经成为"可怜的反革命空谈家"①——马克思当年就是这么称呼这样一些德国社

① 参看《马克思恩格斯全集》第1版第34卷第389页。——编者注

会民主党人的，这些人在反社会党人法一颁布之后，就立刻“随波逐流”，就像哈阿兹、考茨基、休特古姆之流今天的所作所为一样。

不，我们这段话引自一家小市民的基督教民主派的杂志（1914年9月《新路，宗教宣传月刊》[105]），这家杂志是由一伙仁慈的牧师在苏黎世出版的。我们竟落到如此可耻的地步：虔信上帝的庸人能说出把枪口转向“驱使人们进行战争的人”并不是坏事这样的话，而“有威望的”社会民主党人，像考茨基那样，却在“科学地”维护最卑鄙的沙文主义，或者像普列汉诺夫那样，宣布宣传反对资产阶级的国内战争是有害的“空想”!!

是的，既然这样的“社会民主党人”希望成为多数并建立一个正式的“国际”（＝在国际范围内为民族沙文主义辩护的联合会），那么，抛弃被他们玷污和败坏了的“社会民主党人”这个称号而恢复共产党人这个原先的马克思主义称号，不是更好吗？当机会主义的伯恩施坦派[106]似乎快要正式把持德国党的时候，考茨基曾经扬言要这样做。出自他的口的这种虚张声势的威胁，现在大概将由别人付诸**行动**。

载于1914年12月5日《社会民主党人报》第34号

译自《列宁全集》俄文第5版第26卷第94—95页

寄语《鹰之歌》的作者

(1914 年 11 月 22 日〔12 月 5 日〕)

看到在反对德国野蛮行为的牧师式的沙文主义抗议书上，和彼·司徒卢威的签名并列在一起的竟有高尔基的签名，每一个觉悟的工人都将感到痛心[107]。

有一次，在谈到夏里亚宾下跪一事[108]的时候，高尔基说："不能过于严厉地指责他，我们艺术家的心理状态是不同的。"换句话说，艺术家的行为常常受情绪的支配，在情绪的影响下，他可以置其他一切于不顾。

就算是这样吧。就算是不能严厉地指责夏里亚宾吧。他是个艺术家，并且仅仅是个艺术家。对于无产阶级事业来说，他是一个外人：今天是工人的朋友，明天是黑帮分子……这要看他的情绪而定。

可是工人们已经习惯于把高尔基看做自己人。他们一向认为高尔基和他们一样热情地关心无产阶级的事业，认为他献出了自己的才智为这一事业服务。

正是由于这个缘故，他们写信向高尔基致敬；正是由于这个缘故，他们敬重他的名字。而觉悟工人的这种信任，也就使高尔基负有一种**义务**：珍惜自己美好的名字，不要把它签到会蒙蔽觉悟不高的工人的任何廉价的、沙文主义的抗议书上去。在许多问题上他们自己还没有能力分辨是非，因此高尔基的名字有可能使他们误入迷途。司徒卢威的名字不可能迷惑任何工人，而高尔基的名字却能迷惑他们。

因此，有觉悟的工人，了解这份对“野蛮的德国人”的假仁假义的抗议书的十足的虚伪和庸俗的工人，不能不责备《鹰之歌》的作者。他们会对他说：“在当前俄国无产阶级所处的这个困难的严重时刻，我们一直在期望您能和俄国无产阶级的先进战士携手前进，而不是和司徒卢威先生之流携起手来！”

载于1914年12月5日《社会民主党人报》第34号

译自《列宁全集》俄文第5版第26卷第96—97页

死去的沙文主义和活着的社会主义

（怎样重建国际？）

（1914年11月29日〔12月12日〕）

近几十年来，德国社会民主党一直是俄国社会民主党的榜样，它对俄国社会民主党的影响甚至超过了它对整个世界社会民主党的影响。因此，很清楚，不十分明确地确定自己对德国社会民主党的态度，就不可能自觉地即批判地对待现在盛行的社会爱国主义或"社会主义的"沙文主义。德国社会民主党过去是什么样子？现在是什么样子？将来又会是什么样子？

对于第一个问题，1909年出版并译成许多种欧洲语言的卡·考茨基的小册子《取得政权的道路》可以作为回答。这本小册子最完整地、对德国社会民主党人最为有利地（指他们不负众望而言）阐述了对当今时代各项任务的看法，而且是出自第二国际最有威望的著作家的手笔。现在我们就来比较详细地重提一下这本小册子；鉴于现在人们经常可耻地抛弃那些"被忘记的言论"，我们这样做就显得更加必要。

社会民主党是"一个革命的政党"（小册子开宗明义的第一句话），这不仅是指蒸汽机是革命的这样一种革命含义，而且"还指另外一种革命含义"。它主张无产阶级获得政权，实行无产阶级专政。考茨基在嘲笑那些"怀疑革命的人"时写道："当然，在进行任何大的运动和起义的时候，我们都应当考虑到失败的可能性。只有傻瓜才会在斗争到来之前就认为自己稳操胜券。”但是不考虑到胜利的可能性，那就是“直接背叛我们的事业”。不论在战时或战后，都可能因战争而引起革命。究竟什么时候阶级矛盾的尖锐化会导致革命，这是无法确切断定的，但是“我可以十分肯定地断言，或者在战时，或者战争一结束，战争引起的革命一定会爆发”。没有比“和平长入社会主义”的理论更庸俗的了。“没有比下面这样一种意见更错误的了：认识到经济的必然性就意味着削弱意志。”“意志，作为斗争的愿望，决定于：(1)斗争的代价；(2)力量感；(3)实际的力量。”当有人试图(例如在《前进报》上)用机会主义的观点来解释恩格斯为《法兰西阶级斗争》写的有名的导言[109]时，恩格斯非常气愤，并且认为这造成一种“可耻的”印象，因为这把他变成了“一个爱好和平的、无论如何要守法的崇拜者”。“我们有充分的理由认为，我们正在进入为夺取国家政权而斗争的时期”；这场斗争也许要延续几十年，这点我们无法知道，但是，“这场斗争在不久的将来，即使不能在西欧导致无产阶级专政，也一定会大大地加强无产阶级的力量”。革命的成分在增长：1895 年，1 000 万德国选民中，有 600 万无产者和 350 万与私有制利益相关者。到了 1907 年，后者增加了 3 万，而前者增加了 160 万！所以“当革命的动乱时期到来的时候，运动前进的速度就会一下子大大加快”。阶级矛盾不是缓和了，而是尖锐化了，物价飞涨，帝国主义的竞争和军国主义猖狂起来。“革命的新纪元”正在临近。“要不是战争比武装的和平更接近革命这一抉择”，赋税的剧增“早就导致战争了，而这是除革命之外的唯一抉择……”“世界大战已经十分迫近；而战争也就意味着革命。”早在 1891 年，恩格斯曾经有理由担心德国发生过早的革命[1]，但是从那个时候起，“情况已经大大改变了”。无产阶级“已经不会再说**过早的**〈黑体是考茨基用的〉革命了”。小资产阶级很不可靠，愈来愈敌视无产阶级，但是在危机的时代，他们“能够大批地转到我们这方面来”。关键在于社会民主党要“继续保持坚定不移，始终如一，毫不妥协”。毫无疑问，我们已经进入革命的时期。

这就是考茨基在很久很久以前，在整整5年以前所写的。这就是德国社会民主党过去的样子，更确切地说，这就是它过去答应要成为的样子。这就是可以而且应当受到尊敬的那种社会民主党。

请看这位考茨基现在写些什么吧。下面就是他在《战争时期的社会民主党》(1914年10月2日《新时代》杂志第1期)这篇文章中所发表的一些重要论点：“我们党对于党在战时应如何行动的问题的讨论，比对于如何防止战争的问题的讨论要少得多……”“政府从来没有像在战争开始时这样强大，各政党从来没有像在战争开始时这样软弱。”“战争时期最不宜于心平气和地讨论问题。”“现在的实际问题是：是本国获胜还是失败。”在各交战国的政党之间，可以就反战行动达成协议吗？“这种事情还从来没有在实践中试验过。我们是一向对这种可能性提出异议的……” 法国社会党人和德国社会党人之间的分歧“不是原则性的分歧”(他们都保卫祖国)…… “各国社会民主党人都有同等的权利或者说同等的义务来保卫祖国，任何一个民族都不应当责备另一个民族这样做”…… “国际破产了？”“党在战时不再坚决捍卫党的原则了？”

① 参看《马克思恩格斯文集》第10卷第620—621页。——编者注

(《新时代》杂志同一期上梅林的话[110])这是错误的看法…… 这种悲观主义没有任何根据…… 分歧不是原则性的…… 原则的一致仍然存在…… 不遵守战时法律“只会使我们的报刊被查禁”。遵守这些法律“并不意味着不再捍卫党的原则,正像我们党的报刊过去在反社会党人非常法这把达摩克利斯剑[111]的威胁下进行工作的情形一样”。

我们特意将原文引出,因为人们很难相信考茨基会写出这样的东西。人们很难在书刊中(彻头彻尾的叛徒的“书刊”除外)找到这样扬扬自得的卑鄙行为,这样无耻的……背弃真理的行径,这样不体面的遁词,用这些遁词来掩饰最明显地背叛社会主义、背叛正是就可能爆发像现在这种性质的欧洲大战而一致通过的(例如在斯图加特,特别是在巴塞尔)明确的国际决议!如果我们要“认真”对待考茨基的论据并试图加以“分析”,那将是对读者的不敬,因为,欧洲大战在许多地方虽同单纯的“小规模的”反犹暴行不一样,但是为参加这场战争作辩护的“社会主义”论据,却同为参加反犹暴行作辩护的“民主主义”论据**完全**相似。对于为反犹暴行作辩护的论据,人们无须作什么分析;只要点出这些论据,就可以使提出这些论据的人在全体觉悟的工人面前出丑。

但是读者会问,第二国际最大的权威,曾经维护过本文开头时所引用的观点的著作家,怎么**会**堕落到这种“比叛徒还坏”的地步呢?我们将回答说:只有那些认为——也许是无意识地——实质上没有发生什么特别的事情,认为不难“原谅和忘却”等等的人,即从叛徒的观点看问题的人,才不理解这一点。但是,谁要是严肃而真诚地信仰社会主义,赞同在本文开头所阐述的那些观点,那么,他对于“《前进报》已经死亡”(尔·马尔托夫在巴黎的《呼声报》上的用语)和考茨基“已经死亡”,就不会感到惊奇了。在发生种种世界性的大转折的时代,个别人物的垮台是不足为奇的。考茨基虽然有过大功劳,但他从来不是一个在发生严重危机的时刻能立刻采取战斗的马克思主义立场的人(不妨回想一下他在米勒兰主义[112]问题上的动摇)。

而我们所经历的正是这样的时代。恩格斯于1891年为我们革命者在所谓和平立宪发展时期应利用资产阶级所容许的合法性的观点辩护(十分正确地辩护)时写道:“资产者老爷们,你们先开枪吧!”①恩格斯的意思十分清楚:我们觉悟的工人将开第二枪,因为现在利用资产阶级自己破坏它所建立的合法基础的时机从选举过渡到“开枪”(即国内战争),对我们更为有利。1909年考茨基也发表过一切革命社会民主党人一致同意的意见,他说:现在欧洲的革命不会是**过早的**革命,战争就意味着革命。

但是,几十年的“和平”时代自然不会不留下痕迹。它使机会主义不可避免地在一切国家中形成,使机会主义在议会、工会、新闻等各界“领袖人物”中占了优势。在欧洲,没有一个国家不发生这种或那种形式的反对机会主义的长期和顽强的斗争,因为整个资产阶级为了腐蚀和削弱革命无产阶级都在千方百计地支持机会主义。同一位考茨基15年前在伯恩施坦主义出现之初曾经写道:如果机会主义由一种情绪变成一个派别,分裂就会提上日程。至于在我们俄国,创建了工人阶级的社会民主党的旧《火星报》[113],1901年初在该报第2号的《在20世纪的门槛上》一文中就曾写道,20世纪的革命阶级(和18世纪的革命阶级资产阶级一样)有

① 见《马克思恩格斯文集》第4卷第430页。——编者注

自己的**吉伦特派**和自己的**山岳派**[114]。

欧洲大战意味着最严重的历史性的危机，意味着新时代的开始。战争也同任何危机一样，使潜伏于深处的矛盾尖锐化和表面化，它扯掉一切虚伪的外衣，抛弃一切俗套，破坏一切腐朽的或者说已经完全腐败了的权威。（附带指出，这就是一切危机的有益的和进步的作用，这种作用只有那些崇拜“和平演进”的蠢人才不了解。）第二国际在25年或者说45年来（这要看是从1870年还是从1889年算起），在广泛传播社会主义、对社会主义力量进行预备性的、初步的、最基本的组织方面，做了非常重要而有益的工作，它完成了自己的历史作用而死亡了，被战胜了，——与其说是被克卢克之流的将军们所战胜，不如说是被机会主义所战胜。现在，就让死人去埋葬死人吧[115]。现在，就让那些头脑空虚而又爱管闲事的人（即使不是沙文主义者和机会主义者的好耍阴谋的走狗）去“绞尽脑汁”把王德威尔得、桑巴和考茨基、哈阿兹拉到一起吧，这使我们好像又看到了那位伊万·伊万内奇，他因为骂伊万·尼基佛雷奇是“公鹅”，而不得不由朋友们把他“推”去同仇人讲和[116]。国际并不是一些人围坐在一张桌子旁边，写些虚伪的、吹毛求疵的决议，这些人认为，真正的国际主义就是，德国社会党人要为德国资产阶级的“为了保卫祖国”而向法国工人开枪的号召辩护，法国社会党人要为法国资产阶级的“为了保卫祖国”而向德国工人开枪的号召辩护!!! 国际是那些在我们的艰难的日子里能够以实际行动捍卫社会主义国际主义，也就是说，能够积聚自己的力量向**自己**“祖国”的政府和统治阶级“开第二枪”的人（首先从思想上，然后到一定的时候也从组织上）互相团结。这不是容易的事情，它须要作充分的准备和巨大的牺牲，而且难免会有失败。但正因为这不是容易的事情，所以只能同那些**愿意**从事这项工作、不怕同沙文主义者和社会沙文主义的维护者彻底决裂的人一起从事这项工作。

为真诚地而不是虚伪地恢复社会主义的而不是沙文主义的国际做得最多的，首先是潘涅库克这样的人。他在《国际的破产》一文中写道："如果领袖们聚会是试图调和意见分歧，那是不会有任何意义的。"

让我们坦白地说明真相吧：战争不是在明天就是在后天，反正要**迫使**我们去这样做的。国际社会主义运动中有三个派别：(1)彻底奉行机会主义政策的沙文主义者；(2)机会主义的不可调和的敌人。这些人在各个国家内都已经开始使人们听到他们的声音(他们大部分已被机会主义者所击败，但是"战败的军队会很好地学习"①)，并且能够进行以国内战争为目标的革命工作；(3)惊慌失措和动摇不定的人。这些人现在跟着机会主义者跑，他们假惺惺地企图用仿佛是科学的和马克思主义的(不是闹着玩的呢！)观点来为机会主义作辩护，因而给无产阶级带来莫大的危害。在陷入这第三个派别而不能自拔的人当中，有一部分人还可以挽救，还可以回到社会主义立场上来，但是他们一定要奉行这样的政策，即最坚决地同第一个派别决裂，同一切为投票赞成军事拨款、"保卫祖国"、"服从战时法律"、满足于合法性、放弃国内战争作辩护的人决裂。只有采取**这种**政策的人，才能真正建立社会主义的国际。至于我们，我们在同中央委员会俄国委员会和彼得堡工人运动的领导成员建立联系，和他们交换了意见，并确认我们之间意见基本一致之后，可以作为中央机关报的编辑部代表我们党声明：只有沿着

① 参看《马克思恩格斯全集》第1版第22卷第464页。——编者注

这一方向进行的工作才是党的工作和社会民主主义的工作。

德国社会民主党会出现分裂，这在许多人看来是一种“极不寻常”的十分可怕的思想。但是，客观情况定将表明：或者是将发生这种极不寻常的事情（在 1914 年 7 月社会党国际局上一次会议[117]上，阿德勒和考茨基竟声明说，他们不相信奇迹，因而也不相信会有欧洲大战！），或者是我们将亲眼看到先前的德国社会民主党痛苦地腐烂。对于那些太惯于“相信”（**过去的**）德国社会民主党的人，我们只想在结尾时再提醒他们一下：连过去许多年来在一系列问题上一直反对我们的人，现在都逐渐在接受可能出现这种分裂的思想了。例如，尔·马尔托夫在《呼声报》上写道：“《前进报》已经死亡”；“一个宣布放弃阶级斗争的社会民主党，最好还是公开承认现实，暂时解散自己的组织，停办自己的机关报”。再如，据《呼声报》报道，普列汉诺夫在一次讲演中也说：“我是非常反对分裂的，但是，如果为了组织的完整而牺牲原则，那么，宁可分裂也不要保持虚假的统一。”普列汉诺夫的这些话是针对德国激进派说的，可是，他看得见德国人眼里的草屑，却看不见自己眼里的木块。这是他个人的特色。通过最近 10 年来普列汉诺夫所表现的理论上的激进主义和实践上的机会主义，我们都已经太熟悉他的这种个性了。但是，既然连具有**这种**个人的……怪癖的人也开始谈论起德国人的分裂，那么，这真是时代的特点了。

载于 1914 年 12 月 12 日《社会民主党人报》第 35 号

译自《列宁全集》俄文第 5 版第 26 卷第 98—105 页

论大俄罗斯人的民族自豪感

(1914年11月29日〔12月12日〕)

现在,关于民族,关于祖国,说的、议论的、叫喊的实在太多了!英国自由派和激进派的大臣,法国无数“先进的”政论家(他们实际上和反动的政论家毫无二致),俄国许许多多官方的、立宪民主党的和进步党[118]的(直到某些民粹派的和“马克思主义的”)文痞,都异口同声地赞美“祖国”的自由和独立,赞美民族独立原则的伟大。他们当中谁是卖身求荣、歌颂刽子手尼古拉·罗曼诺夫或者歌颂黑人和印度居民的蹂躏者的无耻之徒,谁是因为愚蠢无知或没有气节而“随波逐流”的庸俗市侩,真叫人无法分辨。不过,分辨这一点也没有多大意义。我们现在所看到的,是一个很广很深的思潮,这个思潮的根源同大国民族的地主资本家老爷们的利益有着极其密切的联系。为了宣传有利于这些阶级的思想,每年要花费成千上万的金钱。这副磨盘真不小,推动磨盘的水流来自四面八方:从顽固的沙文主义者缅施科夫起,直到由于机会主义思想或者由于没有气节而成了沙文主义者的普列汉诺夫和马斯洛夫、鲁巴诺维奇和斯米尔诺夫、克鲁泡特金和布尔采夫为止。

让我们,大俄罗斯社会民主党人,也来明确一下自己对这一思潮的态度。我们作为位于欧洲最东部和亚洲很大一部分地区的一个大国民族的成员,是绝不应当忘记民族问题的巨大意义的,——

特别是在这个被公正地称之为“各族人民的牢狱”[119]的国家里，特别是当资本主义在欧洲最东部和亚洲正在唤醒许许多多“新的”大小民族的时候，特别是在沙皇君主政府驱使千百万大俄罗斯人和“异族人”拿起武器，按照贵族联合会[120]的利益和古契柯夫们以及克列斯托夫尼科夫、多尔戈鲁科夫、库特列尔、罗季切夫们的利益去“解决”一系列民族问题的时刻。

我们，大俄罗斯的觉悟的无产者，是不是根本没有民族自豪感呢？当然不是！我们爱自己的语言和自己的祖国，我们正竭尽全力把**祖国的**劳动群众（即**祖国**十分之九的居民）的觉悟提高到民主主义者和社会主义者的程度。我们看到沙皇刽子手、贵族和资本家蹂躏、压迫和侮辱我们美好的祖国感到无比痛心。而使我们感到自豪的是，这些暴行在我们中间，在大俄罗斯人中间引起了反抗；在**这些**人中间产生了拉吉舍夫、十二月党人、70 年代的平民知识分子革命家；大俄罗斯工人阶级在 1905 年创立了一个强大的群众性的革命政党；同时，大俄罗斯农夫开始成为民主主义者，开始打倒神父和地主。

我们记得，献身于革命事业的大俄罗斯民主主义者车尔尼雪夫斯基在半个世纪以前说过：“可怜的民族，奴隶的民族，上上下下都是奴隶。”大俄罗斯人中的公开的和不公开的奴隶（沙皇君主制度的奴隶）是不喜欢想起这些话的。然而我们认为，这些话表达了他对祖国的真正的爱，这种爱使他因大俄罗斯民众缺乏革命精神而忧心忡忡。当时，这种革命精神确实还没有。现在，这种革命精神也还不多，但毕竟是有了。我们满怀民族自豪感，因为大俄罗斯民族**也**造就了革命阶级，**也**证明了它能给人类提供为自由和为社会主义而斗争的伟大榜样，而不只是大暴行，大批的绞架和刑讯室，普遍的饥荒，以及对神父、沙皇、地主和资本家十足的奴颜婢膝。

我们满怀民族自豪感，正因为这样，我们**特别**痛恨**自己**奴隶般的过去（过去地主贵族为了扼杀匈牙利、波兰、波斯和中国的自由，经常驱使农夫去打仗）和自己奴隶般的现在，因为现在这些地主在资本家协助下又驱使我们去打仗，去扼杀波兰和乌克兰，镇压波斯和中国的民主运动，加强那玷污我们大俄罗斯民族声誉的罗曼诺夫、鲍勃凌斯基和普利什凯维奇们这帮恶棍的势力。谁都不会因为生下来是奴隶而有罪；但是，如果一个奴隶不但不去追求自己的自由，反而为自己的奴隶地位进行辩护和粉饰（例如，把扼杀波兰和乌克兰等等叫做大俄罗斯人的"保卫祖国"），那他就是理应受到憎恨、鄙视和唾弃的下贱奴才了。

19 世纪彻底的民主派的最伟大的代表、革命无产阶级的导师马克思和恩格斯说过："压迫其他民族的民族是不能获得解放的。"[①]所以我们满怀民族自豪感的大俄罗斯工人，希望大俄罗斯无论如何要成为一个自由的和独立自主的、民主的、共和的、足以自豪的国家，按照平等这一人道的原则，而不是按照败坏伟大民族声誉的农奴制特权的原则对待邻国。正因为我们抱有这样的希望，所以我们说：20 世纪在欧洲（即使是在欧洲的最东部）"保卫祖国"的唯一办法，就是用一切革命手段反对**自己**祖国的君主制度、地主和资本家，反对我们祖国的这些**最可恶的**敌人；大俄罗斯人"保卫祖国"，只能是希望沙皇政府在一切战争中遭到失败，这对十分之九的大俄罗斯居民危害最小，因为沙皇政府不仅在经济上和

① 见《马克思恩格斯文集》第 3 卷第 355 页。——编者注

政治上压迫这十分之九的居民，而且还使他们腐化堕落，寡廉鲜耻，让他们习惯于压迫异族人民，习惯于用一些貌似爱国的虚伪言词来掩饰自己可耻的行为。

也许有人会反驳我们说，除沙皇制度以外，已经有另一种历史力量在它的卵翼下诞生和壮大起来，这就是大俄罗斯的资本主义，它起着进步的作用，把一些广大的地区在经济上集中化，连为一体。但是，这种反驳并不能为我们的社会沙文主义者辩解，反而会更有力地证明他们的过错，——这些人只配称做沙皇和普利什凯维奇的社会主义者（就像马克思称拉萨尔派为普鲁士王国政府的社会主义者那样[①]）。姑且假定，历史解决问题的办法将有利于大俄罗斯的大国资本主义而不利于许许多多小民族。这不是不可能的，因为资本的全部历史就是暴力和掠夺、血腥和污秽的历史。我们也决不是无条件地主张小民族独立；**如果其他条件相同**，我们当然拥护集中制，反对小市民的联邦制理想。但是，即使在这种情况下，第一，我们，民主主义者（更不要说社会主义者了），也不能帮助罗曼诺夫—鲍勃凌斯基—普利什凯维奇去扼杀乌克兰等等。俾斯麦依照自己的方式，依照容克的方式完成了一项历史上进步的事业，但是，如果哪个“马克思主义者”打算根据这一点来证明社会党人应当帮助俾斯麦，那这个“马克思主义者”就未免太出色了！何况俾斯麦是通过把分散的、受其他民族压迫的德意志人联合在一起，促进了经济的发展。而大俄罗斯的经济繁荣和迅速发展，却要求在我们国内消除大俄罗斯人对其他民族的压迫，——这个差别往往被我们那些崇拜真正俄国的准俾斯麦的人所忘怀。

① 参看《马克思恩格斯全集》第 1 版第 16 卷第 88 页。——编者注

第二，如果历史解决问题的办法将有利于大俄罗斯的大国资本主义，那么，由此得出的结论应当是：大俄罗斯无产阶级这一由资本主义造就的共产主义革命的主要动力的**社会主义**作用将更加巨大。而为了进行无产阶级革命，必须长期地用**最充分的**民族平等和友爱的精神教育工人。因此，正是从大俄罗斯无产阶级的利益出发，必须长期教育群众，使他们以最坚决、最彻底、最勇敢、最革命的态度去捍卫一切受大俄罗斯人压迫的民族的完全平等和自决的权利。大俄罗斯人的民族自豪感（不是奴才心目中的那种自豪感）的利益是同大俄罗斯（以及其他一切民族）无产者的**社会主义**利益一致的。马克思永远是我们学习的榜样，他在英国住了几十年，已经成了半个英国人，但是，为了英国工人社会主义运动的利益，他仍然要求保障爱尔兰的自由和民族独立。

我们俄国土生土长的社会沙文主义者普列汉诺夫等人，在我们所谈的后一种设想的情况下，不仅会成为自己的祖国——自由民主的大俄罗斯的叛徒，而且会成为俄国各民族无产阶级的兄弟团结即社会主义事业的叛徒。

载于 1914 年 12 月 12 日《社会民主党人报》第 35 号

译自《列宁全集》俄文第 5 版第 26 卷第 106—110 页

以后怎么办？

（论工人政党反对机会主义和社会沙文主义的任务）

（1914年12月10日〔23日〕）

世界大战在欧洲社会主义运动内部引起的严重危机，首先是造成了（在发生大的危机的情况下势必如此）极度的惊慌失措，接着是在社会主义运动中的各种思潮、主张和观点的代表中间形成了一系列重新划分的派别，最后，特别尖锐和强烈地向人们提出了以下的问题：危机究竟使社会党的政策的**基本原则**发生了什么变化，需要它发生什么变化。俄国社会党人在1914年8月至12月间，也非常明显地经历了这三个“阶段”。我们大家都知道，最初惊慌失措的程度就很严重，后来更因沙皇政府的迫害、“欧洲人”的行为以及对于战争的惊惧而加剧。在9月和10月这个时期，在侨民最多、同俄国联系最密切、有最大程度自由的巴黎和瑞士，通过讨论、讲演和报纸，在战争所提出的各种问题上极其广泛、极其充分地形成了新的分野。可以十分肯定地说，俄国任何一个社会主义（和貌似社会主义）思潮（和派别）的任何一种观点，都毫无遗漏地表现出来并得到评价。大家都觉得，现在到时候了，应该得出准确的、正面的结论，作为指导经常的实际活动即宣传、鼓动和组织工作的基础。形势已经明朗，大家都表明了态度，现在我们要弄清楚的是，**谁同谁站在一起，谁在往何处去**。

公历11月23日，即政府在彼得格勒发出逮捕俄国社会民主党工人党团[121]的公告的第二天，在斯德哥尔摩瑞典社会民主党代表大会上发生了一起事件[122]，这一事件最终地、不可逆转地把我们所强调的这两个问题提上了日程。读者在下面可以看到对这一事件的记述，即从瑞典社会民主党的正式报道中翻译过来的别列宁（中央委员会代表）和拉林（组织委员会[123]代表）的发言以及就布兰亭所提出的问题进行的讨论的全部译文。

我们党的中央委员会的代表同取消派组织委员会的代表，在战争发生后第一次在一个中立国的社会党人代表大会上相遇。他们的发言有什么区别呢？别列宁对当前社会主义运动的迫切、棘手而重大的问题，采取了十分明确的立场，他引用了党中央机关报《社会民主党人报》[124]的话，坚决向机会主义宣战，指责德国社会民主党领袖（和“许多其他人”）的行为是**背叛**。拉林却任何立场都没有，对问题的实质完全避而不谈，用一些可以博得各国机会主义者和社会沙文主义者喝彩的刻板而空洞的陈词滥调来支吾搪塞。然而，别列宁根本没有谈到我们对待俄国其他社会民主党派或团体的态度。他说：我们的立场就是这样，关于别人我们不谈，我们要看它们自己**怎样**确定。相反，拉林却打出“统一”的旗号，对于“俄国分裂的苦果”痛哭流涕，把组织委员会联合普列汉诺夫、高加索人、崩得分子、波兰人[125]**等等**的“统一”工作说得天花乱坠。拉林这么做用意何在，另有专文加以分析（见后面的短文：《拉林宣布的是什么样的统一？》①）。现在我们先来研究一下关于统一这个原则性问题。

① 见本卷第128—130页。——编者注

我们面前有两个口号。一个是：向机会主义者和社会沙文主义者这些叛徒宣战。另一个是：在俄国讲统一，特别是同普列汉诺夫讲统一（我们要附带指出，普列汉诺夫在我们这里的言行，完全同休特古姆[①]在德国人那里的言行、海德门在英国人那里的言行等等一模一样）。拉林虽然不敢直言不讳，他实质上却是拥护机会主义者和社会沙文主义者的，这难道还不明显吗？

但是，让我们根据当今的事态大体上探讨一下“统一”这个口号的意义吧。无产阶级的统一，是无产阶级在争取社会主义革命的斗争中的最伟大的武器。从这个不容争辩的真理中，可以得出一个同样不容争辩的结论：在那些足以**妨碍**为争取社会主义革命而斗争的小资产阶级分子大量涌入无产阶级政党的时候，同这些分子讲统一，对于无产阶级的事业是有害的和极其危险的。当今的事态正好表明：一方面，帝国主义（即资本主义的最高的、最后的阶段）战争的客观条件已经成熟，另一方面，几十年的所谓和平时代在欧洲各国社会党**内部**积累了**大量**小资产阶级的、机会主义的垃圾。在德国，大约15年前，在有名的“伯恩施坦主义”时期——在许多其他国家还要早些——无产阶级政党内部的这种机会主义的**异己**成分问题就已提上了日程。现在恐怕很难找到一位知名的马克思主义者不曾多次在各种不同的场合承认机会主义者的确是敌视社会主义革命的非无产阶级成分。这一社会成分在近几年来有了特别迅速的增长，这是无可置疑的。那些在群众性合法运动兴起时为自己弄到了安逸舒适的职位的合法工会的官员、议员和其他知识分子，以及某些收入优厚的工人、小职员阶层等等，都属

① 我们刚才收到的普列汉诺夫《论战争》这本小册子（1914年巴黎版），非常明显地证实了本文中的看法，关于这本小册子，我们以后再谈。**126**

于这种社会成分。这场战争已经清楚地表明:在危机时刻(帝国主义时代不可避免地会成为危机四起的时代),受到资产阶级支持、在某种程度上还受他们直接指挥(这点特别重要!)的大批机会主义者,会跑到资产阶级方面去,背叛社会主义,危害工人事业,葬送工人事业。在每一次危机中,资产阶级总是会帮助机会主义者,总是会镇压无产阶级中的革命分子,而且无所不用其极,不惜采取完全违法的、非常残酷的**军事**手段。机会主义者是敌视无产阶级革命的资产阶级分子。这些人在和平时期隐藏在工人政党内部,偷偷做着资产阶级的工作,而在危机时期,**立刻**就成为联合起来的**整个**资产阶级的(从保守的到最激进的和民主的,从不信教的到宗教的和教权派的)公开同盟者。谁**在**我们所经历的那些事变**之后**还不了解这一真理,谁就是既欺骗自己,也欺骗工人的不可救药的人。在当前这种情况下,个人的变节是不可避免的,但是应当记住,个人变节所以值得注意,是因为存在着一个小资产阶级机会主义者的**阶层**和**流派**。如果社会沙文主义者海德门、王德威尔得、盖得、普列汉诺夫、考茨基等人的那些维护资产阶级爱国主义的毫无气节的和陈腐鄙俗的言论,没有受到整个机会主义者的社会阶层以及许许多多资产阶级报纸和资产阶级政客的赞扬,这些人本来是无足轻重的。

机会主义是在几十年的"和平"时期逐渐积累起来的,它行动诡秘,曲意迎合革命工人,**模仿**他们的马克思主义术语,避开一切明确的原则性界限。第二国际时代类型的社会党就是容许这种机会主义在自己队伍内存在的党。这一类型的党已经过时了。如果战争在 1915 年结束,那么,在有头脑的社会党人中间,能否找到那种**已经从经验中知道**在下次危机中机会主义者(再加上所有毫无气节和惊慌失措的人）**全都**会支持资产阶级（资产阶级一定会找到借口禁止谈论阶级仇恨和阶级斗争）而又愿意**同**机会主义者**一起**在 1916 年重新组织工人政党的人呢？

意大利的党是第二国际时代的一个例外：以比索拉蒂为首的机会主义者已被开除出党。危机时期产生的结果**非常好**：各种不同派别的人们没有欺骗工人，没有拿关于"统一"的花言巧语来蒙蔽他们的眼睛，而是各走各的路。机会主义者们（和墨索里尼这类工人政党的叛徒）实习了社会沙文主义，赞扬了（像普列汉诺夫那样）"英勇的比利时"，借以掩饰不是英勇的而是资产阶级的意大利企图掠夺乌克兰和加利西亚……噢，不，掠夺阿尔巴尼亚、突尼斯等地的政策。社会党人则**同他们针锋相对**，以战争反对战争，准备进行**国内**战争。我们决不是要把意大利社会党理想化，决不能担保它在意大利参战的情况下坚定不移。我们不是预言这个政党的未来，我们现在只是讲目前的情况。我们是在肯定一个不容争辩的**事实**：欧洲大多数国家的工人都为机会主义者同革命者的**虚幻的统一所欺骗**，而意大利却是一个幸运的例外，是一个现时没有这种骗局的国家。发生在第二国际的幸运的例外，应当成为而且**一定能够成为**第三国际的常规。只要资本主义存在，无产阶级总是要同小资产阶级做邻居的。拒绝在有的时候同小资产阶级结成暂时的联盟是不明智的，但是，**在目前**，只有无产阶级的敌人或者被愚弄的墨守旧时代成规的人才会维护同小资产阶级的**统一**，同机会主义者的统一。

现在，在 1914 年以后，无产阶级为争取社会主义革命而斗争的统一，要求工人政党无条件地同机会主义者的政党分开。我们所理解的机会主义者到底是什么，这一点在中央委员会的宣言（即第33号上的《战争和俄国社会民主党》①)中已经说得很清楚。

可是俄国的情况又是怎样的呢?有些人正在千方百计地比较彻底地既反对普利什凯维奇式的沙文主义,也反对立宪民主党式的沙文主义,有些人则像马斯洛夫、普列汉诺夫、斯米尔诺夫那样为这种沙文主义帮腔。在这两种人之间,在抵制战争的人和像"文件"(载于第34号)[127]的有影响的执笔者那样声明不抵制战争的人之间讲统一,这对我国工人运动是有利还是有害呢?只有那些想闭起眼睛的人,才会感到难以回答这个问题。

可能有人会反驳我们说,马尔托夫在《呼声报》上曾经同普列汉诺夫争论过[128],并且和组织委员会的其他许多朋友及拥护者一起同社会沙文主义战斗过。我们并不否认这一点,并且在中央机关报第33号上曾向马尔托夫公开表示过欢迎。如果马尔托夫不"转变"(见短评《马尔托夫的转变》[129]),我们会非常高兴,我们很希望坚决反沙文主义的路线能够成为组织委员会的路线。但问题并不取决于我们**和其他任何人**的愿望。客观事实怎样呢?第一,组织委员会的正式代表拉林不知为什么闭口不谈《呼声报》,而只是提到社会沙文主义者普列汉诺夫,提到写过一篇文章(在《伯尔尼哨兵报》上)[130]的阿克雪里罗得,以免说出任何一个明确的字眼。此外,拉林除自己正式的地位之外,还同俄国国内取消派的有影响的核心接近,这**并不是**仅就地理位置而言的。第二,我们再拿欧洲的报刊来说。法国和德国的报纸都闭口不谈《呼声报》,而谈论鲁巴诺维奇、普列汉诺夫和齐赫泽。(德国沙文主义的"社会民主党"报刊中最富于沙文主义的机关报之一《汉堡回声报》,在12

① 见本卷第12—19页。——编者注

月8日这一号上称齐赫泽为马斯洛夫和普列汉诺夫的拥护者，俄国人的某些报纸也指出了这一点。显然，休特古姆派的所有自觉的朋友，都充分评价普列汉诺夫在思想上给予休特古姆派的支持。）在俄国，数百万份资产阶级报纸向“人民”散布了关于马斯洛夫—普列汉诺夫—斯米尔诺夫的消息，而关于《呼声报》派的消息却一点也没有。第三，1912—1914年的合法工人报刊的经验完全证明了以下的事实：取消派所具有的某种社会力量和影响，不是来源于工人阶级，而是来源于产生出一个合法著作家基本核心的资产阶级民主派知识分子阶层。俄国的所有报刊以及彼得堡工人的来信（见《社会民主党人报》第33号和第35号）和“文件”（第34号）都证实，这个阶层，**作为一个阶层**，具有民族沙文主义的情绪。在这一阶层内部很可能出现个人的重大的重新组合，但是完全不能设想，作为一个阶层，它会**不**是“爱国主义的”和机会主义的。

客观事实就是这样。考虑到这些事实，考虑到一切想要影响工人的资产阶级政党都很愿意有一个装装门面的左翼（特别是一个非官方的左翼），我们不能不认为同组织委员会讲统一的思想是一种对工人事业有害的幻想。

11月23日，组织委员会在遥远的瑞典发表了同普列汉诺夫讲统一的声明，发表了使所有社会沙文主义者兴高采烈的讲话，而在巴黎和瑞士，不管是从9月13日（《呼声报》创刊日）到11月23日，还是从11月23日到今天（12月23日），它都根本不想让别人知道自己的存在。它的这种政策很像是最恶劣的政客手腕。想使预定在苏黎世出版的《评论》具有正式的党的机关报性质的希望，已经由于《伯尔尼哨兵报》（12月12日）上发表的一项直截了当的声明[131]而破灭了，声明中说，该报不会具有**这样的**性质……（附带说明一下:在《呼声报》第 52 号上,编辑部声明说,现在继续同取消派分裂是最坏的"民族主义"。这句文理不通的话,只能有一种政治含义:《呼声报》编辑部宁肯同社会沙文主义者讲统一,而不愿接近那些同社会沙文主义不妥协的人。《呼声报》编辑部作了一个不高明的选择。)

为了使大家看到全面的情况,我们还要简单地谈一谈社会革命党人在巴黎出版的《思想报》[132]。这家报纸**也**赞扬"统一",掩饰(参看《社会民主党人报》第 34 号)该党领袖鲁巴诺维奇的社会沙文主义,维护比利时和法国的机会主义者和内阁主义者,只字不提一个最左的俄国劳动派分子克伦斯基言论中的爱国基调,而且刊登一些用民粹主义和机会主义精神修正马克思主义的陈腐不堪的小资产阶级庸俗见解。《思想报》的这种行为,充分地证实了 1913 年俄国社会民主工党"夏季"会议的决议[133]中关于社会革命党人所说的一切。

某些俄国社会党人想必认为,所谓国际主义,就是要热烈欢迎普列汉诺夫同休特古姆、考茨基同爱尔威、盖得同海德门、王德威尔得同比索拉蒂等等准备草拟的关于为各国社会民族主义作国际的辩护的决议。我们则认为,国际主义只能是指在自己党内实行十分明确的国际主义政策。同机会主义者和社会沙文主义者在一起,就不可能执行真正的无产阶级国际主义政策,不可能进行反对战争的宣传,并为此积聚力量。闭口不谈或者避讳这个痛苦的、但为社会党人所必须明确认识的真理,对工人运动是有害的和非常危险的。

载于 1915 年 1 月 9 日《社会民主党人报》第 36 号

译自《列宁全集》俄文第 5 版第 26 卷第 111—118 页

俄国的休特古姆派

(1915 年 1 月 19 日〔2 月 1 日〕)

“休特古姆”这个词已经成了一个普通名词，意指沾沾自喜和不知羞耻的机会主义者和社会沙文主义者的典型。这是一个好的征兆，说明大家提起休特古姆派都加以鄙视。可是，要使自己不陷入沙文主义，只有一种办法，那就是尽力协助揭露俄国的休特古姆派。

普列汉诺夫写了《论战争》这本小册子，从而使自己确定无疑地成了俄国休特古姆派的首领。他的论断完全是以诡辩代替辩证法。借助诡辩指责德国的机会主义，以便掩饰法国和俄国的机会主义。结果不是同国际机会主义作斗争，而是支持国际机会主义。借助诡辩为比利时的命运痛哭流涕，对于加利西亚却讳莫如深。借助诡辩把帝国主义时代(即马克思主义者所公认的资本主义崩溃的客观条件已经成熟、社会主义的无产阶级群众已经存在的时代)同资产阶级民主民族运动时代混淆起来，即把国际无产阶级革命就要粉碎资产阶级祖国的时代同资产阶级祖国诞生和巩固的时代混淆起来。借助诡辩指责德国资产阶级破坏和平，而闭口不谈“三协约国”[134]的资产阶级进行长期的坚持不懈的对德战争的准备。借助诡辩回避巴塞尔决议。借助诡辩以民族自由主义代替社会民主主义：借口俄国经济发展的利益而希望沙皇政府取得胜利，却对俄国的民族问题、沙皇制度阻碍俄国经济发展的问题、德国生产力的发展相比之下远为迅速和顺利的问题等等，统统只字不提。要分析普列汉诺夫的所有这些诡辩，需要写一系列文章，而我们还不清楚，他的许多荒唐可笑的言论究竟值不值得加以分析。我们只来谈谈他的一个所谓论据。恩格斯在 1870 年给马克思写信说，威·李卜克内西错误地把反俾斯麦主义当做**唯一的**指导原则[①]。普列汉诺夫找到了这句引文十分高兴，说什么我们的反沙皇主义也是这样！但是，让我们抛开诡辩（即不顾事件的相互联系而仅仅抓住事物的表面的相似之处）而用辩证法（即研究事件及其发展的整个具体环境）来看一看吧。德国的统一在当时是必要的，马克思在 1848 年以前和以后始终都确认这一点。早在 1859 年，恩格斯就直接呼吁德国人民为统一而战斗[②]。在用革命实现统一未能成功之后，俾斯麦用反革命的方式，用容克的方式完成了统一。在这种情况下，把反俾斯麦主义作为**唯一的**原则，就成了荒唐的东西，因为完成必要的统一已经成为事实。而在俄国呢？我们勇敢的普列汉诺夫当时有没有胆量预先宣布，为了俄国的发展，必须夺取加利西亚、萨尔格勒[③]、亚美尼亚、波斯等等呢？现在他有没有胆量这样说呢？德国当时必须从德意志人被分裂的状态（19 世纪的前 60 多年受法国和俄国两国的压迫）走上统一，而在俄国，大俄罗斯人与其说是统一了不如说是压制了其他许多民族。这一点普列汉诺夫考虑过没有呢？他没有考虑，他只是通过歪曲引用恩格斯 1870 年的话来掩饰自己的沙文主义，正如休特古姆歪曲引用恩格斯 1891 年的话一样（当时恩格斯写道，德国人必须同法俄联军进行殊死的斗争）。

---

① 参看《马克思恩格斯文集》第 10 卷第 341 页。——编者注

② 参看《马克思恩格斯全集》第 1 版第 13 卷第 247—299 页。——编者注

③ 俄国对君士坦丁堡（今伊斯坦布尔）的旧称。——编者注

《我们的曙光》杂志[135]第7、8、9期，是在另一种情况下用另一种语言维护沙文主义的。切列万宁先生预言和希望“德国战败”，断言“欧洲〈!!〉已经起来”反对德国。亚·波特列索夫先生责骂德国社会民主党人，说他们的“失误”“比任何罪行都坏”等等，硬说德国军国主义犯了“超乎寻常的滔天罪行”，硬说“不是某些俄国人的泛斯拉夫主义的理想构成了对欧洲和平的威胁”等等。

在一家合法刊物上大肆宣扬德国犯了“滔天罪行”，必须让德国战败，这岂不是给普利什凯维奇和社会沙文主义者帮腔吗？在沙皇书报检查机关的压制之下，对于俄国军国主义的严重百倍的“滔天”罪行都只好闭口不谈。在这种情况下，不希望做沙文主义者的人，难道不应当至少**不**去谈论什么让德国战败和德国犯了滔天罪行吗？

《我们的曙光》杂志不仅仅采取了“不抵制战争”的路线；不，它还用“社会民主主义的”论据鼓吹让德国战败，袒护泛斯拉夫主义者，直接为大俄罗斯的、沙皇—普利什凯维奇的沙文主义助长声势。要知道，不是别人，正是《我们的曙光》杂志的作者们于1912—1914年间在工人当中大肆宣传取消派的主张。

最后，我们再拿阿克雪里罗得作例子。对阿克雪里罗得，马尔托夫也像对《我们的曙光》杂志的作者们一样，正在那么气急败坏、那么笨手笨脚地加以掩饰、维护和包庇。

阿克雪里罗得的观点，经过他的同意，发表在《呼声报》第86号和第87号上[136]。这是些社会沙文主义的观点。阿克雪里罗得是用以下的论据为法国和比利时社会党人参加资产阶级内阁作辩护的：(1)“现在人们喜欢胡乱援引的历史必然性，在马克思看来，决不意味着消极地对待具体祸害，等待社会主义变革。”这不是胡言乱语吗？干吗说这番话呢？历史上发生的一切，都是必然要发生的。这是起码的常识。反对社会沙文主义的人所援引的不是历史的必然性，而是这场战争的**帝国主义**性质。阿克雪里罗得假装不了解这一点，不了解由此而得出的对"具体祸害"即对各国资产阶级统治的估计，不了解要**及时**开始将导致"社会变革"的革命行动。社会沙文主义者否定这一点，因此，"消极的"是他们。(2)决不能"忽视谁是"战争的"真正祸首"，"从而迫使所有遭受军事进攻的国家必须捍卫自己的独立这个问题"。在同一页上他又承认，"当然，法国帝国主义者也一心想过两三年以后挑起战争"！而他又强调说，在这段时间内无产阶级将会强大起来，因而和平的可能性将会增大!! 但是我们知道，在这段时间内，阿克雪里罗得心爱的机会主义将会强大起来，因而它更加卑鄙地背叛社会主义的可能性将会增大。我们知道，**数十年来**三个强盗(英、俄、法三国的资产阶级和政府)一直在武装自己，准备掠夺德国。两个强盗没有等**三个**强盗拿到他们定购的新刀子便先发动了进攻，这有什么值得奇怪的呢？用战争"祸首"的词句来掩饰全体社会党人在巴塞尔毫无异议地一致承认的、各国资产阶级的**同等"罪行"**，这岂不是诡辩吗？(3)"责备比利时社会党人保卫自己的国家"，这"不是马克思主义，而是愚蠢的厚颜无耻"。马克思当年正是这样评论蒲鲁东对待波兰起义(1863年)的态度的①。从1848年起，马克思就经常谈论波兰反抗沙皇政府的起义在历史上的进步性。任何人都不敢否认这一点。当时的具体情况是，东欧的民族问题没有解决，也就是说反抗沙皇政府的战争具有资产阶级民主主义性质，而不是具有

① 参看《马克思恩格斯文集》第3卷第23页。——编者注

帝国主义性质。这是起码的常识。

如果用消极的态度，或者用讥笑的和轻率的态度（像阿克雪里罗得们那样）对待社会主义变革，那么，在目前这场具体战争中，就**只能**用帮助沙皇政府扼杀乌克兰的办法去帮助比利时这个“国家”。这是事实。俄国社会党人回避这一事实，就是犬儒主义。大谈其比利时而不谈加利西亚，就是犬儒主义。

比利时社会党人应当做些什么呢？既然他们未能同法国人等等一起完成社会变革，他们当时只好服从国内的多数去进行战争。但是，他们在服从奴隶主阶级的意志的同时，应当把罪责加在这个阶级身上，应当不投票赞成军事拨款，不派王德威尔得以部长身份去拜访剥削者，而派他去组织（同**各**国革命的社会民主党人一起）关于“社会主义变革”和国内战争的秘密革命宣传工作；应当在军队中也进行这项工作（经验证明，工人士兵甚至可能在交战军队的战壕内举行“联欢”！）。喋喋不休地谈论辩证法和马克思主义，却不会把服从多数的必要性（如果暂时是必要的）同在各种条件下进行革命工作结合起来，这是对工人的讥笑，对社会主义的嘲弄。“比利时公民们！我们国家遭到了很大的不幸，这种不幸是由包括比利时资产阶级在内的**所有**国家的资产阶级引起的。你们不想推翻这些资产阶级吗？你们不相信向德国社会党人提出的呼吁吗？我们是少数，我服从你们，我去打仗，但是我在打仗的时候也要宣传和准备各国无产者的国内战争，因为除此之外没有别的办法能拯救比利时和其他国家的农民和工人！”如果比利时或者法国等国的哪个议员发表这样的演说，他就会坐牢，而不是坐到部长的安乐椅上，但他是一个社会党人，而不是叛徒。战壕中的法国和德国的工人士兵就都会把他视为**自己的**领袖，而不是当做工人事业的叛徒。(4)“只要各自的祖国还存在，只要无产阶级的生活和无产阶级的运动还像现在这样被局限在这些祖国的范围内，只要无产阶级除了自己祖国感觉不到有另外的国际的立足之地，对于工人阶级来说，爱国主义和自卫的问题就将继续存在。”资产阶级祖国只要还没有被国际无产阶级革命所摧毁，它们就将存在下去。国际无产阶级革命的基础已经具备，这一点甚至考茨基在1909年就已经承认，这一点在巴塞尔也得到了一致的承认。现在各国工人都对那些不投票赞成军事拨款、不怕坐牢、不怕作出其他牺牲（由于“历史必然性”，干任何革命都会有牺牲）的人深表同情，**这一事实**也证明了这一点。阿克雪里罗得的话只不过是回避革命活动的**一种借口**，只不过是重弹沙文主义资产阶级的老调而已。(5)阿克雪里罗得下面的话的含义也与此完全相同，他说：德国人的行为**不是**背叛；他们所以那样行动，是因为他们“强烈地感觉和意识到他们同德国无产阶级在其中生活和工作的那块国土即祖国有着有机的联系”。实际上，德国人的行为和盖得等人的行为一样，是无可置疑的背叛行为；掩饰和庇护这种行为是可耻的。实际上，正是资产阶级祖国通过建立奴隶同奴隶主之间的“联系”在破坏、损害、摧毁和糟蹋德国工人同德国国土的“血肉联系”。实际上，**只有**摧毁了资产阶级祖国，各国工人才能“同国土联系起来”，才能有使用祖国语言的自由，才能获得面包和享受文化财富。阿克雪里罗得不过是一个资产阶级辩护士罢了。(6)劝说工人“要小心谨慎，不要轻易给盖得”这样“久经考验的马克思主义者加上机会主义者的罪名”等等，这就等于劝说工人在领袖面前唯唯诺诺。我们要告诉工人，盖得的整个一生都可以作为学习的榜样，只是他在1914年公然背叛社会主义的行为**除外**。也许能找到一些可以减轻盖得的罪责的个人情况或其他情况，但是这里所谈的绝对不是**个人**的过失问题，而是从社会主义运动的角度来看**事变**的意义。(7)借口参加内阁是得到“**正式**”允许的，说某项决议中有那么一条谈到过“特别重要的情况”[137]，那是最卑鄙的辩护士的狡辩，因为这一条的本意显然是要**促进**国际无产阶级革命，而不是**阻碍**这一革命。(8)阿克雪里罗得说，“俄国战败不会妨碍国家的有机发展，而会有助于消灭旧的制度”这个看法，就其本身来说，孤立地说，是正确的，但如果用来为德国沙文主义者辩护，那就只能是企图向休特古姆派**献媚**。承认俄国战败有好处，而不公开谴责德奥两国社会民主党人的叛变行为，**实际上**就是帮助他们为自己辩护，为自己开脱，帮助他们欺骗工人。阿克雪里罗得的文章是两面讨好，一方面向德国社会沙文主义者鞠躬，另一方面又向法国社会沙文主义者行礼。这两面讨好合在一起，就构成典型的“俄国崩得式的”社会沙文主义。

请读者现在自己对《呼声报》编辑部的彻底性作一判断吧，编辑部在刊登阿克雪里罗得这些令人十分气愤的论断时，声明他们只是不同意他的“某些论点”，尔后在第 96 号的社论中又宣称“同积极的社会爱国主义分子断然决裂”。难道《呼声报》编辑部真是幼稚或者疏忽到如此地步，竟看不到真实情况吗？他们竟然看不出提出这些论断的阿克雪里罗得是**十足的**“积极的〈因为作家的积极性就表现于他的写作〉社会爱国主义因素”吗？至于《我们的曙光》杂志的作家切列万宁先生、亚·波特列索夫先生以及他们的同伙，难道不都是积极的社会爱国主义分子吗？

载于 1915 年 2 月 1 日《社会民主党人报》第 37 号

译自《列宁全集》俄文第 5 版第 26 卷第 119—125 页

拉林在瑞典代表大会上宣布的是什么样的“统一”？[138]

（1915年1月19日〔2月1日〕）

在我们曾经提到的（第36号上）拉林的演说中，他所指的只能是有名的“七三”联盟[139]，即1914年7月3日组织委员会、托洛茨基、罗莎·卢森堡、阿列克辛斯基、普列汉诺夫、崩得分子、高加索人、立陶宛人、“左派”[140]、波兰反对派等等在布鲁塞尔缔结的联盟。为什么拉林只是暗示了一下呢？这……很奇怪。我们认为，既然组织委员会还存在，这个联盟还存在，那么，掩盖这一真相是有害的。

我们党的中央委员会和拉脱维亚社会民主党中央委员会**没有**参加这一联盟。我们的中央委员会对于统一提出了14项明确的条件。组织委员会和“联盟”**没有**接受这些条件，只是通过了一项**实际上**没有承诺或表示要对过去的取消派政策作任何重大改变的圆滑的含混的决议。我们的14项条件的**实质**是：(1)毫不含糊地确认1908年12月和1910年1月关于取消主义的决议[141]，就是说，认为社会民主党的党员身份是与反对地下组织、反对鼓吹秘密报刊、主张公开的党（或者为公开的党而斗争）、反对革命的群众大会等言论（如《我们的曙光》杂志和《我们的工人报》[142]所发表的）不相容的；(2)与反对共和国等口号的言论不相容；(3)与同**非**社会民主党的“左派”结成联盟不相容；(4)每一个地区都应该有一个不是按照民族划分的统一的社会民主党组织；(5)否定“民族文化自治”[143]；(6)号召工人实现“自下而上的统一”；只有加入一个秘密组织的人才能成为党员；在合法报刊上，应该根据1913年以来工人团体捐款的数字材料来确定多数派；(7)不允许在同一个城市有互相竞争的报纸；停办《我们的工人报》；创办一份争论性的杂志；(8)确认1903年和1907年代表大会关于社会革命党的资产阶级性质的决议[144]；不容许一部分社会民主党人同社会革命党人订立协定；(9)国外的集团要服从俄国国内中央委员会的领导；(10)在工会工作方面确认中央委员会伦敦会议的决议(1908年1月)；必须建立秘密支部；(11)不容许散布反对“保险理事会”[145]和其他保险机关的言论；停办《工人保险》杂志[146]这家竞争的刊物；(12)高加索的社会民主党人特别要确认第5项和第4项条件；(13)齐赫泽党团[147]要收回“民族文化自治”并承认上述条件；(14)关于“诽谤”案件(对马林诺夫斯基、伊克斯等人)，组织委员会和它的朋友们或者收回他们的指控和诽谤，或者派代表参加我们党即将召开的代表大会，在会上坚持自己提出的全部指控。

不难看出，没有这些条件，不管口头上怎样一再“答应”放弃取消主义(像在1910年举行的全会上那样)，事情也不会有丝毫的改变；“统一”只能是一种幻影，只能是承认取消派的“平等地位”。

世界大战引起的社会主义运动的严重危机，使社会民主党的一切集团都全力以赴，竭力把所有那些在对待战争的根本问题上**能够**同自己接近的人都聚集起来。拉林所夸耀(而又不敢径直说出名称)的“七三”联盟，一下子就成了幻影。

当实际上存在着不可调和的分歧时，要始终提防虚假的“统一”。

载于1915年2月1日《社会民主党人报》第37号

译自《列宁全集》俄文第5版第26卷第126—127页

俄国社会民主工党中央委员会向协约国社会党人伦敦代表会议提出的宣言草案[148]

（1915年1月27日〔2月9日〕以前）

我们这些在下面签名的俄国（英国等等）社会民主党组织的代表深信：

目前的战争，不仅从德国和奥匈帝国方面看，而且从（同沙皇政府采取联合行动的）英国和法国方面看，都是帝国主义战争，也就是说，是资本主义发展到最后阶段的时代，资产阶级的民族疆界内的国家已经过时的时代的战争，是专为侵占殖民地、劫掠竞争国家，为削弱无产阶级运动而唆使一国无产者反对另一国无产者的战争。

所以，各交战国社会党人的无可推卸的职责，就是立即坚决执行巴塞尔决议，即：

（1）打破一切国家中的举国联合和国内和平；

（2）号召一切交战国的工人坚决进行阶级斗争，包括经济斗争和政治斗争，以反对自己国家的资产阶级，反对从军事订货中大发横财、在军事当局支持下封住工人嘴巴、加紧压迫工人的资产阶级；

（3）坚决谴责一切投票赞成军事拨款的行为；

(4)退出比利时和法国的资产阶级内阁，并宣布参加内阁和投票赞成拨款是和德奥两国社会民主党人的全部所作所为一样的对社会主义事业的背叛；

(5)立即同德国社会民主党内拒绝投票赞成军事拨款的国际主义者携起手来，和他们一起成立一个国际委员会以宣传停战，但不是以和平主义者、基督徒及小资产阶级民主派的精神进行宣传，而是把这种宣传同鼓动和组织每一国家的无产者反对自己国家的政府和资产阶级的群众性革命行动这一工作紧密地结合起来；

(6)支持各交战国社会党人不顾英、德等国军事当局的禁令在军队和战壕中相互亲近和举行联欢的一切尝试；

(7)号召各交战国的社会党人妇女按上述方针加紧进行宣传工作；

(8)号召整个国际无产阶级支持反对沙皇政府的斗争，支持那些不仅拒绝投票赞成军事拨款、而且不顾遭受迫害的危险正在以国际革命社会民主主义的精神进行社会主义工作的俄国社会民主党代表。

载于1931年《列宁文集》俄文版
第17卷

译自《列宁全集》俄文第5版
第26卷第128—129页

《乌克兰与战争》一文编者按语

（1915 年 1 月 30 日〔2 月 12 日〕）

编 者 按 语

上面刊载的是《钟声》杂志[149]派的一位著名支持者的文章。就在不久以前，我们曾不得不和这个派别进行激烈的论战。我们同这个派别的著作家的意见分歧依然存在。我们认为他们向民族主义作的那些让步是不正确的，我们认为“民族文化自治”的思想是资产阶级的民族主义，我们认为把无产阶级分割为一个个民族集团并不是组织无产阶级的最好方式，我们不赞成他们关于“非民族的”、民族的和跨民族的三者之间的区别的观点。作为彻底的**国际主义**的拥护者，我们期望上面这篇文章的作者和他的朋友们能够通过欧洲大战的实际情况吸取必要的教训。

正是在目前这个艰难的时刻，上述这些乌克兰活动家最清楚地认识到他们同《社会民主党人报》的接近，这无论如何是令人高兴的。他们能够同进行完全违背社会民主主义的活动的著名的“乌克兰解放协会”[150]断绝关系，这是应当受到赞扬的。

载于 1915 年 2 月 12 日《社会民主党人报》第 38 号

译自《列宁全集》俄文第 5 版第 26 卷第 130 页

打着别人的旗帜[151]

（1915年1月以后）

《我们的事业》杂志[152]第1期（彼得格勒，1915年1月）登载了亚·波特列索夫先生的一篇很有特色的纲领性文章：《在两个时代的交界点》。和这位作者前些时候在一家杂志上登载的一篇文章一样，这篇文章阐述了俄国一个完整的资产阶级社会思想流派即取消派对当今重要而迫切的问题的基本思想。严格说来，摆在我们面前的并不是文章，而是一个派别的宣言。只要仔细读一读这些文章，考虑一下这些文章的内容，谁都会看出，只是出于一些偶然的考虑，即与纯粹写作方面的需要毫无关系的考虑，作者才没有用宣言或“信条”这种更恰当的形式来表达自己的思想（及其朋友们的思想，因为作者不是孤立的）。

亚·波特列索夫的主要思想是：现代民主派处在两个时代的交界点，而旧时代和新时代的根本区别就在于从民族狭隘观点向国际观点转变。亚·波特列索夫所说的现代民主派，是指具有19世纪末和20世纪初的特色的民主派，它不同于具有18世纪末和19世纪初叶与中叶的特色的旧资产阶级民主派。

乍看起来，可能觉得作者的思想完全正确，觉得作者是今天在现代民主派当中占统治地位的民族自由主义倾向的反对者，是一个“国际派”，而不是民族主义自由派。

的确，这样维护国际观点，这样把民族狭隘观点和民族特殊观点看做已经过去了的旧时代的特点，不就是同民族自由主义这种流行病，同现代民主派的（确切些说，现代民主派的正式代表的）这种瘟疫断然决裂吗？

乍看起来，不但可能觉得，而且一定会觉得是这样。可是，如果这样看那就大错特错了。作者是在打着别人的旗帜，偷运自己的货色。他施用了一个小小的军事计谋（是有意地，还是无意地，在这种情况下都一样），打出"国际观点"的旗帜，以便在这面旗帜下更为安全地偷运民族自由主义的私货。亚·波特列索夫终究是一个地地道道的民族主义自由派。他的文章（和他的纲领，他的方案，他的"信条"）的核心，就是施用这个小小的可说是天真的军事计谋，就是在国际观点的旗帜下偷运机会主义。对这个核心必须十分详尽地加以说明，因为这个问题很重要，非常重要。而亚·波特列索夫打着别人的旗帜之所以更加危险，是因为他为了掩饰自己，不但搬出了"国际观点"的原则，而且还自称为"马克思的方法论"的拥护者。换句话说，亚·波特列索夫要充当马克思主义的真正拥护者和代表者，而实际上他是在用民族自由主义偷换马克思主义。亚·波特列索夫要"纠正"考茨基，责备他"充当辩护律师"，就是说，责备他一会儿为这个一会儿为那个民族色彩的，即各种民族色彩的自由主义辩护。亚·波特列索夫要用国际观点和马克思主义来反对民族自由主义（因为考茨基现在成了民族主义自由派，这已经是完全肯定无疑的了）。而实际上，亚·波特列索夫是在用**一色的**民族自由主义来反对**杂色的**民族自由主义。马克思主义则根本反对——在当前的具体历史条件下在各个方面都根本反对——任何民族自由主义。

现在我们就来说明，情况的确是这样，以及为什么是这样。

一

如果读者仔细看一下亚·波特列索夫的文章里的下面这段话，就会很容易理解使他挂着民族自由主义的旗帜航行的祸根所在。他写道：

“……不管问题多么复杂，他们〈马克思和他的同志们〉总是秉着他们固有的气质去加以解决，总是对冲突作出诊断，总是试图对**哪一方获胜**可以为他们所期望的有利的前途开辟更广阔的天地这个问题作出判断，从而为制定自己的策略打下一定的基础。”（第73页，引文中的黑体是我们用的）

“哪一方获胜比较有利”——这是须要作出判断的，而且是要从国际的观点而不是从民族的观点作出判断；这就是马克思方法论的实质；考茨基正因为没有这样做，所以从“法官”（从马克思主义者）变成了“辩护律师”（民族主义自由派）。这就是亚·波特列索夫的思想。亚·波特列索夫深信：他坚持认为某一方（就是自己那一方）获胜是有利的，绝不是“充当辩护律师”，而是出于真正国际的考虑，考虑到另一方犯了“滔天”罪行……

波特列索夫、马斯洛夫、普列汉诺夫等人都是出于真正国际的考虑，得出了与波特列索夫相同的结论…… 这真是幼稚到了…… 不过，我们不必过于着急，还是先把纯理论性的问题分析完吧。

马克思，例如在1859年意大利战争期间，曾经就“哪一方获胜比较有利”作出判断。亚·波特列索夫所谈的，正是这个“由于它的某些特点而对我们有特别意义”的例子。我们倒也赞成用亚·波特列索夫选择的这个例子。

1859年拿破仑第三向奥地利宣战，表面上是为了解放意大利，其实是为了达到他自己的王朝的目的。

亚·波特列索夫写道：“在拿破仑第三的背后可以清楚地看到刚刚同法国皇帝缔结了秘密协定的哥尔查科夫的身影。”矛盾错综复杂：一方是一直在压迫意大利的欧洲最反动的君主国，另一方是包括加里波第在内的正在争取解放的革命的意大利的代表人物同反动透顶的拿破仑第三携起手来，如此等等。亚·波特列索夫写道：“何必自找麻烦呢，干脆说一声‘双方都同样坏’，岂不更简单吗？但是，无论是恩格斯、马克思，还是拉萨尔，都没有被这种‘简单’的解决办法所诱惑，而是着手找出问题〈亚·波特列索夫是想说着手研究和探索问题〉，即冲突的何种结局才会对他们二人都珍视的事业提供最多的有利条件。”

与拉萨尔相反，马克思和恩格斯认为，普鲁士应当进行干预。在他们的各种考虑当中，据亚·波特列索夫自己承认，有这样一些考虑：“由于同一个敌对的联盟发生冲突，德国可能产生民族运动，这一运动的发展将超出德国许许多多的统治者的想象；在欧洲的共同行动中，哪一个大国会是主要的祸患：是多瑙河流域的反动君主国，还是这一共同行动的别的突出代表。”

亚·波特列索夫得出结论说：是马克思对还是拉萨尔对，这对我们并不重要；重要的是他们都一致认为，必须根据国际的观点对哪一方获胜比较有利作出判断。

这就是亚·波特列索夫所举的例子；这就是我们的作者的论断。亚·波特列索夫推论说：既然马克思当时能够不顾交战双方的政府都极为反动而“对国际冲突作出估计”（亚·波特列索夫语），那么今天的马克思主义者也应该作出**同样的**估计。

这是一种天真幼稚的或者说是强词夺理的推论，因为这无非是说：既然马克思在1859年曾解决过哪一国的**资产阶级**获胜比较有利的问题，那么在过了半个多世纪以后的今天，我们也应该解决这同样的问题。

亚·波特列索夫**没有看到**，在1859年（和在后来的一系列情况下），对马克思来说，“哪一方获胜比较有利”的问题也就是“哪一国的**资产阶级**获胜比较有利”的问题。亚·波特列索夫**没有看到**，马克思是在存在着无疑是**进步的资产阶级**运动的时候解决我们所谈的这个问题的；当时这种运动不但存在，而且在欧洲一些最重要的国家的历史过程中占据首要的地位。而在我们今天，以为英国和德国这样一些无疑是欧洲“共同行动”的最主要、最重要角色的国家会有进步的资产阶级，会有进步的资产阶级运动，作这种设想也是很可笑的。在这两个最主要、最重要的大国里，旧的资产阶级“民主派”已经变成反动的了。而亚·波特列索夫先生却“忘记了”这一点，用**旧的**（资产阶级的）所谓民主派的观点来偷换**现代的**（非资产阶级的）民主派的观点。这种转变，即采取另一个阶级而且是衰亡的旧阶级的观点，是十足的机会主义。对新旧两个时代历史过程的客观内容的分析，绝对证明不了这种转变是正确的。

正是资产阶级——例如德国资产阶级，英国资产阶级也一样——才力图玩弄亚·波特列索夫玩弄的这种偷换把戏，用资产阶级进步运动、民族解放运动和民主解放运动的时代来偷换帝国主义时代。亚·波特列索夫毫无批判地跟着资产阶级走。这一点所以尤其不能原谅，是因为亚·波特列索夫在他自己所举的这个例子中本来应该确认并指出马克思、恩格斯和拉萨尔在早已过去的那个时代里是从何种考虑出发的。[①]

第一，他们所考虑的是**民族**运动（德国和意大利的），是如何使民族运动的发展超出“中世纪代表人物”的想象；第二，他们所考虑的是，欧洲共同行动中的反动君主国（奥地利君主国、拿破仑君主国等等）是“主要的祸患”。

这些考虑是十分清楚和无可争辩的。马克思主义者从不否认资产阶级民族解放运动反对封建专制势力的进步性。亚·波特列索夫不会不知道，在当代，处于中心的即卷入冲突的几个最主要、最重要的国家，没有而且也不可能有**任何这类情况**。过去，在意大利和德国都发生过长达**数十年**属于民族解放运动类型的人民运动。当时并不是西方资产阶级在财政上支援其余的几个大国，相反，这些大国才**真正**是“主要的祸患”。亚·波特列索夫不会不知道，而且他自己在同一篇文章里还承认，在当代，其余的**任何一个**大国，都不是也不可能是“主要的祸患”。

资产阶级（例如德国资产阶级，虽然决不止它一个）正在为了一己的私利而煽动民族运动的思想，力图把这种思想搬到帝国主义这个完全不同的时代来。机会主义者和往常一样，跟在资产阶

① 顺便提一提：亚·波特列索夫不愿意断定谁对1859年战争情况的估计是对的，是马克思还是拉萨尔。我们（与梅林的意见相反）认为，马克思是对的，而拉萨尔在当时，也像他向俾斯麦献媚的时候一样，是一个机会主义者。拉萨尔鉴于普鲁士和俾斯麦的胜利，鉴于意大利和德国的民族民主运动缺乏足够的力量而看风使舵，从而动摇到民族主义自由派工人政策方面去了。马克思则提倡和发扬了独立的、彻底民主主义的、反对民族主义自由派懦弱态度的政策（如果1859年普鲁士出面对拿破仑进行干预，就会推动德国的人民运动）。拉萨尔的眼睛多半不是朝下，而是朝上，只盯着俾斯麦。俾斯麦的“成功”丝毫也不能说明拉萨尔的机会主义是对的。

级的后面,**抛弃现代**民主派的观点,转向**旧的**(资产阶级的)民主派的观点。这就是亚·波特列索夫和他的取消派伙伴们的所有文章以及他们的整个立场、整个路线的主要过错。马克思和恩格斯在**旧的**(资产阶级的)民主派的时代曾解决过哪一国的资产阶级获胜比较有利的问题,他们所关心的是如何使自由派温和的运动发展成为民主派猛烈的运动。而亚·波特列索夫却在**现代的**(非资产阶级的)民主派的时代(这时无论英国、德国还是法国都根本谈不上会有什么资产阶级进步运动,不管是自由派温和的运动,还是民主派猛烈的运动),鼓吹资产阶级的民族自由主义。马克思和恩格斯走在**自己的**时代,即资产阶级民族进步运动的时代的**前面**,推进**这些**运动,他们关心的是如何使这些运动的发展"超出"中世纪代表人物的"想象"。

亚·波特列索夫,和所有社会沙文主义者一样,从**自己的**现代民主派的时代向后倒退,跳回到早已过时的、僵死的因而实质上是虚假的旧的(资产阶级的)民主派的观点上去。

因此,亚·波特列索夫向民主派发出的如下号召,是极大的糊涂观念,是极端反动的号召。

> "……不要后退,而要前进。不要后退到个别性,而要前进到十分完整、十分有力量的国际意识。前进,在某种意义上说来也就是后退——后退到恩格斯、马克思、拉萨尔那里去,后退到运用他们估计国际冲突的方法;后退到他们那种把各国的国际行动也纳入按民主主义精神加以利用的总范畴的做法。"

亚·波特列索夫不是在"某种意义上"而是在一切意义上拉着现代民主派**后退**,后退到旧资产阶级民主派的口号和思想,后退到使群众依赖资产阶级……　马克思的方法首先是考虑具体时间、具体环境里的历史过程的**客观**内容，以便首先了解，**哪一个**阶级的运动是这个具体环境里可能出现的进步的主要动力。当时，在1859年，构成欧洲大陆历史过程的客观内容的，不是帝国主义，而是民族资产阶级的解放运动。资产阶级反对封建专制势力的运动当时是主要的动力。过了55年，原来的反动封建主，已经被和他们一样的衰朽的资产阶级的金融资本巨头所取代，而聪明绝顶的亚·波特列索夫如今还想用**资产阶级的**观点，**而不用新阶级的**观点来估计国际冲突。①

亚·波特列索夫并没有好好想一想他所说的这些话的含义。我们假定，两个国家在资产阶级民族解放运动时期交战。从现代民主派的观点看来，应当希望哪个国家获胜呢？显然是希望那个获得胜利之后能够更有力地推动和更迅猛地发展资产阶级解放运动、更有力地摧毁封建制度的国家获胜。我们再假定，客观历史环境的**决定**因素变了，争取民族解放的资本已经被国际的、反动的、帝国主义金融资本所取代。假定第一个国家占有非洲的¾，而第二个国家占有¼。他们的战争的客观内容是重新瓜分非洲。应当希望哪一方获胜呢？如果还像过去那样去提出这个问题，那就太荒唐可笑了，因为过去的估计的标准现在已不存在：既不存在资产阶级解放运动的多年发展过程，也不存在封建主义崩溃的多年的过程。现代民主派既不应当帮助前者巩固其占有¾的非洲的"权利"，也不应当帮助后者(即使后者在经济上比前者发展得快)夺取

① 亚·波特列索夫写道："实际上，正是在这个似乎是停滞的时期，每个国家内部都发生了强烈的分子运动过程，国际形势也在渐渐发生根本的变化，因为夺取殖民地和穷兵黩武的帝国主义的政策愈来愈明显地成了这一国际形势的**决定**因素。"

这$3/4$。

现代民主派要保持其为民主派，就只有不追随任何一个帝国主义资产阶级，只有说“双方都同样坏”，只有希望每个国家的帝国主义资产阶级都失败。任何其他的决定，实际上都是民族自由主义的决定，同真正的国际观点毫无共同之点。

但愿读者不要上亚·波特列索夫的装腔作势的术语的当，他用这些术语是要掩饰他已转向资产阶级的观点。亚·波特列索夫叫喊“不要后退到个别性，而要前进到十分完整、十分有力量的国际意识”，他是在拿自己的观点来反对考茨基的观点。他把考茨基（以及和考茨基类似的人）的观点叫做“个别性”，意思是说考茨基拒绝考虑“哪一方获胜比较有利”，而为每一“个别”国家的工人的民族自由主义辩护。他说，可是我们，亚·波特列索夫、切列万宁、马斯洛夫、普列汉诺夫等，却要诉诸“十分完整、十分有力量的国际意识”，因为我们支持具有单一的明确的色彩的民族自由主义，决不是从个别国家的（或个别民族的）观点出发，而是从真正国际的观点出发……　这种议论令人可笑，甚至令人感到……可耻。

不管是亚·波特列索夫及其伙伴，还是考茨基，都跟在资产阶级的后面，背叛了他们竭力想代表的那个阶级的观点。

二

亚·波特列索夫给自己的文章加的标题是：《在两个时代的交界点》。无可争辩，我们是生活在两个时代的交界点；因此，只有首先分析从一个时代转变到另一个时代的客观条件，才能理解我们面前发生的各种重大历史事件。这里谈的是大的历史时代。每个时代都有而且总会有个别的、局部的、有时前进、有时后退的运动，都有而且总会有各种偏离运动的一般形式和一般速度的情形。我们无法知道，一个时代的各个历史运动的发展会有多快，有多少成就。但是我们能够知道，而且确实知道，**哪一个阶级**是这个或那个时代的中心，决定着时代的主要内容、时代发展的主要方向、时代的历史背景的主要特点等等。只有在这个基础上，即首先考虑到各个“时代”的不同的基本特征（而不是个别国家的个别历史事件），我们才能够正确地制定自己的策略；只有了解了某一时代的基本特征，才能在这一基础上去考虑这个国家或那个国家的更具体的特点。

亚·波特列索夫和考茨基（他的文章登在同一期的《我们的事业》杂志上[153]）的诡辩的根本之点，或者说，他们两人的、使他们两人得出了不是马克思主义的而是民族自由主义的结论的根本的历史性错误，正是在这一方面。

问题在于，亚·波特列索夫举出的1859年意大利战争这个他“特别有兴趣”的例子，以及考茨基列举的历史上的许多**类似的**例子，**“恰恰不属于”**我们生活于其“交界点”的“**两个**历史时代”。我们正在进入（或者说已经进入，但还处在开始阶段）的时代，我们可以把它叫做现代（或第三个时代）。我们刚刚走过的时代，叫做昨天的时代（或第二个时代）。这样，亚·波特列索夫和考茨基举出例子的那个时代，我们就得把它叫做前天的时代（或第一个时代）。亚·波特列索夫和考茨基的议论所以都是令人厌恶的诡辩和难以容忍的谎言，就因为它们用前天的时代（第一个时代）的条件来偷换现代(第三个时代)的条件。

下面就来说明一下。

通常把历史时代划分为:(1)1789—1871年;(2)1871—1914年;(3)1914—?。这种分期,在马克思主义的文献里被多次引用过,考茨基不止一次地重复过,亚·波特列索夫在自己的文章里也采用了。当然,这里的分界线也同自然界和社会中所有的分界线一样,是有条件的、可变的、相对的,而不是绝对的。我们只是大致地以那些特别突出和引人注目的历史事件作为重大的历史运动的里程碑。第一个时代是从法国大革命到普法战争;这是资产阶级崛起的时代,是它获得完全胜利的时代。这是资产阶级的上升时期,是一般资产阶级民主运动特别是资产阶级民族运动的时代,是已经过时的封建专制制度迅速崩溃的时代。第二个时代是资产阶级取得完全统治而走向衰落的时代,是从进步的资产阶级转变为反动的甚至最反动的金融资本的时代。这是新的阶级即现代民主派准备和慢慢聚集力量的时代。第三个时代刚刚开始;这个时代使资产阶级处于相当于封建主在第一个时代所处的同样的"地位"。这是帝国主义时代,是帝国主义发生动荡和由帝国主义引起动荡的时代。

正是考茨基自己在一系列文章和在《取得政权的道路》这本小册子里(1909年出版),十分明确地描述了正在到来的第三个时代的基本特征,指出了这个时代同第二个时代(昨天的时代)的根本区别,承认由于客观历史条件的变化,现代民主派的当前任务以及斗争的条件和形式已经改变。现在,考茨基把自己过去崇拜的东西付之一炬[154],而最令人难以置信地、最不体面地、最无耻地改变了立场。在上述的小册子里,他直截了当地谈到了战争临近的征兆，而且谈的正是在1914年成为事实的这种战争。只要把这本小册子的好些地方同考茨基今天的大作对比一下，就足以十分明显地看出考茨基已经背叛了他自己原来的信念和庄严声明。在这方面，考茨基并不是唯一的一个例子（甚至也不只是德国特有的例子），而是在危机的时刻投到资产阶级方面去的现代民主派整个上层的典型代表。

亚·波特列索夫和考茨基所举的历史上的例子，全都属于第一个时代。不但在1855年、1859年、1864年、1866年、1870年的战争时期，而且在1877年（俄土战争）和1896—1897年（土希战争和亚美尼亚骚动）时期，作为历史现象的主要客观内容的，都是资产阶级民族运动，或资产阶级社会摆脱各种封建制度过程中的“痉挛”。那时，在许多先进国家里，还根本谈不上什么现代民主派的真正独立的、与资产阶级过度成熟和衰落的时代相适应的行动。资产阶级是当时的主要阶级，它在这些战争中，在参加这些战争的过程中，处于上升的阶段，唯有它能以压倒的力量去反对封建专制制度。当时，在不同国家里，以各种**有产的**商品生产者阶层为代表的资产阶级，在不同程度上是进步的，有时甚至是革命的（例如1859年时意大利的一部分资产阶级）。而作为这个时代的总的特点的，正是资产阶级的进步性，**就是说**，它同封建制度的斗争还没有完成，没有结束。因此，现代民主派以及他们的代表马克思，当时要遵循支持进步的资产阶级（能够进行斗争的资产阶级）反对封建制度这个无可争辩的原则，去解决“哪一方获胜”即**哪一国的**资产阶级获胜比较有利的问题，这是十分自然的。当时，在战争所涉及的一些主要国家里，人民运动是一般民主运动，也就是说，就其经济内容和阶级内容来说是资产阶级民主运动。因此，当时无法提出**别的**问题，而只能提出这样的问题：**哪一国的**资产阶级获胜，出现什么样的力量组合，哪一股反动的（阻碍资产阶级崛起的封建专制的）势力失败，才能给现代民主派开辟更广阔的“天地”，这是十分自然的。

而且，正如亚·波特列索夫也不得不承认的那样，马克思在“估计”资产阶级民族解放运动引起的国际冲突时，他所考虑的是：哪一方获胜更能有助于民族运动和一般人民民主运动的“发展”（亚·波特列索夫的文章的第 74 页）。这就是说，因某些民族中的资产阶级上升到执政地位而发生军事冲突时，马克思像在 1848 年那样，最关心的是吸引更广泛、更“卑微的”群众，吸引整个小资产阶级，特别是农民以及各贫苦阶级来参加资产阶级民主运动，以扩大和加强这一运动。马克思考虑的是如何扩大运动的社会基础，如何使运动得到发展，正是这种考虑使马克思的彻底民主主义的策略根本不同于拉萨尔的不彻底的、倾向于联合民族主义自由派的策略。

第三个时代的国际冲突，在**形式**上仍同第一个时代的国际冲突一样，但其社会**内容**和阶级**内容**已经根本改变了。客观的历史环境已经完全不同了。

上升的、争取民族解放的资本反对封建制度的斗争，已经被最反动的、衰朽的、过时的、走下坡路的、趋向没落的金融资本反对新生力量的斗争所取代。在第一个时代作为摆脱封建制度的人类**发展**生产力的支柱的资产阶级民族国家这个框子，现在到了第三个时代，已成为生产力进一步发展的**障碍**了。资产阶级从上升的、先进的阶级变成了下降的、没落的、内在死亡的、反动的阶级。现在，上升的阶级——在广阔的历史范围内——已经是全然不同的另一个阶级了。

亚·波特列索夫和考茨基抛弃了这个阶级的观点，向后倒退，重复资产阶级的欺人之谈：似乎资产阶级反对封建制度的进步运动**在今天依然**是历史进程的客观内容。而实际上，现在要**现代**民主派跟着**反动的**帝国主义资产阶级走，是根本办不到的，不管这个资产阶级带着什么样的“色彩”。

在第一个时代，客观上要完成的历史任务是：进步的资产阶级怎样在其反对衰亡的封建制度**主要**代表的斗争中，“利用”国际冲突使整个世界资产阶级民主派赢得最大的胜利。当时，在第一个时代，在半个多世纪以前，被封建制度奴役的资产阶级希望他们“自己的”封建压迫者失败，这是很自然的，也是必然的，况且，这种主要的、中心的、有全欧影响的封建堡垒是为数很少的。所以马克思才要作这样的“估计”：在这种具体环境（形势）下，哪个国家的资产阶级解放运动获胜对于破坏**全欧**的封建堡垒**更为重要**。

现在，在第三个时代，全欧性的封建堡垒已经根本不存在了。当然，“利用”冲突也是现代民主派的任务，但是这种**国际性的**利用，与亚·波特列索夫和考茨基的看法相反，其目标不应当是反对某几个国家的金融资本，而应当是反对国际金融资本。而且从事利用的，也不应当是50—100年前处于上升地位的那个阶级。当时所谈的是最先进的资产阶级民主派的“国际行动”（亚·波特列索夫语）；而现在，历史地产生的和客观情况提出的这种任务，已经摆在全然不同的另一个阶级面前了。

三

对于第二个时代,或者像亚·波特列索夫所说的“四十五年的时期”(1870—1914 年),亚·波特列索夫描述得很不完全。托洛茨基在一本德文著作中对这个时代的描述也是同样不完全的,虽然托洛茨基并不同意亚·波特列索夫的实际结论(这应当认为是托洛茨基比亚·波特列索夫好的地方)。而这两位著作家对于他们的意见在某种程度上相互接近的原因至今未必清楚。

关于我们称之为第二个时代或昨天的时代的这个时代,亚·波特列索夫写道:

“对工作和斗争的过细的限制,无孔不入的渐进主义,这些被一些人奉为原则的时代标志,对于另一些人来说,则成了他们生活中习以为常的事情,并且成了他们心理的因素,思想的色彩。”(第 71 页)“它〈这个时代〉的按部就班、稳健沉着、小心谨慎地前进的才干,也有其相反的一面,即显然不能适应渐进中断现象,不能适应任何一种灾变现象,这是第一;第二是完全锁闭在民族行动——民族圈子的范围内”(第 72 页)…… “既没有革命,也没有战争”(第 70 页)…… “民主派的‘阵地战’时期拖得愈长……在欧洲的心脏没有发生国际冲突,因而没有经历超越民族国家疆域的风潮,没有敏锐地感觉到全欧或世界范围的利益,这样一个欧洲历史时期在舞台上停留的时间愈长,民主派的民族化就进行得愈是顺利。”(第 75—76 页)

这段描述,同托洛茨基对这个时代相应的描述一样,其根本的缺点就是不愿意看见和不愿意承认在上述基础上发展起来的现代民主派内部的深刻矛盾。照这样说来,好像这个时代的现代民主派始终是一个统一的整体,它整个说来充满了渐进主义精神,它民族化了,不习惯于渐进的中断和灾变,它萎缩了,发霉了。

实际上不可能是这样，因为除了上述趋势，无疑还有另一些相反的趋势：工人群众的“存在”日益国际化，——人们被吸引到城市去，全世界大城市的生活条件在拉平（平均化），资本在国际化，在大工厂里，城里人和乡下人、本地人和外族人正在混杂起来，——阶级矛盾日益尖锐化，企业主同盟向工人联合会施加愈来愈大的压力，不断出现像群众罢工这样更尖锐、更激烈的斗争形式，物价飞涨，金融资本的压迫愈来愈不堪忍受，等等，等等。

实际上也**不是**这样。这一点我们是知道得千真万确的。在这个时代里，没有一个，确实没有任何一个欧洲的资本主义大国能够逃脱现代民主派内部的两个彼此矛盾的流派的斗争。虽然一般说来这一时代带有“和平的”、“停滞的”、死气沉沉的性质，但是上述斗争在每个大国里有时表现得十分激烈，甚至导致分裂。这两个彼此矛盾的流派影响到现代民主派生活的所有各个方面，影响到他们所面临的各种问题：对资产阶级的态度，同自由派的联盟，对军事拨款的投票，对殖民政策、改良、经济斗争性质、工会中立等问题的态度。

“无孔不入的渐进主义”，绝不像波特列索夫和托洛茨基所说的那样是在整个现代民主派里占绝对统治地位的情绪。不，这种渐进主义已经形成为一定的流派，在这个时期的欧洲，这个流派经常在现代民主派中产生出单独的派别，有时甚至是单独的政党。这个流派有自己的领袖，自己的报刊，自己的政策，对人民群众有自己特别的——而且是特别有组织的——影响。不仅如此，这个流派愈来愈依据，而且可以说最后已经“完全依据”现代民主派**内部**的某一社会阶层的利益行事。

“无孔不入的渐进主义”自然也把许许多多小资产阶级同路人

带进了现代民主派的队伍;此外,小资产阶级的生存特点,以及由此而来的小资产阶级的政治“倾向”(方向,意向)的特点,已经在议员、新闻记者和工会组织的官吏的一定阶层中形成;从工人阶级当中,已经比较明显地清晰地分化出一种官僚和贵族。

我们就以占有殖民地和扩大殖民版图为例。这无疑是上述时代和多数大国的特点之一。这在经济上意味着什么呢?意味着资产阶级得到相当数量的超额利润和特权,其次无疑意味着极少数小资产者以及待遇极高的职员和工人运动中的官吏等也能够得到这些“大蛋糕”的一点碎屑。工人阶级当中的极少数人从殖民地和特权的好处中“分享”一点油水,这样的事情例如在英国就有过,这是马克思和恩格斯早就确认并指出过的一件无可争辩的事实。但是,随着欧洲所有的资本主义大国先后大量占有殖民地,总的来说,随着资本主义的帝国主义时期的发展和成长,这种当初仅仅是英国才有的现象已成了所有这些大国的普遍现象。

总之,第二个时代(或昨天的时代)的“无孔不入的渐进主义”,不但已经造成像亚·波特列索夫所设想的那种“不能适应渐进中断”的现象,不但已经产生像托洛茨基所说的某种“可能派”[155]倾向,而且还产生了整整的一个机会主义**流派**;这个流派把现代民主派内部同具有本民族“色彩”的资产阶级在共同的经济、社会和政治利益上有千丝万缕联系的一定的社会阶层当做靠山,直接地、公开地、完全自觉地和一贯地敌视任何有关“渐进中断”的思想。

托洛茨基(更不必说亚·波特列索夫)在策略上和组织上所犯的一系列错误的根源,就在于他害怕,或者说不愿意,或者说不能够承认一个机会主义流派已经完全“成熟”并且同今天的民族主义自由派(或社会民族主义)有极其密切的、不可分割的联系这一事实,否认这种“成熟”的事实和这种不可分割的联系,在实践上至少会导致在到处流行的社会民族主义的(或民族自由主义的)祸患面前完全惊慌失措和束手无策。

总的说来,亚·波特列索夫、马尔托夫、阿克雪里罗得、弗·科索夫斯基(他甚至为德国民主派投票赞成军事拨款这种民族自由主义的行为辩护)和托洛茨基,全都否认机会主义和社会民族主义之间的联系。

他们的主要“理由”是,昨天“按机会主义”划分民主派和今天“按社会民族主义”划分民主派,这两者并不完全一致。这个理由,首先是不符合事实,这一点我们马上就要谈到;其次,这个理由完全是片面的,不充分的,从马克思主义的观点来看是根本站不住脚的。个人和某些团体可以从一方转到另一方,这不但是可能的,而且在每次发生大的社会“动荡”的时候甚至是不可避免的;某一**流派**的性质并不会因此而有丝毫的改变;一定的流派之间在思想上的联系也不会改变,它们的**阶级**作用不会改变。看来,所有这些看法都是尽人皆知的,毋庸置辩的,今天还要来强调这些,使人觉得简直有点难为情。但是上述这些著作家偏偏把这些看法忘记了。机会主义的基本阶级意义——或者,也可以说它的社会经济内容——就在于,现代民主派的一些分子在一系列问题上已经投到资产阶级方面(实际上如此,也就是说,即使他们并没有意识到这一点)。机会主义就是自由派的工人政策。谁要是害怕这些话的表面上的“派别性”,我们劝他不妨花点功夫去研究一下马克思、恩格斯和考茨基(后者对反对“派别性”的人是一位特别适宜的“权威”,不是吗?)的思想,至少是对英国机会主义的评论。毫无疑问,经过一番研究以后，他就会承认机会主义的和自由派的工人政策在根本上、在本质上是一致的。今天的社会民族主义的基本阶级意义也完全一样。机会主义的基本**思想**就是资产阶级和它的对立面彼此联合或接近（有时是达成协议、结成联盟，等等）。社会民族主义的基本思想也完全一样。机会主义和社会民族主义在思想政治上相近、相连甚至相同，这是毫无疑问的。自然，我们拿来作为根据的，不应当是某些个人或团体，而只能是对各社会**流派**的**阶级**内容的分析，是从思想政治上对它们主要的根本的原则进行的研究。

如果从另一个稍微不同的角度来考察这个问题，我们会问：社会民族主义是**从哪里**来的？它是怎样产生和生长起来的？是**什么东西**使它发生作用和给了它力量？谁回答不了这些问题，谁也就是根本没有理解什么是社会民族主义，当然也就根本不可能同它“划清思想界限”，不管他怎样赌咒发誓，说他决心同社会民族主义“划清思想界限”。

对这个问题只能有一个回答：社会民族主义是从机会主义里面生长起来的，正是机会主义给了它力量。怎么能够“一下子”就产生出社会民族主义呢？这跟怀孕9个月以后“一下子”生出一个小孩完全一样。在整整第二个时代（或昨天的时代），在欧洲各国，机会主义的表现不可胜数，其中的每一个表现都是一条涓涓细流，而今天它们“一下子”汇合成一条社会民族主义的江河，虽然河水还很浅（附带说一句：而且又浑又脏）。怀孕9个月以后，胎儿就会脱离母体；机会主义怀孕几十年之后，它的成熟的胎儿即社会民族主义就会在比较短的时期内（与几十年相比而言）脱离现代民主派。不管各种各样的好心人听到这种看法和言论以后会怎样大喊大叫，大发脾气，暴跳如雷，这终究是不可避免的事情，因为这是从现代民主派的整个社会发展中和第三个时代的客观环境中产生出来的。

但是，如果说“按机会主义”划分和“按社会民族主义”划分并不完全一致，这岂不是就证明这两种现象之间没有本质的联系吗？第一，这并没有证明，就像 18 世纪末某些资产阶级分子一会儿转到封建主方面，一会儿转到人民方面，并没有证明资产阶级的成长与 1789 年法国大革命“没有联系”一样。第二，整个说来（我们现在所说的正是整个的情况），这种一致**是存在的**。我们不要看单独一个国家，而要看若干国家，例如德国、**英国**、**法国**、**比利时**、俄国、意大利、瑞典、瑞士、荷兰、保加利亚这 10 个欧洲国家的情况。其中只有 3 个加上了着重标记的国家似乎有些例外；在其余的国家里，坚决反对机会主义的**流派**都产生了与社会民族主义相敌对的**流派**。这里可以举出德国著名的《月刊》及其反对者，俄国的《我们的事业》杂志及其反对者，意大利的比索拉蒂党及其反对者，瑞士的格罗伊利希派和格里姆派，瑞典的布兰亭派和霍格伦派，荷兰的特鲁尔斯特拉派和潘涅库克、哥尔特派，还有保加利亚的“共同事业派”和“紧密派”[156]。旧的划分和新的划分总的说来是一致的，这是事实；至于完全的一致，甚至在最简单的自然现象中也是不存在的，正像伏尔加河在卡马河注入以后同注入以前并不完全相同，孩子和双亲并不完全相像一样。英国看起来好像是个例外；其实，它在战前曾经有两个主要的派别，以两家**日**报为中心（日报是最能表明一个派别的群众性的客观标志），即机会主义者的《每日公民报》[157]和反机会主义者的《每日先驱报》[158]。两家报纸都被民族主义的浪潮吞没了；但是，在支持前者的人当中有不到十分之一的人，在支持后者的人当中有将近七分之三的人是持反对立场的。通常人们只拿“英国社会党”同“独立工党”相对比，这样比是不对的，是忘记了后者同费边派[159]、同“工党”[160]**实际上**结成了联盟。这就是说，10国当中只有两国是例外；但这两国也并不完全是例外，因为派别并没有变换立场，只是浪潮吞没了（原因十分明显，用不着再谈）几乎所有反对机会主义的人而已。毫无疑问，这说明浪潮的力量是多么强大；但是，这丝毫不能推翻在全欧范围内新旧两种划分是一致的这一事实。

有人对我们说：“按机会主义”划分已经过时了，只有划分为国际观点的拥护者和民族狭隘观点的拥护者才有意义。这种意见是根本不对的。“国际观点的拥护者”这个概念，如果不**具体**加以说明，那就毫无内容，毫无意义，而具体说明的每一步，都会是列举出与机会主义相敌对的各种标志。在实践中，情况会更加如此。一个人如果拥护国际观点，而又不十分坚决彻底地反对机会主义，这种国际观点也就无异于海市蜃楼。也许，一些这样的人可能真诚地认为自己是“国际派”，但是，评定一个人不是根据他对自己的看法，而是根据他的政治行为。这种不坚决彻底地反对机会主义的“国际派”，其政治行为始终是会帮助或者说支持民族主义者的流派。另一方面，民族主义者也自称为“国际派”（考茨基、伦施、亨尼施、王德威尔得、海德门等人），不仅如此，他们还完全承认具有他们同样思想方式的人应当实行国际的接近、协商和联合。机会主义者**并不反对**“国际观点”，他们只是主张对机会主义者给予国际的认可，主张机会主义者达成国际的协议。

…………………………………………………………

…………………………………………………………

……………………………………………………………………………

……………………………………………………………………………

载于1917年莫斯科浪涛出版社出版的《文集》第1卷

译自《列宁全集》俄文第5版第26卷第131—154页

俄国社会民主工党国外支部代表会议通过的《中央机关报和新报纸》决议的第三条草案[161]

（1915年2月14—19日〔2月27日—3月4日〕）

3.代表会议表示完全赞同更经常地出版中央机关报和创办一种由中央机关报编辑的通俗日报的想法，认为这份新报纸可以在保证完成正常出版中央机关报这一基本任务的情况下出版。

代表会议号召所有国外的同志立即在这方面积极进行工作，特别是通过举行撰稿人会议等更经常地以稿件支援中央机关报。

载于1915年《俄国社会民主工党国外组织代表会议》胶印单页

译自《列宁全集》俄文第5版第26卷第371页

警察和反动分子是怎样保护德国社会民主党的统一的

（1915年2月18日〔3月3日〕）

哥达的德国社会民主党报纸《哥达人民小报》于1月9日登载了一篇题为《警察保护下的社会民主党国会党团的政策》的文章。

这家被置于军事当局的这种令人愉快的监护之下的报纸写道："我们哥达的书报预检机关头两天进行的检查极其清楚地表明，当局特别关心的是禁止我们队伍内部对社会民主党党团的政策进行不恰当的批评。书报检查的目的是保持社会民主党的'党内和平'，或者换句话说，是保持一个'统一的'、'团结的'和强大的德国社会民主党。社会民主党受到政府的保护，——这实在是我们'伟大的'时代、德意志民族复兴时代的国内政治中的一件大事。

我们的社会民主党国会党团中的政治家们，几个星期以来一直在大力宣扬自己的观点。在几个很大的党组织里，他们遭到了激烈的反对。他们的宣传没有能使工人拥护那些投票赞成军事拨款的人，而是适得其反。因此，军事当局才去设法帮助他们，时而禁止书报出版，时而取消集会自由。在我们哥达帮助社会民主党党团的是战时书报检查，而在汉堡则是人所共知的禁止集会。"

在伯尔尼出版的一家瑞士社会民主党报纸[162]引用了上面这些话，指出德国社会民主党的好几家报纸已经接受书报预检机关的检查，并且补充说：

"这样一来，很快就不会有任何东西妨碍德国报刊的一致了。如果有谁试图破坏这种一致，军事专政就会根据维护党内和平的'社会民主党人'的直接或间接的告发，迅速而坚决地加以制止。"

机会主义的社会民主党报纸确实在直接和间接地告发激进的报纸！

所以，事实证明，我们在《社会民主党人报》第36号上所写的是完全正确的，当时我们写道："机会主义者是敌视无产阶级革命的资产阶级分子。……在危机时期，他们**立刻**就成为联合起来的**整个**资产阶级的……公开同盟者。"①统一，作为目前社会民主党的口号，意味着同机会主义者统一，服从机会主义者（或者是服从他们同资产阶级的联盟）。这是一个**实际上**在帮助警察和反动分子而对工人运动危害极大的口号。

附带提一下最近（用德文）出版的博尔夏特的一本出色的小册子《1914年8月4日以前和以后》。该书的副标题是《德国社会民主党是否背弃了自己？》。作者回答说，是的，是背弃了自己。他指出，"八四"政策和8月4日**以前**党的声明是完全背道而驰的。1914年8月4日以前，德国（和其他国家的）社会民主党人说：我们将不惜任何牺牲，要以战争反对战争。而1914年9月28日中央委员奥托·布劳恩却谈到创办合法报纸已花费了2 000万资金，雇用了11 000个职员。几万个被合法主义腐蚀的领导人、工会官员和特权工人瓦解了社会民主主义无产阶级的百万大军。

由此应当得出一个再明显不过的教训：必须坚决同沙文主义和机会主义决裂。而空话连篇的社会革命党清谈家（尤·加尔德宁及其同伙）却在空话连篇的巴黎的《思想报》上背弃马克思主义而鼓吹小资产阶级思想！他们忘记了政治经济学的起码常识，忘记了世界资本主义的发展只会产生出一个革命阶级即无产阶级。

---

① 见本卷第116页。——编者注

他们也忘记了宪章运动、1848年六月起义[163]、巴黎公社和1905年十月和十二月事件[164]。工人在走向世界革命的过程中，必然会遭到许多失败，犯许多错误，受到许多挫折，暴露出许多弱点，但是他们一直在朝着这一目标前进。只有瞎子才看不到资产阶级和小资产阶级对无产阶级的影响是1914年国际蒙受耻辱和遭到破产的主要的和根本的原因。而花言巧语的加尔德宁们及其同伙却想用这样一种办法来医治社会主义，即让它完全脱离它唯一的社会历史基础——无产阶级的阶级斗争，用庸俗的知识分子民粹主义的白水完全冲淡马克思主义。不是奋力工作，使无产阶级革命运动同机会主义完全决裂，而是要把这个运动同罗普申们和切尔诺夫们这类机会主义者结合起来，这些人前天是投掷炸弹的自由派，昨天是叛变的自由派，而今天已经被资产阶级关于“劳动”原则的甜言蜜语弄得神魂颠倒！！加尔德宁们并不比休特古姆们好些，社会革命党人并不比取消派好些，难怪他们在专门贯彻社会民主党人和社会革命党人实行联合的纲领的《同时代人》杂志[165]上如此亲热地拥抱在一起了。

载于1915年3月3日《社会民主党人报》第39号

译自《列宁全集》俄文第5版第26卷第155—157页

关于伦敦代表会议

(1915年2月18日〔3月3日〕)

现将俄国社会民主工党的代表的来信摘引如下：

“伦敦1915年2月14日。昨天晚上接到国际不列颠支部书记的信，他把代表会议的地点通知了我，这是对我上一封信的回答，在那封信里，我告诉了他们我的住址，但没有强要参加会议。我决定赴会，争取在会上宣读宣言。与会者有代表社会革命党(代表社会沙文主义者)的鲁巴诺维奇，《思想报》的代表切尔诺夫和博勃罗夫；代表组织委员会的马伊斯基(他和马尔托夫用一张代表证，后者因未得到入场证而未能参加)。英国有代表11人(主席基尔-哈第及麦克唐纳等)，法国有代表16人(桑巴、瓦扬等)，比利时有代表3人(王德威尔得等)。

主席在宣布开会时说，这次会议的目的是交换意见，而不是通过决议。一位法国代表提出修正意见说，为什么不把**大多数人的**意见用决议形式确定下来呢？这个修正得到了默认。

会议的议程是：(1)民族权利——比利时、波兰；(2)殖民地；(3)和平的保障。选出了代表资格审查委员会(由鲁巴诺维奇等人组成)。决定每个国家出代表一名作简短发言，说明对战争的态度。我发了言并抗议不邀请我们党驻社会党国际局正式代表参加会议的做法〈马克西莫维奇同志早在一年多以前就是我们党派出的社会党国际局的成员，他一直住在伦敦〉。主席打断我的发言，说邀请了所有‘知名的人’。我对于不通知真正的代表的做法再次提出抗议。然后我谈到表明了我们对战争的总的态度并已送交社会党国际局的宣言〈见《社会民主党人报》第33号上的《战争和俄国社会民主党》一文①〉。我说，在谈和平条件以前，应当弄清用什么样的手段获得和平，为此就必须确定是否有共同的革命社会民主主义基础，确定我们是作为沙文主义者，和平主义者，还是作为社会民主党人来讨论问题。我宣读我们的宣言，但是主席不让我读完，说我的代表资格还没有弄清〈!!〉，说他们召开会议‘不是为了批评各个党派’〈!!!〉。于是我声明，等代表资格审查委员会作完报告后，我将继续发言。”（不让我们读完的宣言，将刊载在本报下一号上。）

“瓦扬、王德威尔得、麦克唐纳和鲁巴诺维奇作了关于总的立场的简短声明。然后根据代表资格审查委员会的报告，要马伊斯基自己决定他一个人是否能够代表组织委员会，而我‘被准许’参加会议。我感谢代表会议的‘好意’，并希望继续宣读宣言，以此确定我是否将留在会场。主席打断我的发言，不准向代表会议提‘条件’。这时我请求让我说明我不再参加代表会议的理由。又遭到了拒绝。于是我请求让我声明俄国社会民主工党不参加代表会议，至于不参加的原因，我交了一份书面声明给主席。然后我收拾起文件，退出了会场……

拉脱维亚社会民主党中央委员会主席〈别尔津〉向主席声明他完全赞同我们的宣言。”

---

① 见本卷第12—19页。——编者注

代表会议代表被禁止向报刊作任何报道，但是马克西莫维奇同志退出会场一事显然不在此例，有基尔-哈第参加工作的机关刊物《工人领袖》[166]概略地报道了马克西莫维奇退出会场的事以及他的观点。

限于篇幅，关于伦敦代表会议及其决议，我们只好在本报下一号再谈。现在我们暂且指出，代表会议的决议是毫无用处的，它们只能为社会沙文主义打掩护。

俄国代表的情况是：中央委员会和拉脱维亚社会民主党人坚决而明确地反对社会沙文主义。取消派的组织委员会不是不知去向，便是从中作梗。社会革命党人里，“党”（鲁巴诺维奇）**拥护**社会沙文主义，《思想报》（博勃罗夫和切尔诺夫）则采取反对立场，对此，我们将在了解了他们的声明以后再作评价。

载于1915年3月3日《社会民主党人报》第39号

译自《列宁全集》俄文第5版第26卷第158—160页

俄国社会民主工党国外支部代表会议[167]

(1915 年 3 月 16 日〔29 日〕)

在瑞士召开的俄国社会民主工党国外支部代表会议已于最近闭幕。会议除讨论了纯粹国外的事情(关于这些,我们将尽可能在以后几号中央机关报上作些简略的介绍)以外,对战争这个重要而迫切的问题作出了决议。目前一些人发表的种种议论,其实质不外乎口头上承认国际主义,而实际上却总想不惜任何代价,这样或那样地与社会沙文主义妥协。我们现在立即发表这些决议,就是希望它们对所有想摆脱目前这种众说纷纭的状态、真正找到积极行动的出路的社会民主党人有所帮助。还要说明一点,关于"欧洲联邦"口号这一问题的争论,只偏重了政治方面,因此,决定把这个问题推迟到报刊上讨论了这个问题的**经济**方面之后再来解决。

代表会议决议

为了更有计划地进行宣传,代表会议根据《社会民主党人报》第 33 号上登载的中央委员会的宣言①,确定了以下的基本原则:

① 见本卷第 12—19 页。——编者注

关于战争的性质

当前这场战争是帝国主义性质的战争。这次战争是由这样的时代条件造成的:这时资本主义发展到了最高阶段;这时不仅商品输出,而且资本输出也已经具有最重要的意义;这时生产的卡特尔化和经济生活的国际化达到了相当大的规模;这时殖民政策导致了几乎整个地球的瓜分;——这时世界资本主义生产力的发展已经越出了民族国家划分这种狭隘范围;——这时实现社会主义的客观条件已经完全成熟。

关于"保卫祖国"的口号

当前这场战争的真正实质,就是英国、法国和德国之间为瓜分殖民地和掠夺竞争国而进行斗争,就是俄国沙皇政府和统治阶级图谋夺取波斯、蒙古、亚细亚土耳其、君士坦丁堡、加利西亚等等。奥地利与塞尔维亚的战争中的民族因素,只有从属的意义,不能改变战争的总的帝国主义性质。

近几十年来的整个经济史和外交史表明,两个参战国集团不断准备的就是这种战争。至于哪一个集团首先开始军事攻击,或者首先宣战,这个问题对于确定社会党人的策略,没有任何意义。双方叫喊保卫祖国、抵御外敌入侵、进行防御性战争等等,这完全是欺骗人民的谎言。

真正的民族战争,特别是1789—1871年间发生的民族战争,其基础是长期进行的大规模民族运动,反对专制制度和封建制度的斗争，推翻民族压迫和建立民族国家，即创造发展资本主义的前提。

那个时代所产生的民族思想，在广大小资产阶级和一部分无产阶级中间留下了深刻的痕迹。现在，在完全不同的帝国主义时代里，这一情况正在被资产阶级诡辩家和跟着他们跑的社会主义的叛徒利用来分裂工人，使他们背离自己的阶级任务，背离对资产阶级的革命斗争。

《共产党宣言》上说“工人没有祖国”，这句话在今天比在过去任何时候都显得更为正确。只有无产阶级进行反资产阶级的国际斗争，才能保卫无产阶级的胜利果实，才能给被压迫群众开辟一条通向美好未来的大道。

革命的社会民主党的口号

“变当前的帝国主义战争为国内战争，是唯一正确的无产阶级口号，这个口号是公社的经验所启示的，是巴塞尔决议（1912 年）所规定的，也是在分析高度发达的资产阶级国家之间的帝国主义战争的各种条件后得出的。”①

革命的社会民主党在当前这个时代所号召的国内战争，是无产阶级拿起武器反对资产阶级，在先进资本主义国家剥夺资本家阶级，在俄国实行民主革命（建立民主共和国、实行八小时工作制、没收地主土地），在一般落后的君主国建立共和国，等等。

战争使人民群众陷于水深火热之中，这就不能不激起革命情

① 见本卷第 18—19 页。——编者注

绪，引起革命运动，而国内战争的口号就是要把这种情绪和运动集中起来并加以引导。

目前工人阶级的组织遭到了严重的破坏。但是，革命危机却日益成熟。战后各国统治阶级更会竭尽全力使无产阶级解放运动倒退好几十年。革命的社会民主党，无论在革命迅速发展的情况下，或是在危机长久持续的情况下，都不应当放弃长期性的日常的工作，都不应当轻视以往阶级斗争的任何一种方法。它应当把议会活动和经济斗争都引向反对机会主义，发扬群众革命斗争的精神。

要变当前的帝国主义战争为国内战争，首先应当采取下列步骤：(1)无条件拒绝投票赞成军事拨款，退出资产阶级内阁；(2)同“国内和平”(bloc national，Burgfrieden)政策彻底决裂；(3)在政府和资产阶级实行戒严、取消宪法规定的自由的一切地方建立秘密组织；(4)支持各交战国士兵在所有的战壕内和整个战场上举行联欢；(5)支持无产阶级的各种群众性的革命行动。

机会主义和第二国际的破产

第二国际的破产是社会主义运动中的机会主义的破产。机会主义是作为以往工人运动“和平”发展时代的产物生长起来的。这个时代教会了工人阶级利用这样一些重要的斗争手段，如利用议会制度和一切合法的机会，建立群众性的经济组织和政治组织，创办有广泛影响的工人报刊，等等。另一方面，这个时代也产生了一种倾向，即否定阶级斗争和宣扬社会和平，否定社会主义革命，从根本上否定秘密组织，承认资产阶级爱国主义，等等。工人阶级的某些阶层(工人运动中的官僚和工人贵族。他们从依靠剥削殖民地和自己“祖国”在世界市场上的特权地位得来的收入中分得一点油水)以及社会主义政党内部的小资产阶级同路人,就是这种倾向的主要社会支柱和资产阶级对无产阶级影响的传播者。

机会主义的有害影响,在第二国际大多数正式社会民主党的战时政策上表现得特别明显。投票赞成军事拨款,参加内阁,实行“国内和平”政策,在合法地位被取缔的时候不去建立秘密组织,这就是撕毁第二国际的各项最重要的决议,就是公然背叛社会主义。

第 三 国 际

战争造成的危机暴露出机会主义的真正本质,表明它是资产阶级反对无产阶级的直接帮凶。以考茨基为首的所谓社会民主党“中派”,事实上完全滚进了机会主义的泥坑,他们用特别有害的伪善的言论,用篡改成帝国主义的马克思主义来掩饰机会主义。经验证明,在像德国这样的国家,只有针锋相对地反对党的大多数上层分子的意志,才能捍卫社会主义的观点。如果不同机会主义者在组织上完全划清界限,希望恢复真正社会主义的国际,只能是一种有害的幻想。

俄国社会民主工党应当支持无产阶级的一切国际性的和群众性的革命行动,竭力使国际的一切反沙文主义分子团结起来。

和平主义与和平口号

和平主义和抽象地宣扬和平,是愚弄工人阶级的形式之一。

在资本主义制度下,特别是在其帝国主义阶段,战争是不可避免的。而另一方面,社会民主党人不能否认革命战争的积极意义,这种战争不是帝国主义战争,而是像1789—1871年期间那样为推翻民族压迫、把封建割据的国家建成资本主义的民族国家而进行的战争,或者是无产阶级在战胜资产阶级之后为保卫自己的胜利果实而可能进行的战争。

在今天,宣传和平而不同时号召群众采取革命行动,那只能是散布幻想,腐蚀无产阶级,使他们相信资产阶级的仁爱,使他们充当交战国秘密外交的玩物。认为不经过一系列革命就能实现所谓民主的和平的想法,是极其错误的。

沙皇君主政府的失败

在每个国家,要同进行帝国主义战争的自己的政府作斗争,就不应当害怕进行革命鼓动可能促使自己的国家失败。政府军队的失败会削弱这个政府,会促进受其奴役的民族的解放,会有助于反对统治阶级的国内战争。

这一点对俄国来说特别适用。如果俄国获胜,世界反动势力和国内反动势力就会加强,被侵占地区的民族就会处于完全被奴役的地位。因此,在任何情况下,俄国战败都为害最小。

对其他党派的态度

战争引起了沙文主义的猖獗,也暴露出民主派(民粹派)知识分子、社会革命党(他们以《思想报》为代表的反对派十分不坚定)

以及普列汉诺夫所支持的取消派的基本核心(《我们的曙光》杂志)都屈服于沙文主义。事实上站在沙文主义方面的还有组织委员会(从暗中支持沙文主义的拉林和马尔托夫到原则上维护爱国主义思想的阿克雪里罗得),还有亲德沙文主义占上风的崩得[168]。布鲁塞尔联盟(1914年7月3日联盟)已经土崩瓦解。而聚集在《我们的言论报》[169]周围的分子则摇摆不定,时而空泛地赞成国际主义,时而又力图与《我们的曙光》杂志和组织委员会讲统一。社会民主党的齐赫泽党团也在摇摆不定,一方面开除了普列汉诺夫分子即沙文主义者曼科夫,另一方面又想千方百计地掩饰普列汉诺夫、《我们的曙光》杂志、阿克雪里罗得、崩得等等的沙文主义。

社会民主工党在俄国国内的任务,是进一步加强1912—1914年主要靠《真理报》[170]建立起来的无产阶级的统一,在坚决从组织上同社会沙文主义者划清界限的基础上恢复工人阶级的社会民主党组织。因此只能同那些主张坚决与组织委员会、《我们的曙光》杂志和崩得断绝组织关系的社会民主党人达成暂时的协议。

载于1915年3月29日《社会民主党人报》第40号

译自《列宁全集》俄文第5版第26卷第161—167页

对俄国社会民主党工人党团的审判证明了什么?

(1915年3月16日〔29日〕)

沙皇法庭对1914年11月4日在彼得格勒近郊召开的代表会议上被捕的俄国社会民主党工人党团的5名成员和另外6名社会民主党党员的审判,已经结束了。他们都被判处终身流放。各合法报纸登载了审判报道,但那些使沙皇政府和爱国主义者不愉快的地方,全被书报检查机关删掉了。对“国内的敌人”的惩治进行得很迅速,在社会生活的表面,除一大群资产阶级沙文主义者的疯狂叫嚣和一小撮社会沙文主义者的随声附和之外,又什么也看不到、听不到了。

对俄国社会民主党工人党团的审判究竟证明了什么呢?

第一,它表明俄国革命社会民主党的这支先进部队在法庭上表现得不够坚强。当时被告的目的是使检察官查不出谁是俄国国内的中央委员,谁代表党同工人组织保持一定的联系。这个目的是达到了。今后,要达到这个目的,在法庭上也应当继续采用党早就正式提出的办法——拒绝招供。但是,像罗森费尔德同志那样竭力证明自己和社会爱国主义者约尔丹斯基先生意见一致,或者证明自己同中央委员会意见不合,这种做法是不正确的,从革命的社会民主党人的观点来说是不能容许的。

LE SOCIAL-DÉMOCRATE

СОЦІАЛЬДЕМОКРАТЪ

ЦЕНТРАЛЬНЫЙ ОРГАНЪ РОССІЙСКОЙ СОЦІАЛЬДЕМОКРАТИЧЕСКОЙ РАБОЧЕЙ ПАРТІИ

№ 40. Женева, 29 Марта 1915. Цѣна 10 ст.

ЧТО ДОКАЗАЛЪ СУДЪ НАДЪ Р.С.-Д.Р. ФРАКЦІЕЙ?

ДЕКЛАРАЦІЯ ЦЕНТРАЛЬНАГО КОМИТЕТА Р.С.Д.Р.П.

ПО ПОВОДУ ЛОНДОНСКОЙ КОНФЕРЕНЦІИ

1915 年 3 月 29 日载有列宁《对俄国社会民主党工人党团的审判证明了什么?》和《谈伦敦代表会议》两文的《社会民主党人报》第 40 号第 1 版

(按原版缩小)

必须指出，根据《日报》[171]（第40号）登载的报告——正式的完整的审判报告没有发表——彼得罗夫斯基同志声明说："我在同一时期(11月)收到了中央委员会的决议……此外，我还收到7个地方的工人关于对待战争的态度的决议，**这些决议和中央委员会的态度是一致的**。"

这个声明使彼得罗夫斯基赢得了荣誉。当时周围沙文主义情绪非常强烈。难怪彼得罗夫斯基在日记中写道：**连**具有激进思想的齐赫泽**也**兴奋地谈到"解放"战争。俄国社会民主党工人党团代表在入狱之前曾反击过这种沙文主义，而在法庭上，他们也有责任同这种社会沙文主义划清界限。

立宪民主党的《言语报》[172]卑躬屈膝地"感谢"沙皇法庭，因为它"驱散了"社会民主党代表希望沙皇军队战败的"传说"。立宪民主党人利用俄国国内社会民主党人被捆住手脚的机会，假装着把党和党团之间的虚构的"冲突"当做真实的事情，硬说被告招供完全不是由于畏惧法官。多么天真幼稚的孩子啊！他们假装不知道，在审判初期，代表们曾受到送交军事法庭和判处死刑的威胁。

这些同志在秘密组织问题上应当拒绝招供，他们应当懂得这是具有世界历史意义的时刻，要利用公开审判的机会毫不隐讳地阐明社会民主党的不但反对整个沙皇制度、而且反对形形色色的社会沙文主义的观点。

让政府和资产阶级的报刊疯狂地攻击俄国社会民主党工人党团吧！让社会革命党人、取消派和社会沙文主义者去幸灾乐祸地"捕捉"弱点或虚构的"同中央委员会意见不合"的表现吧(既然他们不能同我们进行原则性的斗争，他们总得想个办法同我们作斗争！)。革命无产阶级的政党已相当强大，不怕公开进行自我批评，坦率地说出自己的错误和弱点。俄国的觉悟工人已经建立了这样的政党,选拔出这样的先进部队,它们在世界大战和国际机会主义在全世界崩溃的时候表现出能执行国际的革命社会民主党人的职责。我们走过的道路已经经受了最严重的危机的考验,并且一次又一次地被证明,它是唯一正确的道路。我们将更加坚定地走这条道路,将不断选拔出新的先进部队,我们一定要使它们不仅进行这种活动,而且要更正确地把它进行到底。

第二,审判展现出国际社会主义运动中从来没有过的**革命的**社会民主党利用议会制度的情景。这种利用的实例会比任何演说都更能打动无产阶级群众的心灵,会比任何论据都更有说服力地驳倒崇拜合法性的机会主义者和无政府主义空谈家。关于穆拉诺夫秘密活动的报告和彼得罗夫斯基的札记,将在很长时期内成为议会代表们从事**这样一项**活动的榜样,对这种活动我们曾不得不尽量秘而不宣,而现在,俄国的一切觉悟工人会愈来愈用心地思考这种活动的意义了。当欧洲"社会主义的"(请原谅我玷污了这个词!)议会代表几乎全都成为沙文主义者和沙文主义者的仆从的时候,当一度使我们的自由派和取消派神魂颠倒的出名的"欧洲主义"已经成为盲目崇拜合法性的一种麻木不仁的习惯的时候,在俄国却可以看到一个工人政党,这个党的议会代表最突出的地方,不是夸夸其谈,不是"出入"资产阶级的、知识分子的沙龙,不是要"欧洲"律师和议员的老练的狡猾手腕,而是联系工人群众,在工人群众中忘我地工作,完成秘密宣传员和组织者平凡的、不显眼的、艰苦的、默默无闻的、特别危险的职责。向上爬,获得在"社会"上有地位的议员或部长的头衔,——这就是"欧洲的"(应读做:奴仆式的)"社会主义的"议会活动的**真正**含义。到下面去,帮助启发和团结被剥削者和被压迫者，——这就是穆拉诺夫和彼得罗夫斯基这样的榜样所提出的口号。

这个口号将来一定会具有世界历史意义。当所有先进国家内资产阶级议会制度所提供的合法性被一笔勾销，结果只剩下机会主义者和资产阶级最紧密的事实上的联盟的时候，世界上任何国家的任何一个有头脑的工人都不会老是满足于这种合法性了。谁幻想让革命社会民主党的工人同昨天的——**也包括今天的**——“欧洲”社会民主党的合法主义者“统一”，谁就是什么也没有学到，而且忘记了一切，谁就在实际上成为资产阶级的盟友和无产阶级的敌人。谁如果到现在还不了解，为什么俄国社会民主党工人党团同对合法主义和机会主义抱调和态度的社会民主党党团分裂，那就请他读一读对穆拉诺夫和彼得罗夫斯基的活动的审判报道吧。进行这种活动的**不只是**这两位代表，只有极端幼稚的人才会幻想，在进行这种活动的同时，还能对《我们的曙光》杂志、《北方工人报》[173]、《同时代人》杂志、组织委员会、崩得等采取“友好宽容的态度”。

政府把俄国社会民主党工人党团成员流放到西伯利亚去，是想借此吓唬工人吗？它想错了。工人是吓不倒的，他们只会更清楚地理解自己的任务——与取消派和社会沙文主义者不同的工人政党的任务。工人们一定会学会把像俄国社会民主党工人党团成员这样的人选进杜马，让他们在群众中进行同样的活动，进行更广泛而又更**秘密的**活动。政府想扼杀俄国的“秘密的议会活动”吗？它只会**恰恰**加强无产阶级和这种议会活动的联系。

第三，——这也是最主要的一点，——对俄国社会民主党工人党团的审判，首次就俄国社会**各阶级**对战争的态度这个最重要、最基本、最本质的问题，提供了公开的、在俄国发行千百万份的客观的材料。难道知识分子的所谓“保卫祖国”与“原则性的”（应读做：口头上的或虚伪的）国际主义可以并行不悖的那些极端令人厌烦的胡说还不够吗？难道现在还不该看一看那些涉及**各阶级**即千百万现实生活中的人而与一小撮说大话的英雄无关的**事实**吗？

战争已经进行半年多了。各种倾向的公开的和秘密的报刊都已发表了意见，杜马中的所有党派集团都已确定了自己的立场——这是我们各阶级集团的很不完全的然而是唯一客观的标志。对俄国社会民主党工人党团的审判及各种报刊的反应，总结了整个这份材料。审判证明，俄国无产阶级的先进代表不仅反对任何沙文主义，而且特别赞同我们中央机关报的立场。代表们是在1914年11月4日被捕的。可见，他们已经进行了两个多月的活动。他们是和谁一道并且是采取什么方式进行活动的呢？他们反映和代表了工人阶级中的哪些派别呢？下列事实回答了这两个问题：“提纲”和《社会民主党人报》就是代表会议的材料，我们党的彼得堡委员会也不止一次印发过同样内容的传单。代表会议上没有其他材料。代表们没有准备向代表会议报告工人阶级中其他派别的情况，因为不存在其他派别。

俄国社会民主党工人党团成员也许只代表了少数工人的意见吧？我们没有理由这样设想，因为从1912年春天到1914年秋天这两年半的时间里，俄国五分之四的觉悟工人都团结在《真理报》的周围，而这些代表是在思想上与《真理报》完全一致的情况下工作的。这是事实。如果工人对中央委员会的立场有什么比较大的异议的话，这种异议不会不反映在某个或某些决议草案中。法庭没有发现任何这样的情况，虽然它可以说是“发现了”俄国社会民主党工人党团活动中的许多情况。从彼得罗夫斯基亲笔修改的地方也看不出任何细小分歧。

事实说明，在战争爆发后的头几个月里，俄国工人的觉悟的先锋队**实际上**就已团结在中央委员会和中央机关报的周围。不管这个事实使某些"党团"多么不愉快，但这是无可置辩的事实。起诉书引用了这样一句话："不应当把枪口对准自己的兄弟即别国的雇佣奴隶，而要对准各国反动的资产阶级政府和政党。"通过审判，这句话一定会把而且已经把实行无产阶级国际主义、进行无产阶级革命的号召传遍俄国。通过审判，俄国工人先锋队的这一阶级口号已经深入广大群众。

资产阶级和部分小资产阶级中普遍流行的沙文主义，另一部分小资产阶级的动摇不定，工人阶级的上述号召——这就是我国政治分野的客观实际情景。必须把自己的"展望"、希望和口号同这种实际情景结合起来，而不是把它们同知识分子和各种小团体的创立者的善良愿望结合起来。

真理派的报纸和"穆拉诺夫式"的活动，已使俄国五分之四的觉悟工人团结起来。约有4万工人购买《真理报》，而读《真理报》的工人就更多得多了。即使战争、牢狱、西伯利亚、苦役会夺去他们中间五分之四或十分之九的人，但要消灭这个阶层**是不可能的**。这个阶层生气勃勃，充满着革命精神和反沙文主义思想。**只有**这个阶层站在人民群众中间，扎根于群众之中，宣传被剥削被压迫的劳动者的国际主义。在四处出现土崩瓦解的情况下，**只有**这个阶层岿然屹立。只有这个阶层在领导半无产者阶层**脱离**立宪民主党人、劳动派分子、普列汉诺夫、《我们的曙光》杂志的社会沙文主义的影响而**走向**社会主义。对俄国社会民主党工人党团的审判，使整个俄国都看到了这个阶层的存在,看到了它的思想和活动,看到了它的"同别国雇佣奴隶兄弟般地团结起来"的呼吁。

必须对这个阶层进行工作,必须反对社会沙文主义以维护这个阶层的统一。俄国工人运动只有沿着这条道路才能走向社会革命,而不是走向"欧洲"式的民族自由主义。

载于1915年3月29日《社会民主党人报》第40号

译自《列宁全集》俄文第5版第26卷第168—176页

谈伦敦代表会议

（1915年3月16日〔29日〕）

我们在这里刊载的俄国社会民主工党中央委员会的代表马克西莫维奇同志的声明，充分表明了我们党对这次会议的看法。法国资产阶级报刊相当出色地暴露了它们作为英法资产阶级的工具或手段的作用。角色是这样分配的：《时报》和《巴黎回声报》[174]抨击法国社会党人对国际主义作了所谓过分的让步。这种抨击只是一种手段，目的是为维维安尼总理在议会发表充满侵略性爱国主义精神的著名演说作铺垫。另一方面，《辩论日报》[175]直接摊牌说：问题的实质在于，要使过去一直反对战争、反对招兵的以基尔-哈第为首的英国社会党人投票赞成战争，直到战胜德国为止。这个目的已经达到了。这一点很重要。这是英法的社会党人都倒向英法资产阶级的政治结果。至于什么国际主义、社会主义、全民投票等等，这一切都**不过**是说说而已，是毫无意义的空话！

毫无疑问，聪明的法国资产阶级反动派泄露了真情。由英法资产阶级伙同俄国资产阶级进行的战争，目的是摧毁和劫掠德国、奥地利和土耳其。这些资产阶级需要有人帮助招兵，需要社会党人同意把战争一直打到德国战败为止，至于其他，那都是可耻的空谈，都是玷辱社会主义、国际主义等等这些伟大的字眼。在行动上跟在资产阶级后面，帮助资产阶级掠夺别的国家，而在口头上却假惺惺地安抚群众，说他们承认“社会主义和国际”，——这就是机会主义的主要罪恶，就是第二国际破产的根本原因。

因此，社会沙文主义者的反对者当时在伦敦代表会议上的任务很清楚，就是退出这个会议，以便旗帜鲜明地坚持反沙文主义的原则，又**不陷入**亲德主义。因为亲德派之所以坚决反对伦敦代表会议，也恰恰是出于**沙文主义的**动机！！马克西莫维奇同志明确指出了德国社会党人的**叛变行为**，从而完成了这个任务。

崩得分子和组织委员会的拥护者怎么也理解不了这一简单而明显的事实。**公然为**德国社会民主党人投票赞成军事拨款的行为**辩护**的科索夫斯基(见 1915 年 1 月崩得的《新闻小报》[176]第 7 号第 7 版第 5 节的开头)这类崩得分子就是亲德派。这家小报的编辑部根本没有声明他们不同意科索夫斯基(却特地声明他们不同意捍卫俄罗斯爱国主义的波里索夫)。在崩得中央委员会的宣言中(同上，第 3 版)，没有一句话是明确反对社会沙文主义的！

组织委员会的拥护者主张亲德沙文主义和亲法沙文主义和解。从阿克雪里罗得的声明(《呼声报》第 86 号和第 87 号)和组织委员会国外书记处《通报》第 1 号(1915 年 2 月 22 日)中，都可以看出这一点。《我们的言论报》编辑部建议我们采取共同的行动来反对“正式的社会沙文主义”，我们**直截了当地**答复他们说：组织委员会和崩得本身就站在正式的社会爱国主义方面。在回信中我们还附上了我们的宣言草案并谈到马克西莫维奇同志有决定权。[177]

为什么《我们的言论报》要自欺欺人，在第 32 号的社论上对此**默不作声**呢？为什么它避而不谈我们的宣言草案上也谈到德国社会民主党人的**叛变**呢？《我们的言论报》的宣言**漏掉了**这个最重要的“根本”点；无论是我们，还是马克西莫维奇同志，都没有接受而且也不可能接受这个宣言。因此，我们同组织委员会**没有**取得行动的一致。《我们的言论报》究竟为什么要自欺欺人，硬说有一致行动的基础呢??

“正式的社会爱国主义”是当今社会主义运动中最主要的祸害。我们应当准备和聚集一切力量同这种祸害作斗争（而不是同它和解，不是在这方面实行国际间的相互“赦免”）。考茨基等人提出了一个十分明确的主张“赦免”、主张同社会沙文主义和解的纲领。我们则竭力提出一个同它作斗争的明确的纲领（请特别看一下《社会民主党人报》第33号和上面所刊登的决议）。我们只希望《我们的言论报》不要再在“空泛地赞成国际主义”和与社会沙文主义和解之间摇摆，而采取一种比较明确的立场。

载于1915年3月29日《社会民主党人报》第40号

译自《列宁全集》俄文第5版第26卷第177—179页

一个说明国内战争口号的实例

（1915 年 3 月 16 日〔29 日〕）

公历 1 月 8 日瑞士报纸刊登了来自柏林的如下报道：

“近来报纸屡次登载有关德国人和法国人在双方战壕之间进行和平接触的消息。据《每日评论报》报道，12 月 29 日发布的军令禁止在战壕中同敌人联欢和作任何接触；违令者以叛国论处。”

这样看来，举行联欢和进行接触已经是事实。德国军事当局为此感到不安，可见它对这件事情十分重视。1915 年 1 月 7 日英国工人的报纸《工人领袖》转载了英国资产阶级报纸的**一系列**消息，证实英德两国士兵在举行联欢，他们实行了“48 小时的休战”（过圣诞节），在两军战壕之间的地带进行友好接触，等等。英国军事当局下了一道**禁止**联欢的**特别命令**。而社会党人中的机会主义者和他们的辩护人（或奴仆?），却扬扬自得地——他们心中有数，知道战时书报检查机关将保护他们不遭到反驳——在报刊上硬要工人相信（像考茨基那样）各交战国的社会党人之间就反战行动达成协议**是不可能的**（这是考茨基在《新时代》杂志上讲的原话）!!

不妨设想一下，如果海德门、盖得、王德威尔得、普列汉诺夫、考茨基等人不是像今天这样充当资产阶级的帮凶，而能组成一个国际委员会来鼓动各交战国的社会党人“在战壕中”、在整个军队里“举行联欢和进行接触”，那会是怎样一种情况。既然今天，战争才进行了 6 个月，人们就到处**违反**所有那些出卖社会主义的首领、领袖和头面人物的意志而反对投票赞成军事拨款的分子，反对内阁主义者，军事当局甚至不得不用死刑来威吓“联欢”的人，那么几个月之后又会有怎样的结果啊！

机会主义者的奴仆考茨基和盖得、普列汉诺夫及其同伙唱一个调子，他写道：“实际问题只有一个：是本国获胜还是失败。”是的，如果忘掉了社会主义和阶级斗争，这样说是对的。但是，如果没有忘掉社会主义，这样说就不对了，因为还有另一个**实际**问题：是作为一个盲从的懦弱的奴隶死于奴隶主之间的战争呢，还是为举行奴隶之间以推翻奴隶制为目标的“联欢”而甘冒生命的危险？

这才是**真正的**“实际”问题。

载于 1915 年 3 月 29 日《社会民主党人报》第 40 号

译自《列宁全集》俄文第 5 版第 26 卷第 180—181 页

五一节和战争[178]

（不早于1915年4月14日〔27日〕）

引　言

1. 今年，国际无产阶级运动的游行示威，将在欧洲大战已经爆发的情况下举行。

2. 也许，在1915年，在“检阅自己的力量”这方面没有什么事情可做了吧？

在对比“成就和失败”、对比无产阶级世界和资产阶级世界方面没有什么事情可做了吧？——因为表面现象＝**一切**都瓦解了。

3. 其实并不是这样。战争＝最大的危机。**任何**危机都意味着（尽管可能出现**暂时的**停滞和倒退）

(α)发展的加速

(γ)(β)矛盾的尖锐化

(β)(γ)矛盾的暴露

(δ)一切**朽物**的崩溃，等等。

所以一定要从这个角度来看待这次危机（在五一节），看它是不

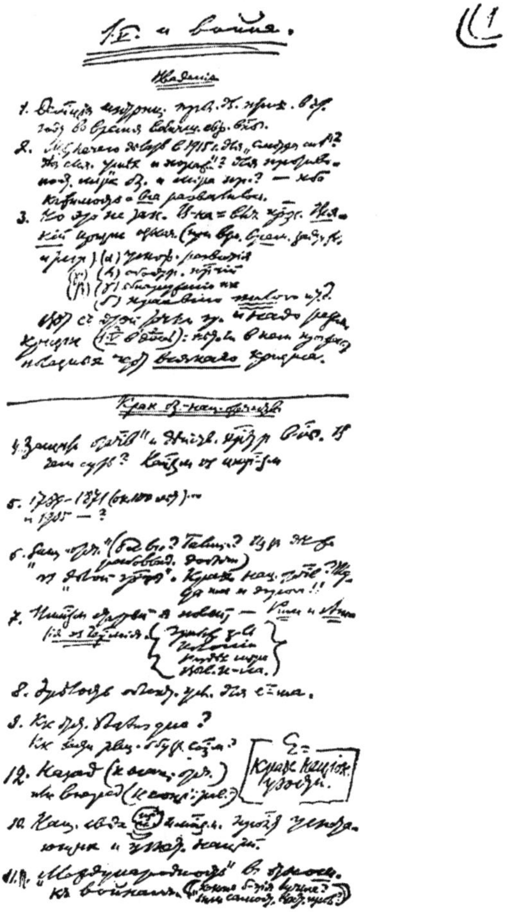

1915 年列宁《五一节和战争》手稿第 1 页

（按原稿缩小）

是包含**任何**危机所包含的那些进步的和有益的因素。

资产阶级民族祖国的破产

4.“保卫祖国”和战争的真正性质。实质是什么？民族主义与帝国主义对比。

5.1789—1871年(将近100年)……
和1905年—？

6.“保卫祖国”(比利时？加利西亚？为了瓜分奴隶主的赃物)
与“打破国界”对比。民族祖国的破产？
活该如此!!

7.老的和新的帝国主义——**罗马和英国与德国对比**。

{掠夺领土
殖民地
瓜分世界
资本输出}

8.社会主义的客观条件的成熟。

9.怎样维持原状？
怎样进行争取社会主义的革命斗争？

10.民族自由**与**帝国主义**对比**。压迫民族和被压迫民族的无产阶级。

11. 在对待各次战争的态度上的“国际观点”。((“什么样的资产阶级较好”? 或者是无产阶级的独立行动?))

12. 是后退(退到民族祖国)还是前进(进到社会主义革命)。

结果=民族狭隘观点的破产。

正式的社会民主党的破产

13. 所有的人都感觉到(如果不是认识到的话)工人运动史上的转折点。国际的危机和破产。问题在哪里? 过去国际是统一的还是具有两种倾向?

14. 主要国家工人运动内部对战争的态度概述:

德国:8 月 4 日与博尔夏特[179]和《**国际**》**杂志**[180]对比
英国:
法国:(盖得+桑巴与梅尔黑姆对比)
俄国。

意大利
瑞士
瑞典

实际上到处都有两派

15. 实质是什么? 比较英国和德国的工人运动=

工人运动中的**资产阶级**倾向和影响。

16. 反对机会主义的 15 年斗争和机会主义在西欧的发展。机会主义的破产对工人运动有好处。

((盖得—海德门—考茨基—普列汉诺夫。))

17. 正式的马克思主义的危机(1895—1915年)。

不是要让死尸复活,而是要发展革命的马克思主义来反对机会主义的"冒牌马克思主义"。

18. 马克思主义与司徒卢威主义[181]对比……

辩证法与折中主义对比……

19. 被扯破的旗帜? 斯图加特1907年

(幻想的破灭) 开姆尼茨1910年[182]

巴塞尔1912年

20. **除了**革命行动**以外**的"一切可能性"。

21. 无政府主义=机会主义(小资产阶级的)。

《工团战斗报》[183] {科尔纳利森 格拉弗 克鲁泡特金}

22. 德国社会民主党的退位。

无用的组织被破坏了,或者,更确切些说,死亡了——为更好的组织扫清基地。

"过分成熟"(不是无产阶级还没有成熟):同1907年比较。

小资产阶级对资本主义的幻觉的破灭

23. 战争或者被说成是一项全民族的事业，或者被说成是不正常现象，是对“和平的”资本主义的破坏，等等。

这两种幻觉都是有害的。战争正在使这两种幻觉破灭。

24. 战时的“国内和平”、“举国联合”、“神圣同盟”??

25. 战争是“可怕的”事情吗？是的。但它又是**可以获得**骇人听闻的**利润的**事情。

1 600 亿卢布>600 亿卢布。

剩余价值=100 亿—200 亿卢布。

26. 使工业“适应”战争条件。

（破产。迅速积聚。）

27. 战争和资本主义的基础。

是“和平的民主主义”、“文化”、“法制”等与战争的惨祸对比吗??

不正确。

私有制和交换。

使一些人破产的保证，暴力的保证和基础。

28. 殖民地和租让。

“诚实的承租人”？

“人道的”殖民者？

29. 战争＝可以获得骇人听闻的利润的事情
＝资本主义直接的、必然的产物。

30. 上述有害的幻觉只会阻碍反对资本主义的斗争。

和平主义幻想的破灭

31. **没有**帝国主义的资本主义？
（向后看？）

32. 从理论上（抽象地）说，没有殖民地等也是可能的。

33. 就像四小时工作制也是可能的一样，最少 3 000 工人……

附于 33。“在充分的贸易自由的条件下，资本主义**可以没有**帝国主义，没有战争，没有殖民地而得到发展。”

是这样吗？

资本主义**可以**不把亿万金钱用在战争上，而用来帮助贫民和工人，从而使资本家阶级的统治永世长存！

理论上相同的命题。“工人阶级的强制性的压力和资产者的人道措施。”问题的实质就在于：对这些东西不能靠**一般的**压力加以强制，需要的是有真正的革命这种**压力**。而革命和反革命势必使斗争激化到触及更本质的东西。

问题被归结为争取改良的斗争。这个斗争在一定的限度内是合理的和需要的，这个限度就是：（1）还不具备革命的形势；（2）局部性的改善，阶级斗争没有尖锐到引起革命的程度。

34. 由于什么？由于战争的惨祸？（那么，骇人听闻的利润呢？）

由于无产阶级的压力？

（那么，机会主义的背叛呢？）

35. 没有兼并的和约，裁军，等等，等等。 “取消秘密外交”？

客观上的作用：**牧师的安慰**
（（费尔巴哈：宗教可以安慰人们。有用吗？））。

“乌托邦还是地狱”？
注意［《民权报》对**福雷尔**的评论］

36. 争取改良的斗争？

是的。——它的限度。

局部的。

改良的时代，**不具备革命的形势**。

关键在这里。

幻觉破灭的结果

37. 革命的形势

(α)下层不愿，上层不能

(β)灾难加剧

(γ)异乎寻常的积极性。

38. 发展的缓慢性和曲折性。

对比1900年与1905年。

39. 资本家的掠夺和政府的欺骗？ “军事奴役制”

40. 战争和技术的奇迹？

41. 战争和重新组合。

(工人与农民对比)

42. 三种心理

(α)绝望和宗教

(β)仇恨敌人

(γ)不仅一般地仇恨资本主义，而且仇恨**自己的**政府和资产阶级。

43. "加邦请愿事件"[184]。

44. 信："准备吹口哨"

("同志们")

45. 每次危机都使一些人消沉，**使**另一些人**得到锻炼**。

46. 锻炼——**为了**社会主义革命

总结＝

工人运动中有害的腐朽的东西的崩溃＝革命斗争的障碍的消除。

资本家的利润

顺便提一下。德国的100亿公债。公债的利息是5%。政府作了如下安排：**储蓄**银行(为了认购这项公债)从**信贷**银行(Darlehenskassen)得到钱，付给它们5.25%的利息。而政府又把钱给信贷银行！！ 欺骗。

1915年4月27日《**民权报**》(苏黎世)[185]。

“善良的”空想的荒谬性：取消秘密外交——将说出战争的目的——没有兼并的和约，等等，等等。感伤主义的和反动的胡言乱语。

老的民族（相应的是资产阶级国家）**与**“打破国界”**对比**！

俄国的经验：1900 年**与** 1905 年**对比**。

打倒专制制度（1900 年）和“人民”……

革命口号和革命运动的发展……

载于 1929 年《无产阶级革命》杂志第 1 期

译自《列宁全集》俄文第 5 版第 26 卷第 372—380 页

社会沙文主义者的诡辩

(1915年4月18日〔5月1日〕)

取消派在彼得格勒出版的《我们的事业》杂志(1915年第1期)上刊登了考茨基的《国际观点和战争》这本小册子的译文。[186]在同一期杂志上,亚·波特列索夫先生表示不同意考茨基的看法,他说,考茨基一会儿像个“律师”(即充当德国社会沙文主义的辩护人,同时却不承认法俄两国的社会沙文主义是有理的),一会儿又像个“法官”(即充当一个力求公正地运用马克思的方法的马克思主义者)。

而实际上,无论是亚·波特列索夫先生还是考茨基,都在明目张胆地用诡辩为民族主义自由派的工人政策辩护,从根本上背叛了马克思主义。亚·波特列索夫先生同考茨基争辩枝节问题,从而使读者不去注意根本问题。在亚·波特列索夫先生看来,英法“民主派”(作者指的是工人民主派)在对战争的态度问题上的“决断”,“一般说来”是“一个很好的决断”(第69页);“他们〈这些民主派〉做得对”,——虽然,他们的决断与其说是有意识地,还不如说是“侥幸地……与民族的决断相符合”。

这些话的含义很清楚:亚·波特列索夫先生是在打着英法“民主派”的幌子为俄国的沙文主义辩护,证明三协约国社会党人的爱国主义策略是正确的。亚·波特列索夫先生同考茨基争辩,并不是作为马克思主义者同沙文主义者争辩，而是作为俄国沙文主义者同德国沙文主义者争辩。这是一种陈腐透顶的手法。我们需要指出的只有一点，就是亚·波特列索夫先生千方百计地掩饰他的话的简单明了的含义，把它弄得令人难以理解。

问题的实质在于亚·波特列索夫先生和考茨基在什么问题上**意见一致**。比如说，他们在"现代无产阶级的国际主义同保卫祖国是相容的"（卡·考茨基的话，见考茨基的小册子德文版第34页）这一点上，意见就是一致的。亚·波特列索夫先生谈到了一个国家"遭到攻击"这种特殊情况。考茨基则写道："人民最担心的莫过于敌国的入侵…… 如果老百姓发现战争起因并不在本国政府方面，而在于邻国的阴险，——有哪个政府不想通过报刊……向民众灌输这种看法呢！——那么……所有的老百姓就会同仇敌忾地奋起保卫疆土，抵御敌人…… 如果谁敢于阻止军队开赴边境，谁就会被愤怒的群众自己打死。"（卡·考茨基的话，引自1911年的一篇文章，第33页）

这就是对所有社会沙文主义者的基本思想的所谓马克思主义的辩护。

考茨基自己在1911年就已经清楚地看到，政府（和资产阶级）将**欺骗**"人民、老百姓、群众"，把一切归罪于别国的"阴险"。问题就在于，支持这种欺骗——不管是通过投票赞成军事拨款，还是通过演说、写文章都一样——同国际观点和社会主义是否相容，或者，这种支持就等于执行民族主义自由派的工人政策。考茨基真像一个无耻透顶的"律师"，一个坏到极点的诡辩家，他把这个问题偷换成了另一个问题，即某些"单个的人"违背受了自己的政府欺骗的大多数民众的意志而去"阻止军队开赴"边境是否明智。争论不在这里，实质不在这里。必须设法使受骗的小资产者改变看法，必须向他们揭穿这种欺骗；有时还必须同他们一起去作战，善于等待参战的经验来改变他们的脑筋。问题不在这里，而在于社会党人可不可以同资产阶级一道欺骗“人民”。考茨基和亚·波特列索夫是在为这种欺骗辩护。因为他们很清楚，1914 年爆发的帝国主义大战，应当归罪于所有“大”国的政府和资产阶级的“阴险”，——英国、法国、德国、俄国全都一样。这一点，1912 年的巴塞尔决议等早就说得很明白了。

至于“人民”，即广大的小资产者和一部分受骗的工人，他们会相信资产阶级捏造的所谓敌人“阴险”这种谎言，这是毫无疑问的。社会民主党人的任务则是揭穿这种欺骗，而不是加以支持。各国所有的社会民主党人在战争爆发前老早就说过，而且在巴塞尔代表大会上曾经重申：**每个**大国实际上都在竭力巩固和扩大对殖民地的统治，压迫弱小民族，等等。这场战争的目的是瓜分殖民地和掠夺别国领土；现在是强盗们在火并，所以，说什么在这时候某一个强盗遭到失败，如何如何，从而把强盗的利益说成是人民或祖国的利益，这就是无耻的资产阶级谎言。我们应当对遭受战争的苦难的“人民”讲**真话**：不推翻所有交战国的政府和资产阶级，要摆脱战争灾难是不可能的。**用**扼杀加利西亚或匈牙利的**办法**来保卫比利时，这不是什么“保卫祖国”。

可是，马克思本人尽管对战争，例如对 1854—1876 年间的战争加以谴责，但当战争违背社会党人的意愿而终于成为事实的时候，他却站到某一个交战大国一边。这就是考茨基的小册子的主要内容和主要“王牌”。这也是亚·波特列索夫先生的立场，他认为“国际观点”就是：不要根据民族的利益，而要根据**全世界**无产阶级的利益来判断**谁**在战争中**获胜**最为有利或者说害处最小。进行战争的是各国政府和资产阶级；无产阶级应当判断**哪一国**政府获胜对全世界的工人危险最小。

这些议论的诡辩性就在于：它们是用以往的、早已过去的历史时代来偷换今天的历史时代。考茨基所提到的以往的战争，有下面这些基本特点：(1)以往的战争解决的是资产阶级民主变革和推翻专制制度或异族压迫的问题；(2)当时社会主义革命的客观条件尚未成熟，没有哪一个社会党人能够像斯图加特决议(1907年)和巴塞尔决议(1912年)那样，**在战前**谈到利用战争"来加速资本主义的崩溃"；(3)当时在交战**双**方的国家里，都没有比较强大的、经过多次战斗考验的群众性的社会党。

简单地说，在所有交战的国家里都还谈不上无产阶级反政府反资产阶级的总运动的时候，马克思和马克思主义者只能判断**哪一国的**资产阶级获胜对全世界的无产阶级害处较小(或者益处较大)，这有什么值得奇怪的呢？

所有交战国的社会党人，在战争爆发以前很久，就在世界历史上第一次聚集在一起发表声明：我们要利用战争"来加速资本主义的崩溃"(1907年斯图加特决议)。这就是说，他们认为这种"加速崩溃"的客观条件，即社会主义革命的客观条件已经成熟。这就是说，他们是在用革命来威胁各国政府。在巴塞尔代表大会(1912年)上，这一点说得更清楚，还举了公社和1905年10月至12月事件即国内战争的例子。

而当战争爆发之后，过去用革命来威胁各国政府、号召无产阶级起来革命的社会党人，却搬出半个世纪以前的东西来为他们支持政府和资产阶级的行为辩解！马克思主义者哥尔特在《帝国主义、世界大战和社会民主党》这本荷兰文的小册子里(第84页),非常恰当地把考茨基式的"激进派"比做1848年的自由派,说他们口头上是勇士,行动上是叛徒。

几十年来,在欧洲社会主义运动内部,革命的社会民主党人和机会主义分子之间的矛盾一直在发展。危机成熟了。战争割开了脓疮。大多数正式的党都被民族主义自由派工人政客所征服,这些政客捍卫的是"自己的"、"祖国的"资产阶级的特权,是**资产阶级**占有殖民地、压迫弱小民族等等的特权。无论是考茨基,还是亚·波特列索夫,都不是在无产阶级面前揭露民族主义自由派的工人政策,而是加以掩饰、维护和辩解。社会沙文主义诡辩的实质就在这里。

亚·波特列索夫先生不小心脱口说出了这样一句话:"斯图加特决议的提法在原则上是站不住脚的"(第79页)。好啊!对无产阶级来说,公开的叛徒比暗藏的叛徒好。亚·波特列索夫先生,请继续说下去吧,更坦率地否定斯图加特和巴塞尔的决议吧!

外交家考茨基比亚·波特列索夫先生精明:他不否定斯图加特和巴塞尔的决议,他只是……"只是"!……在引证巴塞尔宣言时**略去了**其中一切谈到革命的地方!!波特列索夫和考茨基大概都受了书报检查机关的阻挠吧。只要书报检查机关允许,亚·波特列索夫和考茨基大概也会同意谈论革命的……

我们认为,亚·波特列索夫、考茨基或者他们的拥护者,很可能会建议抛弃斯图加特和巴塞尔的决议,而代之以类似下面这样的话:"如果不管我们怎样努力,战争还是爆发的话,那我们就应当从全世界无产阶级的观点来判断怎样对他们更有利:是让英国还是让德国掠夺印度,是让法国人还是让德国人灌醉和抢劫非洲黑人，是让德奥还是让英法俄压迫土耳其，是让德国人扼杀比利时还是让俄国人扼杀加利西亚，是让日本人还是让美国人瓜分中国”，如此等等。

载于1915年5月1日《社会民主党人报》第41号

译自《列宁全集》俄文第5版第26卷第182—186页

国际主义者联合的问题

(1915年4月18日〔5月1日〕)

战争引起了整个国际社会主义运动的深刻危机。同所有的危机一样,社会主义运动的这次危机,更加深刻而明显地暴露了社会主义运动内部的矛盾,撕去了许多骗人的假面具,以最清晰最鲜明的形式表明了社会主义运动中什么已经腐朽和衰亡,什么是进一步发展和走向胜利的保证。

几乎所有的俄国社会民主党人都感到,原来的派别划分,不说是已经过时,至少也是发生了变化。当前首要的是在战争提出的一个根本问题上的派别划分,即分为"国际主义者"和"社会爱国主义者"。这两个名词我们是从《我们的言论报》第42号的社论中借用的,我们暂且不谈该不该拿革命的社会民主党人和民族主义自由派工人政客的对比来对这两个名词加以补充说明的问题。

问题当然不在于名称。对当前基本的派别划分的实质,《我们的言论报》是说得对的。它写道:国际主义者"对于普列汉诺夫所代表的社会爱国主义是一致抱否定态度的"…… 编辑部号召"现在各个分散的集团","至少在一件事情上达成协议,联合起来,即一致表明俄国社会民主党对目前的战争、对俄国社会爱国主义的态度"。

《我们的言论报》编辑部不光是写文章,而且还写信给我们和组织委员会，建议在他们的参加下就这个问题进行协商。我们在回信中指出，必须“澄清几个先决问题，以便确定我们之间在基本问题上是否一致”。我们主要谈了两个先决问题：(1)要揭露“假冒俄国先进无产阶级意志”(《我们的言论报》编辑部语)的“社会爱国主义者”(编辑部指的是普列汉诺夫、阿列克辛斯基和拥护 X.Y.Z.杂志[187]的彼得堡取消派著作家的著名集团)，单凭宣言是不行的。必须作长期的斗争。(2)把组织委员会算做“国际主义者”根据何在？

另一方面，组织委员会国外书记处把他们给《我们的言论报》的答复的副本寄了一份给我们。这个答复的大意是：绝不容许“**事先**”挑选一些集团，“排斥另一些”集团；“凡是战前参加过……社会党国际局在布鲁塞尔召开的代表会议的党的各中央机关和集团的国外代表，都应当被邀请参加协商”(1915 年 3 月 25 日的信)。

由此可见，组织委员会根本拒绝只由**国际主义者**进行协商，它希望也同社会爱国主义者协商(大家知道，普列汉诺夫和阿列克辛斯基这两派的代表曾经出席布鲁塞尔会议)。内尔维的社会民主党人在约诺夫报告[188]以后通过的决议(它清楚地表达了最左的或者说国际主义的崩得分子的这位代表的观点)也是这个精神(《我们的言论报》第 53 号)。

这个决议对于说明国外许多人所寻求的“中间路线”，是非常典型、极有价值的。它一方面表示赞同《我们的言论报》的“原则”，但同时又声明不同意《我们的言论报》的立场，即“主张在组织上划清界限，只联合国际主义者社会党人，坚持历史地形成的各个无产阶级社会主义政党必须分裂”。内尔维的社会民主党人会议认为，“《我们的言论报》对〈这些问题〉的片面的解释”，“对于弄清有关重建国际的各种任务极为有害”。

我们已经指出，组织委员会的正式代表阿克雪里罗得的观点是社会沙文主义的观点。《我们的言论报》无论在报刊上或在通信中，都没有对这个问题作出回答。我们还指出过，崩得的立场也是如此，只是亲德沙文主义的色彩较浓一些而已。内尔维的决议尽管是间接地、然而非常重要地在事实上重申：它宣布**仅仅**联合国际主义者是有害的，是制造分裂。问题提得这样明白，值得称赞。

组织委员会的回答更清楚，它不是转弯抹角地而是直截了当地、正式地表示了态度：协商不能**撇开**社会爱国主义者，而必须**同他们一起**进行。

我们应当感谢组织委员会，它向《我们的言论报》证实了我们对组织委员会的看法是正确的。

这是不是说，《我们的言论报》联合国际主义者的**整个想法**都落空了呢？不，只要有思想上的一致和反对社会爱国主义的真诚愿望，任何协商的任何失败都阻挡不住国际主义者的联合。《我们的言论报》编辑部拥有日报这样一个有力的工具。它可以做一些比协商和发表宣言更加有效和切实得多的事情，它可以邀请**各个**团体，并且自己马上动手(1)对国际主义的内容(因为王德威尔得、考茨基、普列汉诺夫、伦施、亨尼施也都自称为国际主义者！)、对机会主义、对第二国际的破产、对同社会爱国主义作斗争的任务和方法等问题，作出充分的、确切的、毫不含糊的、十分清楚的答复；(2)聚集力量，不但在国外，而且主要是在俄国国内，为捍卫一定的原则进行严肃的斗争。

确实，有人难道敢于否认，国际主义要战胜社会爱国主义，没有也不可能有**别的**办法吗？半个世纪以来俄国政治流亡者的历史

（和 30 年来**社会民主党**流亡者的历史）难道没有表明，**如果**得不到俄国国内一定的社会阶层的**持久的**运动的支持，在国外的一切宣言、协商等等，都是没有效力、没有意义的空中楼阁吗？目前的战争难道不也在教育我们，一切不成熟的或腐朽的东西，一切陈腐的或外交手腕式的东西，都是一触即溃的吗？

战争进行 8 个月以来，社会民主党的**各个**中央机关、集团以及各种大大小小的派别已经同他们能够并愿意与之协商的人协商过了，已经“发表了宣言”，即公开表示了自己的意见。现在的任务已经不同了，**更接近于采取实际行动了**。少轻信那些**冠冕堂皇的**宣言和协商，多花点精力来给著作家、宣传工作者、鼓动工作者、一切有头脑的工人写出一些他们**不会不**理解的确切的答复和建议吧。更加明确而坚定地去聚集力量进行长期的工作，以实现这些建议吧。

我们再说一遍：《我们的言论报》编辑部得到的很多——它拥有日报！——如果它连这个“最低纲领”也不能实现的话，那么，它就应当负很大的责任。

再补充一点：正好在 5 年以前，在 1910 年 5 月，我们在我们的国外报刊上指出了一件非常重大的政治事件，这件事要比许多很“有影响的”社会民主党中央机关的协商和宣言更“有影响”，这就是在俄国国内，**那个** X.Y.Z.杂志的合法派著作家联合成为一个集团的事件。5 年来，俄国和全世界的工人运动进程中发生了许许多多的事件，5 年来的**事实**表明了什么呢？这些事实难道不是表明俄国有了一个**社会**核心来团结**民族主义自由派**（“欧洲”式的！）**工人政党**的分子吗？我们现在看到，在俄国，除了《保险问题》杂志[189]以外，**公开**讲话的**只有**这一个派别，即《我们的事业》杂志、

《工人保险》杂志、《北方呼声报》[190]、马斯洛夫和普列汉诺夫。所有的社会民主党人应当从这个情况得出什么结论呢?

再说一遍:少轻信一些冠冕堂皇的言论,多拿出一点勇气来正视严峻的政治现实吧!

载于 1915 年 5 月 1 日《社会民主党人报》第 41 号

译自《列宁全集》俄文第 5 版第 26 卷第 187—191 页

资产阶级慈善家和革命的社会民主党

（1915 年 4 月 18 日〔5 月 1 日〕）

英国百万富翁的杂志《经济学家》191 对战争采取的态度是很有教益的。最老最富的资本主义国家的先进资本的代表人物为战争痛哭流涕，一再表示期望和平。那些跟在机会主义者和考茨基后面、认为社会主义的纲领就在于宣传和平的社会民主党人，如果读一读英国的《经济学家》杂志，就会清楚地认识到自己的错误。他们的纲领不是社会主义的纲领，而是资产阶级和平主义的纲领。幻想和平而不宣传要采取革命行动，表明了对战争的恐惧，这与社会主义毫无共同之处。

不仅如此。英国的《经济学家》杂志所以主张和平，正是因为害怕革命。例如，在 1915 年 2 月 13 日这一期上有这样一段话：

> “慈善家们表示，他们希望和平会带来国际范围的军备限制…… 但那些知道是什么力量实际支配着欧洲外交的人，是不会被任何空想迷惑的。战争展示的前景，是流血的革命，是劳动与资本的残酷战争，或者说是欧洲大陆的人民群众与统治阶级的残酷战争。”

在 1915 年 3 月 27 日这一期上，我们又看到了和平的愿望，认为和平会保证爱德华·格雷所许诺的民族自由等等。如果这种希望不能实现,那么……“战争就会引起革命的混乱状态。谁也无法说清这种混乱状态将从哪里开始,又将怎样结束……”

英国的和平主义的百万富翁对于当今政治的了解,要比机会主义者、考茨基的拥护者和类似的迷恋和平的社会党人正确得多。第一,资产者先生们知道,只要原先的“力量实际支配着外交”,也就是说只要资本家阶级还没有被剥夺,谈论民主的和平就只能是无谓的愚蠢的空想。第二,资产者先生们清醒地估计到前景将是“流血的革命”,“革命的混乱状态”。资产阶级总是把社会主义革命看成是“革命的混乱状态”。

在资本主义国家的现实政治里,赞成和平有三种情况。

(1)自觉的百万富翁希望加速和平的到来,因为他们害怕革命。他们清醒地、如实地宣布“民主的”和平(没有兼并、军备限制等)在资本主义制度下是一种空想。

机会主义者、考茨基的拥护者等等所鼓吹的就是这种小市民的空想。

(2)不自觉的人民群众(小资产者、半无产者、一部分工人等)通过他们极其模糊的和平愿望,表达了日益强烈的对战争的抗议和日益高涨的朦胧的革命情绪。

(3)自觉的无产阶级先进分子,革命的社会民主党人,密切注视着群众的情绪,利用他们日益强烈的和平愿望,——不是去支持在资本主义制度下实现“民主的”和平这种庸俗的空想,不是要鼓励人们把希望寄托在慈善家、当局和资产阶级身上,而是要把朦胧的革命情绪变成明确的革命情绪;——要依靠群众的经验和他们的情绪,通过战前千百件的政治事实的启发——

——去经常不断地、坚持不懈地**证明**,只有采取群众性的革命行动来反对自己国家的资产阶级和政府是走向民主和社会主义的**唯一**道路。

载于 1915 年 5 月 1 日《社会民主党人报》第 41 号

译自《列宁全集》俄文第 5 版第 26 卷第 192—194 页

空泛的国际主义的破产

（1915年5月8日〔21日〕）

我们已经说过（见《社会民主党人报》第41号），如果《我们的言论报》要人家认真对待它的国际主义，那它至少应当确切地阐明自己的纲领。① 《我们的言论报》第85号（5月9日），好像回答我们似的，刊载了该报编辑部和巴黎的全体撰稿人的会议所通过的一项决议。同时，“编辑部有两位编辑虽然同意该决议的总的内容，却声明他们将对俄国党内政治生活的组织方法问题，提出不同的意见”。[192] 这个决议是一个表明政治上张皇失措、束手无策的绝妙文献。

他们一次又一次地重复国际主义这个词，宣布“同一切类型的社会民族主义完全划清思想界限”，引述斯图加特决议和巴塞尔决议。不用说，愿望是好的。只是……只是有一股说空话的味道，因为真正同“一切”类型的社会民族主义真正“完全”划清界限，是不可能的，也是不必要的，正如为了反对资本主义而把一切类型的资本主义剥削统统列举出来，是不可能的，也是不必要的一样。但是能够而且应当同几种主要的社会民族主义，如普列汉诺夫的、波特列索夫（《我们的事业》杂志）的、崩得的、阿克雪里罗得的、考茨基的社会民族主义明确划清界限。决议许诺的东西太多，但是一点

---

① 见本卷第201—205页。——编者注

也不兑现；决议威胁说要同一切类型的社会民族主义完全划清界限，但是连最主要的几种社会民族主义的名称也怕说出来。

……在英国议会里，直呼名字是不礼貌的，通常只是讲“阁下”和“某某选区的尊贵的议员”。“我们的言论派”是些多么出色的英国迷，多么文雅的外交家啊！他们如此优雅地回避问题的实质，如此彬彬有礼地用各种掩饰自己思想的提法来款待读者。他们宣布同所有的组织，“只要是实行……革命的国际主义原则的”，都保持“友好关系”（正像屠格涅夫小说里的一个人物所说的：真是地道的基佐[193]）。……但是他们却恰恰是同那些不实行这些原则的人保持“友好关系”。

我们的言论派愈是不愿意也不能够“划清思想界限”，也就愈是庄严地宣布要这样做。而“划清思想界限”，就是要弄清社会民族主义**从何**而来，它**为什么**有力量，**怎样**同它斗争。社会民族主义者并不把自己叫做社会民族主义者，也不承认自己是社会民族主义者。他们竭力而且不得不竭力用假名来掩饰自己，蒙蔽工人群众，消灭自己同机会主义的联系的痕迹，掩盖自己的叛变即事实上已经转到资产阶级方面、同政府和总参谋部结成联盟的行径。社会民族主义者有这种联盟作为靠山，又控制了所有的阵地，所以现在比谁都更起劲地叫嚷各社会民主党的“统一”，斥责反对机会主义的人搞分裂（见德国社会民主党执行委员会最近发出的反对《光线》（«Lichtctrahlen»）[194]和《国际》（«Die Internationale»）这两家**真正**国际主义的杂志的正式通告）。这两家杂志既不须要宣布同革命者建立“友好关系”，也不须要宣布“同一切类型的社会民族主义完全划清思想界限”；他们直截了当地着手划清界限，弄得“**一切**类型的”机会主义者全都暴跳如雷，这就说明他们打中了要害。

而《我们的言论报》呢？

它是跪在地上反对社会民族主义的，因为它并没有揭穿为这种资产阶级思潮辩护的最危险的人物（如考茨基），并没有向机会主义宣战，而是相反，对它默不作声，既不采取也不指出任何切实可行的步骤，以便使社会主义运动摆脱可耻的爱国主义的桎梏。《我们的言论报》说，不一定要同转到资产阶级方面的人统一，但也不一定非要同他们分裂不可。这实际上是向机会主义者无条件投降，然而它同时又作出一个漂亮的手势，这个手势既可理解为向机会主义者怒气冲冲地发出威胁，也可理解为向他们招手致意！那些老奸巨猾的机会主义者懂得左的词句和温和的实践相结合的价值，他们很可能用和那两位编辑差不多的话来回答《我们的言论报》的决议（如果非要他们回答不可）："总的内容"我们是同意的（因为我们根本不是社会民族主义者，绝对不是！），至于"党内政治生活的组织方法"，我们在适当的时候将提出"不同的意见"。既要狼吃饱，又要羊完好。

一谈到俄国，《我们的言论报》的巧妙的外交手腕就彻底破产了。

决议声称："党在前一个时期的条件下，是不可能在俄国联合起来的。"这句话应当理解为：工人党同合法主义取消派当时是不可能联合起来的。这就是间接承认那个为了拯救取消派而结成的布鲁塞尔联盟已经破产。为什么《我们的言论报》害怕直截了当地承认这种破产呢？为什么它害怕向工人公开说明这种破产的原因呢？是不是因为这个联盟的破产事实上证明了这个联盟所有参加者所实行的政策是错误的呢？是不是因为《我们的言论报》想同两种（至少是两种）"类型"的社会民族主义，即在报刊上发表声明、希望恢复布鲁塞尔联盟的崩得分子和组织委员会(阿克雪里罗得)保持“友好关系”呢?

“新的条件……正在破坏旧的派别立足的基础……”

是不是刚好相反呢?新的条件丝毫没有消除取消主义,甚至没有动摇取消派的基本核心(《我们的曙光》杂志),——尽管发生了各种个人的动摇和倒戈——反而加深和加剧了同这个核心的分歧,因为它已经不单单是取消派的核心,而且成了社会民族主义的核心!《我们的言论报》回避这个使它不愉快的取消主义问题;它说,旧的被新的破坏了,但是对于**旧的**……取消派又**立足于新的**即社会民族主义的**基础**却讳莫如深!可笑的遁词!对于《我们的曙光》杂志,可以不提了,因为它已经不存在了;对于《我们的事业》杂志,也可以不提了,这大概是因为波特列索夫、切列万宁、马斯洛夫之流在政治上可以被看做新生婴儿……

但是,《我们的言论报》的编辑们不但想把波特列索夫之流看做新生婴儿,而且还想把自己也看做新生婴儿。请听:

> “过去建立起来的派别集团和跨派别集团,在目前这个过渡时期依然是在组织上团结(虽然是极不完善地)先进工人的唯一〈请注意!〉据点。面对这样的事实,《我们的言论报》认为,它在团结国际主义者方面的主要活动的利益,既不容许它直接或间接地在组织上服从党内某一个旧的集团,也不容许人为地把自己的同道者结成一个政治上与各旧的集团相对立的单独的派别。”

这是什么意思呢?该怎样理解呢?**因为**新的条件正在破坏旧的集团,**所以**,我们认为**唯有**这些集团才是现实的!**因为**新的条件要求重新划分集团,不是按取消主义而是按国际主义来划分,**所以**,我们不能联合国际主义者,认为那是“人为的”!政治上的无能真是到了无以复加的地步。

《我们的言论报》在宣传了200天国际主义之后，已经用行动证明了自己在政治上完全破产：对旧的集团我们不“服从”（为什么用这么一个吓人的字眼？为什么不用“参加”，不用“支持”，不用“赞同”呢？），新的集团我们也不建立。我们要照旧在各取消主义集团里过日子，“服从”它们，而让《我们的言论报》依然充当一块漂亮的招牌，或者任它在国际主义空谈的花园里作逍遥的游逛。《我们的言论报》的作家们只管去写，《我们的言论报》的读者只管去读吧！

我们谈了200天的国际主义者的团结，却得出这样一个结论：不管什么人，甚至连我们自己，连《我们的言论报》的编辑和撰稿人，我们也不能团结，而只好宣布这种团结是“人为的”。这对于波特列索夫、崩得分子、阿克雪里罗得是多么大的胜利啊！这种欺骗工人的手法是多么巧妙啊！正面是真正非派别性的、摆脱了过时的旧的集团的《我们的言论报》的动人的国际主义词句，而背面则是团结的“唯一”据点，旧的集团……

《我们的言论报》现在表现出来的思想上政治上的破产，不是偶然现象，而是拼命在字面上回避现实中各种力量相互关系的必然结果。在俄国工人运动中，这种关系表现为取消派和社会爱国主义者（《我们的事业》杂志）同马克思主义的社会民主工党之间的斗争。社会民主工党是在1912年的一月代表会议[195]上恢复的，通过第四届国家杜马工人选民团的选举[196]得到巩固，通过1912—1914年的真理派各报的活动得到加强，由俄国社会民主党工人党团作为代表。这个党与同样是资产阶级性质的社会爱国主义思潮的斗争，是同取消主义这种资产阶级思潮斗争的**继续**。我们这个党的路线的正确性，已经为欧洲大战的伟大的具有世界历史意义的经验所证实，也为《我们的言论报》又一次即一千零一次实行非派别性团结的这个渺小的微不足道的经验所证实。《我们的言论报》的这个尝试完全失败了，这就证明伯尔尼会议(《社会民主党人报》第 40 号)关于“空泛的”国际主义者的决议[①]是正确的。

真正的国际主义者既不愿意瞒着工人留在旧的、取消派的集团里面，也不愿意站在任何集团之外。他们一定会走到我们党这方面来。

载于 1915 年 5 月 21 日《社会民主党人报》第 42 号

译自《列宁全集》俄文第 5 版第 26 卷第 195—200 页

① 见本卷第 169 页。——编者注

论反对社会沙文主义

(1915 年 5 月 19 日〔6 月 1 日〕)

关于这一当前的重大问题,不久以前在伯尔尼闭幕的国际妇女社会党人代表会议[197]提供了最有意义的和最新的资料。读者将在下面看到这次会议的情况,以及会议通过的和否决的决议案。本文只打算谈谈这个问题的一个方面。

组织委员会所属的妇女组织的代表、荷兰特鲁尔斯特拉党的代表、极力反对《伯尔尼哨兵报》的所谓过分左倾的瑞士组织的代表、不愿在任何比较重要的问题上同众所周知持社会沙文主义观点的正式党发生分歧的法国代表、对划清和平主义和革命无产阶级策略界限的想法抱敌视态度的英国代表——所有这些人同德国"左派"社会民主党人一起通过了一个决议。我们党的中央委员会所属的妇女组织的代表同她们看法不一致,宁愿暂时处于孤立地位,而不愿意加入**这样的**联合。

分歧的实质是什么呢?这种分歧有什么原则意义和一般政治意义呢?

乍看起来,这个使机会主义者和一部分左派都表示赞同的"中间"决议,似乎很不错,在原则上是正确的。决议承认这场战争是帝国主义战争,谴责了"保卫祖国"的思想,并且号召工人举行群众性的游行示威,等等。似乎我们的决议案和它不同的地方,**仅仅**在于用了几个比较激烈的**措辞**，如“叛变”、“机会主义”、“退出资产阶级内阁”等等。

毫无疑问，人们恰恰会从这个角度批评我们党的中央委员会所属妇女组织的代表们的单独行动。

但是只要更仔细地考虑一下这个问题，只要不局限于在“形式上”承认这个或那个真理，就会看出这种批评是完全站不住脚的。

在代表会议上发生冲突的是两种世界观，是对于战争和国际的任务的两种看法，是无产阶级政党的两种策略。一种观点认为：国际并没有破产，从沙文主义回到社会主义并没有严重的障碍，不存在机会主义这种强大的“内部敌人”，不存在机会主义对社会主义的公开的、肯定的、明显的背叛。于是得出结论说：我们不要斥责任何人，我们要“赦免”破坏斯图加特决议和巴塞尔决议的人，我们只要劝告他们采取左一点的方针，号召群众起来游行示威就行了。

另一种观点同上面所列举的每一点的看法都完全相反。对于无产阶级的事业来说，再没有比继续对机会主义者和社会沙文主义者采取党内**外交手腕**更有害的了。多数派的决议所以被机会主义者和现在的各正式党的拥护者所接受，正是因为它处处在要外交手腕。这种外交手腕正在用来迷惑那些**现在**受正式的社会爱国主义者领导的工人群众。他们向工人群众灌输一种极端错误的和有害的思想：似乎现在的各国社会民主党及它们现在的执行委员会**能够**改变方针，抛弃错误的而采取正确的方针。

这是不可能的。这是一种最最有害的错误想法。现在的各国社会民主党及它们的执行委员会是**不能**认真改变方针的。**实际上**，一切都将依然如故，多数派的决议里的“左的”愿望将始终是天真的愿望，——拥护特鲁尔斯特拉党或法国党现在的执行委员会的代表们在投票赞成这个决议的时候，已经凭她们准确的政治本能估计到了这一点。号召群众游行示威，只有得到各国社会民主党现在的执行委员会最积极的支持，才能真正有实际的重大的意义。

能不能指望得到这种支持呢？显然不能。大家都知道，这种号召只会遭到执行委员会激烈的（并且多半是**暗中的**）反对，而决不会得到它的支持。

如果把这一点直接告诉工人，工人就会知道**真实情况**。他们就会知道，要**实现**“左的”愿望，就必须根本改变各国社会民主党的方针，必须同机会主义者和他们的“中派”朋友作坚持不懈的斗争。现在一些人用左的愿望来**哄骗**工人，而**不肯**响亮地、清楚地说出为了实现这些愿望所必须反对的那种祸害。

在现在的社会民主党内奉行沙文主义政策的那些惯于耍弄外交手腕的首领，将巧妙地利用多数派决议的软弱无力、模棱两可和含混不清的弱点。他们将像机灵的议员一样，彼此分担不同的角色。有的会说，考茨基之流的“重要”论据还没有充分得到评价和分析，应当在更广泛的范围内加以讨论。有的会说，你们看，我们不是说得很对吗？既然拥护特鲁尔斯特拉党和盖得—桑巴党的代表们同德国左派的代表意见一致，那就没有什么重大的分歧。

妇女代表会议本来不应当帮助谢德曼、哈阿兹、考茨基、王德威尔得、海德门、盖得和桑巴、普列汉诺夫等人来麻痹工人群众，相反，应当唤醒他们，宣布同机会主义进行决战。只有这样，会议的实际结果才不会是让人们指望上面所说的“领袖们”“改正错误”，而是聚集力量去进行艰苦严肃的斗争。

下面就来谈谈机会主义者与“中派”破坏斯图加特决议和巴塞尔决议的问题，——这正是**关键**所在！让我们抛开外交手腕，直接地、清楚地摆一摆情况，看看事情的经过吧。

国际预见到战争将要爆发，于是举行会议，一致决定：战争一旦爆发，应当努力“**加速资本主义的崩溃**”，按照**公社和 1902 年 10 月和 12 月**的精神进行工作（巴塞尔决议的原话！！！），按照“一国的工人”向“另一国的工人”开枪将被认为是“**犯罪行为**”的这一精神进行工作。

关于国际主义的、无产阶级的、革命的工作路线，这里说得十分明白。在当时所容许的合法范围内，不可能比这说得更明白了。

战争爆发了，其性质和发展的情况，和巴塞尔大会所预见的完全一样。而各国的正式党却采取了与巴塞尔决议背道而驰的行动：他们的所作所为不像国际主义者，而像民族主义者；是根据资产阶级的利益，而不是根据无产阶级的利益；不是遵照革命的原则，而是遵照极端机会主义者的原则。如果我们告诉工人，这些党已经直接**背叛了**社会主义事业，那我们就能一下子清除考茨基、阿克雪里罗得式的种种借口、遁词和诡辩，就可以清楚地说明祸害的严重程度，明确地号召人们同这种祸害作斗争，而不是同它妥协。

而多数派的决议呢？一点也没有斥责叛徒，丝毫也没有提到机会主义，只是简单地**重申一下**巴塞尔决议的思想！！！仿佛什么严重的事情也没有发生，——不过偶然出现了一点小错误，只要**重申一下**旧决议就行了，——不过发生了一点非原则性的、不严重的分歧，只要把它**粘一下**就行了！！！

这简直是对国际的决议的**嘲弄**，对工人的嘲弄。实际上社会沙文主义者除了简单地**重申一下**旧决议，什么也不想做，只求事实上一切照旧。这实质上就是对现在大多数党内那些社会沙文主义拥护者悄悄地、遮遮掩掩地加以**赦免**。我们知道，“很多人喜欢”走这条路，只讲些左的词句。我们不能跟这种人同路。我们以往走过的和将来还要走的是**另一条**道路，我们愿意用对机会主义和社会沙文主义不调和的精神**切实地**帮助工人运动和工人政党的建设。

一部分德国代表害怕通过一个十分明确的决议，看来只是出于一种考虑，即关于在一个党内，在她们自己所在的党内，开展反沙文主义斗争的**速度**问题。但这种考虑显然是不适当的，是错误的，因为这个国际性的决议根本没有谈到也不可能谈到**每个**国家反社会沙文主义斗争的速度和具体条件；在这方面，每个党有自主权，这是不容置辩的。决议本来应当在国际的讲台上宣布：要在社会民主党工作的整个方向和性质上，同社会沙文主义永远决裂；然而多数派的决议不是这样，而是再一次重复了旧的错误，即第二国际那种用外交手腕掩护机会主义和言行不一的错误。我们再说一遍：我们决不走**这条**路。

载于1915年6月1日《社会民主党人报》第42号附刊

译自《列宁全集》俄文第5版第26卷第201—205页

国际妇女社会党人代表会议决议草案

（1915年5月19日〔6月1日〕）

中央委员会代表团提出的决议案

当前这场使战火波及的一切地方遭到毁灭性灾难、使比利时和加利西亚变成一片废墟、使成千上万工人死于非命的世界大战，是由各国统治阶级瓜分殖民地和称霸世界市场的斗争以及王朝利益所引起的帝国主义战争。它是各国资本家阶级和政府的政治的自然继续，因此，谁首先发动进攻的问题，从社会主义的观点来看，是没有任何意义的。

这场战争不仅丝毫不符合工人的利益，而且是统治阶级用来破坏工人的国际团结、削弱各国国内工人运动和工人的阶级斗争的武器。同样，资产阶级提出并得到机会主义者支持的“保卫祖国”的口号，也无非是资产阶级用来竭力说服无产阶级为资产阶级的利益流血卖命的诱饵。

鉴于上述一切，国际妇女社会党人非常代表会议根据斯图加特决议（该决议要求利用战争造成的经济和政治危机发动人民，来加速资本主义制度的崩溃）、哥本哈根决议（该决议说，议员必须投票反对军事拨款）和巴塞尔决议（该决议说，工人认为互相残杀是犯罪行为），声明各交战国大多数社会党的代表的行动与这些决议完全背道而驰，他们屈服于环境的压力，以民族主义偷换社会主义，着实背叛了社会主义；代表会议确认，各国无产者除他们的阶级敌人——资本家阶级之外，没有其他敌人。

这场战争造成的骇人听闻的苦难，正在唤起所有妇女，特别是无产者妇女愈来愈强烈的和平愿望。代表会议一方面宣布**以战争反对任何帝国主义**战争，同时认为，为了使这种和平愿望变成**自觉的政治力量，必须使女工们很好地懂得：有产阶级竭力追求的仅仅是**兼并、征服和统治；在帝国主义时代战争是不可避免的；只要**无产阶级还没有足够的力量来结束资本主义制度、彻底推翻资本主义**，帝国主义就会用接连不断的战争来威胁世界。女工如果想要缩短帝国主义战争时代带来的苦难的期限，就必须把她们对和平的渴望变成**愤慨和争取社会主义的斗争**。**女工只有通过革命的群众运动去加强和加紧争取社会主义的斗争，才能达到自己**在这一斗争中的**目的**。因此，她们首要的任务是，支持工会组织和社会主义组织，打破国内和平，为此必须反对军事拨款，反对参加资产阶级内阁，支持并宣传士兵的战壕联欢，在政府取消宪法规定的自由的所有地方建立秘密组织，吸引群众参加游行示威和革命运动。

国际妇女社会党人代表会议号召各国女工立即开展这一斗争，并在国际范围内组织这一斗争，把自己的工作同各国反对民族主义、进行社会主义革命斗争的社会党人（如李卜克内西等）的工作紧密结合起来。

与此同时，代表会议提醒女工们注意，在欧洲一些最先进的国家里，社会主义生产的客观条件已经成熟，整个运动正在进入新的阶段，目前的这场世界大战向她们提出了各项新的重大的任务，她们的运动可能成为群众的总行动的前奏，这一总行动将使整个社会主义运动达到新的规模，并使彻底解放的时刻早日到来。女工们在组织游行和革命示威方面采取主动，就能够与无产阶级携手并进地去开创无产阶级斗争的新纪元，在这个新纪元里，无产阶级将在比较先进的国家里赢得社会主义，而在比较落后的国家里赢得民主共和国。

载于1915年6月1日《社会民主党人报》第42号附刊

译自《列宁全集》俄文第5版第26卷第206—208页

第二国际的破产

(1915 年 5—6 月)

对于第二国际的破产,人们有时单从形式方面去理解,认为是交战国社会党之间的国际联系的中断,国际代表会议和社会党国际局会议的无法召开,等等。持这种观点的,有中立小国的某些社会党人,大概甚至还有这些国家的大多数正式的党,以及机会主义者和他们的辩护人。在俄国报刊上,弗·科索夫斯基先生以值得深深感谢的坦率态度在崩得的《新闻小报》第 8 号上出来维护这种看法,而《新闻小报》的编辑部连一个字都没有表示不同意这位作者的意见。可以预料,科索夫斯基先生这样维护民族主义,以致为德国社会民主党人投票赞成军事拨款的行为辩护,定将促使许多工人彻底认清崩得的资产阶级民族主义本质。

对于觉悟的工人来说,社会主义是一种庄严的信念,而不是便于掩饰各种小市民调和派和民族主义反对派意图的东西。觉悟的工人认为,国际的破产就是大多数正式社会民主党令人触目惊心地背叛了自己的信念,背叛了自己在斯图加特国际代表大会和巴塞尔国际代表大会上的演说、决议等等中所作的最庄严的声明。只有那些**不愿意**看到这种背叛,认为看到这种背叛对自己没有好处的人,才会看不到这种背叛。如果以科学的态度,也就是从现代社会各阶级之间的关系这个角度来说明问题的话,我们就应当说,大多数社会民主党，首先是它们中间为首的、第二国际中最大和最有影响的德国党，已经倒向自己的总参谋部、自己的政府、自己的资产阶级方面而反对无产阶级了。这是具有世界历史意义的事件，所以，不能不对它尽量全面地加以分析。人们早就认为，战争虽然会造成种种灾祸和苦难，但也会带来相当大的好处：战争会无情地暴露、揭穿和破坏人类制度中许多腐朽、过时和僵死的东西。1914—1915年的欧洲大战也开始给人类带来明显好处：它向文明国家的先进阶级表明，在他们的政党身上一种令人恶心的脓疮已经成熟，从某处还散发出一股难闻的尸臭。

一

欧洲主要的社会党是否确实背叛了自己的一切信念和任务呢？这一点，不管是叛徒自己，还是那些确切知道——或者模糊地猜测到——自己将不得不同叛徒友好和和解的人，当然都是不喜欢谈论的。但是，不管第二国际的各种“权威”或他们在俄国社会民主党人中的同伙会感到多么不愉快，我们还是应当正视现实，直言不讳，向工人说明真相。

有没有可以说明社会党在战前和在预测这次战争的时候是怎样看待自己的任务和策略的事实材料呢？无疑是有的。这就是1912年巴塞尔国际社会党代表大会的决议。我们现在把它和同年召开的德国社会民主党开姆尼茨代表大会的决议[198]一起翻印出来，让大家回忆一下“被忘记的”社会主义“言论”。前一个决议总结了各国大量的反战宣传鼓动文献，最确切而全面地、最庄严而正式地阐述了社会党人对战争的观点和策略。在昨天的国际和今天的社会沙文主义的权威中，无论是海德门或盖得，无论是考茨基或普列汉诺夫，没有一个敢向自己的读者提起这个决议，他们不是对决议只字不提，就是引用（像考茨基那样）其中次要的地方，而回避其全部重要内容；单是这一事实，就不能不叫做背叛。起先通过了最"左的"最革命的决议，后来又最无耻地忘记或抛弃这些决议，这是国际破产最明显的表现之一，同时又是一个最明显的证据，证明今天只有那些无比幼稚、简直就是异想天开地想使以往的虚伪永世长存的人，才会相信单靠一些决议就可以"纠正"社会主义运动，"矫正它的路线"。

可以说就在昨天，当海德门在战前转到维护帝国主义的时候，所有"正派的"社会党人都认为他是个疯子，没有一个人不是用轻蔑的口气来谈论他。可是现在，各国最著名的社会民主党领袖全都完全滚到海德门的立场上去了，他们之间只是在色彩和秉性方面稍有差异而已。因此，对于像《我们的言论报》的作家们这样的人，我们无论如何也无法用在议会里使用的那种比较文雅的词句来评价和刻画他们的公民勇气，因为他们用轻蔑的笔调描写海德门"先生"，而用恭敬的（或者说谄媚的？）态度谈论——或者说避而不谈——考茨基"同志"。难道这种态度能够同尊重社会主义、尊重自己的整个信念相容吗？既然你们肯定海德门的沙文主义是虚伪的和极端有害的，那么，难道不应该把批评和攻击的矛头指向这种观点的**更有影响**、更加危险的辩护人考茨基吗？

最近，盖得分子沙尔·迪马在他的《我们希望什么样的和平》这本小册子里，可以说是最为详尽地表达了盖得的观点。这位"茹尔·盖得办公厅主任"（在这本小册子的扉页上他是这样署名的）

“引用”的当然是社会党人过去的充满爱国主义精神的声明(德国社会沙文主义者大卫在其最近那本谈论保卫祖国的小册子中也在引用这类声明),而不是巴塞尔宣言! 对于这个宣言,普列汉诺夫也默不作声,却扬扬得意地宣扬沙文主义的庸俗观点。考茨基也和普列汉诺夫一样,在引用巴塞尔宣言时**略去了**其中所有革命的地方(即其全部重要内容!),——大概是借口书报检查机关禁止…… 警察和军事当局通过书报检查来禁止谈论阶级斗争和革命,这倒“正好”帮了社会主义叛徒们的忙!

也许,巴塞尔宣言不过是一个丝毫没有直接涉及当前这场具体战争的确切的历史内容和策略内容的空洞的宣言吧?

正好相反。巴塞尔决议比起其他决议来,恰恰是空话较少而具体内容较多。巴塞尔决议谈的**正是**这场已经发生的战争,正是1914—1915年爆发的这场**帝国主义的**冲突。奥地利和塞尔维亚为争夺巴尔干,奥地利和意大利为争夺阿尔巴尼亚等地,英国和德国为争夺市场和殖民地,俄国和土耳其等国为争夺亚美尼亚和君士坦丁堡而发生的种种冲突,——这就是巴塞尔决议在预言目前这场战争时所谈的内容。巴塞尔决议正是针对目前“欧洲列强”间的战争时指出,“**丝毫不能以任何人民的利益作为借口来为**”这场战争“**辩护**”!

然而,普列汉诺夫和考茨基——我们就拿这两个最典型的、我们最熟悉的(一个用俄文写作,另一个的著作已由取消派译成俄文)、有威望的社会党人来看——现在却在寻找(在阿克雪里罗得的帮助下)各种“人民的”(或者确切些说,从资产阶级街头小报上抄来的所谓老百姓的)“理由”来为战争辩护,他们作出博学的样子,搬出大量经过歪曲的马克思的话,援引1813年和1870年的战争（普列汉诺夫）或1854—1871年、1876—1877年、1897年的战争（考茨基）的“实例”，——说实在的，只有那些没有丝毫社会主义信念、没有一点社会主义良心的人，才会“认真”对待这些理由，才会**不**把它们称为闻所未闻的狡诈、伪善和对社会主义的糟蹋！让德国党的执行委员会因梅林和罗莎·卢森堡的新杂志（《国际》）如实地评价了考茨基而咒骂它吧，让王德威尔得、普列汉诺夫和海德门之流在“三协约国”警察的帮助下用同样的方法去对待自己的对手吧。——我们只须用翻印巴塞尔宣言来回答他们，因为这个宣言能使人们看清这些领袖的转变，——这种转变只能称之为叛变。

巴塞尔决议所谈的不是在欧洲曾经发生过的、在1789—1871年这一时代甚至是具有典型性的那种民族战争，人民战争，也不是社会民主党人从来没有反对过的革命战争，而是**目前的**这场战争，即在“资本帝国主义”和“王朝利益”的基础上，在**两个**参战大国集团即奥德集团和英法俄集团都奉行“侵略政策”的基础上发生的战争。普列汉诺夫和考茨基之流公然欺骗工人，他们重复各国资产阶级为了一己的利益而编造的谎言——资产阶级竭力把这场帝国主义的、争夺殖民地的、掠夺性的战争描绘成人民的、防御性的（对于任何一方都是防御性的）战争——并从历史上寻找**非**帝国主义战争的先例来为这场战争辩护。

关于这次战争的帝国主义的、掠夺的、反无产阶级的性质问题，早已越出纯理论问题的阶段了。帝国主义就其所有主要特征而言，在理论上已被确定为垂死的、衰朽的、腐朽的资产阶级为瓜分世界和奴役“弱小”民族而进行的斗争；这些结论在**所有**国家的社会党人的大量报刊上已经成千遍地重复过；我们“盟国”的代表法国人德莱齐在《行将到来的战争》(**1911年出版!**)这本小册子里已经通俗地说明:这次战争从法国资产阶级方面来说也是掠夺性的。不仅如此。各国无产阶级政党的代表已经在巴塞尔一致地正式地声明,他们确信行将到来的战争只能是帝国主义性质的战争,并由此作出了**策略上的**结论。因此,所谓民族策略和国际策略的区别还没有得到充分讨论(参看《我们的言论报》第87号和第90号上阿克雪里罗得最近的谈话)等等,这些论调都是应该断然加以驳斥的诡辩。这是诡辩,因为对帝国主义作全面的科学的研究是一回事(这种研究才刚刚开始,它实质上是没有止境的,就像任何科学都没有止境一样),而已经在社会民主党的成百万份报纸上和国际的决议中阐明了的、社会党反对资本帝国主义的策略原则是另一回事。社会党不是争论俱乐部,而是战斗的无产阶级的组织,所以当某些分队转到敌人方面去的时候,我们就应当称他们为叛徒,斥之为叛徒,而决不要"轻信"那些假话,说什么对帝国主义的理解"并不是所有的人都一样",说沙文主义者考茨基和沙文主义者库诺都能够在这方面写出一本又一本的书,说问题"还没有得到充分讨论"等等,等等。对于资本主义掠夺性的**一切**表现,以及它的历史发展和民族特点中的一切细节的研究,是**永远**也不会**完结**的;在细节问题上,学者们(尤其是学究们)是永远不会停止争论的。"根据这一点"就不向资本主义进行社会主义的斗争,就不去反对背叛了这一斗争的人,那是可笑的,——而考茨基、库诺和阿克雪里罗得等人不正是要我们这样做吗?

在战争爆发后的今天,谁也不敢试试,剖析一下巴塞尔决议并证明它是不对的!

二

但是，真诚的社会党人当初也许是预见到战争会造成革命形势才赞成巴塞尔决议的，而后来的事态推翻了他们的想法，革命已不可能发生，是吗？

库诺（在《党破产了吗？》这本小册子和许多文章中）正是企图用这种诡辩来替自己转向资产阶级阵营的行为作辩护的；而且我们看到，以考茨基为首的几乎所有的社会沙文主义者都通过暗示的形式提出了类似的"论据"。库诺断言，革命的希望已成幻想，而马克思主义者是不能死抱住幻想不放的。可是这个司徒卢威主义者却一个字也没有提到所有在巴塞尔宣言上签过字的人抱有"幻想"，而是装做一个非常高尚的人，竭力把事情都推到潘涅库克和拉狄克这类极左派身上！

现在我们就从实质上考察一下所谓巴塞尔宣言的作者曾真诚地预期革命会来临，但后来的事态推翻了他们的想法这种论调吧。巴塞尔宣言说：（1）战争将造成经济和政治的危机；（2）工人将认为自己参加战争是一种罪恶，是"为了资本家的利润，为了王朝的野心，为了履行秘密外交协定而互相残杀"的犯罪行为；战争将激起工人的"憎恨和愤慨"；（3）社会党人的责任是利用上述危机和工人的上述情绪来"唤起人民和加速资本主义的崩溃"；（4）任何一个"政府"要发动战争，就不能不"对自身造成危险"；（5）各国政府"害怕无产阶级革命"；（6）各国政府"应当回想一下"巴黎公社（即国内战争）和俄国 1905 年的革命，等等。所有这一切都是非常明确的思想；它们没有**保证**说革命必将发生；这里的重点是准确说明**事实**

和**趋势**。谁根据这些思想和论断就说预期的革命的到来已成幻想，谁就暴露了他对待革命采取的不是马克思主义的态度，而是司徒卢威主义的、警察加叛徒的态度。

在马克思主义者看来，毫无疑问，没有革命形势，就不可能发生革命，而且并不是任何革命形势都会引起革命。一般说来，革命形势的特征是什么呢？如果我们举出下面三个主要特征，大概是不会错的：(1)统治阶级已经不可能照旧不变地维持自己的统治；"上层"的这种或那种危机，统治阶级在政治上的危机，给被压迫阶级不满和愤慨的迸发造成突破口。要使革命到来，单是"下层不愿"照旧生活下去通常是不够的，还需要"上层不能"照旧生活下去。(2)被压迫阶级的贫困和苦难超乎寻常地加剧。(3)由于上述原因，群众积极性大大提高，这些群众在"和平"时期忍气吞声地受人掠夺，而在风暴时期，无论整个危机的环境，**还是"上层"本身**，都促使他们投身于独立的历史性行动。

没有这些不仅不以各个集团和政党的意志、而且也不以各个阶级的意志为转移的客观变化，革命通常是不可能的。这些客观变化的总和就叫做革命形势。这种形势在 1905 年的俄国，在西欧各个革命时代都曾有过；但是，这种形势在上一世纪 60 年代的德国，在 1859—1861 年和 1879—1880 年的俄国也曾有过，当时却没有发生革命。为什么呢？因为不是任何革命形势都会产生革命，只有在上述客观变化再加上主观变化的形势下才会产生革命，即必须再加上革命**阶级**能够发动足以摧毁(或打垮)旧政府的**强大的**革命群众行动，因为这种旧政府，如果不去"推"它，即使在危机时代也决不会"倒"的。

这就是马克思主义对革命的观点，这种观点已多次为一切马克思主义者所发挥而且被公认为无可争辩的了，而对于我们俄国人来说，这种观点已经特别明显地为1905年的经验所证实了。试问，1912年巴塞尔宣言在这方面所预料的是什么，在1914—1915年到来的又是什么？

当时所预料的是革命形势，它被简略地表述为“经济和政治危机”。这一革命形势是否到来了呢？毫无疑问，到来了。社会沙文主义者伦施（他在维护沙文主义方面要比库诺、考茨基和普列汉诺夫等这些伪君子表现得更直率，更露骨，更诚实）甚至这样说：“我们正经历着一场特殊的**革命**”（他的小册子《德国社会民主党和战争》1915年柏林版第6页）。政治危机已经存在：任何一个政府也不敢担保明天会怎样，任何一个政府也摆脱不了财政破产、割让领土、被逐出自己国家（就像比利时政府被逐出比利时一样）的危险。所有的政府都坐在火山口上，所有的政府都**自己**在要求群众表现出主动性和英勇精神。欧洲的整个政治制度已被震撼，恐怕谁都不会否认我们已进入了（并且日益深入——我是在意大利宣战这天写到这一点的）巨大政治动荡的时代。如果说考茨基在宣战两个月之后（1914年10月2日在《新时代》杂志上）竟说什么“政府从来没有像在战争开始时这样强大，各政党从来没有像在战争开始时这样软弱”，这不过是考茨基为了讨好休特古姆们和其他机会主义者而伪造历史科学的例证之一。政府从来没有像战时这样需要统治阶级各政党意见一致，这样需要被压迫阶级“驯顺地”服从这种统治。这是第一；第二，即使“在战争开始时”，特别是在预期迅速取得胜利的国家内，政府**仿佛**具有无限威力，全世界也从来没有任何一个人会把对革命形势的期待仅仅同战争“开始”时的情况联系起来，更不会把“仿佛如何”和**实际如何**等同起来。

至于说欧洲大战将无比残酷，这是大家都已经知道、看到和承认的。战争的经验愈来愈证实这一点。战争正在扩大。欧洲的政治基础日益动摇。群众处于极端的困苦之中,政府、资产阶级和机会主义者为隐瞒这种困苦状态而作的种种努力,愈来愈多地遭到失败。某些资本家集团从战争中获得了空前的惊人的高额利润。各种矛盾非常尖锐。群众内心愤愤不平,闭塞愚昧的阶层模糊地期待着友善的("民主的")和平,"下层"中开始发出怨声——这一切都已存在。而战争拖得愈久,打得愈激烈,各国政府本身就愈是会鼓励而且一定会鼓励群众的积极性,号召他们作出非凡的努力和自我牺牲。这次战争的经验,也和历史上任何一次危机、人们的生活中的任何一次大灾难和任何一次转折的经验一样,使一些人茫然失措,意志消沉,**却使另一些人受到教育和锻炼**。而且大体说来,从整个世界历史来看,除某些国家衰落和灭亡的个别情况外,后者的数量和力量要比前者更大。

缔结和约不仅不能"立刻"中止这一切灾难和各种矛盾的这种极度尖锐化,相反,在许多方面会使最落后的民众都能更加深切地感到和特别明显地看到这些灾难。

总之,革命形势在欧洲大多数先进国家和列强中已经存在。在这方面,巴塞尔宣言的预见**完全**得到了证实。如果像库诺、普列汉诺夫和考茨基等人那样直接或间接地否认这个事实或者不谈这个事实,那就是当面撒谎,欺骗工人阶级,为资产阶级效劳。在《社会民主党人报》(第 34、40、41 号)上,我们曾引用一些材料,说明那些**害怕**革命的人,那些基督教的小市民牧师、总参谋部、百万富翁们的报纸,都不得不承认,革命形势的种种征兆已经存在于欧洲。①

① 见本卷第 96—97、182—183、206—208 页。——编者注

这种形势是否能长久地持续下去，还会尖锐到什么程度？它是否会引起革命？这些我们不知道，而且谁也不可能知道。只有先进阶级——无产阶级革命情绪的发展及其向革命行动转变的**经验**才能告诉我们。这里根本谈不上什么“幻想”，也谈不上什么幻想被推翻的问题，因为，任何一个社会党人在任何地方和任何时候都没有保证过，正是目前这次（而不是下一次）战争，正是现在的（而不是明天的）革命形势将产生革命。这里所谈的是一切社会党人的不可推诿的和最基本的任务，即向群众揭示革命形势的存在，说明革命形势的广度和深度，唤起无产阶级的革命意识和革命决心，帮助无产阶级转向革命行动，并建立适应革命形势需要的、进行这方面工作的组织。

任何一个有影响的和负责的社会党人在任何时候都没有敢怀疑以上这些就是各国社会党的任务；巴塞尔宣言并没有散布和抱有丝毫“幻想”，它所谈的也正是社会党人的这个任务，即唤起人民，“激励”人民（而不是像普列汉诺夫、阿克雪里罗得和考茨基那样用沙文主义麻痹人民），“利用”危机来“**加速**”资本主义的崩溃，效法公社和 1905 年 10 月至 12 月的**榜样**。当今的各个党不执行自己的这个任务，这就表明它们已经叛变，它们在政治上已经死亡，它们已经放弃自己的作用，它们已经倒向资产阶级。

三

但是，第二国际最有名的代表和领袖们背叛了社会主义这种事怎么**会**发生的呢？这个问题下面再详细谈，现在先考察一下“从理论上”为这种背叛辩护的言论。下面我们试就社会沙文主义的一些主要理论作一评述。普列汉诺夫(他主要是重复英法沙文主义者海德门及其新信徒的论据)和考茨基(他提出的论据要“精致”得多,表面看起来理论上要充实得多)可以算是这些理论的代表。

在这些理论中,最浅薄的恐怕就是“祸首”论了:人家进攻了我们,我们进行自卫;无产阶级的利益要求对欧洲和平的破坏者进行反击。这是各国政府的声明和全世界所有资产阶级报刊和黄色报刊的滥调的翻版。连如此陈腐庸俗的论调,普列汉诺夫也要狡猾地引用“辩证法”(这是这位著作家惯用的手法)来粉饰一番,说什么为了估计当前的具体形势,首先须要找出祸首,予以惩罚;至于其他一切问题,则留待另一种形势到来时再去解决(见普列汉诺夫的小册子《论战争》1914 年巴黎版;并见阿克雪里罗得在《呼声报》第 86 号和第 87 号上对这种论调的重复)。在用诡辩术偷换辩证法这一崇高事业中,普列汉诺夫打破了纪录。这位诡辩家任意抽出某一个“论据”,而黑格尔早就正确地说过:人们完全可以替世上的一切找出“论据”。辩证法要求从发展中去全面研究某个社会现象,要求把外部的、表面的东西归结于基本的动力,归结于生产力的发展和阶级斗争。普列汉诺夫抽出德国社会民主党报刊上的一句话,说德国人自己在战前就承认奥地利和德国是祸首,——这就够了。至于俄国社会党人多次揭露沙皇政府对加利西亚、亚美尼亚等地的侵略计划,普列汉诺夫却只字不提。对于经济史和外交史,哪怕是最近 30 年来的,他也一点都没有涉及,而这段历史确凿地证明:目前参战的大国集团,**双方**都是以侵占殖民地,掠夺别国的领土,排挤更有成就的竞争者并使其破产,作为他们政策的主要轴心。①

辩证法(普列汉诺夫为了取悦于资产阶级而无耻地将它歪曲了)的基本原理运用在战争上就是:**“战争不过是政治通过另一种〈即暴力的〉手段的继续”**。这是军事史问题的伟大著作家之一、思想上曾从黑格尔受到教益的克劳塞维茨所下的定义②。而这正是

① 一位不惜假装为社会主义者的英国和平主义者布雷斯福德所著《钢和金的战争》一书(1914 年伦敦版;书内标明的日期是 1914 年 3 月!),是一本很有教益的书。作者十分清楚地意识到,民族问题一般说来已不占突出地位,已经解决了(第 35 页),现在的问题不在这里,“现代外交的典型问题”(第 36 页)是巴格达铁路**199**、供给这条铁路的铁轨、摩洛哥的矿山等等。作者很正确地认为,“现代欧洲外交史上最耐人寻味的事件”之一,就是法国的爱国主义者和英国的帝国主义者一起反对凯约(在 1911 年和 1913 年)想同德国在共同瓜分殖民地势力范围和允许德国证券在巴黎交易所流通的协议的基础上讲和的企图。**英国和法国的**资产阶级**阻止了**这种协议(第 38—40 页)。帝国主义的目的就是要向较弱的国家输出资本(第 74 页)。英国依靠这种资本而获得的利润在 1899 年是 9 000万—10 000 万英镑(吉芬),在 1909 年是 14 000 万英镑(佩什),我们得补充一下:劳合-乔治在不久前的一次演说中把利润算成 2 亿英镑,将近 20 亿卢布。卑鄙的伎俩,收买土耳其贵族的活动,替自己的子弟在印度和埃及觅取肥缺——这就是事情的实质(第 85—87 页)。一小撮人从扩张军备和战争中大发其财,拥护他们的是社会和金融家,而跟着拥护和平的人走的则是分散的民众(第 93 页)。一个今天还在高谈什么和平和裁军的和平主义者,明天就会成为完全依附于军火承包商的政党的党员(第 161 页)。如果三协约国占上风,它们就会夺取摩洛哥并瓜分波斯,三国同盟将会夺取的黎波里,巩固自己在波斯尼亚的地位,征服土耳其(第 167 页)。伦敦和巴黎在 1906 年 3 月借给了俄国数十亿的贷款,帮助沙皇政府镇压解放运动(第 225—228 页);英国现在正帮助俄国扼杀波斯(第 229 页)。俄国已经燃起了巴尔干的战火(第 230 页)。——这一切都不是什么新鲜事情,难道不对吗?难道这一切都不是人所共知并为全世界社会民主党报纸重复过一千次的吗?一个英国的资产者在大战前夕就已经清清楚楚地看到这点了。而在上述这些简单的人所共知的事实面前,普列汉诺夫和波特列索夫关于德国负有罪责的理论,考茨基关于在资本主义制度下有实现裁军和持久和平的“前景”的理论,是多么不成体统的废话,多么使人难以忍受的伪善,多么娓娓动听的谎言啊!

② **卡尔·冯·克劳塞维茨**《论战争》,《克劳塞维茨全集》第 1 卷第 28 页。参看第

马克思和恩格斯始终坚持的观点，他们把**每次**战争都看做是有关列强（及其内部**各阶级**）在当时的政治的**继续**。

普列汉诺夫的拙劣的沙文主义与考茨基的比较精致的、心平气和的、动听的沙文主义所持的理论立场，是完全相同的。考茨基在颂扬各国社会党人倒向“自己的”资本家的行动时说道：

大家都有权利和义务保卫自己的祖国；真正的国际主义就在于承认各国社会党人（包括同我国交战的国家的社会党人）都有这种权利……（见1914年10月2日《新时代》杂志和该作者的其他文章）

这种无与伦比的论调是对社会主义的极端庸俗的嘲弄，回答这种嘲弄的最好的办法就是订制一枚奖章，一面有威廉二世和尼古拉二世的肖像，另一面有普列汉诺夫和考茨基的肖像。要知道，真正的国际主义就是要确认：为了“保卫祖国”，法国工人应当向德国工人开枪，德国工人应当向法国工人开枪！

但是，假如我们细心地研究一下考茨基这种论调的理论前提，那么我们就一定会发现，这正是克劳塞维茨在大约80年以前所嘲笑的观点：战争一开始，各个民族和各个阶级之间历史地形成的政治关系就会中断，随之产生一种完全不同的状态！这时，“只有”进攻者和防御者，“只有”对“祖国的敌人”的抵抗！帝国主义列强对占世界人口一半以上的许多民族的压迫，这些帝国主义国家的资产阶级之间为分赃而进行的竞争，资本分裂和镇压工人运动的意图——这一切都一下子从普列汉诺夫和考茨基的视野中消失了，

3卷第139—140页：“大家都知道，战争只是由政府之间和民族之间的政治关系引起的；但是人们往往都以为，战争一开始，这些关系就告中断，随之产生一种完全不同的、只受自身规律支配的状态。我们的看法相反：战争无非是政治关系在另一种手段介入的情况下的继续。”

虽然他们自己在战前数十年中所描述的正是这种“政治”。

这两位社会沙文主义领袖还歪曲引用马克思和恩格斯的话作为自己的“王牌”论据：普列汉诺夫回忆起 1813 年普鲁士民族战争和 1870 年德国民族战争，考茨基则作出最博学的样子证明说，马克思解决过在 1854—1855 年、1859 年、1870—1871 年的战争中哪一方（即哪一国的资产阶级）获胜比较有利的问题，一些马克思主义者还解决过 1876—1877 年和 1897 年的战争中的同样问题。一切诡辩家向来都爱采取这样的手法：引用一些情况分明完全不同的例子作为论据。他们向我们举出的以前的战争，都是历时多年的资产阶级民族运动，即反对异族压迫和反对专制制度（土耳其和俄国的）的运动的“政治的继续”。那时，除了哪一国的资产阶级获胜比较有利这个问题，不可能有任何其他的问题；马克思主义者可以**预先号召**各国人民进行这类战争，**燃起**民族的仇恨，正如马克思在 1848 年和 1848 年以后曾经号召去同俄国作战那样，正如恩格斯在 1859 年曾经燃起德国人对他们的压迫者拿破仑第三和俄国沙皇制度的民族仇恨那样。①

把与封建制度和专制制度进行斗争的“政治的继续”，即把正

① 顺便说一下，加尔德宁先生在《生活报》**200** 上说，马克思在 1848 年曾经赞成进行一场革命战争来反对欧洲那些事实上已证明是反革命的民族，即“斯拉夫人，特别是俄罗斯人”，这是“革命的沙文主义”，但毕竟还是沙文主义。对马克思的这种指责，只不过是再次证明这个“左派”社会革命党人的机会主义（或十足的轻率，——更正确些应当说是：**和**十足的轻率）罢了。我们，马克思主义者，过去和现在始终赞成进行**革命**战争来反对**反革命**的民族。例如，如果社会主义 1920 年在美洲或欧洲**取得胜利**，假定**那时候**日本和中国促使本国的俾斯麦分子来反对我们（哪怕起初是在外交上反对），那我们就要**赞成**向它们进行一场进攻性的革命战争。加尔德宁先生，您觉得这很奇怪吧？那您就是罗普申一类的革命家了！

在争取解放的资产阶级的“政治的继续”，同已经衰朽的，**即**帝国主义的，**即**掠夺了全世界的、反动的、联合封建主来镇压无产阶级的资产阶级的“政治的继续”相提并论，这就等于是把长度同重量相提并论。这就像是把罗伯斯比尔、加里波第、热里雅鲍夫这样的“资产阶级代表”同米勒兰、萨兰德拉、古契柯夫这样的“资产阶级代表”相提并论。如果不对伟大的资产阶级革命家抱至深的敬意，就不能算是一个马克思主义者，因为这些革命家具有世界历史所赋予的权利，来代表曾经通过反对封建制度的斗争使新兴民族的千百万人民走向文明生活的资产阶级“祖国”讲话。同时，如果不对普列汉诺夫和考茨基的诡辩抱鄙视的态度，也不能算是一个马克思主义者，因为他们明明看到德国帝国主义者在扼杀比利时，看到英、法、俄、意等国的帝国主义者在勾结起来掠夺奥地利和土耳其，却高谈什么“保卫祖国”。

社会沙文主义还有一个“马克思主义”理论：社会主义是以资本主义的迅速发展为基础的；我的国家的胜利会加速国内资本主义的发展，因而也就会加速社会主义的到来；我的国家的失败会阻碍国内经济的发展，因而也就会阻碍社会主义的到来。发挥这种司徒卢威主义理论的，在我国有普列汉诺夫，在德国有伦施等人。考茨基反对这种拙劣的理论，反对公开维护这种理论的伦施，也反对暗中坚持这种理论的库诺，可是他反对的目的，仅仅是要在更精致更狡猾的沙文主义理论的基础上，把各国社会沙文主义者调和起来。

我们不必花许多时间来分析这种拙劣的理论。司徒卢威的《评述》一书是在 1894 年出版的，20 年来，俄国社会民主党人已经非常熟悉有教养的俄国资产者的这种“手法”，熟悉他们怎样披着**清除了**革命性的“马克思主义”的外衣来贯彻自己的观点和愿望。

最近的事态特别明显地表明，司徒卢威主义不仅是俄国的而且也是国际的资产阶级理论家的一种意图，他们妄想“用温和的手段”杀死马克思主义，用拥抱，用仿佛承认马克思主义中**除了**“煽动性的”、“蛊惑性的”、“布朗基式空想主义的”方面**以外**的“一切”“真正科学的”方面和成分这种手段来杀死马克思主义。换句话说，采取马克思主义中为自由派资产阶级所能接受的一切东西，直到争取改良的斗争，直到阶级斗争（不要无产阶级专政），直到“笼统地”承认“社会主义的理想”，承认资本主义要被一种“新制度”所代替，而“唯独”抛弃马克思主义的活的灵魂，“唯独”抛弃它的革命性。

马克思主义是无产阶级解放运动的理论。因此很清楚，觉悟的工人必须密切注意以司徒卢威主义偷换马克思主义的过程。这个过程的动力数量很多，形式也很多。现在我们只指出主要的三种：(1)科学的发展在提供愈来愈多的材料，证明马克思是正确的。因此要同他进行斗争就不得不加以伪装，不是去公开反对马克思主义的原理，而是假装承认它，却用诡辩来阉割它的内容，把马克思主义变为对资产阶级无害的神圣的“偶像”。(2)机会主义在社会民主党党内的发展，在支持对马克思主义的这种“改造”，使它能够为对机会主义作出各种让步进行辩护。(3)帝国主义时期是压迫其他一切民族的享有特权的“大”民族瓜分世界的时期。从这种特权和压迫中得来的赃物，无疑会一星半点落到小资产阶级的某些阶层和工人阶级的贵族和官僚手中。这些阶层在无产阶级和劳动群众中只占极少数，他们倾心于“司徒卢威主义”，因为司徒卢威主义可以为他们联合“自己”国家的资产阶级反对**各**民族被压迫群众的行为辩护。关于这一点，我们在下面论述国际破产的原因时还要谈到。

四

一种最精致的、用科学观点和国际观点精心伪装起来的社会沙文主义理论,就是考茨基提出的“超帝国主义”理论。下面就是他本人对这个理论所作的最明白、最确切和最新的说明:

“英国保护主义运动的削弱,美国关税的降低,裁军的意图,战前几年法德两国资本输出的锐减,以及各金融资本集团日益紧密的国际交织——所有这一切都使我考虑到:现在的帝国主义的政策会不会被一种新的超帝国主义的政策所取代,这种新的超帝国主义的政策,将以实行国际联合的金融资本共同剥削世界来代替各国金融资本的相互斗争。不管怎样,资本主义的这样一个新阶段是可以设想的。至于它能否实现,现在还没有足够的前提对此作出判断。”(1915 年 4 月 30 日《新时代》杂志第 5 期第 144 页)

“……目前这场战争的进程及其结局可能在这方面具有决定的意义。它可能使金融资本家之间的民族仇恨也达到极点,使军备和军备竞赛的意图加强起来,使第二次世界大战成为必不可免,从而完全毁掉超帝国主义的嫩芽。到那时,我在《取得政权的道路》这本小册子中所作的预见,将在极大程度上得到实现,阶级矛盾的尖锐化以及与之俱来的资本主义的道义上的衰亡〈直译是“经营失败,Abwirtschaftung”,破产〉都将大为发展……〈应当指出,考茨基用这种精心雕琢的词儿所指的不过是“无产阶级和金融资本之间的中间阶层”,即“知识分子,小资产者,甚至小资本家”对于资本主义的“敌视”而已〉…… 但战争也可能有另一种结局。它可能使超帝国主义的嫩芽茁壮起来。战争的教训〈请注意这一点!〉可能加速在和平时期要等很久才能达到的那种发展。如果事情发展到这种地步,即发展到各国之间达成协议,发展到实现裁军和持久和平的地步,那么战前曾使资本主义道义上日益衰亡的那些最坏的原因,就可能会消失。”资本主义的新的阶段自然会给无产阶级带来“新的灾难”,“也许是更大的灾难”,但是“超帝国主义”“暂时”“可能在资本主义的范围内造成一个带来新的希望和新的期待的纪元”(第 145 页)。

他用什么办法从这个“理论”中得出为社会沙文主义辩护的根

据呢?

他用了下述这样一个对“理论家”来说是相当奇怪的办法:

德国左派社会民主党人说:帝国主义以及它所产生的战争不是偶然现象,而是金融资本已占统治地位的资本主义的必然产物。因此必须转向群众的革命斗争,因为比较和平地发展的时代已经一去不复返了。“右派”社会民主党人则露骨地宣称:既然帝国主义是“必然的”,那我们也应当成为帝国主义者。考茨基扮演“中派”的角色,在两者之间进行调和:

他在《民族国家、帝国主义国家和国家联盟》这本小册子(1915年纽伦堡版)中写道:“极左派”想用社会主义同不可避免的帝国主义“对立起来”,就是说,“不仅要宣传社会主义(我们在半个世纪以来一直在针对各种形式的资本主义统治进行这种宣传),而且想立刻实现社会主义。这看来是很激进的,然而只能**把那些不相信**能立刻在行动上实现社会主义**的人统统推到**帝国主义阵营中去”(第17页,黑体是我们用的)。

考茨基说什么立刻实现社会主义,这是利用在德国——特别是在战时书报检查的条件下——不可能谈论革命行动的机会,“实现”断章取义。考茨基很清楚,左派是要求党**立刻**进行宣传并准备革命行动,而决不是“立刻在行动上实现社会主义”。

左派根据帝国主义的必然性,得出革命行动必然性的结论。考茨基却用“超帝国主义论”**为机会主义者辩护**,把事情描绘成这样:仿佛机会主义者根本没有转到资产阶级方面去,而只是“不相信”能立刻实现社会主义,期待着在我们面前“可能出现”裁军和持久和平的新“纪元”。这种“理论”可以归结而且也**只能**归结如下:考茨基是借助对资本主义的和平**新**纪元的**希望**,来为机会主义者和各国正式的社会民主党违背巴塞尔决议的庄严声明而在**目前风暴时期**倒向资产阶级和放弃革命策略(即无产阶级策略)的行为辩护！

请注意，考茨基在这里不仅没有说明，什么样的情况和条件会产生而且必定产生这个新阶段，恰恰相反，他坦率地承认：就连这个新阶段“**能否实现**”的问题，我也还不能作出判断。确实，让我们看看考茨基所指出的那些走向新纪元的“趋势”吧。令人惊讶的是，作者竟把“裁军的意图”也算做是经济事实！这就是说，他想在天真的小市民空谈和幻想的掩护下回避那些同矛盾和缓论丝毫不相容的确凿事实。考茨基的“超帝国主义”（顺便提一下，这个词根本表达不出他所要说的意思）是指资本主义矛盾的大大**和缓**。据说：“英国和美国的保护主义削弱了。”但这里哪有一点点走向新纪元的趋势呢？美国那种走到了极端的保护主义是削弱了，但保护主义却仍然存在，正像英属殖民地给英国的特权即优惠税率仍然存在一样。让我们回想一下，从前的“和平的”资本主义时代被当今帝国主义时代所代替的基础是什么，基础就是自由竞争已让位于资本家的垄断同盟，整个地球已被瓜分完毕。显然，这两件事实（和因素）都确实具有世界意义，因为，只有当资本能够畅行无阻地扩大殖民地和夺取非洲等地的无主的土地，而资本的集中还很薄弱，垄断企业即庞大到能够控制**整个**一个工业部门的企业还没有产生时，自由贸易与和平竞争才是可能的和必然的。这种垄断企业的产生和发展（这个过程在英国和美国大概都还没有停止吧？就连考茨基也未必敢否认战争加速和加剧了这个过程）使以往的自由竞争成为**不可能**了，破坏了这种竞争立足的基础，而对世界的瓜分又**迫使**资本家从和平扩张转到用武装斗争来**重新瓜分**殖民地和势力范围。如果认为两个国家中的保护主义的**削弱**就会使这种情况有所改变，那就太可笑了。

再来看看几年来**两个**国家资本输出的减少问题。根据统计，例如根据 1912 年哈尔姆斯的统计，法国和德国这两个国家，各自在国外的资本约为 350 亿马克(约 170 亿卢布)，而英国一个国家就比它们多一倍以上①。在资本主义制度下，资本输出的增长从来不是而且也不可能是平衡的。至于资本积累的削弱，或国内市场的容量由于例如群众生活状况的大大改善而大为改变，那是考茨基连提也不会提的。在这种条件下，从两个国家几年来资本输出减少的事实中，无论如何不能得出新纪元到来的结论。

"金融资本集团日益紧密的国际交织"。这是唯一真正普遍的和确凿无疑的趋势，它不是近几年来才有的，也不是两个国家才有的，而是全世界的、整个资本主义的趋势。但是为什么这个趋势一定会产生裁减军备的意图，而不是以往那种扩张军备的意图呢？我们可以举任何一个世界著名的"大炮"公司(和生产任何军事装备的公司)为例。就拿阿姆斯特朗公司来说吧。不久以前英国《经济学家》杂志(1915 年 5 月 1 日)报道说，该公司的**利润**从 1905—1906 年度的 606 000 英镑(约 600 万卢布)提高到 1913 年的 856 000 英镑和 1914 年的 94 万英镑(**900 万卢布**)。这里金融资本的交织甚为密切，并且在日益增强；德国资本家"参与了"这家英国公司的事务；英国一些公司为奥地利制造潜水艇等等。国际上互相交织的资本正在做扩张军备和战争的大好生意。谁要以为各国资本联合和交织成统一的国际整体就可以产生裁减军备的经济

① 见**伯恩哈德·哈尔姆斯**《世界经济问题》1912 年耶拿版。**乔治·佩什**《大不列颠在各殖民地……的投资》，载于 1910—1911 年《皇家统计学会杂志》**201** 第 74 卷 167 页。劳合-乔治在 1915 年初的一次演说中估计英国在国外的资本是 40 亿英镑，即约 800 亿马克。

趋势，谁就等于用希望阶级矛盾和缓的善良的小市民愿望去代替阶级矛盾的实际上的尖锐化。

五

考茨基以一种十足的庸人的态度来谈战争的“教训”，他把这些教训说成是对战争灾难的一种精神恐惧。例如，他在《民族国家……》这本小册子里写道：

“毋庸置疑，也无须证明，最迫切地关心世界和平和裁减军备的阶层是存在的。小资产者和小农，甚至许多资本家和知识分子并不能从帝国主义中得益，对这些阶层来说，战争和扩张军备带来的祸害会大于可能获得的利益。”(第 21 页)

这是在 1915 年 2 月写的！事实说明，一切有产阶级，直到小资产者和“知识分子”，都已纷纷站到帝国主义者一边，而考茨基却和套中人[202]一样，做出一副异乎寻常的扬扬自得的神态，用一些甜言蜜语来抹杀这些事实。他不是根据小资产阶级的**行动**，而是根据某些小资产者的**言论**来判断小资产阶级的利益，尽管这些言论不断地为他们的行动所推翻。这正和不是以资产阶级的行动而是以那些赌咒发誓说现存制度充满基督教理想的资产阶级牧师的博爱言词来判断整个资产阶级的“利益”完全一样。考茨基运用马克思主义时所采取的方法是抽去它的一切内容，只留下具有某种超自然、超世俗的意义的“利益”一词，因为它所指的不是现实的经济，而是关于普遍幸福的天真愿望。

马克思主义是根据日常生活中千万件事实所表现的阶级矛盾

和阶级斗争来判断“利益”的。小资产阶级幻想和高谈矛盾的和缓，并提出“论据”说，矛盾的尖锐化会招致“不良的后果”。帝国主义就是有产阶级各阶层屈服于金融资本，就是五六个“大”国（其中多数现在都参加战争）瓜分世界。大国瓜分世界意味着，它们的一切有产阶层都从占有殖民地和势力范围中**获得利益**，都从压迫其他民族、因自己属于“大”国和压迫民族而身居大有收益的职位和享有特权中**获得利益**。①

现在已**不能**像过去那样在资本主义平稳发展和逐步向新的国家扩展的比较平静、文明、和平的环境中生活了，因为另一个时代已经到来。金融资本可以把某一个国家**排挤出**而且必将排挤出大国的行列，夺走其殖民地和势力范围（对英国开战的德国就在这样威胁着英国），夺走小资产阶级所享有的“大国的”特权和额外的收入。这是已由战争证明了的事实。这是早已得到公认的、同一个考茨基在《取得政权的道路》那本小册子中也承认过的那些矛盾尖锐化的实际**结果**。

而现在，当争夺大国特权的武装斗争已成为事实的时候，考茨基却**规劝**资本家和小资产阶级说，战争是可怕的事情，裁军才是好事，这和基督教牧师在布道的讲坛上规劝资本家说，博爱是上帝的

① 恩·舒尔采说，到1915年，全世界的有价证券（包括国家的和市政的公债、工商业公司的典契和股票等等在内）总值是7 320亿法郎。在这个数目中，英国占1 300亿法郎，美国占1 150亿法郎，法国占1 000亿法郎，德国占750亿法郎，——这就是说，这4个大国共占4 200亿法郎，即占总数的一半以上。由此可见，超过其他各国并对其他国家进行压迫和掠夺的那些领先的大国民族，获得了多么大的利益和特权（**恩斯特·舒尔采博士**《在俄国的法国资本》，载于1915年柏林出版的《金融文汇》第32年卷第127页）。对于大国民族来说，“保卫祖国”就是保卫掠夺其他民族而获得赃物的权利。俄国的帝国主义，如所周知，资本的色彩较淡，可是军事封建的色彩却较浓。

教诲、是灵魂的归依、是文明的道德规范如出一辙,其结果也一模一样。考茨基称之为导致“超帝国主义”的经济趋势的那些东西,实际上正是小资产阶级希望金融家不要去为非作歹的**规劝**。

靠资本输出吗?**但是**,输出到独立国家(如美国)去的资本已多于输出到殖民地去的资本。靠抢夺殖民地吗?**但是**,殖民地已全部被抢完而且几乎都在争取解放:“印度可能不再是英国的领地,而它作为一个完整的帝国,将永远不会落在另一个外国的统治之下。”(上引小册子第49页)“任何一个工业资本主义国家想使自己成为不靠国外供应原料的殖民帝国的任何企图,都一定会使所有其他资本主义国家联合起来反对它,把它卷入无尽头的消耗战,不让它接近自己的目的。这种政策肯定会导致这个国家整个经济生活的破产。”(第72—73页)

这难道不是像庸人那样规劝金融家放弃帝国主义吗?用破产来恐吓资本家,就等于劝交易所经纪人不要到交易所去做投机买卖,因为“许多人都是这样倾家荡产的”。资本就是靠同它竞争的资本家和同它竞争的国家的破产**获利**,以实现更高程度的积聚,因此,经济竞争即在经济上促使对手破产的斗争愈尖锐、回旋余地愈“狭窄”,资本家就愈是力求辅之以**军事**手段来促使对手破产。向土耳其之类的地区输出资本,可以像向殖民地和附属国输出资本那样十分有利,因为在**这种**情况下金融家比向自由的、独立的、文明的国家如美国输出资本要多获两倍的利润。这样的地区剩下的愈少,为控制和瓜分土耳其、中国等国的斗争就**愈加剧烈**。关于金融资本和帝国主义时代的经济理论就是这样告诉我们的。事实也是这样告诉我们的。而考茨基却把一切都变为庸俗的小市民的“说教”,说什么用不着大发脾气,更用不着为瓜分土耳其或抢夺印度而大动干戈,因为“反正长不了”,所以最好还是让资本主义和平地发展…… 自然,用增加工资的办法来发展资本主义和扩大市场,那就更好了:这是完全“可以设想的”。按这种精神来劝导金融家,便成了牧师布道的一个最适当的题目…… 好心的考茨基几乎完全说服了和劝住了德国金融家:用不着为争夺殖民地而同英国兵戎相见,因为这些殖民地反正很快就要获得解放!……

从1872年到1912年,英国对埃及的进出口额,比英国总的进出口额增长得慢。于是“马克思主义者”考茨基就进行说教:“我们没有任何根据认为,不用武力占领埃及而依靠单纯的经济因素的作用,英国同埃及的贸易就会增长得慢些。”(第72页)“资本扩张的意图”“不通过帝国主义的暴力方法,**而通过和平的民主**能够实现得**最好**”。(第70页)

这是多么严肃的、科学的、“马克思主义的”分析呀!考茨基出色地“修正了”这段不合理的历史,并“证明”说,当初英国人完全不必从法国人手中夺取埃及,德国金融家也根本用不着发动战争,进军土耳其和采取其他的措施来把英国人赶出埃及!所有这些都是误会,只不过是一场误会,只是因为英国人还没有领悟到:不对埃及采用暴力,而转向(为了**按考茨基的办法**扩大资本的输出!)“和平的民主”才是“最好的”方法……

“如果资产阶级自由贸易派认为,自由贸易能完全消除资本主义所引起的经济矛盾,这当然只能是他们的幻想。无论是自由贸易,还是民主制都不能消除这些矛盾。但是,我们大家关切的是,这些矛盾能用劳动群众遭受痛苦和牺牲最少的斗争形式来消除”(第73页)……

天哪,行行好吧!天哪,饶恕我吧!拉萨尔曾经问道:什么是庸人?他引了一位诗人的名言回答说:“庸人是一根空肠子,充满恐惧和希望,乞求上帝发慈悲。”203

考茨基把马克思主义糟蹋到了骇人听闻的地步,他成了不折不扣的牧师。这位牧师**在规劝**资本家转向和平的民主,并且说这是辩证法:假如起先有过自由贸易,后来又有垄断和帝国主义,那么为什么就不能有“超帝国主义”,就不能再有自由贸易呢?这位牧师**在安慰**被压迫的群众,把这个“超帝国主义”说得天花乱坠,尽管这位牧师甚至还不敢说这个东西能否“实现”!有些人维护宗教的理由是宗教可以安慰人,费尔巴哈正确地向他们指出了这种安慰的反动作用,他说:谁要是安慰奴隶,而不去发动他们起来反对奴隶制,谁就是在为奴隶主帮忙。

所有一切压迫阶级,为了维持自己的统治,都需要两种社会职能:一种是刽子手的职能,另一种是牧师的职能。刽子手的任务是镇压被压迫者的反抗和暴乱。牧师的使命是安慰被压迫者,给他们描绘一幅在保存阶级统治的条件下减少苦难和牺牲的前景(这做起来特别方便,只要不担保这种前景一定能“实现”……),从而使他们顺从这种统治,使他们放弃革命行动,打消他们的革命热情,破坏他们的革命决心。考茨基把马克思主义歪曲成了最恶劣最笨拙的反革命理论,歪曲成了最龌龊的僧侣主义。

1909年,考茨基在他的《取得政权的道路》这本小册子中承认资本主义矛盾在尖锐化(这一点谁都没有驳倒过而且是无法驳倒的),承认战争和革命的时代即新的“革命时期”的临近。他说,这不会是“过早的”革命,并且说,即使在战斗开始以前不能否认也有失败的可能,但是不考虑到起义有胜利的可能,那就是“直接背叛我们的事业”。

战争到来了。矛盾变得**更加**尖锐了。群众处于水深火热之中。战争在持续下去，战场在日益扩大。考茨基正在一本又一本地写他的小册子，他驯服地遵从书报检查官的意旨，在小册子中不引用关于掠夺领土和战争的惨祸、关于军火商大发横财、关于物价高涨、关于被动员的工人遭受"军事奴役"等等方面的材料，却一味安慰无产阶级，——援引资产阶级还是革命和进步的阶级的那个时期，即"马克思本人"曾希望这个或那个国家的资产阶级获胜的那个时期的战争作为例子，用一行行一栏栏的数字来证明资本主义"可以"不要殖民地和掠夺，不要战争和扩张军备，证明"和平的民主"更为可取。考茨基不敢否认群众的苦难加剧和革命形势眼看就要真正到来的事实（这一点谈不得呀！书报检查机关不允许……），于是向资产阶级和机会主义者献媚，描绘出一幅会使人们"遭受牺牲和痛苦少"的新阶段的斗争形式的"前景"（他**不担保**这种前景一定能"实现"）…… 弗·梅林和罗莎·卢森堡由于这一点而称考茨基为娼妓是完全正确的。

*　　　*　　　*

1905年8月，俄国曾出现过革命形势。为了"安慰"愤懑的群众，沙皇答应召开布里根杜马[204]。如果说可以把金融家放弃扩张军备以及他们彼此间达成"持久和平的"协议叫做"超帝国主义"的话，那么布里根的立法咨议制度也就可以叫做"超专制制度"了。我们暂且假定，"交织"在几百个大企业中的成百个世界上最大的金融家，明天会**答应**各国人民在战后裁军（我们暂且作这种假定，以便探究从考茨基的拙劣的理论中可以得出哪些政治结论）。即使在这种情况下，劝告无产阶级放弃革命行动，也是对无产阶级的直接背叛，因为没有革命行动，一切诺言、一切美好的前景只能是空中楼阁。

战争不仅给资本家阶级带来了巨额利润，带来了进行新的掠夺（掠夺土耳其、中国等等）、接受价值数十亿的新订货、放出新的利息更高的债款等的灿烂前景。不仅如此，它还给资本家阶级带来很大的政治利益，因为它分裂和腐蚀了无产阶级。考茨基正在助长这一腐蚀，他**为了**同“自己”国家的机会主义者休特古姆们**实行统一**而赞美战斗的无产者的这种国际**分裂**！可是竟有人还不了解，老党统一的口号意味着一国的无产阶级同自己国家的资产阶级的“统一”和各国无产阶级的**分裂**……

六

当上面这段文章写完时，5 月 28 日出版的一期《新时代》杂志（第 9 期）上发表了考茨基关于“社会民主党破产”的总结性的议论（他的一篇驳斥库诺的文章的第 7 节）。考茨基把他维护社会沙文主义的一切旧的诡辩和一个新的诡辩加在一起，并且自己作了如下的总结：

“有一种非常荒谬的说法：似乎这场战争是纯粹帝国主义性质的，似乎在战争到来时只能作如下的选择：要么是帝国主义，要么是社会主义，似乎德国的、法国的、往往还有英国的社会党和无产阶级群众，对事情不加思考，只听到一小撮议员的一声号召，就投入了帝国主义的怀抱，背叛了社会主义，从而导致史无前例的破产。”

这是一个新的诡辩和对工人的新的欺骗：这场战争——请注意！——不是“纯粹”帝国主义性质的！

在当前这场战争的性质和意义的问题上，考茨基的动摇简直令人吃惊，这位党的领袖总是小心翼翼地躲开巴塞尔和开姆尼茨代表大会的明确的正式的声明，就像小偷躲开他刚刚偷过东西的地方一样。考茨基在 1915 年 2 月写的《民族国家……》这本小册子中曾经断言，这场战争"归根到底还是帝国主义性质的"(第 64 页)。现在却作了新的保留：不是**纯粹**帝国主义性质的。请问，还有别的什么性质呢？

原来还带有民族的性质！考茨基是借助下面这种"普列汉诺夫式的"所谓辩证法得出这种令人惊奇的结论的：

"当前这场战争不仅是帝国主义的产物，而且也是俄国革命的产物。"他，考茨基，早在 1904 年就预见到，俄国革命将使泛斯拉夫主义以新的形式复活起来，"民主的俄国必然会强烈地激起奥地利和土耳其统治下的斯拉夫人争取民族独立的愿望……　那时波兰问题也将尖锐起来……　那时奥地利就会崩溃，因为目前把彼此趋向分离的分子束缚起来的那个铁箍将随着沙皇制度的崩溃而断裂"(上面的最后一句话是现在考茨基自己从他 1904 年的文章中引来的)……　"俄国革命……给了东方的民族要求以新的强有力的推动，使得在欧洲问题之外又加上了亚洲问题。**所有这些问题**在**当前**这场战争中都正在强烈地表现出来，对于**人民**群众(**也包括无产阶级**群众)的情绪具有决定性的意义，而在统治阶级中占优势的则是帝国主义的倾向。"(第 273 页；黑体是我们用的)

这是糟蹋马克思主义的又一个范例！**因为**"民主的俄国"会激起东欧各民族追求自由的愿望(这是无可争辩的)，**所以**当前这场战争，虽然不会使任何一个民族得到解放，而不管谁胜谁负都会使许多民族遭到奴役，那也不是"纯粹"帝国主义性质的战争。**因为**"沙皇制度的崩溃"将意味着奥地利由于其民族结构的不民主而瓦解，**所以**暂时巩固起来的反革命的沙皇政府掠夺奥地利，使奥地利各民族遭受**更加惨重**的压迫，就使得"当前这场战争"不具有纯粹帝国主义的性质，而在某种程度上具有民族的性质。**因为**"统治阶级”利用所谓这场帝国主义战争具有民族目的的童话来欺骗愚昧的小市民和闭塞麻木的农民，**所以**一个学者，“马克思主义”的权威，第二国际的代表，就有权用下述“提法”使群众容忍这种欺骗行为：统治阶级有帝国主义的倾向，而“人民”和无产阶级群众有“民族的”要求。

辩证法变成了最卑鄙最下贱的诡辩术！

当前这场战争的民族因素**仅仅**表现在塞尔维亚反对奥地利的战争（这一点在我们党的伯尔尼会议的决议中已经指出过[①]）。只有在塞尔维亚和在塞尔维亚人那里，我们才看到进行多年的、有几百万“人民群众”参加的民族解放运动，而当前塞尔维亚反对奥地利的战争就是这一运动的“继续”。假定这个战争是孤立的，就是说它同全欧的战争，同英、俄等国的自私的掠夺的目的没有关系，那么一切社会党人**都应当**希望塞尔维亚的**资产阶级**获胜——这就是从当前的战争的民族因素中得出的唯一正确的、绝对必需的结论。可是，现在为奥地利的资产者、教权派和将军们效劳的诡辩家考茨基，恰恰没有作出这个结论！

其次，马克思的辩证法，作为关于发展的科学方法的最高成就，恰恰不容许对事物作孤立的即片面的和歪曲的考察。塞奥战争这一民族因素对这场欧洲大战是没有而且也不可能有**任何**重要意义的。如果德国获胜，它就会灭亡比利时，就会再灭亡波兰的一部分，可能还有法国的一部分等等。如果俄国获胜，它就会灭亡加利西亚，就会再灭亡波兰的一部分以及亚美尼亚等等。如果“不分胜负”，那么以往的民族压迫就会继续存在。对于塞尔维亚来说，

---

① 见本卷第164页。——编者注

即对于当前这场战争的百分之一左右的参加者来说，战争是资产阶级解放运动的“政治的继续”。对于百分之九十九的参加者来说，战争是帝国主义资产阶级，即只能腐蚀各民族而不能解放各民族的已经衰朽的资产阶级的政治的继续。三协约国“解放”塞尔维亚，其实是在把塞尔维亚的自由**出卖给**意大利帝国主义，以换取它对掠夺奥地利的帮助。

这一切是众所周知的，而考茨基为了替机会主义者辩护，竟无耻地加以歪曲了。无论在自然界或社会中，“纯粹的”现象是**没有**而且也不可能有的，——马克思的辩证法就是这样教导我们的，它向我们指出，纯粹这个概念本身就是人的认识的一种狭隘性、片面性，表明人的认识不能彻底把握事物的全部复杂性。世界上没有而且也不可能有“纯粹的”资本主义，而总是有封建主义的、小市民的或其他的东西**掺杂其间**。因此，当帝国主义者分明用“民族的”词句来掩盖赤裸裸的掠夺的目的，肆无忌惮地欺骗“人民群众”的时候，有人却说战争不是“纯粹”帝国主义性质的，这种人不是愚蠢透顶的学究，就是吹毛求疵者和骗子。问题的整个实质就在于考茨基**在帮助**帝国主义者欺骗人民，他说，“对于人民群众（也包括无产阶级群众）具有决定性的意义的”是民族问题，**而**对于统治阶级来说则是“帝国主义的倾向”（第 273 页），同时他还援引了“极为纷繁复杂的现实”（第 274 页）这个似乎是辩证的论据来“充实”这一论点。毫无疑问，现实是极为纷繁复杂的，这是颠扑不破的真理！但同样毫无疑问的是，在这种极为纷繁复杂的现实中有两股主要的和根本的潮流：这场战争的客观内容是帝国主义的“政治的继续”，即“列强”的已经衰朽的资产阶级（和他们的政府）掠夺其他民族的“政治的继续”，而“主观的”占主导地位的思想则是为了愚弄群众而散布的"民族的"词句。

考茨基一再重复一种陈腐的诡辩，说什么"左派"把事情描绘成"在战争到来时"只能作如下的选择：要么是帝国主义，要么是社会主义。这种诡辩我们已经分析过了。这是无耻的故意曲解，因为考茨基很清楚，左派所提出的是**另外的**选择：要么是党参加帝国主义的掠夺和欺骗，要么是宣传和准备革命行动。而且考茨基还知道，**只是**书报检查机关保护了他，才使德国的"左派"无法揭穿他那些为了逢迎休特古姆之流而散布的无稽之谈。

至于说到"无产阶级群众"和"一小撮议员"的关系问题，考茨基在这里提出一个陈腐不堪的反驳意见：

"我们不谈德国人，免得为自己辩护；可是谁会郑重地断言，像瓦扬和盖得、海德门和普列汉诺夫这样的人，在一天之内就成了帝国主义者而背叛了社会主义呢？我们先不谈议员和'领导机关'……〈这里考茨基显然是暗指罗莎·卢森堡和弗·梅林的《国际》杂志，因为这家杂志对领导机关的政策，即对德国社会民主党的正式的领导，如它的中央——"执行委员会"，它的国会党团等等的政策表现出理所当然的轻蔑〉 ……可是谁又敢断言，只要一小撮议员下一道命令，就能使400万觉悟的德国无产者在24小时之内一起向右转，去反对他们从前所追求的目标呢？如果确实如此，那么这件事所证明的当然就不仅是我们党的可怕的破产，而且也是**群众**〈黑体是考茨基用的〉的可怕的破产了。假如群众真是这样一群无主见的傻瓜，那我们就可以让人家来埋葬我们了。"（第274页）

政治上和学术上的最高权威卡尔·考茨基，已经用自己的行为和一整套可怜的遁词把自己埋葬了。谁不了解这一点甚至感觉不到这一点，谁在社会主义方面就毫无希望；正因为这样，梅林和罗莎·卢森堡以及他们的拥护者在《国际》杂志上把考茨基之流当做最卑鄙的人物来对待，是做得唯一正确的。

不妨想一想：当初**能够**多少自由地（就是说不至于立即被捕入

狱，不会有被枪毙的危险）表示自己对战争的态度的，**只有**“一小撮议员”（他们有权自由地投票，他们完全可以投反对票——即使在俄国也不会因为投反对票而遭到殴打和迫害，甚至逮捕），一小撮官吏及记者等。现在考茨基却慷慨地把这个社会**阶层**的叛变和无主见推到**群众**身上，而正是这位考茨基多年来数十次地写文章谈到这个阶层同机会主义的策略和思想之间的**联系**！一般科学研究、特别是马克思辩证法的一条首要的最根本的准则，就是要求著作家去考察社会主义运动中的**两个派别**（即大声疾呼地唤醒人们反对叛变的派别和不认为有叛变的派别）之间现在的斗争同过去**整整数十年**的斗争的**联系**。考茨基关于这一点却没有提到，甚至根本不想提出派别和**思潮**的问题。过去有过一些思潮，现在再也没有了！现在只有奴性十足的人一向当做王牌来使用的那些“权威”的鼎鼎大名了。因此，可以特别方便地互相援引，并以互相包庇的原则友好地掩盖自己的“罪过”。尔·马尔托夫在伯尔尼的一次讲演会上惊呼：既然盖得、普列汉诺夫、考茨基都……那怎么能说这是机会主义呢！（见《社会民主党人报》第 36 号）阿克雪里罗得写道（《呼声报》第 86 号和第 87 号）：指责像盖得这样的人是机会主义者，应当格外慎重。考茨基也在柏林随声附和道：我不打算为自己辩护，但是……瓦扬和盖得、海德门和普列汉诺夫！杜鹃恭维公鸡是因为公鸡恭维了杜鹃。

考茨基像奴仆一样献殷勤，甚至去吻海德门的手，把他描绘成只是在昨天才投身到帝国主义那里去。可是，在同一家《新时代》杂志和全世界数十家社会民主党的报纸上，关于海德门的帝国主义，已经谈论**多年**了！如果考茨基有兴趣认真研究一下他提到的这些**人物**的政治履历，那他就一定会想起：在这些人的履历中不是有一些特征和事件足以表明，他们倒向帝国主义不是“一天之内”而是几十年内酿成的结果吗？瓦扬没有当过饶勒斯派[205]的俘虏吗？普列汉诺夫没有当过孟什维克和取消派的俘虏吗？盖得派[206]不是在典型的死气沉沉、庸碌无能、对任何一个重要问题都没有独立见解的盖得派的《社会主义》杂志[207]上当众死亡了吗？在米勒兰主义问题上，在开始同伯恩施坦主义作斗争的时候，以及在其他方面，考茨基本人（我们给那些十分恰当地把考茨基同海德门及普列汉诺夫相提并论的人作个补充）没有表现出无主见吗？

但是，他丝毫也没有兴趣以科学态度去研究这些领袖的履历。他甚至也不打算考察一下，这些领袖现在是用他们**自己的**论据，还是捡起机会主义者和资产者的论据来为他们自己辩护？这些领袖的行为所以具有重大的政治意义是因为他们自己有特殊的影响，还是因为他们附和了别人的、真正“有影响的”、得到军事机构支持的派别即资产阶级派别？考茨基根本就没有着手研究这一问题；他唯一的兴趣，就是蒙蔽群众，用权威的鼎鼎大名来震聋群众的耳朵，不让他们明确地提出有争论的问题并全面地加以研究。①

“……400 万群众按照一小撮议员的命令一起向右转……”

这里没有一个字是正确的。德国党组织中的群众不是 400

① 考茨基举出瓦扬和盖得、海德门和普列汉诺夫，还有另一方面的意思。像伦施和亨尼施之类的明目张胆的帝国主义者（更不用说机会主义者了），他们举出海德门和普列汉诺夫，就是为了替**自己的**政策作辩护。他们是**有权**举出这些人的。他们说他们与海德门和普列汉诺夫所采取的实际上是相同的政策，这是**事实**。然而，考茨基却是以轻蔑的口吻谈论伦施和亨尼施这些已经投靠帝国主义的激进派的。考茨基很感谢上帝，因为他不像这些税吏[208]，他不同意他们，他仍然是个革命者——这可不是闹着玩的！可是**事实上**，考茨基的立场同他们是一样的。满嘴甜言蜜语的假仁假义的沙文主义者考茨基，要比呆头呆脑的沙文主义者大卫和海涅、伦施和亨尼施可恶得多。

万，而是100万，况且代表这个群众组织（也像任何组织一样）的统一意志的，**只是**它的统一的政治中心，即背叛了社会主义的“一小撮人”。当时人们是向这一小撮人征询意见、号召进行投票表决的；只有他们能够投票表决，能够写文章等等。而群众却无人征询他们的意见。不仅不允许他们投票表决，而且把他们驱散和赶走，这完全不是“**按照**”一小撮议员的“**命令**”，而是按照军事当局的命令。军事机构现实地存在着，**这个机构里面**没有领袖叛变的事，它把“群众”**一个个地**叫来，向他们提出最后通牒：要么去当兵（按照你的领袖们的劝告），要么被枪毙。群众无法有组织地行动，因为他们早先成立的组织，即以列金、考茨基和谢德曼之流的“一小撮人”为代表的组织，已经出卖了群众，而建立一个**新的**组织还需要时间，需要有抛弃陈旧的、腐朽的、过时的组织的决心。

考茨基竭力想击败自己的对手——左派，硬把一些荒唐的东西加在他们身上，说他们是这样提出问题的：为了“回答”战争，“群众”应当“在24小时之内”制造出一个革命，实行“社会主义”，以反对帝国主义，否则“群众”就是表现出“无主见和叛变”。这纯粹是胡说，资产阶级和警察用他们编撰的文理不通的小册子“打击”革命者的时候，向来就是借助于这种胡说的，而现在考茨基却拿它来炫耀。考茨基的左派对手知道得很清楚，革命是不能“制造出来”的，革命是从客观上（即不以政党和阶级的意志为转移）已经成熟了的危机和历史转折中**发展起来的**，没有组织的群众是不会有统一意志的，同中央集权的国家的强大的、实行恐怖的军事机构作斗争，是困难而长期的事情。领袖在紧急关头实行叛变时，群众是什么也**不能**制造出来的；而这“一小撮”领袖却**完全能够**并且应该投票反对军事拨款，反对“国内和平”，反对为战争辩护，公开主张**自**

己的政府失败，建立一个国际机构以宣传战壕联欢，创办秘密报刊①以宣传过渡到革命行动的必要性，等等。

考茨基知道得很清楚，德国的"左派"所指的正是这样的行动，或者确切些说，**类似的**行动，但他们在实行战时书报检查的条件下无法**直接地**公开地谈论这些行动。不惜一切代价为机会主义者辩护的愿望，使考茨基干出了前所未有的卑鄙勾当：他躲在战时书报检查官的背后，把明显的胡说硬加在左派头上，相信书报检查官会保护他不被揭穿。

七

考茨基要尽各种手腕，故意避开一个学术上和政治上的重要问题，以此博得机会主义者的无限欢心，这个问题就是：第二国际最有名的代表人物是怎么**会**背叛社会主义的呢？

当然，我们不应当从某些权威的个人履历的角度来提出这个问题。将来为他们写传记的人研究问题应当包括这个方面，但是社会主义运动现在所关心的决不是这一点，而是要研究社会沙文主义**思潮**的历史根源、条件、意义和力量。(1)社会沙文主义是从

① 顺便说一下，为此完全没有必要把**所有的**社会民主党报纸都停办，用这种办法来回答不许写阶级仇恨和阶级斗争的禁令。像《前进报》那样接受不写这类内容的条件，是卑鄙和怯懦的表现。《前进报》由于这样做而**在政治上**死亡了。尔·马尔托夫的这句话是说对了。但是我们可以保留公开的报纸，只要我们声明这些报纸不是党的也**不是社会民主主义的**，它们只是为一部分工人的技术性需要服务的即**非政治性的报纸**。可以有**评价**战争的秘密的社会民主党的报刊，也可以有**不作这种评价**的公开的工人报刊，它不说谎话，但也不谈真情，——为什么不可以这样呢？

哪里来的？(2)什么东西给了它力量？(3)怎样同它作斗争？只有这样来提出问题才是严肃的，而把目标转移到“个人”身上，实际上不过是回避问题，要弄诡辩家的手腕。

要回答头一个问题，就必须研究一下：第一，社会沙文主义的思想政治内容是否同社会主义运动中原先的某种思潮**有联系**？第二，从事实上的政治划分来看，社会党人现在分为社会沙文主义的反对者和拥护者，这种划分同历史上原先的划分有什么关系？

所谓社会沙文主义，我们是指肯定在当前这场帝国主义战争中保卫祖国的思想，为社会党人在这场战争中同“自己”国家的资产阶级和政府实行联合作辩护，拒绝宣传和支持无产阶级反对“自己”国家的资产阶级的革命行动，等等。十分明显，社会沙文主义的基本思想政治内容同机会主义的基本原则是完全一致的。它们属于**同一种**思潮。社会沙文主义是机会主义在1914—1915年的战争环境中的产物。机会主义的主要内容就是阶级合作的思想。战争使这种思想发展到了顶点，并且在促成这种思想的一般的因素和起因中又加进了一系列特殊的因素和起因，用特殊的威胁和暴力迫使普通的分散的群众同资产阶级实行合作。这种情况自然使拥护机会主义的人增多，这种情况也充分说明为什么许多昨天的激进派倒向这个阵营。

机会主义就是为着极少数工人的暂时利益而牺牲群众的根本利益，换句话说，就是一部分工人同资产阶级联合起来反对无产阶级群众。战争使这种联合具有特别突出和强制的性质。机会主义是在数十年的过程中，由资本主义发展的这样一个时代的各种特点产生的，在这个时代，享有特权的工人阶层的比较安定和文明的生活，使这些工人“资产阶级化了”，使他们从本国资本的利润中分得一点油水，使他们感受不到破产的贫困的大众的灾难、痛苦和革命情绪。帝国主义战争就是这种情况的直接继续和顶点，因为这是为维护大国民族的**特权**、重新瓜分殖民地和加强对其他民族的统治而进行的战争。保住和巩固自己的即小市民“上层”或工人阶级贵族（和官僚）的特权地位，这就是小资产阶级机会主义的希望和与此相适应的策略在战争时期的自然的继续，这就是当代社会帝国主义的经济基础。① 自然，习惯的力量，比较“和平的”演进所养成的墨守成规，民族偏见，对于形势的急剧转折的恐惧和怀疑，——这一切都曾作为附加的因素使机会主义以及用假话加以

① 试举几个例子来说明帝国主义者和资产者多么重视“大国的”民族特权对于分裂工人、引诱他们离开社会主义的意义。英国帝国主义者柳卡斯在《大罗马和大不列颠》（1912 年牛津版）一书中，承认在现代的不列颠帝国中有色人种没有充分的权利（第 96—97 页），并且指出：“在我们的帝国中，当白种工人和有色人种工人一起工作的时候，他们之间并不是同等的关系，白种工人倒像是有色人种工人的监工。”（第 98 页）——反社会民主党人帝国联盟的前任书记埃尔温·贝尔格尔在《战争爆发后的社会民主党》（1915 年版）这本小册子中，赞扬了社会民主党人的行为，并且声称他们应当成为“纯粹的工人政党”（第 43 页），即“本民族的”、“德国的工人政党”（第 45 页），而不要有“国际主义的空想的”、“革命的”思想（第 44 页）。——德国帝国主义者萨尔托里乌斯·冯·瓦尔特斯豪森在论述国外投资的一本著作中（1907 年版），指责德国社会民主党人忽视“民族福利”（第 438 页），即抢夺殖民地，而称赞英国工人讲“现实主义”，例如，称赞他们反对外来移民。——德国外交官吕多费尔在一本论述世界政治的主要特征的书中强调了一个人所共知的事实，即资本的国际化丝毫也不能消除各国资本为争夺权势、争夺“股票的多数”而进行的激烈的斗争（第 161 页），而且指出，这场激烈的斗争把工人也卷了进去（第 175 页）。书上注明的日期是 1913 年 10 月，当时作者很明白地谈到：“资本的利益”（第 157 页）是现代战争的起因，“民族趋势”的问题正在成为社会主义的“难题”（第 176 页），各国政府用不着害怕社会民主党人的国际主义的游行示威了（第 177 页），因为社会民主党人事实上已经愈来愈成为民族的了（第 103、110、176 页）。如果国际社会主义能使工人摆脱民族的影响，那么它就会取得胜利，因为单靠暴力是无济于事的，但是，如果民族感情占了上风，它就会遭到失败（第 173—174 页）。

掩饰的同机会主义的怯懦的调和(借口所谓同机会主义调和只是暂时的,只是由于特殊的原因和理由)得到加强。战争改变了数十年来所形成的机会主义的面貌,把它提到了一个更高的发展阶段,使它的流派数量更多,种类更加五花八门,使它的信徒的队伍扩大了,用许多新的诡辩丰富了他们的论据,可以说是使许多新的支流和小溪同机会主义的主流汇合起来,但主流并没有消失,而是相反。

社会沙文主义就是熟透了的机会主义,以致这个资产阶级脓疮已经不可能再**像从前那样**留在社会党的内部了。

不愿意正视社会沙文主义同机会主义的最密切的不可分割的联系的人,抓住个别情况和"特殊案例",说什么某某机会主义者成了国际主义者,而某某激进派分子倒成了沙文主义者。但是,这一点在**各种思潮**的发展的问题上根本不是什么郑重的论据。第一,工人运动中的沙文主义和机会主义的经济基础是相同的,即无产阶级和小市民中从"自己"国家的资本的特权中分享一点油水的少数上层分子联合起来反对无产者群众,反对全体被压迫的劳动群众。第二,两种思潮的思想政治内容也相同。第三,第二国际时代(1889—1914年)社会党人分为机会主义派和革命派的旧的划分,大体上是**与**现在分为沙文主义者和国际主义者的新的划分**相一致**的。

为了认识刚才提到的这个论点的正确性,应当记住一条原则:在社会科学中(如同在整个科学中一样),研究的是**大量的**现象,而不是个别的情况。就拿德国、英国、俄国、意大利、荷兰、瑞典、保加利亚、瑞士、法国和比利时这10个欧洲国家来说吧。在前8个国家中,社会党人的新的划分(按国际主义)是与旧的划分(按机会主义)相一致的:在德国,机会主义的堡垒《社会主义月刊》杂志(«Sozialistische Monatshefte»)已经成了沙文主义的堡垒。国际主义的思想得到极左派的支持。在英国,英国社会党内国际主义者约占3/7(根据最近的统计,赞成一项国际主义决议的有66票,反对的有84票),而机会主义者的**联盟**(工党+费边派+独立工党)中国际主义者**不到**1/7[①]。在俄国,机会主义者的基本核心——取消派的《我们的曙光》杂志成了沙文主义者的基本核心。普列汉诺夫和阿列克辛斯基虽然叫喊得比较厉害,但是我们即使根据1910—1914年这5年的经验也可以知道,他们是没有能力在俄国群众中间进行系统的宣传的。俄国国际主义者的基本核心是"真理派"和俄国社会民主党工人党团,他们是1912年1月重新建立了党的先进工人的代表。

在意大利,比索拉蒂之流的纯粹机会主义的党,已经成了沙文主义的党。代表国际主义的是**工人的党**。工人**群众**都拥护这个党;机会主义者、议员、小资产者则拥护沙文主义。在意大利,人们能够在几个月的时间内自由地进行了选择,而选择的结果并不是偶然的,是与普通无产者和小资产阶级各阶层的阶级地位的差别相吻合的。

在荷兰,特鲁尔斯特拉的机会主义政党对沙文主义一概采取调和态度(不要被如下情况所迷惑:荷兰的小资产者同大资产者一样,特别憎恨最可能"吞掉"他们的德国)。培养出彻底的、忠诚的、热忱的和信念坚定的国际主义者的则是以哥尔特和潘涅库克为首

① 人们通常只拿"独立工党"来同"英国社会党"作比较。这是不对的。不应当看组织形式,而要看实质。拿日报来说吧:日报有**两种**,一种是英国社会党的《每日先驱报》,另一种是机会主义联盟的《每日公民报》。这两种日报是进行实际的宣传、鼓动和组织工作的。

的马克思主义政党。在瑞典，机会主义者的领袖布兰亭，对于人们斥责德国社会党人为叛徒这件事大发雷霆，而左派领袖霍格伦却宣称，在他的支持者中间，有些人正是这样看的(见《社会民主党人报》第36号)。在保加利亚，反对机会主义的“紧密派”在自己的机关刊物(《新时代》杂志[209])上撰文斥责德国社会民主党人“干了坏事”。在瑞士，机会主义者格罗伊利希的支持者乐于为德国社会民主党人辩护(见他们的机关报——苏黎世的《民权报》)，而激进得多的罗·格里姆的支持者则把伯尔尼的报纸(《伯尔尼哨兵报》)变成了德国左派的机关报。10个国家中只有法国和比利时两个国家例外，然而我们看到，就在这两个国家里，其实也不是没有国际主义者，只是国际主义者(部分地是由于完全可以理解的原因)力量过于薄弱，受到压制；我们不要忘记，瓦扬自己在《人道报》上也承认，他从自己的读者那里收到过许多具有国际主义思想的信，但是这些信他**一封**也没有全文发表！

总的说来，就思潮和流派而言，不能不承认，正是欧洲社会主义运动中的机会主义派背叛了社会主义，倒向了沙文主义。机会主义派在正式的党中的那种力量，那种貌似的强大从何而来？考茨基是很善于提出历史问题的，特别是在谈到古罗马之类的同实际生活离得比较远的事情时更是如此，可是现在，当事情涉及他本人的时候，却假惺惺地装做他不明白这是怎么回事。但是事情是最明显不过的。给了机会主义者和沙文主义者以巨大力量的是**他们**同资产阶级、政府和总参谋部的**联盟**。在我们俄国，人们常常忘记这一点，常常这样看问题：机会主义者是社会党的**一部分**，在社会党内一向就有而且将来还会有处于两个极端的派别，问题只在于避免“走极端”，等等，等等，——一切庸人的箴言录中都是这样抄写的。

实际上，机会主义者在形式上属于工人政党这一情况，丝毫也不能抹杀这样一个事实：机会主义者在客观上是资产阶级的政治队伍，是资产阶级影响的传播者，是资产阶级在工人运动中的代理人。当像赫罗斯特拉特[210]一样出名的机会主义者休特古姆明显地昭示了这个社会的、阶级的真理的时候，许多好心肠的人都惊叹不已。法国社会党人和普列汉诺夫也指责起休特古姆来，——可是王德威尔得、桑巴和普列汉诺夫如果照一照镜子，那么在镜子中看到的**正是休特古姆**，只是民族面貌稍微不同罢了。赞扬考茨基而又为考茨基所赞扬的德国中央委员们（“执行委员会”）也急忙谨慎、谦虚和客气地声明（没有指休特古姆的名），他们“不同意”休特古姆的路线。

这是可笑的，因为事实证明，在德国社会民主党的实际政策中，在关键时刻，一个休特古姆的力量要胜过一百个哈阿兹和考茨基（正如一家《我们的曙光》杂志的力量要胜过害怕同它分裂的布鲁塞尔联盟的所有各个流派一样）。

为什么呢？就是因为在休特古姆背后有一个大国的资产阶级、政府和总参谋部。它们千方百计地支持休特古姆的政策，而对休特古姆的反对者的政策却用尽一切办法，直到监禁和枪杀，来加以阻挠。休特古姆的声音可以通过千百万份资产阶级报纸传播出去（正像王德威尔得、桑巴和普列汉诺夫的声音一样），而休特古姆的反对者的声音却**不能**通过合法的报刊为人们所听到，因为有战时书报检查存在！

大家都同意，机会主义不是偶然现象，不是个别人物的罪孽、过错和叛变，而是整个历史时代的社会产物。但是对这一真理的意义并不是所有的人都好好想过的。机会主义是由合法主义培育起来的。1889—1914 年时代的工人政党利用资产阶级所容许的合法性是应该的。而当危机到来时，就必须转向秘密工作(要实行这种转变，必须有极大的毅力和决心，还要有各种军事计谋)。要阻止这一转变，只要**一个**休特古姆就够了，因为，用历史哲学的语言来说，整个"旧世界"都支持休特古姆，——因为，用实际政治的语言来说，休特古姆会把资产阶级的阶级敌人的一切作战计划泄露给资产阶级，过去一向如此，将来也会永远如此。

事实上，德国社会民主党全党(法国**和其他一些国家**的社会民主党也是这样)所做的**只是**休特古姆喜欢的事情，或休特古姆能够容忍的事情。别的事情一概**不能**合法地去做。德国社会民主党内所有**正当的**、真正社会主义的活动都是**违背**它的中央机关的意见，**背着**它的中央委员会和中央机关报进行的，都是**违反**组织纪律进行的，都是**用派别活动形式**以一个新党的匿名的新的中央机关的名义进行的。今年 5 月 31 日《伯尔尼哨兵报》上登载的德国"左派"的匿名的呼吁书[211]就是一个例子。事实上，一个**新的**党正在发展、巩固和组织起来，这是真正工人的、真正革命的社会民主党，而不是列金、休特古姆、考茨基、哈阿兹、谢德曼之流的旧的腐朽的民族主义自由派的党。①

① 有历史意义的 8 月 4 日投票之前所发生的事件，是非常典型的。正式的党用官场式的谎言掩盖了这一事件，说多数作出了决定，说大家一致投了**赞成票**。但是施特勒贝尔在《国际》杂志上揭穿了这一谎言，道出了真情。当时社会民主党党团分裂为**两**派，他们都准备好了**最后通牒**，即派别性的、分裂性的决定。一派是机会主义者，约 30 人，他们决定**在任何情况下**都要投**赞成**票，另一派是左派，约 15 人，他们决定(不太坚决)投反对票。当没有任何坚定立场的"中派"即"泥潭派"同机会主义者一起投票时，左派遭到了彻底的失败，于是……就服从了！说德国社会民主党是"统一的"，这纯粹是谎话，它实际上掩盖了左派不得不服从机会主义者的最后通牒的真相。

所以，机会主义者莫尼托尔在保守的《普鲁士年鉴》[212]上无意中泄露了一个深刻的历史真理，他说，假如现在的社会民主党**向右转了**，对于机会主义者（**应读做：资产阶级**）反倒有害，因为那样工人就会离开这个党了。机会主义者（和资产阶级）所需要的正是目前这样的党，即把右派和左派**联合起来**的、以考茨基为正式代表的党，因为考茨基善于用圆滑的和“纯粹马克思主义的”辞令把宇宙万物调和起来。口头上是社会主义和革命精神，这是说给人民群众，说给工人听的；行动上是休特古姆主义，即在出现任何严重危机的时刻投靠资产阶级。我们说**任何**危机，是因为不仅在战争的情况下，而且在每次发生严重的政治罢工时，无论是“封建的”德国，还是“自由的议会制的”英国或法国，都会**立刻**以各种名义实行戒严。这一点是任何一个头脑健全、神志清醒的人都不会怀疑的。

上面提出的如何同社会沙文主义作斗争的问题，由此就可以得到解答了。社会沙文主义是这样一种机会主义，它经过比较“和平的”资本主义的漫长时期已经如此成熟，如此巩固，如此厚颜无耻，它在思想上政治上已经如此明确，同资产阶级和政府的关系已经如此密切，以致人们再也**不能**容忍**这样的派别在**社会民主工党**内部**继续存在了。如果说在外省的小城市的平坦的人行道上行走穿薄底软鞋还可以将就的话，那么在翻山越岭的时候就非穿有铁钉的厚底鞋不可了。欧洲的社会主义运动已经越过了局限于狭隘民族范围的比较和平的阶段。它随着1914—1915年的战争而进入了革命行动的阶段，因此同机会主义彻底决裂，把它从工人政党内部清除出去的时机，无疑已经成熟。

当然，这样规定社会主义运动在世界范围内发展的新时代向社会主义运动提出的任务，从中还不能直接看出，在各个国家，工人的革命的社会民主党从小资产阶级机会主义政党中分离出来的过程究竟会有多快,究竟会采取何种形式。但是从这里可以看出:必须清楚地认识到这种分离是不可避免的,而工人政党的全部政策必须以此作为出发点。1914—1915 年这场战争是个非常巨大的历史转折,使人们**不能**再像从前那样对待机会主义。已经发生的事情不能变成没有发生的事情,机会主义者在危机时刻成了工人政党内那些投到资产阶级方面去的分子的核心这个事实,既不能从工人的意识中,也不能从资产阶级的经验中以及整个当代的政治成就中抹掉。从整个欧洲来说,机会主义在战前可以说是处于少年时代。随着战争的爆发,它已经完全长大成人了,不能重新回到"天真烂漫"的少年时代了。由议员、新闻记者、工人运动的官吏、享受特权的职员和无产阶级的某些阶层所构成的整个社会阶层已经成熟了,这个阶层已经同自己国家的资产阶级**长合在一起了**,而资产阶级也完全能看清它的价值并加以"利用"了。既不能使历史的车轮倒转,也不能使它停住,——我们能够而且应当做的,就是勇往直前,从预备性的、合法的、做了机会主义俘虏的工人阶级组织,变为革命的、能够**不**限于合法活动的、能够不受机会主义叛变的危害的无产阶级组织,发动无产阶级"为政权而斗争"、为推翻资产阶级而斗争的无产阶级的革命组织。

由此可见,那些用怎样对待盖得、普列汉诺夫、考茨基等第二国际最有名的权威这一问题,来模糊自己的意识和工人的意识的人,对事物的看法是多么不正确。事实上,这里并不存在任何问题。如果这些人理解不了新的任务,那他们就只好站到一边去,或者像现在这样做机会主义者的俘虏。如果这些人能够摆脱"俘虏"

的处境，那么他们要回到革命者的阵营未必会碰到什么**政治上的**阻难。想以个别人的作用问题来代替各种派别的斗争以及工人运动的时代的更迭问题，无论如何是荒谬的。

八

工人阶级的合法的群众性组织，也许是第二国际时代社会党的一个最重要的特征。在德国党内，这些组织曾是最有力量的，所以1914—1915年这场战争在这里造成了最急剧的转变，提出了最尖锐的问题。很显然，要转向革命的行动，警察就会解散合法的组织，而旧的党，从列金起到考茨基都包括在内，为了保存现有的合法组织而牺牲了无产阶级的革命目标。不管怎样否认这一点，事实终究是事实。他们为了保存现行治安法所允许的组织，为了这碗红豆汤[213]，而出卖了无产阶级进行革命的权利。

就拿德国社会民主党工会领袖卡尔·列金的《为什么工会的官员应当更多地参加党内生活?》(1915年柏林版)这本小册子来说吧。这是作者1915年1月27日在工会运动官员会议上所作的报告。列金在他的报告中宣读了而且在小册子中也转载了一个十分值得注意的文件，这个文件在其他场合战时书报检查机关是绝对不会通过的。这个所谓"为下巴尼姆区〈柏林近郊〉讲演人提供的资料"的文件，阐述了德国左派社会民主党人的观点，表示了他们对党的抗议。文件中说，革命的社会民主党人没有预见到、也没有可能预见到下面的一个因素：

“德国社会民主党和工会的全部有组织的力量竟会站到进行战争的政府的一边，这全部力量竟会被用来压制群众的革命劲头。”(列金的小册子第34页)

这是千真万确的。这个文件中的下面这样一个论断也是正确的：

“8月4日社会民主党党团的投票表明，另一种观点，尽管它已深深植根于群众之中，也只有不受经过考验的党的领导，只有违背党的机关的意志，只有在克服党和工会的反抗的条件下，才能得到贯彻。”(同上)

这也是千真万确的。

“如果8月4日社会民主党党团履行了自己的职责，那么组织从外表看可能会被消灭，但其精神会继续存在，这种精神在实行非常法期间曾经鼓舞了党并且帮助了党去克服一切困难。”(同上)

列金在自己的小册子中提到，他召集来听他的报告的那一伙“领袖们”，即那些被称为工会领导人、官员的人，听到上面这些话**哄堂大笑起来**。在危机的时刻可以而且应当建立秘密的(像在非常法时期那样的)革命组织——这一思想在他们看来**是可笑的**。而列金这条资产阶级最忠实的看家狗还拍着胸脯叫嚷说：

“这显然是无政府主义的思想：破坏组织，以便让群众去解决问题。我毫不怀疑，这是无政府主义的思想。”

“说得对！”——自称为工人阶级社会民主党组织的领袖的资产阶级奴仆们齐声喊道。(同上，第37页)

这个场面是颇有教益的。这些人竟被资产阶级所容许的合法性弄得如此腐败和神志不清，他们甚至不能**理解**必须有**另一种**组织即**秘密**组织来领导革命斗争的思想。他们竟至于认为似乎得到警察许可而存在的合法组织是一个不可逾越的极限，似乎在危机时刻完全可以**保存**这种组织作为**领导**机构！请看，这就是机会主义的生动的辩证法：合法组织的单纯发展，愚蠢而诚实的庸人单纯记流水账的习惯，使得这些诚实的小市民在危机时刻成了奸细、叛徒，成了群众革命劲头的**扼杀者**。这不是偶然现象。向革命组织过渡是必要的，已经改变了的历史情况要求这样做，无产阶级革命行动的时代要求这样做，但是这种过渡只有**越过**旧领袖即革命劲头的扼杀者，**越过**旧的党即**摧毁**这个党，才能实现。

反革命的小市民自然会嚎叫："无政府主义！"正如机会主义者爱·大卫在责骂卡尔·李卜克内西时曾经嚎叫"无政府主义"一样。看来，在德国，只有那些被机会主义者责骂为无政府主义者的领袖，才仍然是忠诚的社会党人。……

我们可以拿现代的军队为例。它是组织的一个好榜样。这种组织好就好在它**灵活**，同时能使千百万人具有**统一的意志**。今天，这千百万人还坐在自己家里，分散在全国各地，明天一声动员令下，他们就会集合在指定的地点。今天他们还趴在战壕里，有时一连几个月，明天他们又会以另一种方式去冲锋陷阵。今天他们奇迹般地避开枪林弹雨，明天他们又会在短兵相接中创造奇迹。今天他们的先头部队在地下埋设地雷，明天他们又按照空中飞行员的指示向前推进几十里。有着同一目标、受同一意志鼓舞的千百万人，为适应不断变化的形势和斗争的需要而不断改变他们的交往方式和行动方式，改变他们的活动地点和活动方法，改变他们的工具和武器，——这才是真正的组织。

工人阶级反对资产阶级的斗争也是这样。如果今天还不具备革命形势，还不具备足以引起群众的激愤、提高他们的积极性的条件，今天交给你的是选票，你就拿过来，好好地加以筹划，用它来打击自己的敌人，而不是用来把那些怕坐监牢而抓住安乐椅不放的人送到议会中去享受肥缺。如果明天你被剥夺了选票，而有人把步枪或精良的最新式的速射炮给你，那你就把这些用于杀人和破坏的武器接过来，不要去理睬那些害怕战争的感伤主义者的嘟囔抱怨；世界上还有很多很多东西**必须**用火与铁来消灭，这样，工人阶级才能获得解放；如果群众中愤恨和绝望的情绪日益强烈，如果具备了革命的形势，那就着手建立新的组织，**使用**这些十分有用的用于杀人和破坏的武器来**对付自己的**政府和**自己的**资产阶级。

不用说，这是不容易的。这须要进行艰巨的准备工作。这须要付出重大的牺牲。这是一种**新的**组织形式和斗争形式，我们同样**必须学会**，而不经过错误和挫折是学不到本事的。这种阶级斗争的形式同参加选举之间的关系，犹如冲锋同演习、行军或趴战壕之间的关系。在历史上，这种斗争形式被提到日程上来**并不是常有的事**；但它的意义和它的影响将延续几十年之久。我们可以而且必须采取**这种**斗争方式的那**几天**，会等于其他历史时代的几个**二十年**。

……拿卡·考茨基同卡·列金对照一下吧。

卡·考茨基写道："当党还小的时候，任何反对战争的抗议，在宣传上所起的作用都相当于一次勇敢的行动。……最近俄国和塞尔维亚同志的行为就受到了普遍的赞扬。党愈是强大，在它的各项决议的动机中宣传上的考虑和对实际后果的估计就愈是错综地交织在一起，给这两种动机以同等的重视就愈是困难，而这两者是不可偏废的。因此，我们愈是强大，在每次出现新的复杂的形势时我们中间就愈是容易发生分歧。"(《国际观点和战争》第 30 页)

考茨基的这种议论同列金的议论不同的地方，仅仅在于它的虚伪和怯懦。考茨基事实上是支持和袒护列金之流背弃革命活动的卑鄙行为的，不过，他这样做的时候是偷偷摸摸地，不明确表示意见，用种种暗示来敷衍，只是不断地既向列金鞠躬，也向俄国人的革命行为致敬。这种对待革命者的态度，我们俄国人只是在自由派那里才经常看到：自由派时刻准备承认革命者的“勇敢”，但同时他们丝毫也不肯放弃自己的极端机会主义的策略。有自尊心的革命者决不会接受考茨基的这种“赞扬”，他们一定会愤怒地唾弃对问题的这种提法。如果当时不存在革命形势，如果当时没有必要宣传革命行动，那么，俄国人和塞尔维亚人的行为**就是不妥当的**，他们的策略就是不正确的。但愿列金和考茨基这样的骑士们至少有勇气来得出自己的看法，但愿他们把它直率地谈出来。

如果说俄国和塞尔维亚的社会党人的策略值得“赞扬”，那么为德国、法国等“强大的”党的与此**相反的**策略作辩护就是一种不能容许的行为，犯罪的行为。考茨基故意用“实际后果”这个含混不清的用语**掩盖了**一个简单的事实，即这些强大的党当时都**害怕**政府解散它们的组织，没收它们的经费，逮捕它们的领袖。这就是说，考茨基是用革命策略会引起令人不快的“实际后果”这一理由来为背叛社会主义的行为辩护的。难道这不是糟蹋马克思主义吗？

据说，有一位8月4日投票赞成军事拨款的社会民主党议员在柏林的一次工人集会上说：不然我们就会被逮捕起来。而当时工人们大声回答他说：“啊，那又有什么不好呢？”

假如没有别的**信号**向德国**和法国**工人群众传达革命情绪和必须准备革命行动的思想，那么，一个议员因敢于讲话而被捕这件事，就会起很好的作用，成为要求各国无产者**团结起来**进行革命工作的一个号召。要达到这种团结**并不是轻而易举的事**;因此,站得高、能看到政治全局的议员就更应当**带头做起**了。

不仅在战时,而且无疑在任何政治形势尖锐化的时刻(更不用说群众起来采取某些革命行动的时刻了),**最自由的**资产阶级国家的政府也总是要用解散合法组织、没收经费和逮捕领袖以及诸如此类的"实际后果"来进行威胁的。那该怎么办呢?能像考茨基那样以此为理由去为机会主义者辩护吗?但这样做就无异于赞美把社会民主党变成民族主义自由派工人政党的行为。

对于社会党人,结论只能有一个:"欧洲"各党的纯合法主义、唯合法主义已经过时了,帝国主义以前那个阶段的资本主义的发展,已经使这种合法主义变成资产阶级的工人政策的基础了。必须建立秘密的基地,即秘密的组织和秘密的社会民主党的工作,作为合法活动的补充,同时也不放弃任何一个合法的阵地。至于**怎样**做到这一点,只要我们愿意走这条路,只要我们意识到必须走这条路,那经验会告诉我们的。俄国的革命的社会民主党人在1912—1914年已经证明,这个任务是可以完成的。在法庭上比别人表现得更加坚定并被沙皇政府放逐到西伯利亚去的工人代表穆拉诺夫清楚地表明,除**能当部长的**(从韩德逊、桑巴、王德威尔得到休特古姆和谢德曼,这后两个人也完全"能当部长",只是人家没有让他们由门厅再往里走罢了!)议会活动外,还有**非法的和革命的**议会活动。让科索夫斯基和波特列索夫之流去赞赏或容忍奴才们的"欧洲式的"议会活动吧,我们还是要不厌其烦地反复告诉工人说,像**这样的**合法活动,像列金、考茨基和谢德曼之流的**这样的**社会民主党只应该受到鄙视。

九

现在我们来作一个总结。

第二国际破产的最突出的表现，就是欧洲大多数正式的社会民主党令人触目惊心地背叛了自己的信念，背叛了自己在斯图加特和巴塞尔大会上通过的庄严的决议。但是，这种意味着机会主义完全得胜、意味着社会民主党变成了民族主义自由派工人政党的破产，正是第二国际整个历史时代（19 世纪末到 20 世纪初）的产物。这个时代——从西欧完成资产阶级的和民族的革命开始向社会主义革命过渡的时代——的客观条件产生并培育了机会主义。这个时期，我们在欧洲的一些国家中看到工人运动和社会主义运动的分裂，这种分裂总的说来正是由于机会主义而发生的（英国、意大利、荷兰、保加利亚、俄国）；我们在欧洲的另一些国家中看到各个派别之间由于同样的原因进行了长期顽强的斗争（德国、法国、比利时、瑞典、瑞士）。这场大战所造成的危机，揭开了帷幕，打破了常规，割破了早已熟透了的脓疮，表明了机会主义所扮演的真正角色就是资产阶级的同盟者。因此，在组织上把这种成分从工人政党中彻底清除出去，已经不可避免了。帝国主义时代不容许在一个党内同时存在革命无产阶级的先进分子和工人阶级中由于“自己”民族的“大国”地位的特权而分享一点油水的半小市民式贵族。说机会主义是不走“极端”的统一的党中的“合法派别”，这种旧理论现在已成为对工人的最大的欺骗和妨害工人运动的最大的障碍了。会使自己立刻失去工人群众的露骨的机会主义，不像这种中庸理论这么可怕和有害，因为后者用马克思主义的词句来为机会主义的行为辩护，用种种诡辩来证明革命行动不合时宜，等等。这个理论的最著名的代表和第二国际的最著名的权威考茨基，已经表明自己是头号伪君子和糟蹋马克思主义的能手。在拥有百万党员的德国党内，凡是多少忠诚、多少有觉悟和多少革命的社会民主党人，无不愤懑地唾弃这种为休特古姆和谢德曼之流所热情维护的“权威”。

无产阶级群众（他们的旧领导层大概有将近十分之九的人已经投靠了资产阶级）在沙文主义猖獗的情况下，在戒严和战时书报检查的压力下，处于四分五裂和束手无策的境地。但是战争所造成的日益扩大、日益深化的客观革命形势，正在不可避免地引起革命的情绪，正在锻炼和教育一切最优秀、最有觉悟的无产者。像俄国 1905 年初由“加邦请愿事件”引起的那种群众情绪的急遽转变，在今天不仅是有可能发生，而且可能性愈来愈大；当时俄国在几个月里，有时甚至在几个星期里就从落后的无产阶级阶层中涌现出跟着无产阶级革命先锋队前进的百万大军。我们不可能知道，在**这次**战争之后不久或在战争期间是否会爆发强大的革命运动等等，但不管怎么样，**只有**按照这个方向进行的工作，才称得上是社会主义的工作。国内战争的口号是能够概括和指导这一工作的口号，是能够促使一切愿意帮助无产阶级进行革命斗争反对自己的政府和自己的资产阶级的人联合和团结起来的口号。

在俄国，革命社会民主主义无产阶级分子同小资产阶级机会主义分子的彻底分裂，是由工人运动的全部历史准备好了的。一些人无视这个历史，激昂慷慨地反对“派别活动”，因而无法理解俄国无产阶级政党是在同各种机会主义进行的多年斗争中形成的这一实际的建党过程，这种人是在给工人运动大帮倒忙。在参加目前这场战争的所有“大”国当中，俄国是在最近经历了革命的唯一的国家。尽管无产阶级在这次革命中起了决定性作用，革命的资产阶级内容不能不造成工人运动中资产阶级派别同无产阶级派别的分裂。俄国社会民主党作为一个同群众性的工人运动有联系的组织（而不像1883—1894年那样仅仅是一种思潮）已存在了大约20年（1894—1914年），在这整个时期中，无产阶级革命派别同小资产阶级机会主义派别一直在进行着斗争。1894—1902年这个时期的“经济主义”[214]，无疑是属于后一种派别。它的意识形态中的许多论据和特征——“司徒卢威式地”歪曲马克思主义，用“群众”作借口来为机会主义辩护等等——同现在考茨基、库诺和普列汉诺夫等人的庸俗化了的马克思主义极为相似。提醒现在这一代社会民主党人，让他们能看到过去的《工人思想报》[215]和《工人事业》杂志[216]同现在的考茨基的类似之处，是大有好处的。

以后一个时期（1903—1908年）的“孟什维主义”，不仅在思想上而且在组织上是“经济主义”的直接继承者。在俄国革命时期，它所奉行的策略，客观上等于让无产阶级依附自由派资产阶级，反映了小资产阶级机会主义的倾向。再往后一个时期（1908—1914年），孟什维主义思潮的主流产生了取消主义，当时这个思潮的阶级作用变得非常明显，就连孟什维主义的优秀代表也不断地反对《我们的曙光》集团的政策。而就是这个最近五六年来唯一在群众中不断进行活动来**反对**工人阶级的革命马克思主义政党的派别，在1914—1915年的战争中成了**社会沙文主义派**！而且这种现象是发生在专制制度依然存在、资产阶级革命还远未完成、百分之四十三的居民还压迫着大多数“异”族的这样一个国家里。小资产阶级的某些阶层特别是知识分子以及极少数工人贵族能够“享受”“自己”民族的“大国”地位特权的这种“欧洲”式的发展，在俄国也不能不表现出来。

俄国工人阶级和俄国社会民主工党的整个历史为他们实行“国际主义的”、即真正革命的和彻底革命的策略作好了准备。

———

附言：这篇文章排完字的时候，报上发表了考茨基和哈阿兹同伯恩施坦的联名“宣言”[217]。他们看到群众在向左转，于是便准备同左派“讲和”，当然，讲和的代价是同休特古姆们保持“和好”。真不愧为娼妓！

载于1915年9月《共产党人》杂志（日内瓦）第1—2期合刊

译自《列宁全集》俄文第5版第26卷第209—265页

英国的和平主义和英国的不爱理论

（不晚于 1915 年 6 月）

英国的政治自由一直比欧洲其他国家广泛得多。这里的资产阶级比任何国家的资产阶级都更习惯于管理并且更善于管理。各阶级间的关系比在其他国家发展得更为充分，而且在许多方面表现得更为明显。由于没有义务兵役制，人民在对待战争的态度问题上比较自由，**这就是说**，每个人都可以拒绝参军，因此政府（在英国，政府纯粹是一种给资产阶级办事的委员会）不得不竭尽全力激发“人民的”战争热情。要不是参加工会的少数待遇优厚的熟练工人支持自由派政策即资产阶级政策，从而使无产阶级群众完全陷于组织瓦解和人心涣散的状态，政府要达到上述目的就不得不根本改变法律。加入英国工联的约占全体雇佣工人的$\frac{1}{5}$。这些工联的领导人大部分是自由派，马克思老早就把他们叫做资产阶级的代理人了。

英国的所有这些特点，一方面使我们能够更容易看清现代社会沙文主义的本质——因为在专制的和民主的国家里，在军国主义的和没有义务兵役制的国家里，社会沙文主义的本质都是**相同的**——，另一方面使我们能够根据事实来评价对社会沙文主义的调和态度（如表现在赞颂和平口号等等）所起的作用。

最完整地体现了机会主义和自由派工人政策的，无疑是“费边社”。读者如果翻阅一下马克思和恩格斯同左尔格的通信集(有两种俄译本[218]),就会看到恩格斯对这个团体所作的出色的评价,他把悉尼·韦伯先生及其一伙看做一帮想腐化工人、想以反革命思想影响工人的资产阶级骗子。可以担保,第二国际中任何一个稍微重要的和有影响的领导者都不仅从来没有试图推翻恩格斯的这个评价,甚至从来也没有怀疑过它的正确性。

现在,我们暂且不谈**理论**而来比较一下**事实**。你们可以看到,在战争期间,费边派的**行为**(见他们的周刊《新政治家》杂志[219])和包括考茨基在内的德国社会民主党的**行为一模一样**。他们都同样地直接间接为社会沙文主义辩护,同样地把这种辩护和各式各样的关于和平、裁军等等的善良的、人道的、貌似左的词句结合起来。

事实一目了然,不管某些人听来是怎样不愉快,从事实中只能得出这样一个必然的、无可争辩的结论:包括考茨基在内的当今的德国社会民主党的领导人,实际上也就是恩格斯很久以前用来称呼费边派的那种资产阶级代理人。费边派不承认马克思主义,考茨基之流“承认”马克思主义,这丝毫改变不了事情的实质,改变不了实际的政策,而只是证明某些著作家和政治家等等把马克思主义变成了司徒卢威主义罢了。他们的这种伪善**并不是**他们个人的缺陷,在某些场合他们还可能是最有德行的家长。他们的伪善是他们所处的社会地位在客观上是虚假的这一情况造成的,——他们表面上代表革命的无产阶级,实际上却是向无产阶级传播资产阶级沙文主义思想的代理人。

费边派要比考茨基一伙人真诚老实一些,因为他们并没有许诺要拥护革命,但是,在政治上,他们**如出一辙**。

英国“历来的”政治自由，它的整个政治生活，特别是它的资产阶级的发达状况，使得各种**色彩**的资产阶级舆论在这个国家中都能够迅速地、容易地、自由地通过各种新的政治组织得到新的反映。“民主监督联合会”(Union of Democratic Control)就是这些组织中的一个。这个组织的秘书和司库是莫雷尔(E.D.Morel)，他现在也是“独立工党”中央机关刊物《工人领袖》的经常撰稿人。此人几年来一直是伯肯黑德(Birkenhead)选区的自由党候选人。当莫雷尔在战争爆发后不久出来**反对**战争的时候，伯肯黑德自由党协会委员会就在1914年10月2日的信中通知他说，今后自由党人不能容许他再当候选人了，就是说他被不客气地从党内开除了。莫雷尔在10月14日回了信，这封信后来被印成了小册子，书名是《战争是怎样爆发的》(«The outbreak of the war»)。在这本小册子里，如同在其他许多文章里一样，莫雷尔揭露了**自己的**政府，证明所谓战争的起因是比利时的中立遭到破坏，所谓战争的目的是要摧毁**普鲁士**帝国主义等等完全是谎话。莫雷尔维护“民主监督联合会”的纲领——和平，裁军，各个地区有权通过全民投票方式解决自己的命运问题，对外交政策实行民主监督。

从这一切可以看到，作为个人，莫雷尔无疑是值得称赞的，因为他真诚地主张民主，因为他从沙文主义的资产阶级转向和平主义的资产阶级。莫雷尔援引种种事实证明：**他的**政府声称没有秘密条约(尽管实际上有这种条约)是在对人民进行欺骗；英国资产阶级早在1887年就十分清楚地意识到比利时的中立在德法战争发生时必然遭到破坏，并坚决反对进行干涉的想法(那时德国还未成为危险的竞争对手！)；像布歇(Boucher)上校那样的法国军国主义者在战前的许多著作中就完全公开地承认法国和俄国有**进攻**德国的作战计划；英国著名的军事权威列宾顿上校**在1911年**就在报刊上承认1905年后俄国军备的加强是对德国的威胁。当莫雷尔证明这一切的时候，我们不能不承认，他是一位非常诚实和勇敢的、不怕同自己的党决裂的资产者。

但是任何人也都会立即承认，他毕竟是个资产者，他关于和平与裁军的言论只能是空话，因为，没有无产阶级的革命行动，民主的和平也好，裁军也好，都根本无从谈起。莫雷尔虽然现在在目前这场战争的问题上与自由派意见不一致，在其他一切经济和政治问题上仍然是一个自由派。那么，为什么在德国，当考茨基用马克思主义的伪装来掩饰**同样的**关于和平与裁军的**资产阶级词句**的时候，人们却没有把这看做是考茨基的虚伪，而看做是他的功绩呢？这只是因为在德国政治关系发展得不够充分和缺乏政治自由，所以在德国不能像在英国那样迅速而容易地建立一个奉行考茨基的纲领的、资产阶级的和平与裁军同盟。

而我们还是要承认这样一个事实，即考茨基是站在和平主义的资产者立场上，而不是站在革命的社会民主党人的立场上。

目前我们正经历着十分伟大的事变，因此我们应该有勇气承认事实，“不管牵涉什么人”。

不爱抽象理论而以自己的实际主义自豪的英国人，往往**比较直截了当地**提出政治问题，这就有助于其他国家的社会党人看出**在**各种(包括“马克思主义的”)词句**掩盖下**的真实内容。在这方面颇有教益的是《号角报》**220**这家沙文主义报纸的出版社在战前出版的《社会主义与战争》①一书，这本小册子里面载有美国社会党

① «Socialism and war».«The Clarion Press»，伦敦东中央区舰队街44号。

人厄普顿·辛克莱(Upton Sinclair)的一篇反战"宣言",以及早就接受海德门的帝国主义观点的沙文主义者罗伯特·布拉奇福德(Blatchford)给他的答复。

辛克莱是一个好动感情而缺乏理论修养的社会主义者。他"直率地"提出问题,他对即将到来的战争感到不安,想从社会主义寻找摆脱战争的出路。

辛克莱写道:"有人对我们说:社会主义运动还太软弱,我们只好等待它的发展。可是发展是在人们的心中进行的;我们是发展的工具,如果我们不进行斗争,就不会有任何发展可言。有人对我们说,我们的运动〈反战运动〉将被镇压。但是我深信,任何出于崇高的人道精神、旨在制止战争的反抗运动的被镇压,都将是社会主义所取得的最伟大的胜利,——这种被镇压会震撼文明的良心,会史无前例地振奋全世界工人的精神。我们不要过于担心我们的运动,不要过于看重一种势力的人数和外表。一千个满怀信心和决心的人,要比一百万个谨小慎微的正人君子更有力量。对于社会主义运动来说,最大的危险莫过于使它成为一种一成不变的东西。"

可以看出,这是一个天真幼稚、没有从理论上深入考虑、却极其正确的提防把社会主义庸俗化的警告,也是一个进行革命斗争的号召。

布拉奇福德是怎么回答辛克莱的呢?

他说,完全正确,战争是由资本主义和军国主义的利益引起的。在努力争取和平、努力让社会主义战胜资本主义方面,我并不比任何其他一个社会党人差。但是辛克莱的"华丽辞藻"是不能说服我的,是不能消除事实的。"我的朋友辛克莱,事实是顽强的东西,而德国的危险乃是事实。"无论是我们,还是德国的社会党人,都无力制止战争。辛克莱过于夸大了我们的力量。我们还没有联合起来,我们既没有钱,又没有武器,也"没有纪律"。我们只能帮

助英国政府扩大它的海军，因为保障和平的其他办法是没有的，而且是不可能有的。

欧洲大陆的沙文主义者，无论在开战前或在开战后，都从来没有说得这样露骨过。在德国盛行的不是直言不讳，而是考茨基式的虚伪和玩弄诡辩术。普列汉诺夫也是这样。因此，看看一个较为发达的国家的情况是很有教益的。在这里，谁也不会受诡辩和歪曲马克思主义的行为的欺骗。在这里问题是比较直接、比较真实地摆出来的。让我们向“先进的”英国人学习吧。

辛克莱提出自己的号召是很天真的，尽管这个号召从根本上说是非常正确的。说他天真，是因为他忽视了半个世纪以来群众性社会主义运动的发展和社会主义运动中不同派别的斗争，忽视了在客观革命形势和革命组织存在的情况下革命行动发展的条件。这些是不能用“感情”来代替的。社会主义运动中的机会主义派和革命派这两大派别的严酷无情的斗争，是不能用华丽辞藻来回避的。

布拉奇福德直言不讳，道出了害怕说实话的考茨基派及其同伙的心声。布拉奇福德说，我们还很软弱，全部问题就在这里。但这种坦白立刻暴露了他的机会主义，他的沙文主义。人们立刻就看清了他是在为资产阶级和机会主义者效力。他承认社会党“**软弱**”，而他**本身**就在通过鼓吹反社会主义的资产阶级政策来**削弱**社会主义。

同辛克莱一样，他也忽视创造革命形势的条件；但是他又与辛克莱相反，他是懦夫而不是战士，是叛徒而不是“鲁莽的勇士”。

而从他的实际结论来看，从他的政策（拒绝采取革命行动，拒绝宣传和准备革命行动）来看，布拉奇福德这个庸俗的沙文主义者，是同普列汉诺夫和考茨基**完全**一致的。

马克思主义的词句当今已经成为完全背弃马克思主义的行为的挡箭牌；要做一个马克思主义者，就必须揭穿第二国际领袖们的"用马克思主义词句掩盖起来的伪善"，必须勇敢地正视社会主义运动中两个派别的斗争，彻底弄清与这个斗争有关的各种问题。这就是从英国的情况得出的结论，这些情况向我们表明了事情的**马克思主义的**实质，——**没有用**马克思主义的词句掩饰起来的实质。

载于1924年7月27日《真理报》第169号

译自《列宁全集》俄文第5版第26卷第266—272页

为反动派效劳和玩弄民主的把戏是怎样结合起来的？

（1915年6月11日〔24日〕以后）

立宪民主党人的文集《俄国对战争的期望》(1915年彼得格勒版)，对于了解自由派知识界的政治观点是一本很有用的书。我国的立宪民主党人和自由派变成了什么样的沙文主义者，这一点已经是众所周知的了；我们的杂志[221]的这一期中有一篇文章专谈这个问题。但是，在上述文集中汇集了各种各样的立宪民主党人论述战争的各种各样问题的文章，这使我们不仅能特别清楚地看出立宪民主党，而且看出整个自由派知识界在当前的帝国主义政治中所起的作用。

这个知识界和这个政党所起的特殊作用，就是用各种各样民主的词句、保证、诡辩、遁词来掩盖反动势力和帝国主义。文集的主要文章《俄国获得的领土》出自立宪民主党领袖米留可夫先生的手笔。在这里，他不能不谈到俄国进行目前这场战争的**实际目的**：力图占领加利西亚，从奥地利和德国手中夺取一部分波兰领土，从土耳其手中夺取君士坦丁堡、以及两个海峡和亚美尼亚。为了用民主的词句进行掩盖，米留可夫先生大谈什么“斯拉夫民族”、“小民族的”利益和德国“对欧洲和平的威胁”。可是，米留可夫先生却完全是附带地、几乎是无意地在一句话里道出了真情：

"将加利西亚东部重新归并俄国,这是得到加利西亚某一政党即所谓'亲莫斯科派'支持的俄国的一个政党早就在追求的目标。"(第 49 页)正是这样!这里所说的"俄国的一个政党",是一个最反动的党,是普利什凯维奇之流及其一伙,是由沙皇政府领导的农奴主的党。这个"党"——沙皇政府、普利什凯维奇之流等——早就在加利西亚、亚美尼亚等等地方进行阴谋活动,不惜拿出几百万来收买"亲莫斯科派",不惜用任何犯罪手段来实现"重新归并"这一崇高的目的。战争就是**这个**党的"政治的继续"。这次战争带来的一个好处就是,它打破了一切成规旧套,撕掉了层层面纱,让人民亲眼看到了全部真相:保持沙皇君主制度,就意味着必须牺牲几百万人的生命(和几十亿国民的钱财)以奴役其他民族。事实上,立宪民主党所支持的,所为之效劳的,正是这种政策。

这个真相对自由派知识分子来说是不愉快的,他们自认为是人道的、爱好自由的、民主的,对于有人"诽谤"他们是普利什凯维奇之流的奴仆极为恼火。但战争表明,这种"诽谤"道出了最明显不过的事实。

再来看一看文集中的其他文章:

"……只有在国际政治建立在正义的原则之上的时候,我们的未来才会是幸福和光明的。相信生活,相信生活的价值,同时就是和平的胜利"(第 215 页)…… "俄国妇女和一切有头脑的人"……都期望"在缔结和约时,各交战国……同时能签订一项条约,根据这项条约,今后各国之间的一切误会〈真是一个最恰当不过的字眼!似乎所发生的一切只不过是各国之间的"误会"而已!〉应当通过仲裁获得解决……"(第 216 页)

"俄国妇女——人民的代表——将把基督教的爱和各民族兄弟友爱的思想传到人民中间"(第 216 页)……(书报检查机关在这里删去了一行半,想必都是些最最"人道的"字眼,诸如自由、平等、博爱之类……)…… "对于那些明白根本用不着怀疑本文作者有民族主义的人,我们也就无须向他们解释,本文所发挥的思想同宣扬任何民族特殊性毫不相干”（第 83 页）…… “只是现在我们才意识到，才切实地感受到，在当代战争中，我们受到的威胁不是丧失殖民地（虽然它们很宝贵），也不是在解放其他民族方面受挫，而是国家本身的崩溃……”（第 147 页）

请大家阅读并且仔细想一下，**这两方面是怎样结合起来的**！请大家研究一下，这个所谓的民主党是怎样搞政治的，也就是说，它是怎样引导**群众**的！

要为普利什凯维奇之流的阶级效劳，就必须在决定性的历史关头（在用战争实现这个阶级的目的的关头）帮助它，或者“**不抵制战争**”。而同时还必须用正义、和平、民族解放、国际冲突的仲裁、各民族的兄弟友爱、自由、改革、民主、普选权等等好听的字眼来**安慰**“人民”、“群众”、“民主派”。而且在这样做的时候还必须捶胸顿足，对天发誓说：“根本用不着怀疑我们有民族主义”，“我们的”思想同“宣扬任何民族特殊性毫不相干”，我们只是在防止“国家的瓦解”！

“这两方面”就是这样“结合起来的”。

自由派知识分子就是这样搞政治的……

自由派工人政治家实质上也完全是这样行事的，不过他们所处的环境不同，所用的方式也稍有改变而已。我们这里所说的自由派工人政治家，首先是《我们的曙光》杂志，它教导人民和无产阶级“不抵制战争”；再就是《我们的事业》杂志，它赞同波特列索夫之流的先生们的观点（第 2 期第 19 页）和普列汉诺夫的观点（第 2 期第 103 页），毫无保留地转载了阿克雪里罗得的具有同样观点的文章（第 2 期第 107—110 页）；再就是谢姆柯夫斯基，他在《我们的言论报》和《组织委员会通报》上撰文反对“瓦解”；最后是全力反对

“分裂”（同《我们的事业》集团分裂）的齐赫泽党团、组织委员会及崩得。而且他们全都拥护各国工人的兄弟友爱，拥护和平，拥护国际主义，拥护随便什么东西，他们可以在随便什么文件上签名，可以口口声声地表示摒弃“民族主义”，——只是有一个“小小的”条件：不破坏同（整个这伙人中间）唯一实在的俄国政治集团的“统一”，这个集团一直在报刊上向工人灌输机会主义、民族主义，教导他们不抵制战争。

“这两方面”就是这样“结合起来的”。

载于1925年《共产党员指南》杂志的专刊《在列宁的道路上》

译自《列宁全集》俄文第5版第26卷第273—276页

德国机会主义论战争的一本主要著作

（1915 年 6—7 月）

爱德华·大卫的《世界大战中的社会民主党》一书（1915 年柏林前进报出版社版）集中了有关正式的德国社会民主党在目前这场战争中所采取的策略的大量事实和论据。对于一向留心机会主义的乃至整个德国社会民主党的出版物的人来说，这本书里没有任何新的东西。尽管这样，它仍然是一本很有用处的书，而不仅仅是一部参考资料。谁想认真地思考一下德国社会民主党的世界历史性的破产，谁想真正理解一个先进的社会民主党怎样和为什么会"突然"（似乎突然）变成了德国资产阶级和容克的奴仆的党，谁想探究一下为这种破产辩护或掩盖这种破产的惯用的那些诡辩的意义，谁就会发觉爱·大卫的这本枯燥的书并不枯燥。实质上，大卫的观点相当严整，而且具有一个自由派工人政治家的明确信念，这一点，例如虚伪的"看风使舵的"考茨基就一点也没有。

大卫是一个彻底的机会主义者，是德国的《我们的事业》杂志——《社会主义月刊》的长期撰稿人，是一部论述土地问题、内容毫无社会主义和马克思主义气息的大部头著作[222]的作者。这样一个毕生用资产阶级思想腐蚀工人运动的分子竟会成为党的许多和他同样满脑子机会主义的**领袖**之一，成为国会议员，甚至成为德国社会民主党国会党团执行委员会的成员，仅仅这一点就足以发人深省：德国社会民主党的腐败过程是多么久远，多么深刻，多么严重。

大卫的这本书没有任何科学价值，因为作者甚至不能或者说不愿意提出这样的问题：当代社会的各个主要阶级，近几十年来是怎样通过符合**一定的**阶级利益的**一定的**政治来培养、培育和形成自己现在对战争的态度的。大卫甚至根本不愿想一想，不进行这种考察，就谈不上以马克思主义的态度对待战争，而只有进行这种考察，才能进一步研究各阶级有关这场战争的**思想**。大卫是自由派工人政策的**辩护士**，他的全部叙述和一切论证都是为了影响**工人**读者，向工人隐瞒自己的立场中的弱点，使工人能够接受自由派的策略，尽量多援用“西欧各国社会党人的策略”（大卫的书第7章的标题）中的权威性的先例来扼杀无产阶级的革命本能，等等，等等。

因此，大卫这本书令人在思想上感兴趣之处，就在于分析资产阶级**应当**怎样同工人谈话**才能影响他们**。从这一角度（唯一正确的角度）来看，爱·大卫的思想立场的实质就表现在他的如下这一论点中：“我们投票〈赞成军事拨款〉的用意”＝“**不是拥护战争，而是防止失败**”（该书第3页、目录及其他许多地方）。这是大卫全书的主旨。为此，他“穿凿附会”，举出了马克思、恩格斯、拉萨尔怎样对待德国历次民族战争的例子（第2章），举出了有关“三协约国庞大的侵略政策”的资料（第4章），叙述了这场战争的外交史（第5章），其中援引了各国在大战前夕的那些毫无意义的、极端虚假的官方往来电报来为德国洗刷罪责，等等。在专门的一章（第6章）《危险的程度》中，他举出了说明三协约国力量的优势以及沙皇制度的反动性等问题的种种理由和资料。当然，大卫是完全拥护**和平**的。标明1915年5月1日的该书序言，作者就是以“世界和平！”这个口号作为结束的。当然，大卫是一个国际主义者，他说：要知道，德国社会民主党“没有背叛国际的精神”(第8页)，它“同恶意煽起各国人民之间的仇恨的行为进行了斗争”(第8页)，“从战争爆发的第一天起，它便宣布它原则上准备一旦自己国家的安全获得保障就立即媾和”(第8页)。

大卫这本书特别清楚地表明，自由派资产者(及他们在工人运动中的代理人，即机会主义者)为了影响工人和一般群众，准备不厌其烦地表示他们忠于国际主义，接受和平口号，反对这场战争的侵略目的，谴责沙文主义，等等，等等。什么都行，——只有对自己的政府采取革命行动这一点**除外**；什么都行，——只要能够“防止失败”。的确，用数学的语言来说，这一套思想用来愚弄工人确实是**必要的和充足的**：不能对工人讲得比这更少，因为不答应群众缔结公正的和约，不拿敌人入侵的危险来恐吓群众，不发誓说自己忠实于国际主义，那就不能使群众跟着自己走；也**不必**对工人讲得更多，因为更多的事情，即抢夺殖民地、兼并别国领土、掠夺战败国、缔结优惠的通商条约等等，**不是**自由派资产阶级直接去做的事，而是帝国军国主义的政府军人集团**在**战争结束**以后**将要做的事。

角色分配得很恰当：政府和军人集团依靠亿万富翁以及资产阶级的整个“实业界”进行战争，而自由派则用民族的防御性战争的思想，用民主的和平的诺言等等来安慰和愚弄群众。爱·大卫的思想就是自由主义的、人道主义的、和平主义的资产者的思想，俄国组织委员会里那些反对失败可取的主张、防止俄国瓦解、拥护和平口号等等的机会主义者的思想也是如此。

要采取另一种即有原则的、非自由派的策略，其起点就是断然停止**一切**为参战辩护的行径，就是**在实际上**采取那种在战争期间利用战争所造成的困难去宣传并准备革命行动以反对自己的政府的政策。大卫**正在接近**资产阶级政策和无产阶级政策的这个真正的分界线，但是他这样做的目的仅仅是为了岔开一个不愉快的问题。他几次提起巴塞尔宣言，但又小心翼翼地避开宣言中的一切革命论点，他提起瓦扬如何在巴塞尔号召"举行战时罢工和社会革命"(第119页)，但是他这样做的目的仅仅是为了用沙文主义者瓦扬的例子**为**自己**辩护**，而不是为了引用和分析巴塞尔代表大会决议本身的革命指示。

大卫转引了我们党的中央委员会宣言的很大一部分，包括其主要的口号——变帝国主义战争为国内战争，但是，他这样做只是为了宣告这种"俄国"策略是"狂妄"的，是"粗暴地歪曲了国际的决议"的(第169页和第172页)。他说，要知道，这就是爱尔威主义(第176页)。爱尔威的书中"包含有列宁、卢森堡、拉狄克、潘涅库克等人的全部理论"。最可爱的大卫，请问，巴塞尔决议和《共产党宣言》的革命论点中就没有"爱尔威主义"吗？大卫很不喜欢提起《共产党宣言》，正像谢姆柯夫斯基不喜欢提起我们的杂志的名称，以免使人联想到《共产党宣言》一样。在大卫看来，《共产党宣言》提出的"工人没有祖国"这一原理"早已被推翻了"(第176页及其他各页)。关于民族问题，大卫在整个最后一章中搬出了极端庸俗的资产阶级的胡言乱语，讲起什么"生物学上的变异规律"(!!)，等等。

大卫断言，国际的东西并不是反民族的，我们赞成民族自决权，我们反对对弱小民族使用暴力，但是他不了解(或者，说得更正确一点,他假装不了解),为参加这场帝国主义战争的行为辩护,在这场战争中提出“防止失败”的口号的人,恰恰不仅是反社会主义的政治家,而且是反民族的政治家。因为当前的这场帝国主义战争是大国的(=压迫其他许多民族的)民族**为了**压迫更多的民族而进行的战争。在帝国主义战争中,谁如果不做社会主义的政治家,也就是说,谁如果不承认被压迫民族有获得解放的权利,有同压迫它们的大国分离的权利,谁就不能做一个“民族的”政治家。在帝国主义时代,如果大国民族的无产阶级不采取超出和打破民族界限的、推翻国际资产阶级的革命行动,世界上**大多数**民族就不会有**生路**。不推翻国际资产阶级,大国民族就会继续存在,**也就是说**,全世界十分之九的民族就会继续受压迫。而推翻国际资产阶级,就会大大地加速一切民族**壁垒**的消除,同时不会因此减少反而会百万倍地增加人类的“变异”,使人类的精神生活以及思想上的流派、倾向和差异更加丰富多彩。

载于1924年7月27日《真理报》第169号

译自《列宁全集》俄文第5版第26卷第277—281页

左派社会民主党人为国际社会党第一次代表会议准备的决议草案[223]

（1915年7月9日〔22日〕）

当前这场战争产生于帝国主义。资本主义已经发展到这个最高阶段。社会的生产力和资本的规模业已超出单个民族国家的狭隘范围。这一切促使大国竭力去奴役其他民族，去抢夺殖民地作为原料来源和资本输出场所。整个世界正在融合为一个单一的经济机体，整个世界已被少数大国瓜分完毕。社会主义的客观条件已经完全成熟，而当前这场战争就是资本家为维护他们的特权和垄断以延缓资本主义的崩溃而进行的战争。

社会党人力求使劳动从资本的压迫下解放出来，捍卫全世界工人的兄弟般的团结，因而反对一切民族压迫和民族不平等。在资产阶级还是一个进步阶级的时代，在提上历史日程的还是推翻封建制度、专制制度和异族压迫的时代，始终是最彻底最坚决的民主派的社会党人，曾经在这个意义上而且仅仅在这个意义上赞成“保卫祖国”。即使是现在，如果在东欧或殖民地爆发了被压迫民族反对它们的压迫者即大国的战争，社会党人也会完全同情被压迫民族的。

但是目前这场战争却产生于完全不同的历史时代，现在资产阶级已经由进步阶级变为反动阶级了。从参战的大国集团双方来说，这场战争都是奴隶主之间为保持和巩固奴隶制而进行的战争，是为了重新瓜分殖民地，取得压迫其他民族的“权利”，维护大国资本的特权和垄断，用分裂和反动地镇压各国工人的手段来使雇佣奴隶制永世长存。所以，所谓的“保卫祖国”，从参战国集团双方来说，都是资产阶级对人民的欺骗。不管是某一个集团取得胜利，还是恢复原状，都不能保障世界大多数民族不受少数大国的帝国主义压迫，也不能保障工人阶级享有哪怕是现有的这些微小的文明成果。资本主义比较和平地发展的时代已经一去不复返了。帝国主义给工人阶级带来的是空前尖锐的阶级斗争、贫困、失业、物价高涨、托拉斯的压迫、军国主义，带来的是政治上的反动，在一切国家中，甚至包括最自由的国家在内，反动势力都在抬头。

“保卫祖国”这个口号在当前这场战争中的真正含义，就是保卫“自己”国家的资产阶级压迫其他民族的“权利”，就是实行民族主义自由派的工人政策，就是一小部分特权工人同“自己”国家的资产阶级联合起来反对无产者和被剥削者群众。执行这种政策的社会党人，实际上就是沙文主义者，社会沙文主义者。投票赞成军事拨款、参加内阁、主张国内和平等政策，是对社会主义的背叛。在过去“和平”时代的条件下发展起来的机会主义，现在已经成熟到和社会主义完全决裂的程度，成了无产阶级解放运动的直接的敌人。工人阶级如果不对公开的机会主义和社会沙文主义（法国、德国、奥国社会民主党的多数派，英国的海德门、费边派和工联主义者，俄国的鲁巴诺维奇、普列汉诺夫和《我们的曙光》杂志，等等），同时也对向沙文主义者交出马克思主义阵地的所谓“中派”进行最坚决的斗争，就不能达到自己的具有世界历史意义的目标。

1912 年全世界社会党人一致通过的巴塞尔宣言，已经准确地预见到了大国之间要发生的就是现在已经到来的这样一场战争，巴塞尔宣言毫不含糊地指出了这场战争的反动的帝国主义性质，声明它认为一国的工人向另一国的工人开枪是犯罪行为，并宣告，正是这场战争将促进**无产阶级革命**的到来。果然，战争在造成革命形势，在激起群众的革命情绪和革命风潮，在促使无产阶级优秀分子普遍认识到机会主义必然灭亡，并使反机会主义的斗争日益尖锐。劳动群众中日益增长的和平愿望，表明他们已经失望，表明资产阶级的保卫祖国的谎言已经破产，表明群众已经开始形成清醒的革命意识。社会党人要利用这种情绪进行革命鼓动，在革命鼓动中要毫不犹豫地主张“自己的”祖国失败，同时也不能欺骗人民，使他们产生一种幻想，以为不用革命来推翻现政府，也能迅速实现消除民族压迫的比较持久的民主的和平，实现裁军，等等。只有无产阶级的社会革命，才能开辟通向和平和民族自由的道路。

这场帝国主义战争正在开创一个社会革命的纪元。现时代的一切客观条件正在把无产阶级的群众革命斗争提到日程上来。社会党人的责任就是，在不放弃工人阶级的任何一种合法的斗争手段的同时，使它们服从于这项最迫切最重要的任务，提高工人的革命觉悟，使他们在国际的革命斗争中团结起来，支持和推进一切革命行动，力求把各国之间的这场帝国主义战争变为被压迫阶级反对他们的压迫者的国内战争，变为剥夺资本家阶级的战争，变为无产阶级夺取政权、实现社会主义的战争。

载于 1930 年《列宁文集》俄文版
第 14 卷

译自《列宁全集》俄文第 5 版
第 26 卷第 282—285 页

关于自己的政府在帝国主义战争中的失败

（1915年7月13日〔26日〕）

革命的阶级在反动的战争中只能希望自己的政府失败。

这是一条公理。对这一公理提出异议的，只有社会沙文主义者的自觉的拥护者或无可奈何的仆从。例如组织委员会的谢姆柯夫斯基就属于前一类（组织委员会《通报》第2号）。属于后一类的，有托洛茨基和布克沃耶德，在德国则有考茨基。托洛茨基写道，希望俄国失败，这是"对社会爱国主义的政治方法论作毫无必要的毫无道理的让步，而社会爱国主义是要用以为害最小为原则这一在目前条件下具有极大随意性的方针，去代替反对战争和产生战争的条件的革命斗争"（《我们的言论报》第105号）。

这是夸大其词的典型，托洛茨基经常就是这样来为机会主义辩护的。所谓"反对战争的革命斗争"，**如果**不是意味着在战时也采取反对**自己的政府**的革命行动，那就只能是第二国际的英雄们所擅长的毫无内容的空喊。只要稍加思索就能了解这一点。当然，毫无疑问，在战时采取反对自己的政府的革命行动，就意味着不仅希望自己的政府失败，而且实际地促成这种失败（向"敏感的读者"说一句：这决不是说要"炸毁桥梁"，举行没有成效的战时罢工，以及通过其他各种方式帮助政府击败革命者）。

夸夸其谈的托洛茨基，遇到三棵松树就迷了路。在他看来，希望俄国失败，**就是**希望德国胜利（布克沃耶德和谢姆柯夫斯基更加露骨地表达了他们这种与托洛茨基相同的“思想”，——确切些说是胡思乱想）。而托洛茨基认为这就是“社会爱国主义的方法论”！为了帮助那些不善于思考的人们，伯尔尼决议（《社会民主党人报》第40号）①曾经解释说：在**所有的**帝国主义国家，无产阶级现在都应当希望自己的政府失败。布克沃耶德和托洛茨基认为对这个真理不谈为妙，而谢姆柯夫斯基（这位机会主义者坦率地、天真地重复资产阶级的高论，从而使工人阶级得到最大的教益）却“脱口而出”说：这是胡说，因为获胜的不是德国，便是俄国（《通报》第2号）。

拿公社的例子来说。是德国战胜了法国，也是俾斯麦和梯也尔一起战胜了工人！！要是布克沃耶德和托洛茨基动一动脑筋的话，他们就会看到，**他们**对战争抱有与**各国政府和资产阶级**相同的观点，用托洛茨基的矫揉造作的语言来说，就是他们对“社会爱国主义的政治方法论”卑躬屈膝。

战时的革命就是国内战争；而一方面，政府在军事上遭到挫折（“失败”），会有助于政府间的战争**转变**为国内战争，另一方面，以实际行动努力实现这种转变也就**不能**不促使政府失败。

沙文主义者（以及组织委员会和齐赫泽党团）所以竭力回避失败这个“口号”，是因为**唯独**这个口号才是坚决号召人们在战时采取反对自己的政府的革命行动。如果没有这些行动，即使说上千万句要以战争反对“战争和……的条件”的最最最革命的话，也是一钱不值的。

---

① 见本卷第168页。——编者注

谁要是真想驳倒促使自己的政府在这场帝国主义战争中失败这个“口号”，他就应当证明以下三点中的一点：或者（1）1914—1915年的战争不是反动的战争；或者（2）这场战争不可能引起革命；或者（3）**所有**交战国中的革命运动不可能相互配合，相互促进。最后一点对于俄国尤其重要，因为俄国是一个最落后的国家，在这里不可能直接发生社会主义革命。正因为这样，俄国的社会民主党人才不得不最先提出失败这个“口号”的“理论和实践”。所以，沙皇政府说俄国社会民主党工人党团的鼓动在削弱俄国的“军事力量”，在促进它的失败，这是完全正确的。这种鼓动不只是议会反对派的鼓动，也是向群众进行的反对自己政府的真正革命的鼓动，这在国际中是**唯一的**范例。这是事实。回避这一事实是愚蠢的。

失败口号的反对者，不愿正视一个最明显的事实：进行反对政府的革命鼓动和促使政府失败之间有着不可分割的联系，他们简直是自己害怕自己。

俄国的资产阶级民主主义革命运动同西欧的社会主义运动是否可能相互配合、相互促进呢？近十年来，任何一个公开发表过意见的社会党人都没有怀疑过这一点，而1905年10月17日以后发生的奥地利无产阶级运动[224]，又**以事实**证明了这一可能性。

问一问任何一个自命为国际主义者的社会民主党人：他是否赞同各交战国的社会民主党人就采取共同的革命行动以反对所有交战国政府而达成协议？许多人会回答说，这是不可能的，例如考茨基就是这样回答的（1914年10月2日《新时代》杂志），这就**完全证实了**他的社会沙文主义。因为，一方面，这显然是当面撒谎，违背了人所共知的事实和巴塞尔宣言。另一方面，如果确实是这样，**那么，机会主义者在很多方面倒是正确的了！**

许多人会回答说，他们赞同这样的协议。对此我们要说：如果这种赞同不是虚伪的，那就不要以为在战争中，为了进行战争，需要达成"形式上的"协议，商定如何推选代表，举行会见，签订条约，确定日期和钟点，这样未免太可笑了！只有谢姆柯夫斯基们才会这样想。即使是在**一个**国家内——更不必说是在若干国家内——要达成革命行动的协议，也**只有**依靠真正革命行动的**范例，也只有着手进行和发展**真正的革命行动。而要着手进行革命行动，又不能不希望自己的政府失败，促使自己的政府失败。革命是无法"制造"的，同样，变帝国主义战争为国内战争，这种转变也是无法"制造"的，它是从帝国主义战争的一系列各种各样的现象、方面、特征、属性和后果中**发展起来的**。而受**他们**本国的被压迫阶级打击的那些政府不在军事上接二连三地遭到挫折和失败，这种发展**是不可能的**。

谁不接受失败这个口号，谁就是把自己的革命性变成一句空话或纯粹的伪善。

他们究竟建议我们用什么来代替失败这个"口号"呢？用"不胜不败"的口号（谢姆柯夫斯基在《通报》第2号上，**整个**组织委员会在第1号上）。但这不过是"**保卫祖国！**"这一口号的另一种说法罢了！这恰恰是把问题转移到各政府间的战争上去（根据这一口号的内容，各政府必须**维持**原来的状态，"保持自己的阵地"），而不是转移到各被压迫阶级反对自己的政府的**斗争**上！这是为**所有**帝国主义国家的沙文主义辩护，这些国家的资产阶级时刻都准备说，**而且正在对人民说**，他们"仅仅"是为了"防止失败"而斗争。机会主义者的领袖爱·大卫在他的书中写道："我们8月4日投赞成票的用意不是拥护战争，而是**防止失败**。”“组委会分子”与布克沃耶德和托洛茨基一起为“不胜不败”的口号辩护就是**完全**站到大卫的立场上去了！

只要仔细想一想就会看出，这个口号意味着“国内和平”，放弃所有交战国的被压迫阶级的阶级斗争，因为不打击“自己的”资产阶级和“自己的”政府，就不能进行阶级斗争，而在战时打击自己的政府，**就是**叛国（供布克沃耶德参考！），**就是**促使自己的国家失败。谁同意“不胜不败”的口号，谁就只能是虚伪地赞成阶级斗争，赞成“打破国内和平”，谁就是**实际上**抛弃独立的无产阶级政策，因为他们要使所有交战国的无产阶级服从于一项**纯粹资产阶级的**任务：保卫各自的帝国主义政府，使它免遭失败。唯一真正地而不是在口头上打破“国内和平”、承认阶级斗争的政策，就是无产阶级**利用**自己的政府和自己的资产阶级的**困难去推翻它们**。可是，如果不希望自己的政府失败，不促使它失败，那就不可能达到这一目标，甚至**不可能去努力实现**这一目标。

当意大利社会民主党人在战争爆发前提出群众罢工这一问题时，资产阶级便回答他们说（从**资产阶级**的观点看来，这样回答是绝对正确的）：这将是叛国行为，你们将被当做叛国犯对待。这样说是正确的，就如同说战壕联欢是叛国行为一样。谁要是像布克沃耶德那样撰文去反对“叛国”，或者像谢姆柯夫斯基那样撰文去反对“瓦解俄国”，那他的观点就不是无产阶级的而是资产阶级的了。一个无产者如果**不犯**“叛国”**罪**，**不促使**自己的政府失败，不促进“自己的”帝国主义“大”国**瓦解**，就**不能**给自己的政府以阶级的打击，也**不能**向自己的兄弟，向同“我们”作战的“别的”国家的无产者（实际上）伸出友好之手。

谁赞成"不胜不败"这一口号，谁就是自觉或不自觉的沙文主义者，谁就充其量是调和主义的小资产者，总之是无产阶级政策的**敌人**，是当今的政府和当今的统治阶级的拥护者。

我们再从另一个方面看一看这个问题。战争不能不在群众中引起打破通常的消沉状态的最激烈的感情。不适应这种新的激烈的感情，就**不可能**有革命的策略。

这种激烈的感情有哪些主要表现呢？(1)恐惧和绝望。这就使得宗教的影响增强起来。教堂又挤满了人，反动派兴高采烈。反动透顶的巴雷斯说："有苦难的地方就有宗教。"他说得很对。(2)仇恨"敌人"。这种感情，与其说是牧师，还不如说是资产阶级蓄意煽动起来的，它在经济上和政治上都**只对资产阶级**有利。(3)仇恨**自己的**政府和**自己的**资产阶级。这是一切觉悟工人的感情。觉悟的工人一方面懂得，战争是帝国主义"政治的继续"，所以要用自己对阶级敌人的仇恨的"继续"来回答战争。另一方面，他们懂得，离开反对**自己的**政府的革命，"以战争反对战争"就是一句没有意义的空话。不希望自己的政府和自己的资产阶级失败，就不能激起对它们的仇恨，而不激起对它们的仇恨，也就不能成为"国内和平(＝阶级和平)"的**不**虚伪的反对者！！

赞成"不胜不败"这一口号的人，实际上是站在资产阶级和机会主义者一边，他们"不相信"工人阶级能够采取反对自己的政府的国际革命行动，他们**不愿意**帮助发展这些行动；当然，发展这些行动是一项很不容易的任务，但是，只有这一任务才称得上是无产者的任务，只有这一任务才是社会主义的任务。正是交战大国中最落后的一个国家的无产阶级，不得不通过自己的政党提出——尤其是鉴于德法两国社会民主党人已经可耻地叛变——革命的策略;而不“促使”自己的政府“失败”,这种策略是绝对不可能实现的,但是,唯有这种策略才能导致欧洲的革命,导致社会主义的持久和平,使人类从现时普遍存在的恐怖、苦难、野蛮、残暴下解脱出来。

载于1915年7月26日《社会民主党人报》第43号

译自《列宁全集》俄文第5版第26卷第286—291页

关于俄国社会民主党内的状况

（1915 年 7 月 13 日〔26 日〕）

组织委员会《通报》第 2 号和《我们的事业》杂志第 2 期把这一状况表露得十分清楚，对人们大有教益。这两种报刊，根据它们不同的出版地点和政治使命，以各自不同的方式坚定地走着巩固社会沙文主义的道路。

《我们的事业》杂志不但没有谈到编辑部内部的任何意见分歧或意见不同，不但没有对“波特列索夫主义”提出丝毫的异议，相反，它在一篇特别的声明《编辑部的话》（第 19 页）中还表示赞同波特列索夫主义，宣称“国际主义”所要求的正是要“认清国际形势”，以便判断在目前这场战争中**哪一国的**资产阶级获胜对无产阶级比较有利。这表明**整个**编辑部从根本上和实质上来说是社会沙文主义的。此外，这个仅仅在社会沙文主义的细枝末节上与考茨基意见不同的编辑部，还把考茨基那本完全是为国际社会沙文主义辩护的小册子捧为“出色的”、“详尽无遗的”、“有理论价值的”著作。谁不愿意闭起眼睛，谁就不会看不到，《我们的事业》杂志的编辑部这样做，首先是在推崇俄国的沙文主义，其次是表明它决心“赦免”国际社会沙文主义，同它和睦相处。

在“在俄国各地和在国外”这一栏中，编辑部阐述了普列汉诺夫和阿克雪里罗得的观点，对二者未作任何区别（这是完全正确的)。在也是**以编辑部的名义**专门加的一篇按语(第103页)中声称,普列汉诺夫的观点“在许多方面同”《我们的事业》杂志的“观点一致”。

事情已经再明显不过了。那个在《我们的事业》杂志上得到体现的合法主义者“派别”,由于和自由派资产阶级有千丝万缕的联系,而成为整个“布鲁塞尔联盟”在1910—1915年的俄国的唯一现实,这个派别已完全巩固和完成了它的机会主义的发展,顺利地用社会沙文主义补充了取消主义。1912年1月间被开除出我们党的那个集团的实际纲领,现在又增加了极其重要的一条:向工人阶级传播一种思想,即必须保护和巩固大俄罗斯地主和资产阶级所享有的大国的优越地位和特权,不惜以战争为代价。

以“左的”词句和貌似社会民主主义的思想来掩盖这一政治现实,这就是齐赫泽党团的合法活动和组织委员会的非法活动的真正的政治用意。在思想方面提出“不胜不败”的口号,在实践方面同“分裂活动”进行斗争(这种斗争毫无例外地贯穿于《通报》第2号的**所有**文章,尤其是马尔托夫、约诺夫和马希纳泽的文章),——这就是旨在同《我们的事业》杂志和普列汉诺夫保持“和平”的实际的和完全正确的(从机会主义者的观点来看)纲领。《言语报》第143号(1915年5月27日)登载了“前革命者”格·阿列克辛斯基一封认为“保卫祖国”是“民主派的任务”的信,读一读这封信就会看出,现在的沙文主义者普列汉诺夫的这个殷勤的侍童完全会同意“不胜不败”的口号。这正是普列汉诺夫、《我们的事业》杂志、阿克雪里罗得和科索夫斯基、马尔托夫和谢姆柯夫斯基的**共同**口号,——当然(啊,当然!),他们之间还会有“合理的细微差异”和“局部的分歧意见”。而在思想方面,在主要的和基本的问题上,这一伙人都对于把“不胜不败”这一口号作为共同的基础感到满意（顺便问一句：是**谁的**胜败呢？显然，是**现在的政府的**，现在的统治阶级的！）。在实际政策方面，他们都对“统一”的口号感到满意。所谓统一，就是**同《我们的事业》杂志讲统一**，也就是在实际上完全容忍《我们的事业》杂志在俄国国内借齐赫泽党团的帮助，照旧实行认真的政策，进行认真的（资产阶级意义上的“认真的”）群众工作，而组织委员会及其一伙则在国外和在地下作一些“左的”微小的保留，讲一些貌似革命的词句，等等，等等。我们不要存什么幻想，因为布鲁塞尔联盟很快就瓦解了，并从而证明它除了伪善之外没有任何内容；正因为如此，它对于掩盖政治上腐朽的状况十分有用。1914 年 7 月它曾经用一些没有任何约束力的貌似左的决议掩盖《我们的曙光》杂志和《北方工人报》。1915 年 7 月，虽然还没有举行“朋友的会见”，还没有“议定书”，但是主要“演员”在原则上已经达成协议，要用一些也是貌似左的词句来共同掩盖《我们的事业》杂志、普列汉诺夫和阿克雪里罗得的社会沙文主义。一年过去了，欧洲历史上伟大而艰难的一年过去了。情况很明显，民族主义自由派的工人政策的脓疮**已经害死了**欧洲大多数国家的社会民主党，它在取消主义的身上也已发展成熟，而“朋友们”却像克雷洛夫的《四重奏》[225]中的音乐家那样，从一种坐法换成另一种坐法，然后就又不合调地高唱起来：统一，统一……（同《我们的事业》杂志统一）！

巴黎的《我们的言论报》的实例对于真心主张“统一”的人大有教益。组织委员会《通报》第 2 号给了《我们的言论报》一个致命的打击，现在它的死亡（不管是政治上死亡还是“肉体上”死亡，这并不重要）仅仅是时间问题了。组织委员会《通报》第 2 号用了一个简单的声明就“杀死了”《我们的言论报》。它声明说，马尔托夫（他成了组织委员会书记处的成员，——看来，他是由谢姆柯夫斯基和阿克雪里罗得“一致同意”增补的，这想必是因为他答应以后不再讲《前进报》“已经死亡”这样一些考虑欠周的话）和“《我们的言论报》的整整一半在组织上加入组织委员会的撰稿人”**承认了自己的错误**，说他们只是由于“**幼稚**”（马尔托夫扮演一个天真烂漫的角色——这倒不错）才认为《我们的言论报》是“俄国国际主义者的共同的机关报”，而实际上，《我们的言论报》是“进行分裂活动的”和“派别性的”报纸（谢姆柯夫斯基自己还补充说：“无政府工团主义的”报纸），它还“在列宁的《社会民主党人报》面前表白自己”。

在观众面前表演的有《我们的言论报》的三部分人，他们在七八个月中试图联合而没有成功。这三部分人是：(1)两个左派编辑（《我们的言论报》第 107 号），他们真心同情国际主义，倾向于《社会民主党人报》（见发表在《我们的言论报》第 122 号上的我们党的巴黎支部向他们致敬的决议）；(2)马尔托夫和“组委会分子”（“整整一半”）；(3)托洛茨基，他和往常一样，在原则上对社会沙文主义者一点也不赞同，但是**在实际上**对他们的**一切**都赞同（顺便说说，这是多亏了齐赫泽党团的“成功的斡旋”——好像，这是一个外交用语吧？）。

在真心主张统一的人的面前产生这样一个问题：为什么《我们的言论报》瓦解和分裂了呢？分裂的原因通常是归咎于凶恶的“列宁分子”的与人人为敌的“分裂活动”（谢姆柯夫斯基在《通报》第 2 号的文章、阿克雪里罗得在《我们的言论报》上的文章，等等）。但是，这些凶恶的人根本没有参加《我们的言论报》，由于这个简单的原因，他们也就**不可能**从该报分裂或者脱离出去。

原因究竟何在呢？是事出偶然吗？还是因为社会民主党工人

同《我们的事业》杂志中的资产阶级影响传播者（实际上是自由主义的和沙文主义的资产阶级的代理人）实行统一是不可能的和有害的呢？

让主张"统一"的人想一想吧。

在欧洲的社会民主党人中，考茨基和哈阿兹现在同伯恩施坦本人一起主张"统一"，只是所处的环境和所用的方式稍微不同而已。这些"权威"觉察到群众在向左转，便向左派社会民主党人建议讲和，其不言而喻的条件是同休特古姆之流和好。口头上放弃"8 月 4 日的政策"，用一些毫无约束力（在某些方面甚至对于兴登堡和霞飞还不无好处）的"和平"词句（和平的口号正好适合这一目的），用对兼并等等的空泛的谴责，来弥合民族主义自由派的工人政策和社会民主党工人政策之间的裂痕——大致说来，这就是考茨基及伯恩施坦的政纲，而法国的社会沙文主义者也乐于接受这一政纲，这一点可以从《人道报》的某些论调中看出来。英国"独立工党"的党员当然会全力支持这种用向左派频频鞠躬的举动掩盖起来的对社会沙文主义的赦免。当然，现在"组委会分子"和托洛茨基是命中注定要紧紧抓住考茨基和伯恩施坦的衣服后襟的。

我们认为，机会主义者的首领和"激进派"阵营的伪善的沙文主义者的首领这种向左转是在演戏，其作用是用向左派鞠躬来**挽救**社会民主党中的**腐朽的东西**，用向"左派"作一些口头上的微小的让步来实际上巩固民族主义自由派的工人政策。

欧洲的客观形势是这样的：群众中失望、不满、抗议、愤慨、革命情绪日益增长，这种情绪发展到一定阶段就会异常迅速地变成行动。现在，问题实际上就是这样而且只能是这样摆着：要么促进反对**自己的**资产阶级和自己的政府的革命行动的发展，要么阻挠、扼制和平息革命情绪。为了达到第二个目的，自由派资产者和机会主义者可以（从**他们的**利益出发也**一定会**）发表任何左的言论，无数次地许诺裁军、媾和、拒绝兼并、实施任何改革，什么都可以答应，只要能防止群众同机会主义的首领破裂，防止他们采取愈来愈重大的革命行动就行。

我们对群众说，不要相信任何漂亮动听的政纲，要依靠自己反对自己的政府和自己的资产阶级的群众性的革命行动，要努力开展这些行动；没有为实现社会主义而进行的国内战争，就不可能摆脱野蛮状态，就不可能有欧洲的进步。

附言：当本文已经排好时，我们收到了普列汉诺夫先生和“前革命者”格·阿列克辛斯基及其一伙的文集《战争》。这个文集可谓集社会沙文主义者各种诡辩与谎话之大成，竟把沙皇政府进行的极端反动的掠夺战争说成是“正义的”、“防御性的”战争等等！我们建议一切愿意认真研究第二国际破产的原因的人，都来读读这沓向沙皇政府卑躬屈膝的不光彩的文稿。同时值得一提的是，这些露骨的社会沙文主义者对齐赫泽及其整个党团都**十分**满意。组织委员会、托洛茨基、普列汉诺夫和阿列克辛斯基及其同伙，也都对这个党团感到满意，这是很自然的事情，因为齐赫泽党团多年以来已经证明自己是善于掩饰机会主义者并为他们效劳的。

普列汉诺夫和阿列克辛斯基两位先生正在无耻地诬蔑被流放到西伯利亚的俄国社会民主党工人党团。看来，可以引用文件来驳倒诬蔑者的时刻已经不远了。

载于1915年7月26日《社会民主党人报》第43号

译自《列宁全集》俄文第5版第26卷第292—297页

评"和平"口号

(1915 年 7—8 月)

1915 年 6 月 27 日,奥地利社会民主党人的中央机关报、维也纳的《工人报》引用了德国的政府报纸《北德总汇报》[226]上的一篇大有教益的声明。

声明涉及德国"社会民主"党最有名的(也是最卑鄙的)机会主义者之一克瓦尔克的文章。克瓦尔克说过这样一段话:"我们德国社会民主党人和我们的奥地利同志们一再声明,我们完全愿意(同英法社会民主党人)建立联系,以便着手商谈媾和问题。**德意志帝国政府知道这一点,而并没有给我们制造丝毫障碍。**"

关于这段话,德国的一家民族主义自由派报纸(《民族自由党通讯》[227])写道,它们可以作两种解释。第一种解释:政府没有给社会民主党人的"国际政治活动"制造障碍,是因为这些活动没有越出法制范围,"对于国家没有危险"。从"政治自由"的观点来看,这是完全可以理解的。

第二种解释:德国政府"对社会民主党的国际和平宣传至少是采取了默许的态度,它甚至认为这种宣传是为讨论媾和的可能性奠定初步基础的一种适当的手段"。

当然,这家民族主义自由派报纸认为第二种解释是不能成立的,而且政府的报纸也正式同意这家报纸的看法,它补充声明说:

“政府同国际和平宣传毫无关系，它既没有委托社会民主党的也没有委托任何其他的中间人进行这种宣传。”

这不是一出发人深省的滑稽剧吗？谁会相信，禁止《前进报》谈论阶级斗争的德国政府，这个实施战时的严格措施禁止人民集会、对无产者进行真正的“军事奴役”的政府，是**由于自由主义**而“没有给”克瓦尔克之流和休特古姆之流的先生们“制造障碍”呢？谁会相信，它不是经常同这些先生有联系呢？

说克瓦尔克**无意中**道出了真相（即和平宣传是德国社会民主党人遵照同他们的政府的直接或间接的约定而开展的），而政府“正式予以驳斥”正是为了掩盖真相，这样说不是千倍地更加近乎情理吗？

这对那些喜欢空谈的人是一个教训。那些人，像托洛茨基那样（见《我们的言论报》第105号），为和平口号辩护而反对我们，其理由之一就是说什么“所有左派”“确实”在这一口号下联合起来了!! 容克政府现在已经证明了我们的伯尔尼决议（《社会民主党人报》第40号）是正确的；这个决议指出，宣传和平而“不同时号召群众采取革命行动”，那只能是“散布幻想”，“使无产阶级充当**交战国秘密外交的玩物**”①。

这句话一字不差地得到了证实！

几年以后，外交史将会证明，机会主义者同政府之间**确实有过**关于空谈和平的直接或间接的约定，而且**不只是**在德国**有过**！外交界隐瞒这些事情，但是口袋里是藏不住锥子的。

当初左派开始在和平口号下联合起来，**如果**这是表示向沙文

① 见本卷第168页。——编者注

主义者抗议的**第一步**，就像愚昧无知的俄国工人在加邦请愿中向沙皇表示胆怯的抗议那样，那还可以加以鼓励。但是，左派直到现在还局限于这一**口号**（提口号是**有头脑的**政治家的职责），所以他们也就是最糟糕的左派，所以他们的决议也就**毫无“战斗性”**，所以他们也就是休特古姆之流、克瓦尔克之流、桑巴之流、海德门之流以及霞飞和兴登堡手中的玩物。

如果谁直到现在，当这个和平口号（“不同时号召群众采取革命行动”的和平口号）已经被维也纳代表会议[228]、伯恩施坦加考茨基及其同伙和谢德曼之流（德国的“执行委员会”＝中央委员会）所糟蹋的时候，还不了解这一点，那他简直就是在不自觉地参加对人民进行社会沙文主义的欺骗。

载于1924年《无产阶级革命》杂志第5期

译自《列宁全集》俄文第5版第26卷第298—300页

和平问题

（1915年7—8月）

和平问题这一社会党人目前亟待解决的纲领问题，以及与此相关的和平条件问题，是大家都关心的事情。我们在《伯尔尼哨兵报》上看到，该报试图不从通常的小资产阶级民族主义的观点而从真正的无产阶级国际主义的观点提出这一问题，对此我们不能不向该报表示感谢。该报第73号登载的编辑部评论（《渴望和平》）非常精辟，它指出，德国社会民主党人既然希望和平，就应当同容克政府的政策决裂。该报第73号和第75号登载的安·潘·同志的意见也很精辟，他抨击了“软弱无能的饶舌者的狂妄自大”（Wichtigtuerei machtloser Schönredner），指出他们是妄图以小资产阶级观点解决和平问题。

我们看看，社会党人应当怎样提出这个问题。

提出和平口号可以同一定的和平条件联系起来，也可以不带任何条件，即不是争取特定的和平，而是争取一般的和平（Frieden ohne weiters）。显然，在后一种情况下，我们看到的就不仅不是社会主义的口号，甚至是毫无内容、毫无意义的口号。一般的和平无疑谁都赞成，甚至基钦纳、霞飞、兴登堡和血腥的尼古拉也不例外，因为他们**每个人**都希望结束战争。但是问题恰恰在于他们每个人都提出对“自己的”民族有利的帝国主义的（即掠夺性的、压迫其他民族的)和平条件。我们提出口号的目的,是要通过宣传鼓动向群众说明社会主义同资本主义(帝国主义)有着不可调和的区别,而不是要借助一个可以把截然不同的东西“统一起来”的用语去**调和**两个敌对的阶级和两种敌对的政策。

其次,是否可能使各国社会党人就一定的和平**条件**取得一致意见呢?如果可能,那么在这些条件中,毫无疑问必须包括承认一切民族都享有自决权,包括放弃任何“兼并”即对自决权的侵犯。但是如果认为只有**某些**民族才配享有这种权利,那么这就是维护某些民族的**特权**,也就是说,要做一个民族主义者和帝国主义者,而不是社会主义者。而如果认为**一切**民族都有这种权利,那就不能单单提出,譬如说,比利时一个国家,而必须包括欧洲的**一切**被压迫民族(英国的爱尔兰人、尼斯的意大利人、德国的丹麦人等、俄国的百分之五十七的居民,等等)**和欧洲以外的一切**被压迫民族,即一切殖民地。安·潘·同志提到这些民族,是很恰当的。英、法、德三国总共约有 15 000 万人口,而他们却压迫着 4 亿以上的殖民地人民!!这场帝国主义战争即为了资本家的利益而进行的战争的实质,不仅在于战争的目的是要压迫更多的民族,要瓜分殖民地,而且在于进行战争的主要是那些**压迫**许多其他民族、压迫地球上**大部分**居民的先进民族。

为侵占比利时的行为辩护或者容忍这种行为的德国社会民主党人,实际上已经不是社会民主主义者,而是帝国主义者和民族主义者了,因为他们维护德国资产阶级(在某种程度上也包括德国工人)压迫比利时人、阿尔萨斯人、丹麦人、波兰人、非洲黑人等的“权利”。他们不是社会主义者,而是帮助德国资产阶级掠夺其他民族的**奴仆**。**仅仅**要求解放比利时和赔偿比利时损失的比利时社会党人，实际上也是在维护比利时资产阶级的要求，即希望照旧掠夺刚果的1 500万居民，照旧在其他国家享有租借权和特权。比利时资产者的国外投资约有30亿法郎；用种种欺诈手段去保护从这几十亿法郎获得的利润，**实际上**这就是所谓“英勇的比利时”的“民族利益”之所在。俄、英、法、日等国也是如此，而且更厉害得多。

由此可见，民族自由的要求如果不是用来掩盖**某些个别**国家的帝国主义和民族主义的一句假话，那么这个要求就应当普遍适用于**一切**民族和**一切**殖民地。而**没有一切**先进国家的一系列革命，这个要求显然是毫无内容的。不仅如此，没有**社会主义**革命的胜利，这个要求也是不可能实现的。

这是不是说，社会党人可以对愈来愈多的群众的和平要求漠不关心呢？绝对不是。工人的有觉悟的先锋队的口号是一回事，群众的自发的要求是另一回事。资本家阶级曾经高喊这场战争具有“解放的”目的，高喊“保卫祖国”，对老百姓还进行了其他种种欺骗，而群众渴望和平的事实就是表明群众对资产阶级的这类谎言开始**感到失望**的一个极其重要的**征兆**。社会党人应当十分重视这一征兆。应当竭尽全力地去**利用**群众的这种和平愿望。但是**怎样**利用呢？认可和重复和平**口号**，那会成为对“软弱无能的〈往往更坏：**伪善的**〉饶舌者的狂妄自大”的鼓励。这样做会成为对人民的**欺骗**，使他们产生一种错觉，认为不进行一系列革命来“教训”（或者确切些说：消灭）现在的政府和现在的统治阶级，这些政府和阶级也**能够**实现多少会使民主派和工人阶级满意的和平。没有什么比这种欺骗更有害的了。没有什么比这更能蒙蔽工人的眼睛，更能向工人灌输资本主义和社会主义之间**没有深刻的**矛盾这一骗人的思想了，没有什么比这更能**粉饰**资本主义奴隶制了。不，我们必须利用群众渴望和平的愿望来向他们说明:没有一系列的革命,他们所期待于和平的那些好处都是不可能得到的。

结束战争,实现各国人民之间的和平,停止掠夺和暴力——这确实是我们的理想;但是只有资产阶级诡辩家才会用这种理想来迷惑群众,把它同立即直接鼓吹革命行动割裂开来。进行这种鼓动的基础已经具备;为了进行这种鼓动,需要的只是同资产阶级的盟友即直接地(直到采用告密手段)和间接地阻碍革命工作的机会主义者断然决裂。

提出民族自决的口号同样必须**同**资本主义发展的帝国主义时代**联系起来**。我们不赞成保持原状,也不赞同以为可以**排除**大规模战争的小市民空想。我们主张进行反对帝国主义即资本主义的革命斗争。[①] 帝国主义就是那些压迫许多其他民族的民族力图扩大和加强这种压迫,重新瓜分殖民地。所以,在我们这个时代,民族自决问题的**关键**就在于**各压迫**民族的社会党人的行动如何。压迫民族(英、法、德、日、俄、美等国)的任何一个社会党人如果不承认和不坚持被压迫民族有自决权(即自由分离权),他实际上就不是社会主义者,而是沙文主义者。

只有具备这种观点,才会去同帝国主义进行真正的彻底的斗争,才会以无产阶级的而不是小市民的态度去对待(在我们这个时代)民族问题。只有具备这种观点,才能贯彻反对任何民族压迫的原则,才能消除压迫民族和被压迫民族的无产者之间的不信任,才能去进行团结一致的国际斗争,以实现社会主义革命(即唯一可能实现的各民族完全平等的制度),而不是实现在资本主义制度下使

---

① 手稿上删去了如下一句话:"但是,不用**社会主义**的观点提出民族自决问题,就不可能进行这方面的宣传,进行真正革命的宣传。"——俄文版编者注

一切弱小国家获得自由的小市民空想。

这就是我们党即拥护中央委员会的俄国社会民主党人所持的观点。这也正是马克思的观点，他当年曾教导无产阶级说，“压迫其他民族的民族是不能获得解放的”。马克思要求爱尔兰同英国分离，正是从这种观点出发，从**英国**（不仅是爱尔兰）工人解放运动的利益出发的。

如果英国的社会党人不承认和不坚持爱尔兰有分离权，法国人不承认和不坚持意大利人聚居的尼斯有分离权，德国人不承认和不坚持阿尔萨斯—洛林、丹麦的石勒苏益格、波兰有分离权，俄国人不承认和不坚持波兰、芬兰、乌克兰等有分离权，波兰人不承认和不坚持乌克兰有分离权，如果“大”国即进行大规模掠夺的国家的所有社会党人不坚持各殖民地也有这种权利，那么这正是因为而且也只是因为他们实际上是帝国主义者，而不是社会主义者。有些人因为自己属于压迫民族，就**不**坚持被压迫民族的“自决权”，如果幻想这种人能够实行社会主义的政策，那就太可笑了。

社会党人不能听任伪善的饶舌者用可能实现民主的和平的空话和诺言去欺骗人民，而应当向群众说明，如果不进行一系列革命，不在各个国家进行反对**自己的**政府的革命斗争，任何一点儿民主的和平都是不可能的。社会党人不能容许资产阶级政客用民族自由的空话去欺骗人民，而应当向**压迫**民族的群众说明，如果他们去帮助压迫其他民族，如果他们不承认和不坚持这些民族有自决权即自由分离权，他们自己的解放也是没有希望的。这就是在和平问题和民族问题上，一切国家都应当采取的不同于帝国主义政策的社会主义政策。是的，这种政策多半是和关于叛国的法令相抵触的，但是，压迫民族中的几乎所有的社会党人都已无耻地背叛了的巴塞尔决议也是和上述的法令相抵触的。

必须作出抉择：要么赞成社会主义，要么服从霞飞先生和兴登堡先生的法令；要么进行革命斗争，要么向帝国主义卑躬屈膝。中间的道路是没有的。那些虚伪地（或愚蠢地）编造"中间路线"的政策的人，正在给无产阶级造成极大的危害。

载于1924年《无产阶级革命》杂志第5期

译自《列宁全集》俄文第5版第26卷第301—306页

社会主义与战争

（俄国社会民主工党对战争的态度）[229]

（1915年7—8月）

初版（国外版）序言

战争已经进行一年了。我们党在战争刚一开始时就在中央委员会的宣言中确定了对这次战争的态度。中央委员会的宣言①是在1914年9月拟定，1914年11月1日在我党中央机关报《社会民主党人报》第33号上发表的（事先曾分发给各中央委员和我们党在俄国国内的负责代表，并征得他们同意）。以后在第40号（1915年3月29日）上又刊载了伯尔尼代表会议的决议②，这些决议更准确地阐述了我们的原则和我们的策略。

目前俄国群众的革命情绪在显著地增长。在其他国家里，尽管大多数已经站到自己的政府和自己的资产阶级一边的正式的社会民主党在压制无产阶级的革命要求，还是到处都可以看到群众革命情绪增长的迹象。在这种情况下，非常需要出版一本小册子，总结一下社会民主党对这场战争的策略。在全文刊印上述党的文

① 见本卷第12—19页。——编者注

② 见本卷第163—169页。——编者注

件的时候,我们对这些文件作了一些简要的说明,尽量考虑到文献中和党的会议上提出过的赞成资产阶级策略或无产阶级策略的一切主要论据。

第二版序言

这本小册子是在1915年夏天齐美尔瓦尔德代表会议[230]召开前夕写成的。小册子还用德文和法文出版过，并译成挪威文在挪威社会民主主义青年团机关报上全文发表过。小册子的德文版是秘密运到德国的柏林、莱比锡、不来梅及其他城市，由齐美尔瓦尔德左派的拥护者和卡尔·李卜克内西派在当地秘密散发的。法文版是在巴黎秘密印刷，由法国的齐美尔瓦尔德派在当地散发的。俄文版传到俄国的份数非常有限，因此在莫斯科，工人们采用了手抄的办法。

现在我们把这本小册子作为文件全文重印出来。读者应该时刻记住，小册子是在1915年8月写成的。而读到涉及俄国的地方，尤其要记住这一点，记住俄国当时还是沙皇的俄国，罗曼诺夫的俄国……

第一章
社会主义的原则和1914—1915年的战争

社会党人对战争的态度

社会党人一向谴责各民族之间的战争，认为这是一种野蛮的和残暴的行为。但是我们对战争的态度，同资产阶级和平主义者（和平的拥护者和鼓吹者）和无政府主义者有原则的区别。我们和资产阶级和平主义者不同的是，我们懂得战争和国内阶级斗争有必然的联系，懂得不消灭阶级，不建立社会主义，就不可能消灭战争，再就是我们完全承认国内战争即被压迫阶级反对压迫阶级——奴隶反对奴隶主、农奴反对地主、雇佣工人反对资产阶级——的战争是合理的、进步的和必要的。我们马克思主义者既不同于和平主义者也不同于无政府主义者的是，我们认为必须历史地（从马克思的辩证唯物主义观点）分别地研究每次战争。历史上多次发生过这样的战争，它们虽然像任何战争一样不可避免地带来种种惨祸、暴行、灾难和痛苦，但是它们却是进步的战争，也就是说，它们由于帮助破坏了特别有害的和反动的制度（如专制制度或农奴制），破坏了欧洲最野蛮的专制政体（土耳其的和俄国的）而有利于人类的发展。因此，对目前这场战争，必须研究它的历史特点。

近代战争的历史类型

法国大革命开辟了人类历史的新时代。从那时起到巴黎公社为止，从 1789 年起到 1871 年为止，战争的类型之一是具有资产阶级进步性的、民族解放性质的战争。换句话说，这些战争的主要内容和历史意义在于推翻专制制度和封建制度，摧毁这些制度，推翻异族压迫。因此这些战争是进步的战争，在**这样的**战争中，一切正直的、革命的民主主义者以及一切社会党人，总是希望对推翻或摧毁封建制度、专制制度和异族压迫的极端有害的基础起了促进作用的那个国家（即那个国家的资产阶级）取得胜利。例如，在法国的历次革命战争中，有过法国人掠夺和侵占他国领土的因素，但是这丝毫没有改变这些战争的根本历史意义，因为这些战争破坏或震撼了整个旧农奴制欧洲的封建制度和专制制度。在普法战争中，德国掠夺过法国，但是这并没有改变这次战争的根本历史意义，因为这次战争使数千万德国人民摆脱了封建割据状态，摆脱了俄国沙皇和拿破仑第三这两个专制君主的压迫。

进攻性战争和防御性战争的区别

1789—1871 年这个时代留下了深刻的痕迹和革命的回忆。在推翻封建制度、专制制度和异族压迫以前，根本谈不上无产阶级争取社会主义的斗争的发展。社会党人就**这种**时代的战争所说的“防御性”战争的合理性，一向就是指这些目标，即对中世纪制度和农奴制度的革命。社会党人所说的“防御性”战争，向来就是指这个意义上的**"正义的"**战争(威·李卜克内西有一次就用过这个用语)[231]。社会党人过去和现在都只是在这个意义上承认"保卫祖国"或"防御性"战争是合理的、进步的和正义的。譬如说,假如明天摩洛哥向法国宣战,印度向英国宣战,波斯或中国向俄国宣战等等,这些战争就都是"正义的"、"防御性的"战争,而**不管**是谁首先发动进攻。任何一个社会党人都会希望被压迫的、附属的、主权不完整的国家战胜压迫者、奴隶主和掠夺者的"大"国。

但是假定说,一个拥有100个奴隶的奴隶主,为了更"公平地"重分奴隶,而和一个拥有200个奴隶的奴隶主开战。显然,在这种场合使用"防御性"战争或"保卫祖国"的概念,从历史上说是一种伪造,实际上不过是狡猾的奴隶主对平民百姓、小市民和愚昧无知的人的欺骗。现在的帝国主义资产阶级在当前这场奴隶主之间为巩固和加强奴隶制而进行的战争中,就是这样利用"民族"观念和保卫祖国的概念来欺骗人民的。

目前的战争是帝国主义战争

几乎所有的人都承认,目前这场战争是帝国主义战争;但是这一概念在大多数情况下被人们所歪曲,他们不是单方面地加以运用,就是寻找借口说这场战争还可能具有资产阶级进步的、民族解放的意义。帝国主义是资本主义发展的最高阶段,这个阶段只是在20世纪才达到的。过去,不建立民族国家,资本主义就不能推翻封建主义,然而现在,旧的民族国家已经束缚资本主义的发展了。资本主义使集中发展到这样的程度,以致整个整个的工业部门都掌握在辛迪加、托拉斯这些资本家亿万富翁的同盟手中,几乎整个地球已被这些“资本大王”所瓜分，他们或者采取占有殖民地的形式，或者用金融剥削的千万条绳索紧紧缠绕住其他国家。自由贸易和竞争已经被追求垄断、抢夺投资场所和原料输出地等等的意向所代替。帝国主义的资本主义，已经由原先反封建主义斗争中的民族解放者，变为最大的民族压迫者了。资本主义已经由进步变为反动，它使生产力发展到了这种程度，以致使人类面临这样的抉择：要么过渡到社会主义，要么一连几年、甚至几十年地经受“大”国之间为勉强维持资本主义（以殖民地、垄断、特权和各种各样的民族压迫作为手段）而进行的武装斗争。

最大的奴隶主之间为保存和巩固奴隶制而进行的战争

为了说明帝国主义的意义，我们把所谓“大”国（即在大规模的掠夺中卓有成效者）瓜分世界的一些确切数字列举如下：

奴隶主“大”国瓜分世界的情况

“大国”	殖民地 1876年 平方公里 单位百万	殖民地 1876年 人口 单位百万	殖民地 1914年 平方公里 单位百万	殖民地 1914年 人口 单位百万	宗主国 1914年 平方公里 单位百万	宗主国 1914年 人口 单位百万	共计 平方公里 单位百万	共计 人口 单位百万
英国………	22.5	251.9	33.5	393.5	0.3	46.5	33.8	440.0
俄国………	17.0	15.9	17.4	33.2	5.4	136.2	22.8	169.4
法国………	0.9	6.0	10.6	55.5	0.5	39.6	11.1	95.1
德国………	—	—	2.9	12.3	0.5	64.9	3.4	77.2
日本………	—	—	0.3	19.2	0.4	53.0	0.7	72.2
美国………	—	—	0.3	9.7	9.4	97.0	9.7	106.7
6个“大”国…	40.4	273.8	65.0	523.4	16.5	437.2	81.5	960.6

不属于大国（而属于比利时、荷兰等国）的殖民地………			9.9	45.3			9.9	45.3
3个“半殖民地”国家（土耳其、中国和波斯）							14.5	361.2
						总计……	105.9	1 367.1
其余国家和地区……………………………………………………							28.0	289.9
全球（两极地区除外）……………………………………………							133.9	1 657.0

从上表可以看出，在1789—1871年间大多曾率领其他民族为争取自由而斗争的民族，今天，在1876年以后，由于它们的资本主义的高度发展和“过度成熟”，已经变为全球大多数居民和民族的压迫者和奴役者。从1876年起到1914年止，6个“大”国抢占了2 500万平方公里的土地，即抢占了比整个欧洲大一倍半的面积！6个大国奴役着**5亿以上**（52 300万）的殖民地居民。这些“大”国平均每4个人奴役着“它们的”殖民地的5个居民。同时大家知道，殖民地是用火与剑抢夺来的，殖民地居民受着野蛮的虐待，他们遭受着各式各样的剥削（如资本输出、租借等、商品销售中的欺骗行径、对“统治”民族当局的强制服从，等等）。英法资产阶级欺骗人民说，他们是为了各民族和比利时的自由而战，实际上他们是为了保存他们抢夺来的大量殖民地而战。只要英国人和法国人肯把自己的殖民地“公平合理地”分给德国帝国主义者一些，德国帝国主义者就会立刻退出比利时等地。目前形势的一个特点就是，在这场战争中，殖民地的命运取决于大陆上的战争。从资产阶级的公平和民族自由（或民族生存权）的观点来看，德国反对英国和法国无疑是对的，因为它殖民地“分得少”，它的敌人所压迫的民族比它所压迫的要多得多，而在它的盟友奥地利那里，被压迫的斯

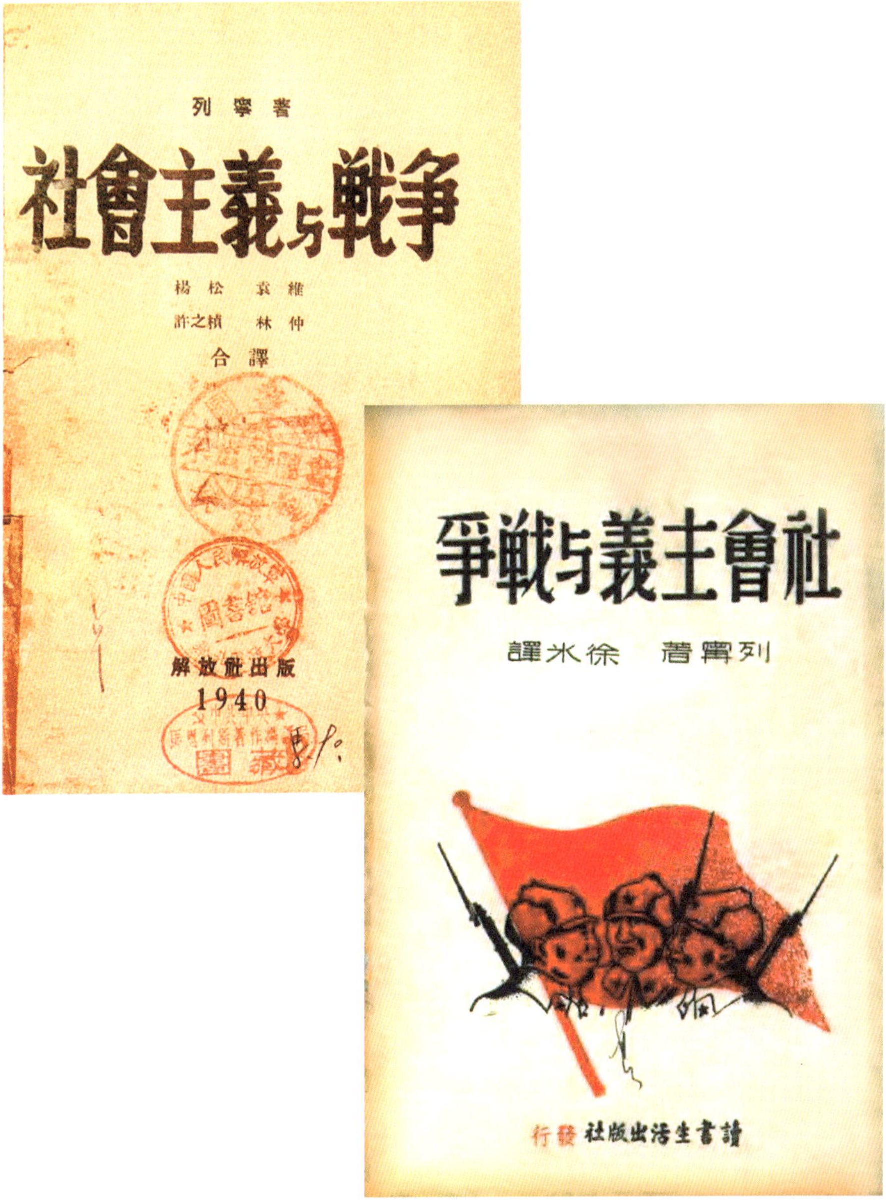

1940 年延安解放社和重庆读书生活出版社出版的
列宁《社会主义与战争》一书的中译本

国这个名副其实的“各族人民
德国本身并不是在为解放其他
。社会党人决不应当帮助一个
动那些较老的因吃得过多而撑坏
用强盗之间的斗争，去把他们统
先向人民说明真相，也就是说，指
奴隶主为巩固奴隶制而进行的战
公平地”瓜分从而更“和睦地”剥削
及的战争；第二，这是一场要在“大”国
争，因为**无论**奥地利**或**俄国（俄国比奥
）都是专靠这种压迫来维持，并且靠战
，这是一场要巩固雇佣奴隶制并延长其
级已被分裂，已被压制下去，资本家则得
煽起民族偏见，强化反动势力，——目前这
里，甚至在最自由的、共和制最完善的国家

争是政治通过另一种手段
〈暴力手段〉的继续”

问题最深刻的著作家之一克劳塞维茨的一句名
者一向公正地把这一论点看做考察任何一场战争
础。马克思和恩格斯一向就是从这个观点出发来
J。
点来考察当前这场战争就会看到，英、法、德、意、奥、

世纪以来一直
政治。当前这
尤其是在奥
役其他民族，
地附属国里，
民族生存、摆
战争，即使
争。
产阶级所推
中可以为
和虚伪的。

在俄国是
例子正
中立，这
条约和
德国宣
会党人
或四
的，只
土耳
斯—
阿尔

俄这些国家的政府和统治阶级几十年来，几乎半个
在推行掠夺殖民地、压迫其他民族、镇压工人运动的
场战争所继续的，正是这种政治，也只能是这种政治。
地利和俄国，无论平时的政治还是战时的政治都是奴
而不是解放其他民族。相反，在中国、波斯、印度和其
近几十年来我们所看到的是一种唤起千百万人争取民
脱反动“大”国压迫的政治。在这种历史基础上进行的
在今天也可以是具有资产阶级进步性的、民族解放的战

只要把目前这场战争看做各“大”国及其国内的主要
行的政治的继续，就可以立刻看出，那种认为在这场战争
“保卫祖国”的思想辩护的看法是极端反历史的、骗人的

比利时的例子

三协约国（现在是四协约国[232]）的社会沙文主义者（在
普列汉诺夫及其一伙）最爱援引比利时的例子。可是这个
好说明他们错了。德帝国主义者无耻地破坏了比利时的
和其他交战国随时随地所做的一样，只要需要就践踏**一切**
义务。我们姑且假定，一切愿意遵守国际条约的国家都向
战，要求德国撤出比利时并赔偿它的损失。假如是这样，社
当然会站在德国的敌人一边。可是问题恰恰在于“三协约国
协约国）”**并不是**为了比利时而进行战争的。这是人所共知
有伪君子才会隐瞒这一点。英国正在抢夺德国的殖民地和
其，俄国正在抢夺加利西亚和土耳其，法国在力争得到阿尔萨
洛林、甚至莱茵河左岸地区；同意大利签订了分赃条约（瓜分

巴尼亚和小亚细亚)；同保加利亚和罗马尼亚正在进行一笔交易，同样是为了分赃。在各国现在的政府所进行的目前这场战争的条件下，**不**帮助扼杀奥地利或土耳其等，**就不能**帮助比利时！这跟"保卫祖国"有什么关系呢？？这正是帝国主义战争的特点，正是历史上已经过了时的反动资产阶级的政府间为压迫其他民族而进行的战争的特点。谁为参加这场战争辩护，谁就是要使帝国主义对各民族的压迫永世长存。谁宣传要利用各国政府目前的困难来为社会革命而斗争，谁就是在维护真正是一切民族的真正的自由，因为这种自由只有在社会主义制度下才能实现。

俄国在为什么而战？

在俄国，最新型的资本帝国主义已经在沙皇政府对波斯、满洲和蒙古的政策中充分显露了身手，但是总的说来，在俄国占优势的还是军事封建帝国主义。世界上没有一个地方像在俄国那样对国内的多数居民进行这样的压迫：大俄罗斯人只占人口的43%，即不到一半，而其余一切民族都被当做异族看待，没有任何权利。在俄国的17 000万人口中，有**近1亿**的居民遭受压迫，没有权利。沙皇政府进行战争是为了夺取加利西亚并彻底扼杀乌克兰人的自由，是为了夺取亚美尼亚和君士坦丁堡等地。沙皇政府把这场战争看做是转移人们对国内日益增长的不满情绪的注意力和镇压日益高涨的革命运动的一种手段。现在，俄国平均每两个大俄罗斯人压迫着两三个无权的"异族人"。沙皇政府还力图通过这场战争增加俄国所压迫的民族的数量，巩固对他们的压迫，从而破坏大俄罗斯人本身争取自由的斗争。既然有可能对其他民族进行压迫和掠夺，经济停滞就会持续下去，因为在这种情况下往往是以对“异族人”的半封建的剥削作为收入来源，而不是靠发展生产力。因此，从俄国方面来说，这场战争就具有特别反动和反民族解放的性质。

什么是社会沙文主义？

社会沙文主义就是在当前这场战争中为“保卫祖国”的思想辩护。从这一思想进一步得出的结论就是，在战时放弃阶级斗争，投票赞成军事拨款，等等。实际上社会沙文主义者所推行的是反无产阶级的资产阶级政策，因为他们实际上不是在反对异族压迫这个意义上主张“保卫祖国”，而是维护这些或那些“大”国掠夺殖民地和压迫其他民族的“权利”。社会沙文主义者重复资产阶级欺骗人民的鬼话，似乎这场战争是为了保卫各民族的自由和生存而进行的，这样他们就投到资产阶级方面而反对无产阶级了。在社会沙文主义者中间，有人为**某一**参战大国集团的政府和资产阶级辩护和粉饰，也有人像考茨基那样，认为**所有**交战大国的社会党人都有同样的权利“保卫祖国”。社会沙文主义既然实际上是在维护“自己的”（或任何国家的）帝国主义资产阶级的特权、优越地位、掠夺和暴力，也就完全背叛了一切社会主义信念和巴塞尔国际社会党代表大会的决议。

巴塞尔宣言

1912 年在巴塞尔一致通过的关于战争的宣言，正是指 1914 年爆发的英德两国及双方现在的盟国之间进行的战争。宣言明确宣布，对于以大国的帝国主义掠夺政策为基础、“为了资本家的利润和王朝的利益”而进行的这种战争，是不能以任何人民的利益作为借口来为它辩护的。宣言明确宣布，战争“对各国政府”（毫无例外）是危险的，指出各国政府都害怕“无产阶级革命”，非常明确地举了 1871 年公社和 1905 年 10 月至 12 月事件**即革命和国内战争的例子**。因此，巴塞尔宣言正是针对当前这场战争制定了各国工人在国际范围内进行反对自己的政府的革命斗争策略，制定了无产阶级革命的策略。巴塞尔宣言重申斯图加特决议的主张，认为战争一旦爆发，社会党人就应当利用战争造成的“经济和政治危机”来“加速资本主义的崩溃”，也就是利用战争给各国政府造成的困难和群众的愤慨来进行社会主义革命。

社会沙文主义者的政策，他们用资产阶级解放的观点为这场战争辩护，他们主张“保卫祖国”，投票赞成军事拨款，参加内阁等等，等等，是对社会主义的直接背叛；正如我们在下面将要看到的，这种背叛之所以发生，完全是由于机会主义和民族主义自由派的工人政策已经在欧洲的大多数党内取得了胜利。

歪曲地援引马克思和恩格斯

俄国的社会沙文主义者（以普列汉诺夫为首）援引马克思在 1870 年的战争中的策略；德国的社会沙文主义者（伦施、大卫之流一类的人）援引恩格斯 1891 年的言论：一旦同俄法两国发生战争，德国社会党人有义务保卫祖国[①]；最后，那些想使国际沙文主义调

① 参看《马克思恩格斯文集》第 4 卷第 431—436 页。——编者注

和并合法化的考茨基一类的社会沙文主义者说，马克思和恩格斯虽然谴责战争，可是从1854—1855年到1870—1871年和1876—1877年，每当战争终于爆发的时候，他们总是站在交战的某一方。

凡此种种引证都是对马克思和恩格斯的观点的令人愤慨的歪曲，是为了讨好资产阶级和机会主义者，就像吉约姆一伙的无政府主义者的著作歪曲马克思和恩格斯的观点来为无政府主义辩护一样。1870—1871年的战争，从德国方面来说，在战胜拿破仑第三之前，是具有进步历史意义的，因为拿破仑第三和沙皇一道，多年来一直压迫德国，使德国一直处于封建割据状态。但是战争一转变为对法国的掠夺（兼并阿尔萨斯和洛林），马克思和恩格斯就坚决地谴责了德国人。而且在这次战争一开始，马克思和恩格斯就赞同倍倍尔和李卜克内西拒绝投票赞成拨款，劝告社会民主党人不要同资产阶级同流合污，而要捍卫无产阶级的独立的阶级利益。把对这一具有资产阶级进步性和民族解放意义的战争的评价套用到当前的帝国主义战争上来，这是对真理的嘲弄。至于1854—1855年的战争以及19世纪的一切战争，情况就更是如此，因为当时**既**没有现代的帝国主义，**又**没有实现社会主义的成熟的客观条件，在**所有**交战国内**也**没有群众性的社会主义政党，也就是恰恰没有巴塞尔宣言**针对**大国间的战争据以制定“无产阶级革命”策略的那些条件。

谁现在只援引马克思对资产阶级**进步**时代的战争的态度，而忘记马克思的“工人没有祖国”这句**恰恰是**适用于资产阶级反动和衰亡时代、适用于社会主义革命时代的话，谁就是无耻地歪曲马克思，就是在用资产阶级的观点偷换社会主义的观点。

第二国际的破产

1912 年，全世界社会党人在巴塞尔庄严宣告，他们认为即将到来的欧洲大战是**各国**政府"罪恶的"和最反动的行为，它必然引起反对资本主义的革命，从而势必加速资本主义的崩溃。战争爆发了，危机到来了。可是大多数社会民主党不实行革命的策略，却实行了反动的策略，站到自己的政府和自己的资产阶级方面去了。这种背叛社会主义的行为意味着第二(1889—1914 年)国际的破产。我们应当弄清引起这种破产的原因，弄清产生社会沙文主义的原因，以及社会沙文主义的力量从何而来。

社会沙文主义是登峰造极的机会主义

在第二国际存在的整个时期内，每个社会民主党内都进行着革命派和机会主义派的斗争。这一斗争在许多国家里引起了分裂(英国、意大利、荷兰、保加利亚)。任何一个马克思主义者都深信不疑：机会主义代表着工人运动中的资产阶级政策，代表着小资产阶级的利益，代表着一小部分资产阶级化了的工人同"**自己的**"资产阶级结成的联盟的利益，而反对无产者群众、被压迫群众的利益。

19 世纪末的客观条件特别加强了机会主义的力量，使利用资产阶级所容许的合法性变成了崇拜这种合法性，在工人阶级中间造成了一个人数不多的官僚和贵族阶层，把许多小资产阶级"同路人"吸引到社会民主党的队伍中来。

战争加速了发展进程，使机会主义变成了社会沙文主义，使机会主义者同资产阶级的秘密联盟变成了公开的联盟。同时军事当局到处实行戒严，压制工人群众，工人群众原来的领袖几乎全部倒向资产阶级。

机会主义和社会沙文主义的经济基础是同一个，那就是人数很少的特权工人阶层和小资产阶级的利益。这些人所捍卫的是自己的特权地位，是从“自己”国家的资产阶级靠掠夺其他民族、靠它的大国优越地位等等而攫取的利润中分得一点油水的“权利”。

机会主义和社会沙文主义的思想政治内容是同一个，那就是用阶级合作代替阶级斗争，放弃革命的斗争手段，帮助“自己的”政府摆脱困境，而不是利用它的困难推进革命。如果从总体上来观察一下欧洲国家，如果不是注重个别人物（哪怕是最有威望的人物），那么就可以发现，恰恰是机会主义**派别**成了社会沙文主义的主要支柱，而从革命者的阵营中几乎到处都比较一贯地发出了对这个派别的抗议。如果以1907年斯图加特国际社会党代表大会上的派别划分情况为例，那么就可以发现，国际马克思主义是反对帝国主义的，而国际机会主义当时就已经是拥护帝国主义的了。

同机会主义者统一就是
工人同“自己”国家的资产阶级结成联盟，
就是分裂国际的革命工人阶级

在过去，在大战以前，机会主义虽然往往被看做是一种“偏向”和“极端”，但仍然被认为是社会民主党的一个合法的组成部分。战争表明将来不可能再是这样了。机会主义已经“成熟”，已经充

分地起到了资产阶级在工人运动中的特使的作用。同机会主义者保持统一已成为十足的伪善，德国社会民主党就是一个例子。在一切重要场合(例如 8 月 4 日的投票)机会主义者都要提出自己的最后通牒，而实现这种通牒则靠他们同资产阶级的千丝万缕的联系，靠他们在工会理事会等机构里面的多数。现在同机会主义者**保持统一，实际上**就是让工人阶级服从"自己"国家的资产阶级，就是同资产阶级结成联盟来压迫其他民族和争夺大国特权，就是**分裂**所有国家的革命无产阶级。

不管在某些场合同在许多组织中占优势的机会主义者作斗争会多么困难，不管把机会主义者清除出工人政党的过程在各个国家里会多么不同，这个过程是不可避免的，而且必将取得成果。改良主义的社会主义正在死亡；正在复兴的社会主义，按照法裔社会党人保尔·果雷的恰当说法，"将是革命的、不调和的和敢于造反的"[233]。

"考茨基主义"

考茨基这位第二国际最有威望的人物，是一个从口头上承认马克思主义弄到实际上把马克思主义变成"司徒卢威主义"或"布伦坦诺主义"[234]的最典型最鲜明的例子。我们看到普列汉诺夫也是这样一个例子。他们用明显的诡辩阉割马克思主义的活生生的革命的灵魂，他们承认马克思主义中的**一切**，就是**不**承认革命的斗争手段，**不**承认要为采用这种斗争手段进行宣传和准备并用这种精神教育群众。考茨基把以下两者无原则地"调和"起来：一方面是社会沙文主义的基本思想——承认在这场战争中保卫祖国，另一方面是对左派作外交式的表面的让步，如在投票表决军事拨款时弃权，在口头上承认自己采取反对派立场等等。1909 年考茨基写了一整本书来论述革命时代的逼近和战争同革命的联系，1912 年考茨基在要求利用即将到来的战争进行革命的巴塞尔宣言上签了字，现在他却千方百计地替社会沙文主义辩护和粉饰，并像普列汉诺夫一样，与资产阶级同流合污，讥笑一切革命意图，讥笑一切直接进行革命斗争的步骤。

工人阶级不进行无情的战斗，来反对这种叛徒行径，这种没有气节、向机会主义献媚、从理论上把马克思主义空前庸俗化的行为，便不能实现它的世界革命的使命。考茨基主义不是偶然现象，而是第二国际各种矛盾的社会产物，是既要在口头上忠实于马克思主义又要在实际上屈服于机会主义的社会产物。

“考茨基主义”的这种根本的虚伪性，在不同的国家里有不同的表现形式。在荷兰，罗兰-霍尔斯特虽然拒绝保卫祖国的思想，却坚持同机会主义者的政党的统一。在俄国，托洛茨基虽然也拒绝这种思想，却同样坚持同机会主义和沙文主义的《我们的曙光》集团的统一。在罗马尼亚，拉柯夫斯基虽然把机会主义看做国际破产的祸首而向它宣战，同时却又欣然承认保卫祖国的思想是合理的。所有这一切，都是荷兰马克思主义者（哥尔特、潘涅库克）曾经称之为“消极的激进主义”的祸害的表现，这种祸害的实质就是在理论上用折中主义代替革命的马克思主义，在实践中对机会主义俯首帖耳或者说软弱无能。

马克思主义者的口号——革命的社会民主党的口号

战争无疑造成了最尖锐的危机，空前加剧了群众的灾难。这场战争的反动性质，**各**国资产阶级为了以“民族”观念掩饰其掠夺目的而编造出的无耻谎言，这一切在客观的革命形势下正在不可避免地激起群众的革命情绪。我们的责任，就是帮助人们充分意识到这种情绪，加深和发展这种情绪。能够正确地表达这个任务的只有一个口号：变帝国主义战争为国内战争。战时**任何**彻底的阶级斗争，任何认真执行的“群众行动”的策略，都必然引向这一步。我们无法知道，触发一场强大的革命运动的将是列强之间的第一次帝国主义战争，还是第二次帝国主义战争，它将发生在战争期间，还是发生在战后，但是不管怎样，我们义不容辞的责任，就是要朝着这个方向去一贯地和不屈不挠地进行工作。

巴塞尔宣言直接举了巴黎公社即变政府间的战争为国内战争的例子。半个世纪以前，无产阶级力量还太弱，社会主义的客观条件还没有成熟，所有交战国内的革命运动还不能相互配合和相互促进；一部分巴黎工人迷恋于“民族观念”（1792 年的传统），这是马克思当时就指出的他们的小资产阶级软弱性的表现，也是公社失败的原因之一。从公社失败以来已经过去半个世纪了，能够削弱当时革命的那些条件已经消失，在今天，如果一个社会党人甘心拒绝以巴黎公社战士的精神去从事活动，那是不可宽恕的。

战壕联欢的例子

所有交战国的资产阶级报纸都报道了各交战国士兵甚至在战壕内联欢的事例。军事当局（德国和英国的）所颁布的严禁这种联欢的命令证明，各国政府和资产阶级认为这种联欢有重大的意义。既然在西欧各国社会民主党的上层中机会主义完全占统治地位和社会民主党的一切报刊、第二国际的所有权威都支持社会沙文主义的情况下，还能发生联欢的事例，这就向我们表明，只要朝这个方向坚持不懈地进行工作，哪怕只有所有交战国的左派社会党人进行工作，那么缩短目前这场罪恶的、反动的和奴隶主的战争，组织国际的革命运动，是非常可能的。

秘密组织的意义

全世界最有名的一些无政府主义者，在这场战争中都因其社会沙文主义而出了丑（同普列汉诺夫和考茨基一样），其出丑的程度并不亚于机会主义者。这场战争的一个有益的结果无疑是：它将把机会主义和无政府主义一齐打垮。

社会民主党在任何场合，在任何情况下，都不应当拒绝利用哪怕是最小的合法机会来组织群众和宣传社会主义，但是必须摒弃崇拜合法性的思想。恩格斯写道："资产者老爷们，你们先开枪吧！"在这里恩格斯正是暗示要进行国内战争，暗示**在**资产阶级破坏合法性**以后**我们必须破坏合法性。危机表明，在所有的国家里，甚至在最自由的国家里，资产阶级都在破坏合法性，因此不建立秘密组织来宣传、讨论、评价和准备各种革命斗争手段，就不能把群众引向革命。例如在德国，社会党人所做的一切**堂堂正正的事情**，都是违背卑鄙的机会主义和伪善的"考茨基主义"的意愿的，而且都是秘密进行的。在英国，印发号召人们不去参军的传单，就要被送去服苦役。

认为当一个社会民主党人而可以否认秘密的宣传方式，可以在合法报刊上嘲笑这些方式，那就是背叛社会主义。

关于“自己的”政府在帝国主义战争中的失败

主张自己的政府在这场战争中胜利的人和主张“不胜不败”口号的人，同样都是站在社会沙文主义立场上。革命的阶级在反动的战争中不能不希望自己的政府失败，不能不看到自己的政府在军事上的失利会使它更易于被推翻。资产者相信由各国政府发动的战争也必定会作为各国政府间的战争告终，并且希望能这样。只有他们才会认为，要**所有**交战国的社会党人都主张**所有**“自己的”政府失败的想法，是“可笑的”和“荒谬的”。其实，正是这种主张才符合每个觉悟工人内心的想法，符合我们为变帝国主义战争为国内战争而进行的活动的要求。

毫无疑问，一部分英国、德国和俄国的社会党人所进行的认真的反战宣传，“削弱了”这些国家的政府的“军事力量”，但这种宣传正是社会党人的一大功绩。社会党人应当向群众说明：他们没有别的生路，只有用革命推翻“自己的”政府；他们应当正是为了这个目的而利用这些政府在目前这场战争中的困难。

关于和平主义与和平口号

群众要求和平的情绪，往往反映他们已经开始对战争发出抗议，表示愤慨，开始认识到战争的反动性质。利用这种情绪，是一切社会民主党人的责任。他们应当最热情地参加在这个基础上产生的一切运动和一切游行示威。但是他们不能欺骗人民，不能传布这样一种思想：似乎不进行革命运动也可以实现没有兼并、没有民族压迫、没有掠夺、不含现在的各国政府和统治阶级之间的新战争萌芽的和平。这样欺骗人民，只会有利于各交战国政府的秘密外交和它们的反革命计划。谁希望得到持久的和民主的和平，谁就应该拥护反对政府和资产阶级的国内战争。

关于民族自决权

资产阶级在这场战争中用来欺骗人民的一个最常见的手段，就是用"民族解放"的观念来掩盖战争的掠夺目的。英国人答应给比利时自由，德国人答应给波兰自由，等等。实际上，正如我们所看到的，这是一场世界大多数民族的压迫者为巩固和扩大这种压迫而进行的战争。

社会党人不同一切民族压迫作斗争，就不能达到自己的伟大目的。因此，他们必须要求各**压迫**国家（特别是所谓"大"国）的社会民主党承认和维护各**被压迫**民族的自决权，而且是政治上的自决权，即政治分离权。大国的或拥有殖民地的民族的社会党人如果不维护这种权利，那就是沙文主义者。

维护这种权利不但不会鼓励形成小国家，相反，这会促使更自由更大胆因而更广泛更普遍地形成更有利于群众和更适合经济发展的大国家和国家联盟。

另一方面，**被压迫**民族的社会党人则应当无条件地为被压迫民族和压迫民族的**工人的**完全的（包括组织上的）统一而斗争。主张一个民族同另一民族在法律上分离的思想（鲍威尔和伦纳的所谓"民族文化自治"）是一种反动的思想。

帝国主义是少数“大”国不断加紧压迫全世界各民族的时代，因此，不承认民族自决权，就不可能为反帝的国际社会主义革命而斗争。“压迫其他民族的民族是不能获得解放的。”(马克思和恩格斯语)无产阶级如果容许“本”民族对其他民族采取一点点暴力行为，它就不成其为社会主义的无产阶级。

第二章
俄国的阶级和政党

资产阶级和战争

俄国政府有一点是不落后于它的欧洲伙伴的：它也能够像它们那样大规模地欺骗“自己的”人民。无比庞大的撒谎和欺骗机器在俄国也开动了起来，其目的就是用沙文主义毒害群众，就是要造成一种印象，似乎沙皇政府是在进行一场“正义的”战争，是在无私地保卫“斯拉夫同胞”等等。

地主阶级和工商业资产阶级的上层分子热烈支持沙皇政府的黩武政策。他们理所当然地在期待着能从瓜分土耳其和奥地利的遗产中得到巨大的物质利益和特权。他们已经在一系列会议上预先设想了沙皇军队获胜时大量金钱源源流入他们口袋的情景。而且反动派十分清楚地懂得，如果说有什么能够推迟罗曼诺夫王朝的崩溃和延缓新的革命在俄国爆发的话，那只能是一场使沙皇获胜的对外战争。

城市“中等”资产阶级、资产阶级知识分子和自由职业者等广大阶层，也沾染了沙文主义，至少在战争开始时是如此。俄国自由派资产阶级的政党立宪民主党，完全地和无条件地支持沙皇政府。立宪民主党在对外政策方面早就是政府党了。沙皇外交已经不止一次用来进行大规模政治欺骗的泛斯拉夫主义，已经成为立宪民主党人的正式的意识形态了。俄国的自由派已经退化为**民族主义**自由派。它正在与黑帮进行“爱国主义”竞赛，任何时候都乐于投票拥护军国主义、海上霸权主义等等。在上一世纪70年代，德国“自由思想”自由派陷于瓦解，从中分离出一个民族主义自由派政党。目前在俄国自由派阵营内也发生了类似的现象。俄国的自由派资产阶级彻底地走上了反革命的道路。俄国社会民主工党对这一问题的看法已得到充分的证实，我们的机会主义者认为俄国的自由派仍然是俄国革命的动力，他们的这种观点已被实际生活所粉碎。

统治集团在资产阶级报刊和僧侣等等的协助下，在农民中也煽起了沙文主义情绪。但是随着士兵从战场不断返回，农村中的情绪无疑会变得不利于沙皇君主政府。同农民有联系的各资产阶级民主派政党没有能抵挡住沙文主义的浪潮。劳动派在国家杜马中拒绝投票赞成军事拨款。可是，通过自己的领袖克伦斯基的口，他们却发表了一篇对君主政府特别有利的“爱国”宣言。“民粹派”的所有合法报刊总的说来都尾随自由派。甚至资产阶级民主派的左翼即加入了社会党国际局的所谓社会革命党，也顺应了这个潮流。该党驻社会党国际局的代表鲁巴诺维奇先生，已经作为一个公开的社会沙文主义者出面了。在“协约国”社会党人伦敦代表会议上，这个党有半数代表投票赞成一项沙文主义的决议（另一半代表弃权）。沙文主义者在社会革命党人的秘密刊物（《新闻报》[235]

等等)中占有优势。“来自资产阶级”的革命者,即同工人阶级没有联系的资产阶级革命者,在这场战争中遭到了极其严重的破产。克鲁泡特金、布尔采夫和鲁巴诺维奇的可悲的命运是非常值得深思的。

工人阶级和战争

俄国唯一没有沾染上沙文主义的阶级是无产阶级。战争开始时发生的个别过火行动只牵涉工人中最愚昧无知的阶层。工人参加莫斯科反对德国人的粗暴行动一事被过分夸大了。整个说来,俄国工人阶级对沙文主义是有免疫力的。

这种情况可以从国内的革命形势和俄国无产阶级的一般生活条件中得到解释。

1912—1914 年标志着俄国新的巨大的革命高潮的开始。我们又一次亲眼看到了一场举世无双的伟大的罢工运动。1913 年参加群众性革命罢工的人数,按最低估计有 150 万人,1914 年则超过了 200 万人,接近 1905 年的水平。战争前夜,彼得堡的形势已发展到发生了首批街垒战的地步。

秘密的俄国社会民主工党履行了自己对国际的义务。国际主义的旗帜在它的手中从未动摇过。我们党早就在组织上同机会主义集团和机会主义分子决裂了。机会主义和“不惜任何代价的合法主义”没有成为我们党的脚镣。这种情况帮助了我们党去履行革命的义务,正像同比索拉蒂的机会主义党决裂帮助了意大利的同志一样。

我国的总的形势不容许“社会党的”机会主义在工人群众中盛

行。在俄国，我们在知识分子和小资产阶级等中间可以看到形形色色的机会主义和改良主义。然而它们对政治上积极的工人阶层的影响却很小。工人和职员的特权阶层在我国力量非常微弱。在我们这里没有形成对合法性的盲目崇拜。战前，取消派（阿克雪里罗得、波特列索夫、切列万宁和马斯洛夫等领导的机会主义政党）在工人群众中没有得到任何真正的支持。第四届国家杜马的**所有**6 名工人代表，都反对取消主义。彼得格勒和莫斯科的合法工人报纸的发行份数和捐款情况无可置辩地证明，五分之四的觉悟工人是反对机会主义和取消主义的。

战争爆发后，沙皇政府逮捕和放逐了成千的先进工人——我们的秘密的俄国社会民主工党的党员。这种情况，再加上国内实行戒严、我们的报纸被封闭等等，使运动受到了阻碍。然而我们党的秘密革命工作依然继续进行着。我们党的委员会在彼得格勒出版了秘密报纸《无产者呼声报》[236]。

国外出版的中央机关报《社会民主党人报》的文章在彼得格勒翻印出来，并送往各省。出版了各种秘密传单，有的甚至散发到兵营中去。在城郊的各个僻静地方，工人举行秘密集会。最近在彼得格勒爆发了五金工人的大罢工。我们的彼得格勒委员会就这些罢工事件印发了几篇告工人书。

俄国社会民主党国家杜马工人党团和战争

1913 年在社会民主党的国家杜马代表中间发生了分裂。一方是齐赫泽领导的 7 名拥护机会主义的代表。他们是由 7 个非无产阶级省份选出的，这 7 个省计有 214 000 工人。另一方有 6 名代表，他们**全部**是由俄国工业最发达的中心地区的工人选民团选出的，这些地区计有 1 008 000 工人。

引起分歧的主要问题是：实行革命的马克思主义策略，**还是**实行机会主义的改良主义策略。实际上分歧主要表现在议会**以外**的群众工作方面。在俄国，如果进行这项工作的人想要坚持革命立场的话，那他就必须秘密地进行。齐赫泽党团仍然是反对秘密工作的取消派的最忠实的同盟者，它在同工人的一切谈话中和在一切会议上，都袒护取消派。由此就发生了分裂。6 名代表组成了俄国社会民主党工人党团。一年来的工作无可争辩地表明，俄国的绝大多数工人是拥护这个党团的。

战争爆发时，分歧表现得非常明显。齐赫泽党团局限于议会活动。它没有投票赞成军事拨款，因为它要是投赞成票就会引起工人对它的极大的愤慨。（我们已经看到，在俄国甚至小资产阶级劳动派也没有投票赞成军事拨款。）但是它也没有对社会沙文主义提出过异议。

贯彻我们党的政治路线的俄国社会民主党工人党团采取了与此不同的做法。它深入到工人阶级中间去进行反战工作，它向俄国广大的无产者群众进行了反帝国主义宣传。

这个党团赢得了工人的热烈拥护，这使政府大为惊慌，它不得不公然违犯自己颁布的法律，逮捕了我们的代表同志并判处他们终身流放西伯利亚。沙皇政府在逮捕我们的同志的第一个正式文告中写道：

“社会民主主义团体的某些成员在这方面采取了一种非常特殊的立场，他们的活动的目的，是要通过用秘密传单和口头宣传进行的反战鼓动来动摇俄国的军事力量。”

对王德威尔得提出的“暂时”停止反对沙皇政府的斗争这一人所共知的号召，**只有**我们党通过中央委员会作了否定的答复。现在从沙皇驻比利时公使库达舍夫公爵的证词中已经得知，这个号召不是王德威尔得一个人起草的，而是同这位沙皇公使一起拟定的。取消派的领导核心赞同王德威尔得，在报纸上正式宣称它“在自己的活动中**不抵制战争**”。

沙皇政府首先指控我们的代表同志说，他们在工人中宣传了这个对王德威尔得的否定的答复。

沙皇检察官涅纳罗科莫夫先生在审判中举出德国和法国社会党人作为我们的同志的榜样。他说：“德国的社会民主党人投票赞成军事拨款，成了政府的朋友。德国的社会民主党人这样做了，然而俄国社会民主党的愁容骑士们却没有这样做……　比利时和法国的社会党人一起都忘记了自己同其他阶级的纷争，忘记了党派纠纷，毫不犹豫地站到了旗帜下面。”他说，可是俄国社会民主党工人党团的成员们却遵照党中央委员会的指示，并没有这样做……

这次审判向人们展示了我们党在无产阶级群众中广泛地进行秘密反战宣传的动人图景。当然，沙皇法庭“查出来的”远远不是我们的同志们在这方面的全部活动。但是仅仅所查出的活动已经说明，我们在短短的几个月里做了多么大量的工作。

在审判中，宣读了我们的一些小组和委员会所散发的反对战争和拥护国际主义策略的秘密号召书。俄国社会民主党工人党团的成员和全俄国的觉悟工人都有联系，并且尽力去帮助他们用马克思主义的观点评价这场战争。

哈尔科夫省工人的杜马代表穆拉诺夫同志在法庭上说：

“我知道,我被人民派到国家杜马里来不是为了坐杜马的安乐椅,我到过许多地方,去了解工人阶级的情绪。”他在法庭上承认,他担负了我党秘密鼓动员的任务,并在乌拉尔的上伊谢季工厂和其他地方组织过工人委员会。这次审判说明,俄国社会民主党工人党团的成员在战争爆发后,为了进行宣传而几乎走遍了全俄国,说明穆拉诺夫、彼得罗夫斯基、巴达耶夫等人组织了许多次工人大会,在会上通过了反对战争的决议,等等。

沙皇政府用死刑恫吓被告。因此,他们在法庭上并不是都表现得像穆拉诺夫同志那样勇敢。他们竭力使沙皇检察官难于给他们定罪。这一点现在正被俄国的社会沙文主义者卑鄙地用来掩盖问题的实质:工人阶级究竟需要什么样的议会活动?

休特古姆和海涅、桑巴和瓦扬、比索拉蒂和墨索里尼、齐赫泽和普列汉诺夫都承认议会活动。我们俄国社会民主党工人党团的同志们也承认议会活动,同沙文主义者决裂的保加利亚和意大利的同志也承认议会活动。议会活动有各种各样。一些人利用议会舞台是要讨好自己的政府,或者至多不过像齐赫泽党团那样自居清白。另一些人利用议会活动,则是为了做彻底的革命者,为了在最困难的情况下也要履行自己作为社会党人和国际主义者的职责。一些人的议会活动使他们坐上部长的安乐椅,另一些人的议会活动则使他们坐监牢,被流放,服苦役。一些人在为资产阶级服务,另一些人则在为无产阶级服务。一些人是社会帝国主义者,另一些人则是革命的马克思主义者。

第三章
重建国际

应当怎样重建国际呢？不过，先要谈一谈**不应当**怎样重建国际。

社会沙文主义者和“中派”的方法

哦，一切国家的社会沙文主义者都是伟大的“国际主义者”！战争一爆发，他们就为国际操尽了心。一方面他们要人相信：说国际**破产**，这是“夸大其词”，实际上并没有发生什么了不起的事情。请听考茨基是怎样说的。他说：国际不过是“和平时期的工具”，这个工具在战时自然就显得有些力不从心了。另一方面，各国的社会沙文主义者找到了一个摆脱现状的非常简单的方法，——而最重要的是，这是一个国际的方法。这个方法确实不复杂：只需要等待战争结束，而在战争结束以前，各国的社会党人应当保卫自己的“祖国”和支持“自己的”政府。到战争结束以后，则应当互相“赦免”，承认**大家**做得都正确，承认在和平时期我们应当像兄弟一样和睦相处，而在战时我们就应当恪守某项某项决议，号召德国工人消灭自己的法国兄弟，号召法国工人消灭自己的德国兄弟。

在这一点上，考茨基、普列汉诺夫、维克多·阿德勒以及海涅是完全一致的。维克多·阿德勒写道，“在我们度过这个艰难的时期之后，我们首先要做到的，就是不要彼此斤斤计较”。考茨基断言，“直到现在为止，任何一方严肃的社会党人都没有认为人们必须为”国际的命运“担忧”。普列汉诺夫说，“握沾有无辜被杀害者的鲜血的〈德国社会民主党人的〉手是不愉快的”。但是他又立即提出“赦免”，他写道，“使**感情**服从**理智**在这里将是完全适当的。为了自己的伟大事业，国际应当接受即使是事后表示的懊悔”。海涅在《社会主义月刊》中称王德威尔得的行为是“勇敢的和不屈不挠的”，说他是德国左派的榜样。

总之，当战争结束时，只要任命一个由考茨基、普列汉诺夫、王德威尔得和阿德勒组成的委员会，转眼间就会拟定出一个合乎互相赦免精神的“一致同意的”决议。争端就将圆满地被掩盖起来。他们将不是帮助工人去了解已经发生过的事情，而是要用有名无实的纸上的“统一”去欺骗工人。于是各国的社会沙文主义者和伪君子的联合，就将被说成是国际的重建。

无庸讳言：如此“重建”的危险性是非常大的。各国的社会沙文主义者都同样愿意这样做。他们都同样不希望他们国家的工人群众能够弄清这样一个问题：是社会主义**还是**民族主义。他们都同样愿意互相掩饰罪过。除“国际”伪善专家考茨基所提出的办法之外，他们谁也提不出任何别的办法。

然而，对于这种危险性，人们几乎没有认识。战争爆发一年以来，我们看到许多重建国际联系的尝试。我们不打算谈伦敦和维也纳的代表会议，当时那些态度明确的沙文主义者聚在一起，是为了帮助自己“祖国”的总参谋部和资产阶级。我们要谈的是卢加诺和哥本哈根的代表会议[237]、国际妇女代表会议和国际青年代表会议[238]。这些会议都具有良好的愿望。但是它们完全没有看到上述的危险性。它们没有制定出一条国际主义者的战斗路线。它们没有向无产阶级指出社会沙文主义者“重建”国际的方法对于无产阶级的危险性。它们至多不过重复一下旧的决议，而没有向工人指出，如果不进行反对社会沙文主义者的斗争，社会主义事业是没有希望的。它们至多是在**原地踏步**。

反对派内部的情况

毫无疑问，一切国际主义者最关心的是德国社会民主党反对派内部的情况。曾是第二国际中最强有力的、居领导地位的正式的德国社会民主党，给了这一国际工人组织一个最沉重的打击。但是在德国社会民主党中还有一个最强有力的反对派。在欧洲的大党中，是德国社会民主党内那些仍然忠于社会主义旗帜的同志们首先发出了响亮的抗议声。我们高兴地读了《光线》杂志和《国际》杂志。我们更高兴地听说，在德国，人们在散发秘密的革命呼吁书，例如《主要敌人在本国》这样的呼吁书。这说明在德国工人中还保持着社会主义精神，在德国还有能够坚持革命的马克思主义的人。

德国社会民主党内部最明显地反映了当今社会主义运动中的分裂。我们在这里可以十分清楚地看到三个派别：机会主义的沙文主义者，他们的堕落和叛变，在任何其他国家都没有达到像在德国那样的程度；考茨基的“中派”，他们在这里除了充当机会主义者的奴仆，根本没有能力扮演任何别的角色；左派，它是德国的唯一的社会民主派。

我们最关心的当然是德国左派的情况。我们把德国左派看做我们的同志，看做一切国际主义者的希望。

他们的情况怎样呢？

《国际》杂志说得很对，德国的左派还处于动荡之中，还将发生巨大的重新组合，他们的内部有比较坚定的分子，也有不够坚定的分子。

不言而喻，我们俄国国际主义者丝毫也不想干涉我们的德国左派同志的内部事务。我们知道，只有他们自己才完全有权根据时间和地点的条件来确定自己反对机会主义者的斗争方法。我们认为，我们的权利和义务仅仅是开诚布公地说明我们对情况的看法。

我们深信《国际》杂志的社论的作者说得十分正确，他断言，考茨基的"中派"比公开的社会沙文主义更有害于马克思主义事业。现在谁抹杀意见分歧，现在谁假借马克思主义的名义向工人宣传考茨基主义所宣传的东西，谁就是在麻痹工人，就比直截了当地提出问题而使工人不得不自己去辨别是非的休特古姆和海涅之流更为有害。

考茨基和哈阿兹最近竟同"领导机关"对抗起来，这样做是迷惑不了任何人的。他们和谢德曼分子之间的分歧不是原则性的分歧。一些人认为，兴登堡和马肯森**已经**胜利了，因此现在已经可以放手抗议兼并了。另一些人认为，兴登堡和马肯森**还**没有胜利，因此应当"坚持到底"。

考茨基派反对"领导机关"的斗争只是做给别人看的，他们这样做只是为了能够在战争发生后对工人掩饰原则性的争论，用一千零一个以模模糊糊的"左的"精神起草的冗长的决议把问题掩盖起来。而起草这样的决议，第二国际的外交家们都是能手。

十分明显，德国反对派在反对"领导机关"的困难斗争中，也应当利用考茨基派的这种非原则性的对抗。但是，检验任何一个国际主义者的试金石，应当仍然是看他是否对新考茨基主义持否定态度。只有反对考茨基主义，只有懂得**即使在**自己的领袖实行假转变**之后**“中派”在原则问题上仍然是**沙文主义者和机会主义者的盟友**的人，才是真正的国际主义者。

我们对国际中所有的动摇分子持何种态度，是至关重要的问题。这些分子——主要是带有**和平主义**色彩的社会党人——在中立国和在某些交战国中都有(例如在英国有独立工党)。这些分子可以成为我们的同路人。和他们搞好关系来反对社会沙文主义者是必要的。但是必须记住，他们**仅仅是**同路人，他们在重建国际的主要和根本的问题上不会拥护我们而会反对我们，他们会拥护考茨基、谢德曼、王德威尔得和桑巴。在国际会议上我们决不能把自己的纲领局限在这些分子所能接受的范围内。否则我们自己就会成为动摇不定的和平主义者的俘虏。例如，在伯尔尼国际妇女代表会议上就是这样。持克拉拉·蔡特金同志的观点的德国代表团，在这次会议上实际上起了“中派”的作用。这次妇女代表会议所谈的，仅仅是特鲁尔斯特拉的荷兰机会主义党的代表和独立工党(I.L.P.)的代表所能接受的东西。我们不要忘记，在“协约国”沙文主义者伦敦代表会议上，独立工党曾投票赞成王德威尔得的决议案。我们对独立工党在战时对英国政府所作的英勇斗争表示最大的敬意。但是我们知道，这个党过去和现在都不是站在马克思主义的立场上。而我们认为，社会民主党内的反对派当前的首要任务就是：举起革命的马克思主义的旗帜，坚决而明确地向工人说明我们是怎样看待帝国主义战争的，提出群众革命行动的口号，即把帝国主义战争时代变为国内战争时代的起点。

不管怎样，在许多国家里都有革命的社会民主党人。在德国、俄国、斯堪的纳维亚（霍格伦同志所代表的有影响的一派）、巴尔干（保加利亚的“紧密派”）、意大利、英国（英国社会党的一部分）、法国（瓦扬自己在《人道报》上也承认，他收到过许多国际主义者的抗议信，但是这些信他一封也没有全文发表）以及荷兰（论坛派[239]）等国家中，都有这样的人。团结这些马克思主义分子（不管起初他们的数量多么少），以他们的名义让人们回忆回忆现在已被忘记的真正社会主义的言论，号召各国工人同沙文主义者决裂并站到原来的马克思主义的旗帜下——这就是当前的任务。

到目前为止，一些制定出所谓“行动”纲领的会议，只是比较完全或不够完全地宣布了纯粹和平主义的纲领。马克思主义不是和平主义。争取尽速终止战争是必要的。然而，只有在号召进行**革命**斗争的情况下，要求“和平”才具有无产阶级的意义。不进行一系列的革命，所谓民主的和平只能是小市民的空想。真正的行动纲领只能是**马克思主义的**纲领，因为只有这种纲领能够完全而清楚地向群众解答所发生的事情，阐明什么是帝国主义以及如何同它作斗争，公开声明机会主义已使第二国际破产，公开号召建立一个没有机会主义者参加的**反对**机会主义者的马克思主义的国际。只有那种足以表明我们相信自己、相信马克思主义并宣布要同机会主义作殊死斗争的纲领，才能保证我们迟早赢得真正无产阶级群众的同情。

俄国社会民主工党和第三国际

俄国社会民主工党早就同党内的机会主义者决裂了。现在俄国的机会主义者又变成了沙文主义者。这只能使我们更加相信，为了社会主义的利益同机会主义者决裂是必要的。我们确信，今天社会民主党人同社会沙文主义者之间的分歧，丝毫不亚于过去社会民主党人和无政府主义者决裂时社会党人同后者之间的分歧。机会主义者莫尼托尔在《普鲁士年鉴》上说得很对，目前的统一有利于机会主义者和资产阶级，因为它迫使左派服从沙文主义者，妨碍工人弄清争论的实质，妨碍工人建立自己的真正工人的、真正社会主义的政党。我们深信，在目前情况下革命者的首要职责，就是同机会主义者和沙文主义者决裂，这恰恰像过去为了尽快教育落后工人并把他们吸引到社会民主党的队伍中来而必须同黄色分子、反犹太主义者和自由派工会等决裂一样。

我们认为，第三国际就应当建立在这样的革命基础上。对我们党来说，不存在同社会沙文主义者决裂是否合适的问题。对我们党来说这个问题已经彻底解决了。对我们党来说，现在存在的只是能否在最近时期在国际范围内实现这一决裂的问题。

十分明显，要创立一个**国际的**马克思主义的组织，就必须在**各个**国家里都准备建立独立的马克思主义的政党。德国这个工人运动历史最悠久、工人运动力量最强大的国家，是举足轻重的。最近的将来会表明，创立一个新的马克思主义的国际的条件是否已经成熟。如果已经成熟，我们党一定会高兴地参加这样一个清除了机会主义和沙文主义的第三国际。如果没有成熟，这就表明，为了完成这种清除工作，还需要一个稍长的发展过程。那么我们党就将成为旧国际内的极端的反对派，直到在各个国家里都具备一定的条件，使我们可以建立一个以革命的马克思主义为基础的国际工人协会为止。

我们不知道而且也不可能知道最近几年在国际舞台上会有怎样的发展。但是我们确切知道并且确信不疑的是，**我们**党将朝着上述方向在**我们的**国家内，在**我们的**无产阶级中间不懈地工作，并将通过我们日常的全部工作建立起**马克思主义**国际的俄国支部。

在我们俄国，公开的社会沙文主义者和"中派"集团也不乏其例。这些人将反对建立一个马克思主义的国际。我们知道，普列汉诺夫是和休特古姆站在同一基本立场上的，并且现在已经向休特古姆伸出亲善之手。我们知道，阿克雪里罗得领导的所谓"组织委员会"正在鼓吹俄国土地上的考茨基主义。这些人借口工人阶级的统一，鼓吹同机会主义者统一，并通过机会主义者同资产阶级统一。但是我们所知道的关于当前俄国工人运动的全部情况可以使我们完全相信，有觉悟的俄国无产阶级将一如既往地**同我们党**站在一起。

第　四　章

俄国社会民主党分裂的历史及其现状

上述俄国社会民主工党对战争的策略，是俄国社会民主党30年来的发展的必然结果。不深入研究我们党的历史，就不能正确了解这一策略和我国社会民主党的现状。因此，在这里我们也必须向读者提醒党的历史中的一些主要事实。

社会民主党作为一种思想派别，产生于1883年。那时，"劳动解放社"[240]在国外第一次针对俄国的情况系统地阐述了社会民主党的观点。在90年代以前，社会民主派一直是一个和俄国群众性工人运动没有联系的思想派别。90年代初期社会运动的高涨、工人的风潮和罢工运动，使社会民主党成为同工人阶级的斗争(经济的和政治的斗争)有密切联系的积极的政治力量。也就是从这时起，社会民主党开始分裂为“经济派”和“火星派”。

“经济派”和旧《火星报》(1894—1903年)

“经济主义”是俄国社会民主党内的一种机会主义思潮。它的政治实质可归结为如下这样一个纲领：“工人进行经济斗争，自由派进行政治斗争。”它的主要理论基础是所谓的“合法马克思主义”或“司徒卢威主义”，这种主义所“承认”的是完全抹掉了任何革命性而合乎自由派资产阶级需要的“马克思主义”。“经济派”借口俄国工人群众落后，希望“和群众一道前进”，而把工人运动的任务和范围局限为进行经济斗争和在政治上支持自由派，他们没有给自己提出独立的政治任务和任何革命任务。

旧《火星报》(1900—1903年)为捍卫革命的社会民主党的原则，胜利地进行了反对“经济主义”的斗争。觉悟的无产阶级中的一切优秀分子都站到了《火星报》方面。社会民主党在革命前的几年内提出了一项最彻底的和不妥协的纲领。1905年革命期间的阶级斗争和群众的行动证明了这个纲领是正确的。“经济派”迁就群众的落后性。《火星报》则培养了能领导群众前进的工人先锋队。社会沙文主义者目前所持的论据(必须考虑群众，帝国主义的进步性，革命者的“幻想”，等等)，**全部**都是经济派曾经提出过的。早在20年前，俄国社会民主党就见到过机会主义者把马克思主义改造成“司徒卢威主义”这种事情了。

孟什维主义和布尔什维主义(1903—1908年)

资产阶级民主革命时期使社会民主党内发生了新的派别斗争,这个斗争是过去的斗争的直接继续。"经济主义"变成了"孟什维主义"。捍卫旧《火星报》的革命策略的斗争则产生了"布尔什维主义"。

在急风暴雨般的1905—1907年,孟什维主义是受自由派资产者支持的、在工人运动中传播自由派资产阶级倾向的机会主义派别。孟什维主义的实质就是使工人阶级的斗争适应自由派的需要。与此相反,布尔什维主义提出社会民主主义工人的任务是:不顾自由派的动摇和背叛,发动民主主义的农民进行革命斗争。而工人群众,如孟什维克自己也屡次承认的那样,在革命时期的所有重大行动中都是跟着布尔什维克走的。

1905年革命考验、加强、深化和锻炼了俄国社会民主党的彻底革命的策略。各阶级和各党派的公开行动,不止一次地暴露了社会民主党内的机会主义("孟什维主义")和自由派之间的联系。

马克思主义和取消主义(1908—1914年)

反革命时期以完全新的形式又把社会民主党内的机会主义策略和革命策略的问题提上了日程。孟什维主义中的主流派不顾它的许多优秀分子的反对,掀起一股取消主义思潮,即放弃争取在俄国实行另一次革命的斗争,放弃秘密组织和秘密活动,轻蔑地嘲笑"地下组织",嘲笑共和国的口号等等。《我们的曙光》杂志的合法著作家集团(波特列索夫先生、切列万宁先生等)形成了一个独立于原有的社会民主党之外的核心,这个核心得到了想使工人放弃革命斗争的俄国自由派资产阶级的百般支持、吹捧和宠爱。

1912年俄国社会民主工党一月代表会议把这个机会主义集团开除出党,并且不顾许多国外的大小集团的疯狂反对,恢复了党。在两年多(1912年初至1914年中)的时间里,两个社会民主党进行了顽强的斗争。一个是1912年1月选出的中央委员会,另一个是"组织委员会"。后者拒不承认一月代表会议,并企图按另一种方式即通过与《我们的曙光》集团保持统一去恢复党。两种工人日报(《真理报》和《光线报》[241]以及它们的后继者)之间和第四届国家杜马中的两个社会民主党党团(真理派或马克思主义者的"俄国社会民主党工人党团"和以齐赫泽为首的取消派的"社会民主党党团")之间也进行了顽强的斗争。

"真理派"始终忠于党的革命传统,支持开始高涨的工人运动(特别在1912年春季以后),把合法组织和秘密组织、报刊和鼓动结合起来,从而把觉悟的工人阶级的绝大多数团结到自己的周围;而取消派——它作为一支政治力量只是通过《我们的曙光》集团进行活动——则依靠自由派资产阶级分子的全面支持。

工人团体对两党报纸的公开捐款,是适合俄国当时条件的(同时是唯一可以公开实行的、人人都可以自由核查的)交纳社会民主党**党费**的形式,它清楚地证明了"真理派"(马克思主义者)的力量和影响的泉源是无产阶级,而取消派(以及他们的"组织委员会")的力量和影响的泉源是资产阶级自由派。下面就是关于这些捐款的简要材料,这些材料详尽地刊载在《马克思主义和取消主义》[242]一书中,并摘要登载在1914年7月21日的德国社会民主党报纸

《莱比锡人民报》上。

1914年1月1日至5月13日，分别捐款给彼得堡马克思主义者的(真理派的)日报和取消派的日报的捐款次数和捐款总额如下：

	真理派		取消派	
	捐款次数	捐款总额（单位卢布）	捐款次数	捐款总额（单位卢布）
工人团体……	2 873	18 934	671	5 296
非工人团体……	713	2 650	453	6 760

由此可见，到1914年，我们党已经把俄国五分之四的觉悟工人团结在革命的社会民主党的策略的周围。1913年全年，工人团体给真理派捐款2 181次，给取消派捐款661次。1913年1月1日至1914年5月13日，工人团体给“真理派”(即我们党)捐款5 054次，给取消派捐款1 332次，即占20.8%。

马克思主义和社会沙文主义(1914—1915年)

1914—1915年的欧洲大战，使欧洲各国社会民主党人以及俄国社会民主党人有可能在这场世界范围的危机中检验自己的策略。这场奴隶主之间的战争的反动性和掠夺性，从沙皇政府方面看，要比从其他各国政府方面看更加明显得多。尽管如此，取消派的主要集团(在俄国，除了我们党，它是唯一有重大影响的集团，因为它和自由派有广泛的联系)还是转向了社会沙文主义！这个《我们的曙光》集团在相当长的一个时期内独占合法地位，在群众中鼓吹什么“不抵制战争”、希望三协约国(现在是四协约国)获胜、谴责德国帝国主义犯了“滔天罪行”等等。自1903年以来，普列汉诺夫曾多次表现出毫无政治气节，曾多次转向机会主义者，现在他更加坚决地采取了这种立场，从而博得俄国所有资产阶级报刊的称赞。普列汉诺夫已经堕落到宣称沙皇政府进行的战争是正义的，并在意大利的官方报纸上发表谈话，极力怂恿意大利参战!!

这就完全证明，我们对取消主义的评价和把取消派的主要集团开除出党的做法是正确的。现在取消派的现实纲领和他们的方针的现实意义不仅在于一般的机会主义，而且在于他们维护大俄罗斯地主和资产阶级的大国的特权和优越地位。这是执行**民族主义自由派的**工人政策的方针。这是一部分激进派小资产者、极少数特权工人同"自己"国家的资产阶级一道反对无产阶级群众的联盟。

俄国社会民主党的现状

前面我们已经说过，无论取消派，无论某些国外集团(普列汉诺夫的、阿列克辛斯基的、托洛茨基的，等等)，或所谓"民族的"(即非大俄罗斯的)社会民主党人，都不承认我们的 1912 年一月代表会议。我们挨了数不清的咒骂，其中最常听到的罪名就是"盗用名义"和"分裂主义"。我们对此的回答就是举出经得起客观检查的确凿数字，证明我们党团结了俄国五分之四的觉悟工人。如果考虑到在反革命时代进行秘密活动的各种困难，这个数目就不算小了。

如果说在俄国不清除《我们的曙光》集团就可以在社会民主主义的策略基础上达到"统一"，那么，为什么我们的为数众多的反对者**甚至在他们彼此之间**都没有实现统一呢？自 1912 年 1 月到现在，已经过去整整三年半了，在这整个时期内，我们的反对者虽然很想建立一个与我们相对立的社会民主党，但是始终没有能够建立起来。这个事实为我们党作了最好的辩护。

同我们党进行斗争的各社会民主派别的整个历史，是一部崩溃和瓦解的历史。在1912年3月它们曾经一致“联合起来”咒骂我们。然而到1912年8月，当反对我们的所谓“八月联盟”[243]建立起来的时候，它们就开始分崩离析了。一部分派别脱离了它们。它们无法建立起一个党和中央委员会。它们只建立了一个组织委员会“以恢复统一”。但事实上这个组织委员会不过是俄国取消派集团的一个不中用的掩蔽物。在1912—1914年俄国工人运动和群众罢工异常高涨的整个时期内，整个“八月联盟”中只有《我们的曙光》集团是能够在群众中进行工作的唯一集团，这个集团的力量来源于它和自由派的联系。1914年初，拉脱维亚社会民主党人正式退出了“八月联盟”（波兰社会民主党人没有参加这个联盟），联盟的领袖之一托洛茨基则非正式地退出了联盟，又建立了他自己单独的集团。1914年7月的布鲁塞尔代表会议在社会党国际局执行委员会、考茨基和王德威尔得的参加下建立了所谓“布鲁塞尔联盟”来反对我们，拉脱维亚人没有参加这个联盟，波兰社会民主党人（反对派）也立即脱离了这个联盟。这个联盟在战争爆发后便瓦解了。《我们的曙光》杂志、普列汉诺夫、阿列克辛斯基以及高加索社会民主党领袖阿恩，都成为公开的社会沙文主义者，鼓吹最好让德国失败。组织委员会和崩得庇护社会沙文主义者，维护社会沙文主义原则。齐赫泽党团虽然投票反对军事拨款（在俄国，甚至连资产阶级民主派劳动派都投票反对军事拨款），但仍然是《我们的曙光》杂志的忠实盟友。我们的极端的社会沙文主义者普列汉诺夫和阿列克辛斯基之流对齐赫泽党团十分满意。在巴黎，创办了《我们的言论报》(其前身是《呼声报》)，其主要参加者是马尔托夫和托洛茨基，他们想把空泛地捍卫国际主义和要求同《我们的曙光》杂志、组织委员会或齐赫泽党团无条件地统一这两者结合起来。这个报纸在出版了250号以后，自己不得不承认已经解体：编辑部的一部分人倾向我们党，马尔托夫仍然忠于组织委员会，这个委员会公开谴责《我们的言论报》犯了“无政府主义”(正如德国的机会主义者大卫之流、《国际通讯》杂志**244**、列金之流指责李卜克内西同志犯了无政府主义一样)；托洛茨基宣称和组织委员会决裂，但又愿意和齐赫泽党团一道走。下面就是齐赫泽党团的一位领袖阐述的该党团的纲领和策略。**契恒凯里**1915年在奉行普列汉诺夫和阿列克辛斯基的方针的《现代世界》杂志**245**第5期上写道：

“说德国社会民主党本来能够制止自己国家的军事行动而没有这样做，这是暗地希望该党不仅让自己，而且让自己的祖国断送在街垒上，或者是拿无政府主义的望远镜观察近在咫尺的事物。”①

短短几句话将社会沙文主义的实质表达得淋漓尽致：既是在原则上为主张在这场战争中“保卫祖国”的思想辩护，又是嘲笑——在战时书报检查官的允许下——宣传和准备革命的行动。问题根本不在于德国社会民主党当时能否制止战争，也不在于革命者究竟能否担保革命胜利。问题在于：是当一个名副其实的社会主义者，还是真要“断送”在帝国主义资产阶级的怀抱里。

---

① 1915年《现代世界》杂志第5期第148页。托洛茨基在不久前宣称，他认为自己的任务是提高齐赫泽党团在国际中的威信。毫无疑问，契恒凯里也将同样卖力气地去提高托洛茨基在国际中的威信……

我们党的任务

俄国社会民主党是在我国资产阶级民主革命(1905 年)前产生,并在这次革命和尔后的反革命时期壮大起来的。俄国的落后使我国出现异常多的形形色色的小资产阶级机会主义派别,而马克思主义在欧洲的影响和各国合法的社会民主党在战前的巩固,则使我国一些典型的自由派几乎完全拜倒在"合理的"、"欧洲式的"(非革命的)、"合法的""马克思主义"理论和社会民主党的脚下。俄国工人阶级不得不在同形形色色的机会主义的 30 年的坚决斗争中形成自己的政党。世界大战的过程使欧洲的机会主义遭到了可耻的破产,而使我们的民族主义自由派和社会沙文主义取消派的联盟得到了巩固;这使我们更加确信,我们党在今后也必须沿着我们原来的彻底革命的道路前进。

1915 年 8 月在日内瓦由《社会民主党人报》编辑部印成单行本;第 2 版序言载于 1918 年出版的小册子

译自《列宁全集》俄文第 5 版第 26 卷第 307—350 页

论欧洲联邦口号

(1915年8月10日〔23日〕)

我们在《社会民主党人报》第40号上曾报道说，我们党的国外支部代表会议决定把“欧洲联邦”口号问题推迟到报刊上讨论了这个问题的**经济**方面之后再来解决。①

我们的代表会议上就这个问题进行的争论，只涉及政治一个方面。其部分原因也许是因为中央委员会的宣言把这个口号直截了当地表述为政治口号(宣言说：“当前的**政治**口号……”)，同时，宣言不但提出了共和制的欧洲联邦，而且还特地着重指出，“如果不提以革命推翻德、奥、俄三国的君主制度”，这个口号便是毫无意义的和欺骗性的。②

在对这个口号作政治评价的**范围内**反对这样提出问题，例如，认为这个口号会模糊或削弱……社会主义革命口号，那是完全错误的。真正民主的政治改革，尤其是政治革命，无论何时，无论在何种情形和何种条件下，都不会模糊或削弱社会主义革命口号。相反，它们总是在促使社会主义革命早日到来，为它扩展基础，吸引更多的小资产阶级和半无产阶级群众参加社会主义斗争。另一方面，政治革命在社会主义革命的过程中是必不可免的，不能把社

① 见本卷第163页。——编者注

② 见本卷第17—18页。——编者注

会主义革命看做是一次行动，而要把它看做是一个充满剧烈的政治和经济动荡、最尖锐的阶级斗争、国内战争、革命和反革命的时代。

但是，如果说同以革命推翻欧洲三国最反动的君主制度（以俄国君主制度为首）联系起来提出的共和制的欧洲联邦这一口号，作为一个政治口号是无懈可击的，那么这里还有一个极其重要的问题，就是这一口号的经济内容和经济意义问题。从帝国主义的经济条件来看，即从“先进的”和“文明的”殖民大国的输出资本和瓜分世界这一点来看，欧洲联邦在资本主义制度下不是无法实现的，便是反动的。

资本已经变成国际的和垄断的资本。世界已经被少数几个大国即依靠大规模掠夺和压迫其他民族而强盛起来的国家瓜分完毕。欧洲四个大国英、法、俄、德，共有 25 000万—30 000 万人口和将近 700 万平方公里土地，而它们所占领的殖民地却有**近 5 亿**（49 450 万）人口和 6 460 万平方公里土地，即差不多占全球面积的一半（全球面积除两极地区外，共有 13 300 万平方公里）。此外还有亚洲三个国家，即中国、土耳其、波斯，现在正遭到日、俄、英、法这四个进行“解放”战争的强盗的分割。亚洲这三个可以称之为半殖民地（其实它们现在十分之九已经是殖民地）的国家，共有人口 36 000 万，土地 1 450 万平方公里（也就是说差不多等于全欧洲面积的一倍半）。

其次，英、法、德三国在国外的投资不下 700 亿卢布。保证从这笔相当可观的款项上每年能够得到 30 亿卢布以上的“正当”收益的，是百万富翁们的全国委员会即所谓的政府。这些委员会拥有陆军和海军，把“亿万富翁”的子弟“安置”在殖民地和半殖民地充当总督、领事、大使、各种官员、牧师和其他吸血虫。

在资本主义发展到最高程度的时代，少数几个大国对地球上将近10亿人口的掠夺，就是这样组织的。在资本主义制度下，也只能这样组织。能够放弃殖民地，放弃“势力范围”，放弃资本输出吗？谁这样想，谁就是把自己降低到牧师的水平，这些牧师每礼拜天都向富人宣扬基督教的崇高教义，劝他们周济穷人……每年如果不能拿出几十亿卢布，至少也拿出几百卢布。

在资本主义制度下建立欧洲联邦，就等于缔结瓜分殖民地的协定。可是在资本主义制度下，除了实力以外，不可能根据别的基础、别的原则进行瓜分。一个亿万富翁只能“按资本”所占比例同别人瓜分资本主义国家的“国民收入”（而且还要多一点，要让最大的资本得到比它应得的更多）。资本主义就是生产资料的私有制和生产的无政府状态。鼓吹在这样的基础上“公平地”分配收入，便是蒲鲁东主义，便是小市民和庸人的痴想。瓜分只能“按实力”进行。而实力是随着经济发展的进程而变化的。1871年以后，德国实力的增强要比英法快两三倍；日本要比俄国快十来倍。而要测定一个资本主义国家的真正实力，除了战争以外，没有也不可能有别的办法。战争同私有制的基础并不矛盾，而是这些基础的直接的和必然的发展。在资本主义制度下，各个经济部门和各个国家在经济上是不可能平衡发展的。在资本主义制度下，除工业中的危机和政治中的战争以外，没有别的办法可以恢复经常遭到破坏的均势。

当然，资本家之间和大国之间缔结**暂时的**协定是可能的。在这个意义上说，建立欧洲联邦，作为**欧洲**资本家之间的协定，也是可能的……协定的内容是什么呢？仅仅是共同镇压欧洲社会主义运动，共同保卫已经抢得的殖民地，**不让**它们被日本和美国夺走，因为这两个国家对于当前这种瓜分殖民地的状况感到极端委屈，而它们近半个世纪以来实力增强之快，远非落后的、君主制的、已经开始老朽的欧洲所能比拟。与美国相比，欧洲整个说来意味着经济上的停滞。在现代经济基础上，即在资本主义制度下，建立欧洲联邦就等于把反动势力组织起来去阻碍美国的更为迅速的发展。民主事业和社会主义事业仅仅同欧洲相联系的时代，已经一去不复返了。

在共产主义的彻底胜利使一切国家包括民主国家完全消失以前，世界联邦（而不是欧洲联邦）是同社会主义相联系的、各民族实行联合并共享自由的国家形式。然而，把世界联邦口号当做一个独立的口号未必是正确的，第一，因为它是和社会主义交融在一起的；第二，因为它会造成一种曲解，以为社会主义不可能在一个国家内获得胜利，并且会使人曲解这样的国家和其余国家之间的关系。

经济和政治发展的不平衡是资本主义的绝对规律。由此就应得出结论：社会主义可能首先在少数甚至在单独一个资本主义国家内获得胜利。这个国家的获得胜利的无产阶级既然剥夺了资本家并在本国组织了社会主义生产，就会奋起同其余的资本主义世界**抗衡**，把其他国家的被压迫阶级吸引到自己方面来，在这些国家中发动反对资本家的起义，必要时甚至用武力去反对各剥削阶级及其国家。无产阶级推翻资产阶级而获得胜利的社会所采取的政治形式将是民主共和国，它将日益集中该民族或各该民族的无产阶级的力量同还没有转向社会主义的国家作斗争。没有无产阶级这一被压迫阶级的专政，便不可能消灭阶级。没有各社会主义共和国对各落后国家的比较长期而顽强的斗争，便不可能有各民族在社会主义下的自由联合。

正是基于这些考虑，并根据在俄国社会民主工党国外支部代表会议上以及在会议以后对这个问题的反复讨论，中央机关报编辑部得出如下的结论：欧洲联邦口号是不正确的。

载于1915年8月23日《社会民主党人报》第44号

译自《列宁全集》俄文第5版第26卷第351—355页

为俄国社会民主工党中央的宣言《战争和俄国社会民主党》加的注释[246]

（1915 年 8 月）

关于欧洲联邦口号

中央委员会的宣言在提出建立欧洲联邦这一要求的同时，号召推翻俄、奥、德三国的君主制度，所以这个要求同考茨基等人对这个口号所作的和平主义的解释是有区别的。

我们党的中央机关报《社会民主党人报》第 44 号上发表了一篇编辑部文章，论证了“欧洲联邦”这一口号从经济上来说是不正确的。① 它要么是一个在资本主义制度下无法实现的要求，因为它的前提是在一些国家瓜分殖民地和势力范围等情况下确立世界经济的计划性。它要么是一个反动的口号，因为它意味着欧洲列强为了更好地压迫殖民地和掠夺发展得更快的日本和美国而建立暂时的联盟。

载于 1915 年 8 月《社会民主党人报》编辑部在日内瓦出版的《社会主义与战争》一书

译自《列宁全集》俄文第 5 版第 26 卷第 356 页

---

① 见本卷第 364—368 页。——编者注

附　　录

《卡尔·马克思》

（1914 年

大致
100 页
每页 600

三个来源：
英国政治经济学。
德国古典哲学。
法国政治斗争。

卡尔·马克思

大致是：

1. 生平。
2. 哲学。辩证唯物主义。
   唯物主义历史观。
3. 资本主义的经济理论。
4. 阶级斗争，特别是无产阶级的阶级斗争。
5. 社会主义。

价值理论。
剩余价值。
商品生产与资本主义。
大生产的增长和机器。
资本主义生产方式的历史趋势。

1. 生平。
4. 经济理论。
6. 社会主义。
3. 唯物主义历史观。
2. 哲学学说。
人，参看《……索引》[247]方法论条目中的**哲学**。《……索引》中的自然哲学条目。
5. 与工人阶级的斗争有关的政治活动。

一文提纲

3—7 月）

政治：

阶级斗争的全面性，按照马克思主义学说。	18 世纪革命和 19 世纪革命时期的阶级斗争。 复辟时代的历史学家。 19 世纪 30 年代和 40 年代的经验。 （宪章运动的经验）
{准备时期。 决战时期。}	1848 年，1871 年……
工人阶级在参加政治生活的过程中成长。	对暴力革命的态度。
{**一切**斗争形式、阶级斗争及其由“和平的”经济斗争向国内战争的转变……}	哲学唯物主义。 18 世纪的唯物主义与马克思主义对比。 辩证方法。 19 世纪末的自然科学。 唯物主义与休谟主义和康德学说对比…… （马克思论赫胥黎）…… 20 世纪的自然科学。 对宗教的态度。

民族问题(《共产党宣言》、
《通信集》)……

工人阶级在资本主义生产方
式下的状况。
无产者与一般劳动者相比的
特殊性。
无产者与小资产阶级和农民
相比的特殊性。
工人运动的意义
(它壮大的原因)。
工人运动的使命。
它的形式(与宗派主义
和资产阶级化)

无产阶级的定义
(《索引》)。

工　会

(**1866年的决议**)[248]……

教育理论……

妇女的地位和
家庭……
大城市……

无产阶级和农民……
农民(在《**索引**》中)。

人口规律。

资本主义
和**农业**。

农业(《索引》)
工役地租。其他等等。
货币地租。
资本主义地租。
肥力递减规律……

生平和个人评述……
全面叙述他的整个学说，但**主要**叙述经济学说。

||| 6万字母。

{+15 000字母的书目 (整整15 000)[249]}

(马克思主义是科学的理论。)

也许按问题分开论述要好些

可以非常概括地论及马克思主义的形成过程。

{剩余价值
剥削
积聚
工资}

不能没有对反对意见的分析(修正主义)……进一步演变(希法亭)。

?康·施米特?

载于1959年《苏共历史问题》杂志第4期

译自《列宁全集》俄文第5版第26卷第358—361页

关于自己的国家在帝国主义战争中的失败的文章的提纲

（1915年7月8日〔21日〕以前）

短评：

关于自己的国家
在帝国主义战争中的失败

1. 第一种姿态的阿克雪里罗得（赞成失败，但不是基本原则）。

2. 第二种姿态的阿克雪里罗得（反对）。

3. 资产阶级和资产阶级革命

{1870年　主张共和制的反对派}
{1905年　俄国}

4. 使每个国家和所有政府失败——是荒谬还是向国内战争的转变。

5. 根据所有国家的协定？等待？

6. 俄国：资产阶级革命
   民族问题。

7. 俄国的失败＋德国和奥国的沙文主义。

8.“不胜不败”？＝保持原状……

9*①.《高原》杂志论社会民主党[250]。

10*.《主要敌人在本国》。

11.给沙文主义留下后路＝不主张“失败”……

12*.失败和人民的灾难……(诡辩)……

13*.“摆脱”殖民地(和被压迫民族)对革命来说是好事。

(帝国主义战争＝为了重新瓜分殖民地和争夺大国的特权。)

14*.“维护大国特权”？

15*.仇恨的三个方面。

载于1934年《列宁文集》俄文版第29卷

译自《列宁全集》俄文第5版第26卷第381—382页

① 标有星花的各点是后来补写在手稿上方或页边的。——编者注

左派社会民主党人为国际社会党第一次代表会议准备的决议草案的一个草稿

（1915年7月9日〔22日〕）

草案

当前这场战争产生于帝国主义即资本主义的最高阶段，这时生产力的发展和资本的增长业已超出单个民族国家的狭隘范围并促使“大国”竭力去奴役其他民族，去抢夺殖民地作为原料来源和资本输出场所。

社会主义的客观条件已经完全成熟，而大国进行当前这场战争就是要通过维护和加强殖民地的依赖性、夺取世界市场上的特权、分裂和镇压工人的国际革命斗争等手段，人为地延缓资本主义的灭亡。

社会民主党人完全确认一切民族都必须享有自由。在进行反对封建制度、专制制度和异族压迫的斗争的时代，他们曾经赞成保卫祖国，即使是现在，他们也承认被压迫民族（特别是殖民地）反对他们的压迫者即“大国”的战争是正当的。

但是目前这场大国之间的战争，是奴隶主之间为加强和巩固奴隶制而进行的战争，是为了重新瓜分殖民地，取得压迫其他民族的“权利”，维护大国资本的特权，反动地镇压工人运动。所以，所谓的“保卫祖国”从参战的大国集团双方来说，都是资产阶级对人民的欺骗。不管是现在的某一个政府取得胜利，还是保持战前的原状，都不能保障各民族不受帝国主义大国的压迫，也不能保障工人阶级维持起码的生活，他们被物价高涨、托拉斯、军国主义以及由军国主义造成的政治上的反动压得愈来愈透不过气来，甚至在最自由的国家里也是这样。

“保卫祖国”这个口号在当前这场战争中的真正含义，就是保卫大国的特权和优越地位，保卫大国资产阶级压迫其他民族的“权利”，就是实行民族主义自由派的工人政策，就是一小部分工人同“自己”国家的资产阶级联合起来反对无产者和被剥削者群众。执行这种政策的社会党人，实际上就是沙文主义者，社会沙文主义者。投票赞成军事拨款、参加内阁、主张国内和平等政策，是机会主义的政策，是对社会主义的背叛。因此，工人阶级如果不对机会主义和社会沙文主义进行坚决的斗争，就不能达到自己的解放劳动的伟大目标。

1912 年一致通过的巴塞尔宣言，已经准确地预见到了大国之间要发生的就是现在已经到来的这样一场战争，巴塞尔宣言毫不含糊地指出了这场战争的反动的帝国主义性质，并明确宣告，正是这样一场战争将促进**无产阶级革命**的到来。果然，战争造成了革命形势，激起了革命情绪和革命风潮。社会民主党人的任务就是支持并发展这种情绪和风潮，促使群众形成清醒的革命意识，使他们不再相信资产阶级沙文主义和社会沙文主义的谎言，支持一切反对帝国主义、争取社会主义的群众性革命斗争的尝试，力求把这场帝国主义战争变为争取实现社会主义的国内战争。

社会民主党人应该利用群众中日益增长的和平愿望来加强革命的鼓动，这一和平愿望表明群众已经失望，已经开始形成清醒的革命意识。但同时社会民主党人不应该欺骗人民，使他们产生一种幻想，以为不用革命来推翻现政府，也能迅速实现消除民族压迫的比较持久的民主的和平。

载于1937年《列宁文集》俄文版第30卷

译自《列宁全集》俄文第5版第26卷第383—385页

注　　释

1 《革命的社会民主党在欧洲大战中的任务》是确定布尔什维克党对待世界帝国主义战争的立场的第一个文件,通称关于战争的提纲。这个文件是列宁在第一次世界大战爆发后的最初几天构思而于 1914 年 9 月 5—6 日写成的;文件的引言写于 9 月 8 日以后。

1914 年 9 月 5 日,列宁从当时属于奥匈帝国的波罗宁来到了瑞士伯尔尼。次日,他根据这个提纲在侨居伯尔尼的布尔什维克的会议上作了关于对待战争态度问题的报告。参加这次会议的有伊·费·阿尔曼德、娜·康·克鲁普斯卡娅、费·尼·萨莫伊洛夫(第四届国家杜马代表)、弗·米·卡斯帕罗夫、格·李·什克洛夫斯基等人。会议经过详细讨论,将列宁的提纲作为会议的决议予以通过。

提纲通过后,曾以"一批社会民主党人(俄国社会民主工党党员)"的名义分寄给其他几个布尔什维克国外支部。为了保密起见,提纲的抄本上分别注有"在丹麦发表的宣言的抄本"和"在俄国发表的宣言的抄本"等字样。提纲由萨莫伊洛夫带回俄国,供党中央委员会国内部分、第四届国家杜马的布尔什维克党团和各地党的组织进行讨论。讨论过这一提纲的有彼得格勒、莫斯科、伊万诺沃-沃兹涅先斯克、下诺夫哥罗德、沃洛格达、克拉斯诺亚尔斯克、基辅、叶卡捷琳诺斯拉夫、哈尔科夫、巴库、梯弗利斯等地的党组织。提纲还通过瑞士社会民主党人转给了 1914 年 9 月 27 日在瑞士卢加诺举行的意大利和瑞士社会党人联合代表会议。提纲的某些论点为这次会议的决议所采纳。

为了更广泛地传播提纲,起初曾打算把提纲作为布尔什维克伯尔尼会议决议以单页形式出版。为此,列宁给提纲写了引言。但是考虑到提纲不大适宜阅读,不久又决定不再出版提纲,而仍以一批俄国社会民主工党党员的名义印发一篇宣言。列宁在提纲的基础上撰写了题为

《战争和俄国社会民主党》的宣言。看来仍是为了保密的缘故，宣言的一份抄件末尾有一段附言："本宣言是俄国社会民主工党斯堪的纳维亚党员小组发表的，这些党员承认中央委员会的领导，把丹麦俄国社会民主党人会议的提纲作为基础，而且通过同在俄国的有影响的社会民主党人联系而得以确信：提纲的确表达了党的意见。"1914 年 10 月，在宣言已经付排以后，列宁获悉，关于战争的提纲已经得到党中央委员会国内部分、国家杜马布尔什维克党团以及各地党组织的赞同，因此决定以俄国社会民主工党中央委员会的名义印发宣言。恰在这时，俄国社会民主工党的中央机关报《社会民主党人报》复刊有望，于是又决定不再以单页形式出版宣言，而在复刊后的《社会民主党人报》的头一号上以俄国社会民主工党中央委员会的名义正式发表宣言。1914 年 11 月 1 日，《战争和俄国社会民主党》这篇宣言在俄国社会民主工党中央机关报《社会民主党人报》第 33 号第 1 版发表。——1。

2 1914 年 8 月 4 日，德国社会民主党党团在帝国国会中同资产阶级和容克的代表一起投票赞成 50 亿马克的军事拨款案。胡·哈阿兹代表整个社会民主党党团发表宣言，声称："我们现在面临着战争这一铁的事实。我们正遭受敌人入侵的威胁。我们现在不应当是为赞成战争或者反对战争投票，而应当是解决为保卫国家所必需的拨款问题。"宣言最后说，社会民主党人有义务"投票赞成所需拨款"。

在帝国国会这次会议的前一天，德国社会民主党党团曾开会讨论这一问题。德国社会民主党的 110 名国会议员中有 92 名出席了这次会议，其中 78 名赞同批准军事拨款案。左派社会民主党人国会议员反对批准，但是他们服从党团中机会主义多数作出的决定，因而在帝国国会会议上对军事拨款案也投了赞成票。——2。

3 比利时社会党人的机会主义领袖们还在战争爆发前就采取了社会沙文主义的立场。1914 年 8 月 2 日，比利时工人党总委员会会议讨论了战争威胁问题，通过了关于放弃街头游行示威(包括预定于 8 月 3 日举行的游行示威)的决议，并责成社会党人议员在议会中投票赞成军事拨款。8 月 3 日，比利时工人党领导人发表了号召人民支持战争的呼吁书。比利时工人党领袖、第二国际社会党国际局主席埃·王德威尔得参加了比利时政府，任司法部长。

法国社会党领袖也采取同样的立场。8月2日，过去曾要求以总罢工回答资产阶级发动的战争的法国社会党领导人爱·瓦扬在巴黎召开的党员大会上发表讲话，宣称一旦战争爆发，“社会党人将对祖国、对共和国和革命尽自己的义务”。8月4日，社会党人在议会中一致投票赞成军事拨款，赞成实施戒严和实行军事书报检查制度，也就是赞成禁止罢工、集会等。社会党人茹·盖得、马·桑巴于8月底、阿·托马稍后不久相继参加了法国帝国主义政府（国防内阁），盖得任不管部长，桑巴任公共工程部长，托马任国务秘书（后任军需部长）。在政府各部和城市自治机关中，社会党人和工会领导人也积极帮助资产阶级进行战争。——2。

4 《社会主义月刊》（«Sozialistische Monatshefte»）是德国机会主义者的主要刊物，也是国际修正主义者的刊物之一，1897—1933年在柏林出版。编辑和出版者为右翼社会民主党人约·布洛赫。撰稿人有爱·伯恩施坦、康·施米特、弗·赫茨、爱·大卫、沃·海涅、麦·席佩耳等。第一次世界大战期间，该刊持社会沙文主义立场。——5。

5 立宪民主党人是俄国自由主义君主派资产阶级的主要政党立宪民主党的成员。立宪民主党（正式名称为人民自由党）于1905年10月成立。中央委员中多数是资产阶级知识分子、地方自治人士和自由派地主。主要活动家有帕·尼·米留可夫、谢·安·穆罗姆采夫、瓦·阿·马克拉柯夫、安·伊·盛加略夫、彼·伯·司徒卢威、约·弗·盖森等。立宪民主党提出一条与革命道路相对抗的和平的宪政发展道路，主张俄国实行立宪君主制和资产阶级的自由。在土地问题上，主张将国家、皇室、皇族和寺院的土地分给无地和少地的农民；私有土地部分地转让，并且按“公平”价格给予补偿；解决土地问题的土地委员会由同等数量的地主和农民组成，并由官员充当他们之间的调解人。1906年春，曾同政府进行参加内阁的秘密谈判，后来在国家杜马中自命为“负责任的反对派”。第一次世界大战期间，支持沙皇政府的掠夺政策，曾同十月党等反动政党组成“进步同盟”，要求成立责任内阁，即为资产阶级和地主所信任的政府，力图阻止革命并把战争进行到最后胜利。二月革命后，立宪民主党在资产阶级临时政府中居于领导地位，竭力阻挠土地问题、民族问题等基本问题的解决，并奉行继续帝国主义战争的政策。七月事变后，支持科尔尼洛夫叛乱，阴谋建立军事独裁。十月革命胜利后，苏维埃政府于1917年11月28日(12月11日)宣布立宪民主党为“人民公敌的党”。该党随之转入地下，继续进行反革命活动，并参与白卫将军的武装叛乱。国内战争结束后，该党上层分子大多数逃亡国外。1921年5月，该党在巴黎召开代表大会时分裂，作为统一的党不复存在。——6。

6 指社会革命党、人民社会党和劳动团。

社会革命党是俄国最大的小资产阶级政党。该党是1901年底—1902年初由南方社会革命党、社会革命党人联合会、老民意党人小组、社会主义土地同盟等民粹派团体联合而成的。成立时的领导人有马·安·纳坦松、叶·康·布列什柯-布列什柯夫斯卡娅、尼·谢·鲁萨诺夫、维·米·切尔诺夫、米·拉·郭茨、格·安·格尔舒尼等。社会革命党人的理论观点是民粹主义和修正主义思想的折中混合物，否认无产阶级和农民之间的阶级差别，抹杀农民内部的矛盾，否认无产阶级在资产阶级民主革命中的领导作用。

人民社会党是1906年从俄国社会革命党右翼分裂出来的小资产阶级政党，领导人有尼·费·安年斯基、韦·亚·米雅柯金、阿·瓦·彼舍霍诺夫、弗·格·博哥拉兹、谢·雅·叶尔帕季耶夫斯基、瓦·伊·谢美夫斯基等。人民社会党是动摇于立宪民主党和社会革命党之间的“社会立宪民主党人”。

劳动团(劳动派)是俄国国家杜马中的农民代表和民粹派知识分子代表组成的小资产阶级民主派集团，1906年4月成立。领导人有阿·费·阿拉季因、斯·瓦·阿尼金等。在国家杜马中，劳动派动摇于立宪民主党和布尔什维克之间。

第一次世界大战期间，社会革命党、人民社会党和劳动派大多采取社会沙文主义的立场。——6。

7　列宁后来经过进一步分析，认为欧洲联邦口号是不正确的。参看《论欧洲联邦口号》和《为俄国社会民主工党中央的宣言〈战争和俄国社会民主党〉加的注释》(本卷第364—368、369页)等文。——6。

8　《前进报》(«Avanti!»)是意大利社会党中央机关报(日报)，1896年12月在罗马创刊。第一次世界大战期间，该报采取不彻底的国际主义立场。1926年该报被贝·墨索里尼的法西斯政府查封，此后在国外不定期地继续出版。1943年起重新在意大利出版。——8。

9　这是假托的说法。实际上这里和下面说的决议都是指伯尔尼布尔什维克会议决议(见本卷第1—7页)。——9。

10　《民权报》(«Volksrecht»)是瑞士社会民主党、苏黎世州社会民主党组织和苏黎世工人联合会的机关报(日报)，1898年在苏黎世创刊。第一次世界大战期间，该报刊登过一些有关工人运动的消息和齐美尔瓦尔德左派的文章。第一次世界大战后，该报反映瑞士社会民主党的立场，反对该党加入共产国际，不接受加入共产国际的21项条件。——9。

11　《不来梅市民报》(«Bremer Bürger-Zeitung»)是德国社会民主党报纸(日报)，于1890—1919年出版。1916年以前是不来梅左派社会民主党人的报纸。1916年，德国社会民主党中央施加压力，迫使当地党组织改组该报编辑部。同年该报转到了考茨基分子和谢德曼分子手里。——9。

12　《前进报》(«Vorwärts»)是德国社会民主党的中央机关报(日报)，1876年10月在莱比锡创刊，编辑是威·李卜克内西和威·哈森克莱维尔。1878年10月反社会党人非常法颁布后被查禁。1890年10月反社会党人非常法废除后，德国社会民主党哈雷代表大会决定把1884年在柏林创办的《柏林人民报》改名为《前进报》(全称是《前进。柏林人民报》)，从1891年1月起作为中央机关报在柏林出版，由李卜克内西任主编。恩格斯曾为《前进报》撰稿，同机会主义的各种表现进行斗争。1895年恩格斯逝世以后，《前进报》逐渐转入党的右翼手中。它支持过俄国的经济派和孟什维克。第一次世界大战期间持社会沙文主义立场。俄国十月革命以后，进行反对苏维埃的宣传。1933 年停刊。——9。

13 《工人报》(«Arbeiter-Zeitung»)是奥地利社会民主党的中央机关报。1889 年 7 月由维·阿德勒在维也纳创办。1893 年以前为周报，1894 年每周出版两期，从 1895 年 1 月起改为日报。第一次世界大战期间，该报采取社会沙文主义立场。1934 年被查封。1945 年复刊后是奥地利社会党中央机关报。——9。

14 《汉堡回声报》(«Hamburger Echo»)是德国社会民主党汉堡组织的机关报(日报)。1875 年创刊时名为《汉堡-阿尔托纳人民小报》，1887 年起改用《汉堡回声报》这一名称。第一次世界大战期间，该报采取社会沙文主义立场。1933 年 3 月该报被纳粹政府查封。1946 年 4 月复刊。——9。

15 《人道报》(«L' Humanité»)是法国日报，由让·饶勒斯于 1904 年创办。该报起初是法国社会党的机关报，在第一次世界大战期间为法国社会党极右翼所掌握，采取了社会沙文主义立场。1918 年该报由马·加香领导后，反对法国政府武装干涉苏维埃俄国的帝国主义政策。在法国社会党分裂和法国共产党成立后，从 1920 年 12 月起，该报成为法国共产党中央机关报。——9。

16 社会党国际局内的法国代表团和比利时代表团在 1914 年 9 月 6 日的《人道报》上发表了一篇告德国人民书，谴责德国政府的侵略意图和德国士兵在占领区的暴行。德国社会民主党执行委员会对此表示抗议，于 9 月 10 日在《前进报》上发表了它的答复。法国的和德国的社会沙文主义者就此在报刊上展开了一场论战，双方都为自己国家政府参加战争辩护，而把责任推给别国。——9。

17 指意大利社会党。

意大利社会党于 1892 年 8 月在热那亚代表大会上成立，最初叫意大利劳动党，1893 年改称意大利劳动社会党，1895 年开始称意大利社会党。从该党成立起，党内的革命派就同机会主义派进行着尖锐的思想斗争。1912 年在艾米利亚雷焦代表大会上，改良主义分子伊·博诺米、莱·比索拉蒂等被开除出党。从第一次世界大战爆发到 1915 年 5 月意大利参战，意大利社会党一直反对战争，提出"反对战争，赞成中立！"的口号。1914 年 12 月，拥护资产阶级帝国主义政策、主张战争的叛徒集团（贝·墨索里尼等）被开除出党。意大利社会党人曾于 1914 年同瑞士社会党人一起在卢加诺召开联合代表会议，并积极参加齐美尔瓦尔德（1915 年）和昆塔尔（1916 年）国际社会党代表会议。但是，意大利社会党基本上采取中派立场。1916 年底意大利社会党在党内改良派的影响下走上了社会和平主义的道路。俄国十月社会主义革命胜利后，意大利社会党内的左翼力量增强。1919 年 10 月 5—8 日在波伦亚举行的意大利社会党第十六次代表大会通过了加入共产国际的决议，该党代表参加了共产国际第二次代表大会的工作。1921 年 1 月 15—21 日在里窝那举行的第十七次代表大会上，处于多数地位的中派拒绝同改良派决裂，拒绝完全承认加入共产国际的 21 项条件；该党左翼代表于 21 日退出代表大会并建立了意大利共产党。——11。

18 《新时代》杂志（«Die Neue Zeit»）是德国社会民主党的理论刊物，1883—1923 年在斯图加特出版。1890 年 10 月前为月刊，后改为周刊。1917 年 10 月以前编辑为卡·考茨基，以后为亨·库诺。1885—1895 年间，杂志发表过马克思和恩格斯的一些文章。恩格斯经常关心编辑部的工作，帮助它端正办刊方向。为杂志撰过稿的还有威·李卜克内西、保·拉法格、格·瓦·普列汉诺夫、罗·卢森堡、弗·梅林等国际工人运动活动家。《新时代》杂志在介绍马克思主义基本理论、宣传俄国 1905—1907 年革命等方面做了有益的工作。随着考茨基转到机会主义立场，1910 年以后，《新时代》杂志成了中派分子的刊物。第一次世界大战期间，杂志持中派立场，实际上支持社会沙文主义者。——11。

19 《战争和俄国社会民主党》是以俄国社会民主工党中央委员会名义发表的第一个表明布尔什维克党对待已爆发的帝国主义世界大战的态度的

正式宣言，刊载于1914年11月1日俄国社会民主工党中央机关报《社会民主党人报》第33号，在俄国国内和国外得到广泛传播。1915年2月出版的俄国社会民主工党彼得堡委员会的报纸《无产者呼声报》创刊号全文刊载了这一宣言。宣言还曾作为阐述俄国社会民主工党对待战争的态度的正式文件寄给了社会党国际局以及英国、德国、法国、瑞典和瑞士的一些社会党报纸和中立国社会党人代表会议。1914年11月13日，瑞士社会民主党纳沙泰尔州组织机关报《哨兵报》第265号摘要发表了这篇宣言。——12。

20 战争开始时，第四届国家杜马中的布尔什维克党团曾谋求同杜马中的孟什维克代表和劳动派代表采取共同的反战行动。同劳动派未能达成协议。同孟什维克党团则制定了共同的反对战争的宣言。1914年7月26日(8月8日)，第四届国家杜马召开紧急会议讨论批准军事拨款问题。会上宣读了布尔什维克党团和孟什维克党团共同制定的宣言。在表决军事拨款问题时，布尔什维克党团拒绝投票赞成军事拨款，并退出了杜马会议厅。孟什维克党团采取了同样的行动。——15。

21 指俄国社会民主工党彼得堡委员会在战争爆发后不久印发的一些反对帝国主义战争的秘密传单。——16。

22 指在德国斯图加特、丹麦哥本哈根和瑞士巴塞尔召开的几次国际社会党代表大会通过的关于战争问题的决议。

斯图加特国际社会党代表大会(第二国际第七次代表大会)于1907年8月18—24日举行。出席代表大会的有来自25个国家的886名社会党和工会的代表。俄国社会民主工党派了37名代表。布尔什维克代表团由列宁、亚·亚·波格丹诺夫、约·彼·戈尔登贝格、波·米·克努尼扬茨、马·马·李维诺夫、阿·瓦·卢那察尔斯基、尼·亚·谢马什柯、米·格·茨哈卡雅等人组成。

代表大会审议了下列问题：军国主义和国际冲突；政党和工会的相互关系；殖民地问题；工人的侨居；妇女选举权。

在代表大会期间，列宁为团结国际社会民主党的左派力量做了大量工作，同机会主义者进行了坚决的斗争。代表大会的主要工作是在起草代表大会决议的各个委员会中进行的。列宁参加了军国主义和国际冲突问题委员会的工作。通过同奥·倍倍尔的直接谈判,列宁同罗·卢森堡和尔·马尔托夫对倍倍尔的决议草案作了如下具有历史意义的修改,提出:"如果战争……爆发了的话,他们(指各国工人阶级及其在议会中的代表。——编者注)的责任是……竭尽全力利用战争引起的经济危机和政治危机唤醒各阶层人民的政治觉悟,加速推翻资产阶级的统治。"这一决议案作了一些文字修改后被代表大会一致通过。

哥本哈根国际社会党代表大会(第二国际第八次代表大会)于1910年8月28日—9月3日举行。出席代表大会的有来自33个国家的896名代表。代表俄国社会民主工党出席代表大会的有列宁、格·瓦·普列汉诺夫、亚·米·柯伦泰、阿·瓦·卢那察尔斯基等。

代表大会的主要议题是:反对军国主义与战争、合作社与党的关系、国际团结和工会运动的统一等问题。代表大会选出了5个委员会,列宁参加了合作社问题委员会的工作。为了团结各国革命的马克思主义者,列宁倡议召开了出席大会的各国左派社会民主党人的会议。

代表大会通过的《仲裁法庭与裁军》这一决议重申了斯图加特代表大会的决议,要求各国社会党人利用战争引起的经济危机和政治危机来推翻资产阶级。决议还责成各国社会党及其议员在议会中提出下列要求:必须把各国间的一切冲突提交国际仲裁法庭解决;普遍裁军;取消秘密外交;主张各民族都有自治权并保护它们不受战争侵略和暴力镇压。决议号召各国工人反对战争的威胁。

巴塞尔国际社会党代表大会于1912年11月24—25日举行。这是在巴尔干战争爆发、世界大战危险日益迫近的形势下召开的国际社会党非常代表大会。出席代表大会的有来自23个国家的555名代表,俄国社会民主工党的代表有6名。

代表大会只讨论了一个问题,即反对军国主义与战争威胁问题。在代表大会召开的当天,来自巴登、阿尔萨斯和瑞士各地的工人及与会代表在巴塞尔明斯特教堂举行了声势浩大的反战集会。11月25日,代表大会一致通过了《国际局势和社会民主党反对战争危险的统一行动》决议,德文本称《国际关于目前形势的宣言》,即著名的巴塞尔宣言。

宣言谴责了各国资产阶级政府的备战活动，揭露了即将到来的战争的帝国主义性质，号召各国人民起来反对帝国主义战争。宣言斥责了帝国主义的扩张政策，号召社会党人为反对一切压迫小民族的行为和沙文主义的表现而斗争。宣言写进了1907年斯图加特代表大会决议中列宁提出的基本论点：帝国主义战争一旦爆发，社会党人就应该利用战争所造成的经济危机和政治危机，来加速资本主义的崩溃，进行社会主义革命。——16。

23　格·瓦·普列汉诺夫以《论社会党人对战争的态度》为题的报告会于1914年10月11日在瑞士洛桑举行。这次报告会是当地的一个孟什维克小组组织的。

普列汉诺夫报告以后，只有列宁一个人发了言。1914年10月18、20、21日的孟什维克报纸《呼声报》第31、32、33号以《俄国社会民主党的领袖们论战争》为题报道了报告会的情况、普列汉诺夫的报告和列宁的发言，记者署名为“И.К.”。

列宁作的普列汉诺夫的报告和总结发言的记录和他自己发言的要点，见本版全集第59卷第496—505页。——20。

24　*卢加诺决议*是指1914年9月27日在瑞士卢加诺举行的意大利和瑞士两国社会党人联合代表会议通过的决议。参加这次联合代表会议的有意大利社会党人扎·塞拉蒂、康·拉查理、奥·莫尔加利、菲·屠拉梯、维·莫迪利扬尼、安·巴拉巴诺娃等和瑞士社会民主党人罗·格里姆、保·普夫吕格尔等。这是在第一次世界大战期间召开的第一次试图恢复国际联系的社会党人代表会议。

卢加诺代表会议的决议采纳了列宁关于战争的提纲中的一些论点。但是会议没有支持布尔什维克关于变帝国主义战争为国内战争和使“自己的”政府在战争中失败的口号，不赞成同社会沙文主义者彻底决裂。代表会议号召社会党人采取各种办法，反对把战争继续扩大到其他国家，并委托瑞士社会民主党执行委员会和意大利社会党执行委员会一起筹备召开中立国社会党人代表大会来讨论国际局势。——20。

25 指卡·考茨基的《战争时期的社会民主党》一文。该文发表于 1914 年 10 月 2 日《新时代》杂志第 1 期。——21。

26 塞尔维亚社会民主党人是指 1903 年 8 月 2 日在贝尔格莱德成立的塞尔维亚社会民主党的成员。第一次世界大战爆发前，塞尔维亚社会民主党人进行了反对自己国家的资产阶级和反对国际帝国主义掠夺巴尔干计划的斗争，曾发起召开巴尔干各国社会民主党代表会议(1910 年 1 月)。世界大战爆发后，塞尔维亚社会民主党采取了国际主义立场。该党在议会里的代表投票反对军事拨款。塞尔维亚社会民主党的《工人报》(在尼什出版)也进行了反对沙文主义的斗争。

1919 年 4 月，由塞尔维亚社会民主党倡议在贝尔格莱德召开了南斯拉夫各社会民主党联合代表大会。在这次大会上，各党(除斯洛文尼亚社会民主党人外)联合成为统一的南斯拉夫社会主义工人党(共产主义者)。大会还通过了关于加入第三国际的决定。——21。

27 以《关于变帝国主义战争为国内战争的口号》为题的这段文字单独写在一页纸上，前后标有符号"※"，看来是准备插入俄国社会民主工党中央委员会《战争和俄国社会民主党》宣言或布尔什维克关于战争的某个决议的。——23。

28 这是列宁为一本未写出的小册子《欧洲大战和欧洲社会主义》拟的最完整的提纲。列宁在 1914 年 9 月到达伯尔尼后，就准备撰写这本小册子。为撰写小册子而准备的材料，有一部分被列宁用在《社会主义与战争》等著作中。小册子的全部准备材料载于本版全集第 59 卷第 441—489 页。——24。

29 指弗·阿德勒在社会党国际局 1914 年 7 月 29 日布鲁塞尔会议上的发言。他在这一发言中声称他不相信会有欧洲大战。列宁在《死去的沙文主义和活着的社会主义》一文中谈到了阿德勒的这一发言(见本卷第 107 页)。——24。

30 指 1911 年在巴黎出版的让·饶勒斯《法国社会主义组织。新军队》一书。他在该书的第10章中说:"无产阶级如若拒绝维护民族独立以及与之并存的它自身的自由发展,它就永远不能战胜资本主义。而假设它除受资本主义的压迫外还陷于征服者的统治,那么它连抬头的任何愿望都会失去……真理在于:凡是存在着祖国即那种意识到自己的继承性和团结性的历史群体的地方,对这个祖国自由和独立的任何侵犯都是蓄意毁灭文明和倒退到野蛮时代。"——25。

31 指1914年8月21日《新时代》杂志第19期刊载的赫·文德尔的《饶勒斯》一文。——25。

32 这句话引自卡·考茨基的《战争时期的社会民主党》一文。列宁在《死去的沙文主义和活着的社会主义》一文(见本卷第100—107页)中批评了考茨基的这篇文章。——26。

33 指1914年7月31日《新时代》杂志第18期刊载的赫·文德尔的《欧洲处在战火威胁之下!》一文和1914年7月25日《前进报》第200号社论《最后通牒》。列宁对文德尔文章的摘录和批注,见本版全集第59卷第449—450页。——26。

34 指1914年7月31日《莱比锡人民报》第174号附刊上刊载的短评《可疑的诛暴君者!》和1914年8月3日《前进报》第209号上刊载的《反对沙皇制度的斗争》等文。

《莱比锡人民报》(«Leipziger Volkszeitung»)是德国社会民主党的报纸(日报),1894—1933年出版。该报最初属于该党左翼,弗·梅林和罗·卢森堡曾多年担任它的编辑。1917—1922年是德国独立社会民主党的机关报,1922年以后成为右翼社会民主党人的机关报。——26。

35 指1914年9月5日《民权报》第206号刊载的理·费舍的一篇文章,该文对9月1日《民权报》第202号刊登的谴责德国破坏比利时的中立和德军毁灭比利时卢万市的《汪达尔人》一文逐点进行反驳。费舍辩解说,他们所做的也正是法国人和比利时人在自己议会里做的,"甚至俄国同志们在杜马中也没有投票反对军事拨款”。列宁对该文的摘录，见本版全集第59卷第451—455页。——26。

36 第一次世界大战爆发后，在巴黎的俄国社会民主工党国外组织委员会的部分委员和布尔什维克巴黎支部的部分成员尼·约·萨波日科夫（库兹涅佐夫）、阿·弗·布里特曼（安东诺夫）等人，违反支部的决议志愿参加了法国军队。1914年8月21日，他们与孟什维克和社会革命党人的志愿参军人员一起（总共约80人）以“俄国社会党人”的名义在法国报刊上发表了一个宣言，声称他们采取这一步骤是为了社会主义的胜利，理由是如果德、奥封建专制国家战胜西欧民主国家就会加强国际军国主义，而国际军国主义是国际社会主义胜利发展的主要障碍。格·瓦·普列汉诺夫为俄国社会党人这种沙文主义行为辩护，说这是遵守对法国同志们的“道义上的纪律”。他并在这批志愿兵出发上前线时以这种精神发表了送别讲话。——26。

37 这里说的是1914年9月22日《呼声报》第9号刊载的在法国的波兰社会党志愿参军人员弗·L.列德尔、费·雅·柯恩等人的宣言。宣言说，他们志愿参加法军，是出于“为法国民主派服务而不是为沙皇俄国的盟友服务的愿望”。这个宣言先发表于《人道报》。

《呼声报》（«Голос»）是孟什维克的报纸（日报），1914年9月—1915年1月在巴黎出版，头5号用《我们的呼声报》的名称。列·达·托洛茨基在该报起领导作用。参加该报工作的也有几个前布尔什维克。该报采取中派立场。第一次世界大战初期，《呼声报》刊登过尔·马尔托夫反对社会沙文主义者的文章，也就是在这个时候列宁对该报的活动给予了好评。随着马尔托夫向右转，《呼声报》愈益维护社会沙文主义者，宁肯“同社会沙文主义者讲统一，而不愿接近那些同社会沙文主义不妥协的人”（见本卷第120页）。1915年1月《呼声报》被法国政府查封，接替它出版的是《我们的言论报》。——26。

38 指列宁对1914年8月23日（9月5日）《现代言论报》登载的《格·瓦·普列汉诺夫论战争》一文所作的摘录（见本版全集第59卷第487—488页）。

《现代言论报》(«Современное Слово»)是俄国立宪民主党人的报纸(日报),1907 年 9 月— 1918 年 8 月 3 日(16 日)在彼得堡出版。——26。

39 指 1914 年 9 月 15 日《呼声报》第 3 号的"报刊述评"栏,该栏摘要转载了 1914 年 9 月 14 日《人道报》发表的盖斯克耶的《我们的义务》一文。盖斯克耶在这篇文章里为法国社会党的领导在帝国主义战争中实行社会沙文主义政策、放弃阶级斗争作辩护,说法国社会党人正在履行自我牺牲的义务,而把一切"处在战火之下期待胜利或死亡的人,不论是富人或穷人,是科学家或劳动者",都视为"同一个祖国的兄弟"。而一旦战争结束,"社会党就将重新开始起历史使命赋予它的作用……而不会提出同其他阶级和政党暂时合作的任何条件"。《呼声报》在转载这篇文章时发表的编辑部的评论说,德国社会民主党的《前进报》和格·瓦·普列汉诺夫也都采取了这样的立场。——26。

40 指叶·斯米尔诺夫(埃·李·古列维奇)的文章《战争和欧洲社会民主党》和彼·巴·马斯洛夫给《俄罗斯新闻》编辑部的信。斯米尔诺夫的文章载于 1914 年 9 月 3 日(16 日)《俄罗斯新闻》第 202 号。该文为法国、比利时社会党人首领参加资产阶级政府的行为辩护,说他们参加内阁是"为了使人民,使全体人民自觉地参加战争……使战争真正成为人民的战争"。马斯洛夫的信以《战争和通商条约》为题载于 1914 年 9 月 10 日(23 日)《俄罗斯新闻》第 207 号。它竭力证明:俄国战胜德国将会给俄国工人阶级带来经济利益。——26。

41 指爱·玛·瓦扬的《形式主义者——学理主义者》一文。该文以社论形式发表于 1914 年 10 月 9 日《人道报》第 3827 号。战争一开始就转到社会沙文主义立场上去的瓦扬,在文章中不得不承认收到许多法国社会党人对法国社会党领导人政策的抗议信。他对社会党人批评他的社会沙文主义立场大为恼火,谩骂他们是书呆子、学理主义者等等。列宁对该文的摘录,见本版全集第 59 卷第 476 页。——27。

42 指阿·孔佩尔-莫雷尔的《分赴全国各地的特派员》一文。该文刊载于

1914 年 8 月 31 日《人道报》。文章说:“危急当头,不应犹豫:**处在危急中的祖国**的部长们,**请任命分赴全国各地的特派员**,以提起刚毅精神,激发干劲和热忱,**如同 1792 年伟大革命日子里那样的热忱吧**。”列宁对该文的摘录,见本版全集第 59 卷第 459—460 页。

在法国资产阶级革命时期,革命当局曾于 1792 年任命一批特派员,分赴各郡推动征兵、征粮和激发卫国热情。——27。

43 指古·爱尔威的一些文章。在这些文章中爱尔威为共和制的法国与沙皇俄国结成的联盟进行辩护,断言法国在战争中非与沙皇结成联盟不可,并说“我们将在自由的英国和民主制的意大利的协同下努力使沙皇清除掉沙皇制度”。——27。

44 亨·迈·海德门还在战前就采取了公开维护帝国主义的立场,受到了德国社会民主党及其机关刊物《新时代》杂志的尖锐批评。——27。

45 第一次世界大战爆发后,1914 年 8 月 13 日,英国独立工党的刊物《工人领袖》周刊发表了该党全国委员会的反对战争的宣言。战争初期,基尔·哈第和拉·麦克唐纳采取反对沙文主义的立场。——27。

46 指胡·哈阿兹在德国帝国国会 1914 年 8 月 4 日表决军事拨款时代表社会民主党党团宣读的支持政府战争政策的宣言(参看注 2)。——27。

47 指爱·伯恩施坦在 1914 年 8 月 26 日《前进报》第 232 号上发表的《同俄国算账》一文。在这篇文章中,伯恩施坦从恩格斯的《萨瓦、尼斯与莱茵》(参看《马克思恩格斯全集》第 1 版第 13 卷)这一著作中随意引用一些谈到法俄联盟威胁德国的话,企图以此为德国社会民主党的领导在帝国主义战争中采取的机会主义政策辩护。——27。

48 指恩格斯的《德国的社会主义》一文(见《马克思恩格斯文集》第 4 卷)。德国社会沙文主义者企图利用这篇文章为自己在帝国主义战争中的机会主义立场辩护。——27。

49 指弗·梅林的抗议书。梅林在抗议书中揭露了德国社会沙文主义者引用恩格斯《德国的社会主义》一文来为自己的机会主义政策辩护的行径。抗议书载于 1914 年 9 月 14 日《不来梅市民报》第 214 号。——27。

50 指 1914 年 9 月 10 日《汉堡回声报》第 211 号发表的《必要的说明》和 9 月 12 日德国社会民主党中央机关报《前进报》第 249 号发表的《意大利社会党人的观点》这两篇文章。

《必要的说明》一文是针对比利时和法国社会党人的宣言而写的。该文为了替德国社会民主党领导的社会沙文主义立场进行辩护，歪曲地摘引了恩格斯的《德国的社会主义》一文。列宁对《必要的说明》一文的摘录，见本版全集第 59 卷第 459 页。——28。

51 指理·费舍的文章(见注 35)和一个德国社会党人回答他的信。这封信是寄给《伯尔尼哨兵报》的，但未被该报刊出。列宁对该信作了摘录(见本版全集第 59 卷第 456—457 页)。1914 年 9 月 13 日和 14 日《格吕特利盟员报》第 213 号和第 214 号的社论《社会民主党与战争》摘引了这封信。——28。

52 指载于《社会主义月刊》第 16 期的约·布洛赫的《战争与社会民主党》一文。——28。

53 1914 年 9 月 25 日《呼声报》第 12 号的《报刊评论》转述了发表在《不来梅市民报》上的卡·李卜克内西的一封信的内容。这封信对社会民主党党团在帝国国会表决军事拨款时的投票问题作了说明。——28。

54 指 1914 年 9 月 14 日《不来梅市民报》第 214 号刊载的德国社会民主党左派的抗议书，抗议书表达了对德国社会民主党领导的社会沙文主义政策的不满。——28。

55 指在哈雷出版的德国社会民主党的报纸《人民报》。该报批评德国社会民主党领导的社会沙文主义立场。1914 年 9 月 19 日该报第 220 号发表的《党员的责任》一文同维护该党领导立场的《汉堡回声报》进行了激烈辩论。——28。

56 指载于1914年9月10日《不来梅市民报》第211号的《破产了的国际》一文。列宁对该文的批注，见本版全集第59卷第468页。——28。

57 指弗·梅林的抗议书（见注49）。抗议书中有这样一句话："我们不能从已经出现的国际的破产中预防类似的毫无结果而有害的争吵，是够可悲的。"——28。

58 指载于1914年9月11日《民权报》第211号的《两个国际》一文。列宁对该文的摘录，见本版全集第59卷第455—456页。——28。

59 指载于1914年9月25日《呼声报》第12号上的尔·马尔托夫给古·爱尔威的信。信的结尾说："俄国社会主义的无产阶级既不期望从威廉二世的胜利中，也不期望从尼古拉二世的胜利中得到俄国的解放。它们（指俄国的社会主义政党。——编者注）希望，它们的（以及我们的同志——塞尔维亚社会党人的）不妥协行为，将为恢复了的和清除了……变节分子的国际的未来会议所赞许。"——28。

60 出典于俄国作家伊·安·克雷洛夫的寓言《杜鹃和公鸡》。寓言说，公鸡和杜鹃互相吹捧对方的歌喉如何美妙。杜鹃为什么厚着脸皮夸奖公鸡，就因为公鸡夸奖了它。列宁借用这一寓言讽刺第二国际的领袖们互相标榜，互相包庇。——29。

61 指德国社会民主党领导人之一、社会沙文主义者阿·休特古姆的意大利之行。他是受德国社会民主党执行委员会的委托，为了把意大利社会党人吸引到德国方面来而进行这次访问的。——29。

62 指哥本哈根国际社会党代表大会期间列宁倡议召开的左派社会民主党人会议。在《欧洲大战和欧洲社会主义》的另一份提纲（参看《列宁文稿》第13卷第409—412页）中，列宁列举了会议参加者的姓名：法国的茹·盖得和沙·拉波波特；比利时的路·德·布鲁凯尔；德国的罗·卢森堡和埃·武尔姆；波兰的尤·约·马尔赫列夫斯基（卡尔斯基）；西班牙的巴·埃·伊格莱西亚斯;奥地利的阿·布劳恩;俄国的列宁,格·瓦·普列汉诺夫等。——29。

63 丹麦决议是为了保密而给伯尔尼布尔什维克会议决议取的代称,参看注1。——29。

64 指英国政治家、和平主义者查·菲·特里维廉给自己选民的公开信。信中说,在帝国主义战争中本民族的利益高于一切,而和平就是这种利益。——30。

65 指1914年9月13日《法兰克福报》第254号刊载的费·奥本海默的《新罗马与新迦太基》一文。列宁对该文的摘录,见本版全集第59卷第469—470页。

《法兰克福报》(«Frankfurter Zeitung»)是德国交易所经纪人的报纸(日报),1856—1943年在美因河畔法兰克福出版。——30。

66 指拉脱维亚边疆区社会民主党中央委员会和里加委员会以及俄国社会民主工党彼得堡委员会在战争开始时散发反战宣言和传单一事。——30。

67 指1914年8月30日《俄国旗帜报》第195号社论,其中谈到了俄国社会民主工党彼得堡委员会的传单。

《俄国旗帜报》(«Русское Знамя»)是黑帮报纸(日报),俄罗斯人民同盟的机关报,1905年11月在彼得堡创刊。该报的出版者是亚·伊·杜勃洛文,编辑是杜勃洛文和帕·费·布拉采尔等。报纸得到沙皇尼古拉二世的支持。1917年二月革命后,根据1917年3月5日(18日)彼得格勒苏维埃执行委员会的决议,该报被查封。——30。

68 指卡·考茨基的《和平的前景》一文。1914年10月2日和3日《呼声报》第18号和第19号摘要刊登了这篇文章。——30。

69 1914年9月27日,德国社会民主党中央机关报《前进报》发表了一篇题为《德国和国外》的文章。这篇文章用怯懦的方式表达了德法两国工人被卷入战争是违背他们的意志的这一思想，说“德国工人阶级将在情况许可的范围内为反对征服其他民族的冒险主义企图而斗争”。柏林总督和勃兰登堡省驻军总司令古·克塞尔将军为此勒令该报停刊。《前进报》编辑部(胡·哈阿兹和理·费舍)请求解除禁令。克塞尔同意了，但要求以《前进报》“不再谈阶级仇恨和阶级斗争”为条件。编辑部接受了这一条件。《前进报》于 10 月 1 日复刊，在第 1 版上用大号字登载了克塞尔将军关于该报在上述条件下复刊的命令。——30。

70 《70 式厕所》是 1914 年 8 月 21 日《前进报》第 227 号上的一篇短评。短评谈到 1870 年战争中普军士兵用来解手的装置，建议在当前这场战争中加以采用。列宁注意到这篇短评，看来是因为它表明了正式的社会民主党报刊的堕落。——30。

71 大概是指德国克虏伯工厂生产的、在 1914—1918 年的战争中首次使用的 42 厘米的火炮。——31。

72 路·弗兰克是德国社会民主党党员，国会议员，修正主义者的领袖之一，1914 年志愿上前线而阵亡。《前进报》和其他德国社会沙文主义报纸就此掀起一场宣传运动，把他的死说成是党为人民的利益作出的牺牲。——31。

73 《十字报》(«Kreuz-Zeitung»)即《新普鲁士报》(«Neue Preuβische Zeitung»)，是德国的一家日报，1848 年 6 月在柏林创刊。该报是反革命的宫廷奸党和普鲁士容克以及后来的德国保守党极右派的喉舌。该报报头上印有后备军的十字章图形，所以又有《十字报》之称。1911 年起改称为《新普鲁士(十字)报》，1932 年起改称为《十字报》，1939 年停刊。——31。

74 《新时报》(«Новое Время»)是俄国报纸，1868—1917 年在彼得堡出版。出版人多次更换，政治方向也随之改变。1872—1873 年采取进步自由主义的方针。1876—1912 年由反动出版家阿·谢·苏沃林掌握，成为俄国最没有原则的报纸。1905 年起是黑帮报纸。1917 年二月革命后，完全支持资产阶级临时政府的反革命政策，攻击布尔什维克。1917年10月26日(11月8日)被查封。——31。

75 指1914年9月27日《呼声报》第14号的《报刊评论》。评论摘引了基尔·哈第和拉·麦克唐纳的文章，认为麦克唐纳"在评价这次战争的一切后果时流露出过分悲观的情绪"。——31。

76 《俄罗斯新闻》(«Русские Ведомости»)是俄国报纸，1863—1918年在莫斯科出版。它反映自由派地主和资产阶级的观点，主张在俄国实行君主立宪，撰稿人是一些自由派教授。至19世纪70年代中期成为俄国影响最大的报纸之一。80—90年代刊登民主主义作家和民粹主义者的文章。1898年和1901年曾经停刊。从1905年起成为右翼立宪民主党人的机关报。1917年二月革命后支持资产阶级临时政府。十月革命后被查封。——31。

77 指1914年10月6日《呼声报》第21号社论《阉人们，住嘴!》。文章引述了古·爱尔威在《社会战争报》上发表的一篇短评，说"爱尔威在眩晕状态下不能理解德国社会民主党的全部悲剧，如果它在受到俄国军队从东方进逼的德国发出革命公社的号召，它就立刻会使自己在广大人民群众心目中威信扫地"。——32。

78 列宁于1914年10月1日(14日)在瑞士洛桑市民众文化馆作了关于无产阶级和战争的报告。三天前，格·瓦·普列汉诺夫也是在这里作了题为《论社会党人对战争的态度》的报告。列宁的报告稿没有保存下来，这里收载的是1914年10月25日和27日《呼声报》第37号和第38号发表的该报记者(署名为:И.К.)的记录。

列宁还于10月2日(15日)在日内瓦作了题为《欧洲大战和社会主义》的报告，报告稿也没有保存下来。——33。

79 列宁对恩格斯原话作了引申。恩格斯的原话是："资产者老爷们，你们先开枪吧!"(见《马克思恩格斯文集》第4卷第430页)——36。

80 见注69。——37。

81 英国社会党是由英国社会民主党和其他一些社会主义团体合并组成的,1911 年在曼彻斯特成立。英国社会党是马克思主义的政治组织,但是由于带有宗派倾向,并且党员人数不多,因此未能在群众中展开广泛的宣传活动。第一次世界大战前夕和大战期间,在党内国际主义派(威·加拉赫、约·马克林、阿·英克平、费·罗特施坦等)同以亨·海德门为首的社会沙文主义派之间展开了激烈的斗争。但是在国际主义派内部也有一些不彻底分子,他们在一系列问题上采取中派立场。第一次世界大战爆发以后,1914 年 8 月 13 日,英国社会党的中央机关报《正义报》发表了题为《告联合王国工人》的爱国主义宣言。1916 年 2 月英国社会党的一部分活动家创办的《号召报》对团结国际主义派起了重要作用。1916 年 4 月在索尔福德召开的英国社会党年会上,以马克林、英克平为首的多数代表谴责了海德门及其追随者的立场,迫使他们退出了党。该党从 1916 年起是工党的集体党员。1919 年加入了共产国际。该党左翼是创建英国共产党的主要发起者。1920 年该党的绝大多数地方组织加入了英国共产党。——41。

82 独立工党(I.L.P.)是英国改良主义政党,1893 年 1 月成立。领导人有基·哈第、拉·麦克唐纳、菲·斯诺登等。党员主要是一些新、旧工联的成员以及受费边派影响的知识分子和小资产阶级分子。独立工党从建党时起就采取资产阶级改良主义立场,把主要注意力放在议会斗争和同自由主义政党进行议会交易上。1900 年,该党作为集体党员加入英国工党。在第一次世界大战期间,独立工党领袖采取资产阶级和平主义立场。1932 年 7 月独立工党代表会议决定退出英国工党。1935 年该党左翼成员加入英国共产党,1947 年许多成员加入英国工党,独立工党不再是英国政治生活中一支引人注目的力量。——41。

83 见注 36、37。——42。

84 即俄国社会民主工党巴黎支部。

俄国社会民主工党巴黎支部即俄国社会民主工党巴黎第二协助小组,于 1908 年 11 月 5 日(18 日)成立。它是布尔什维克从与孟什维克合组的巴黎小组退出后组成的,后来孟什维克护党派和前进派分子也加入了这个小组。1911年参加巴黎第二协助小组的有：布尔什维克列宁、娜·康·克鲁普斯卡娅、尼·亚·谢马什柯、米·费·弗拉基米尔斯基、伊·费·阿尔曼德、柳·尼·斯塔尔、谢·伊·霍普纳尔、维·康·塔拉图塔、尼·瓦·库兹涅佐夫、亚·西·沙波瓦洛夫等；调和派阿·伊·柳比莫夫、米·康·弗拉基米罗夫等以及一些前进派分子。小组共有40余人。它同俄国的党组织发生联系，协助其工作，同取消派和托洛茨基分子进行斗争，并在俄国侨民工人中开展工作。第一次世界大战期间，巴黎支部采取国际主义立场并在列宁的领导下积极开展反对帝国主义战争和机会主义分子的斗争。——42。

85 《卡尔·马克思(传略和马克思主义概述)》一文是列宁为当时在俄国颇为驰名的《格拉纳特百科词典》写的一个词条。列宁于1914年春着手撰写这一词条(1918年单行本的序言中误为写于1913年，见本卷第47页)，后因忙于党的工作和《真理报》的工作而不得不中途搁笔。1914年7月8日(21日)，列宁曾给格拉纳特出版社编辑部写信，为他不能如期写完关于马克思的词条表示歉意，并请编辑部另择作者(见本版全集第46卷第356号文献)。编辑部秘书于7月12日(25日)即收到信的当天回信，恳切请求列宁继续担任这一词条的撰稿人，说他们翻遍了俄国人乃至外国人的名单，实在物色不到作者。回信还强调列宁撰写的这一词条对于该词典的有民主思想的读者极为重要，并提出可以推迟交稿日期。列宁答应了编辑部的这一请求，但是不久第一次世界大战就爆发了，他被奥地利当局逮捕，因而直到1914年9月他移居伯尔尼以后，才又重新动笔。整个词条于11月初定稿，11月4日(17日)寄给了编辑部。

1915年出版的《格拉纳特百科词典》(第7版)第28卷刊载了这一词条，署名为：弗·伊林。在书报检查的条件下，编辑部未刊出原稿中的《社会主义》和《无产阶级阶级斗争的策略》两节，并对原文作了某些修改。词条附有《马克思主义书目》。1918年，波涛出版社根据《格拉纳特百科词典》的词条出版了《卡尔·马克思》一文的单行本，但没有附《马克思主义书目》。《卡尔·马克思》一文的全文于1925年首次按手稿发表在俄共(布)中央列宁研究院出版的列宁《论马克思恩格斯及马克思主义》文集中。

本卷《附录》中收有《卡尔·马克思》一文的提纲。——47。

86 《莱茵报》即《莱茵政治、商业和工业日报》(«Rheinische Zeitung für Politik, Handel und Gewerbe»),是德国的一家日报,青年黑格尔派的喉舌,1842年1月1日—1843年3月31日在莱茵地区资产阶级自由派的支持下在科隆出版;创办人是伯·腊韦,编辑是伯·腊韦和阿·鲁滕堡,发行负责人是路·舒尔茨和格·荣克。1842年4月马克思开始为该报撰稿,同年10月成为报纸编辑。《莱茵报》也发表过许多恩格斯的文章。在马克思担任编辑期间,该报日益具有明显的革命民主主义性质并成为德国最重要的反对派报纸之一。普鲁士政府对该报进行了特别严格的检查,1843年4月1日将其查封。——49。

87 指马克思的《摩泽尔记者的辩护》一文(参看《马克思恩格斯全集》第1版第1卷)。——49。

88 《德法年鉴》杂志(«Deutsch-Französische Jahrbücher»)是马克思和阿·卢格合编的德文刊物,1844年在巴黎出版。由于马克思和资产阶级激进派卢格之间有原则性的意见分歧,杂志只出了第1—2期合刊。这一期《德法年鉴》载有马克思的《论犹太人问题》和《〈黑格尔法哲学批判〉导言》,恩格斯的《国民经济学批判大纲》和《英国状况。评托马斯·卡莱尔的〈过去和现在〉》(参看《马克思恩格斯文集》第1卷;《马克思恩格斯全集》第1版第1卷)。这些文章标志着马克思和恩格斯完成了从唯心主义向唯物主义、从革命民主主义向共产主义的转变。——49。

89 共产主义者同盟是历史上第一个以科学社会主义为指导的无产阶级政党,1847年在伦敦成立。共产主义者同盟的前身是1836年成立的正义者同盟,这是一个主要由德国工人和手工业者组成的德国政治流亡者秘密革命组织,后期也有其他国家的人参加。随着形势的发展,正义者同盟的领导成员逐步认识到必须使同盟摆脱旧的密谋传统和方式,并且确信马克思和恩格斯的理论是正确的,遂于1847年邀请马克思和恩格斯参加正义者同盟,协助同盟改组。1847年6月,正义者同盟在伦敦召开代表大会，恩格斯出席了大会，按照他的倡议，同盟的名称改为共产主义者同盟，因此这次大会也是共产主义者同盟的第一次代表大会。大会批准了以民主原则作为同盟组织基础的章程草案，并用“全世界无产者，联合起来！”的战斗口号取代了正义者同盟原来的“人人皆兄弟！”的口号。同年11月29日—12月8日，同盟召开第二次代表大会，马克思和恩格斯出席了大会。大会通过了同盟的章程，并对章程第1条作了修改，规定同盟的目的是“推翻资产阶级，建立无产阶级统治，消灭旧的以阶级对立为基础的资产阶级社会和建立没有阶级、没有私有制的新社会”。大会委托马克思和恩格斯起草同盟的纲领，这就是1848年2月问世的《共产党宣言》。

1848年法国二月革命爆发后，同盟在巴黎成立新的中央委员会，马克思当选为中央委员会主席，恩格斯当选为中央委员。德国三月革命爆发后，马克思和恩格斯起草了共产主义者同盟在这次革命中的政治纲领《共产党在德国的要求》，并动员和组织同盟成员回国参加革命。他们在科隆创办《新莱茵报》，作为指导革命的中心。欧洲1848—1849年革命失败后，共产主义者同盟进行了改组并继续开展活动。1851年同盟召开中央委员会非常会议，批判了维利希—沙佩尔宗派集团的冒险主义策略，并决定把中央委员会迁往科隆。在普鲁士政府策划的陷害共产主义者同盟盟员的科隆共产党人案件判决后，同盟于1852年11月17日宣布解散。同盟在宣传科学社会主义和培养无产阶级革命战士方面起了重要作用；它的许多盟员后来积极参加了建立国际工人协会的活动。——50。

90　指1848年法国二月革命。——50。

91　指1848年奥地利和普鲁士三月革命。——50。

92　《新莱茵报》(«Neue Rheinische Zeitung»)是德国和欧洲革命民主派中无产阶级一翼的日报，1848年6月1日—1849年5月19日在科隆出版。马克思任该报的主编，编辑部成员恩格斯、恩·德朗克、斐·沃尔弗、威·沃尔弗、格·维尔特、斐·弗莱里格拉特、亨·毕尔格尔斯等都是共产主义者同盟的盟员。报纸编辑部作为无产阶级革命运动的领导核心,实际履行了共产主义者同盟中央委员会的职责。该报揭露反动的封建君主派和资产阶级反革命势力,主张彻底解决资产阶级民主革命的任务和用民主共和国的形式统一德国。该报创刊不久,就遭到反动报纸的围攻和政府的迫害,1848 年 9—10 月间曾一度停刊。1849 年 5 月,普鲁士政府借口马克思没有普鲁士国籍而把他驱逐出境,并对其他编辑进行迫害,该报于 5 月 19 日被迫停刊。——50。

93 指 1849 年 6 月 13 日法国小资产阶级政党山岳党在巴黎组织的游行示威。法国总统路易·波拿巴为了取得天主教会对他的支持,公然出兵协助罗马教皇镇压意大利革命。山岳党遂在立法议会弹劾总统和内阁违宪,因为 1848 年宪法禁止使用法国军队去反对别国人民的自由。弹劾案被立法议会内的秩序党多数所否决。这次游行示威就是为此而举行的。秩序党内阁下令军队驱散了这次游行示威,并在这以后开始迫害民主主义者,其中包括外侨。——50。

94 指 1913 年在斯图加特出版的德文版《弗里德里希·恩格斯和卡尔·马克思通信集(1844—1883 年)》,共 4 卷。通信集收入了马克思和恩格斯的书信 1 386 封(这方面的书信总共约有 1 500 封),是他们的理论遗产的重要组成部分。通信集还提供了这两位科学共产主义创始人的大量珍贵的生平资料和反映他们的组织活动和理论创作的丰富材料。列宁深入地研究了这部通信集,摘记了其中 300 封信的要点,摘抄了 15 封具有重要理论意义的信,并为一部分摘要编了名目索引。根据列宁笔记编成的《〈马克思和恩格斯通信集(1844—1883 年)〉提要》,已收入《列宁全集》第 2 版,列为第 58 卷。——50。

95 《福格特先生》这部抨击性著作是马克思对路易·波拿巴雇用的密探卡尔·福格特写的诽谤性小册子《我对〈总汇报〉的诉讼》的答复(参看《马克思恩格斯全集》第 1 版第 14 卷)。——51。

96 指《国际工人协会成立宣言》(见《马克思恩格斯文集》第 3 卷)。——51。

97 指第一国际海牙代表大会。

第一国际海牙代表大会即国际工人协会第五次代表大会，于1872年9月2—7日在海牙举行。出席大会的有15个全国性组织的65名代表。马克思和恩格斯出席并领导这次代表大会。这次代表大会是在马克思主义者同无政府主义者进行激烈斗争的形势下召开的。代表大会的主要议程是关于总委员会的权力和关于无产阶级的政治活动这两个问题。大会通过了关于扩大总委员会的权力、关于总委员会会址迁往纽约、关于巴枯宁派秘密组织社会主义民主同盟的活动等问题的决议。这些决议大部分是马克思和恩格斯起草的。代表大会就无产阶级的政治活动这个问题通过的决议指出，无产阶级的伟大任务就是夺取政权，无产阶级应当组织独立的政党，以保证社会革命的胜利和达到消灭阶级的最终目的。大会从理论上、组织上揭露和清算了巴枯宁派反对无产阶级革命、破坏国际工人运动的种种活动，并把该派首领米·亚·巴枯宁和詹·吉约姆开除出国际。海牙代表大会的决议标志着马克思主义对无政府主义者的小资产阶级世界观的胜利，为后来建立各国工人阶级独立的政党奠定了基础。——51。

98 指18世纪意大利资产阶级经济学家斐迪南多·加利阿尼。——63。

99 宪章派是宪章运动的参加者。宪章运动是19世纪30—50年代英国无产阶级争取实行《人民宪章》的革命运动，是世界上第一次广泛的、真正群众性的、政治性的无产阶级革命运动。19世纪30年代，英国工人运动迅速高涨。伦敦工人协会于1836年成立，1837年起草了一份名为《人民宪章》的法案，1838年5月在伦敦公布。宪章提出六点政治要求：(一)凡年满21岁的男子皆有选举权；(二)实行无记名投票；(三)废除议员候选人的财产资格限制；(四)给当选议员支付薪俸；(五)议会每年改选一次；(六)平均分配选举区域，按选民人数产生代表。1840年7月成立了全国宪章派协会，这是工人运动史上第一个群众性的工人政党。宪章运动在1839、1842、1848年出现过三次高潮。三次请愿均被议会否决，运动也遭镇压。宪章运动终究迫使英国统治阶级作了某些让步，并对欧洲工人运动的发展产生了重大影响。马克思和恩格斯同宪章运动的左翼领袖乔·朱·哈尼、厄·琼斯保持联系,并积极支持宪章运动。——79。

100 克拉科夫起义是指1846年2月在波兰克拉科夫爆发的争取民族解放和民主的起义。这次起义是以波兰民主协会为首的各民族解放组织所策划的全波起义的一个部分。起义者于1846年2月20日占领了克拉科夫市,2月22日成立了波兰共和国国民政府。该政府发表宣言,号召全国人民起来反对俄、普、奥三个占领国,宣布废除封建义务,并许诺土地归农民所有而不用交纳赎金。在其他号召书中,国民政府还宣布建立国营工场、提高工资、确立公民平等。这次起义在沙皇俄国和奥地利的联合打击下很快遭到失败,克拉科夫于3月3日失陷。马克思在克拉科夫起义两周年纪念大会上的演说中指出:“克拉科夫革命把民族问题和民主问题以及被压迫阶级的解放看做一回事,这就给整个欧洲作出了光辉的榜样。”(参看《马克思恩格斯全集》第1版第4卷第537页)——80。

101 反社会党人非常法(反社会党人法)即《反社会民主党企图危害治安法》,是德国俾斯麦政府从1878年10月21日起实行的镇压工人运动的反动法令。这个法令规定取缔德国社会民主党和一切进步工人组织,查封工人刊物,没收社会主义书报,并可不经法律手续把革命者逮捕和驱逐出境。在反社会党人非常法实施期间,有1 000多种书刊被查禁,300多个工人组织被解散,2 000多人被监禁和驱逐。在工人运动的压力下,反社会党人非常法于1890年10月1日被废除。——82。

102 根据现有资料判断,这篇文章未能通过书报检查,手稿也未保存下来,其内容可参看马克思1842年7月9日给阿·卢格的信(《马克思恩格斯全集》第1版第27卷第428—431页)。——83。

103 这一组文章是恩格斯写的,但在《纽约每日论坛报》上发表时署名马克思。此处是沿用旧说。——85。

104 弥诺陶洛斯是古希腊神话中的一个怪物,人身牛首,吞噬少年男女。

——96。

105 《新路，宗教宣传月刊》(«Neue Wege，Blätter für religiöse Arbeit»)是基督教民主派杂志，1907—1941年先后在巴塞尔和苏黎世用德文出版。——97。

106 伯恩施坦派是国际工人运动中的修正主义派别，产生于19世纪末20世纪初。爱·伯恩施坦的《社会主义的前提和社会民主党的任务》(1899年)一书是对伯恩施坦派思想体系的全面阐述。伯恩施坦派在哲学上否定辩证唯物主义和历史唯物主义，用庸俗进化论和诡辩论代替革命的辩证法；在政治经济学上修改马克思主义的剩余价值学说，竭力掩盖帝国主义的矛盾，否认资本主义制度的经济危机和政治危机；在政治上鼓吹阶级合作和资本主义和平长入社会主义，传播改良主义和机会主义思想，反对马克思主义的阶级斗争学说，特别是无产阶级革命和无产阶级专政的学说。伯恩施坦派得到德国社会民主党右翼和第二国际其他一些政党的支持。在俄国，追随伯恩施坦派的有合法马克思主义者、经济派等。——97。

107 指马·高尔基在为沙皇俄国对德开战辩护的《作家、艺术家和演员的抗议书》上签名一事。抗议书登载在1914年9月28日(10月11日)《俄罗斯言论报》第223号和其他一些资产阶级报纸上。在抗议书上签名的还有画家阿·米·瓦斯涅佐夫、维·米·瓦斯涅佐夫、康·阿·科罗温，雕塑家谢·德·梅尔库罗夫，演员费·伊·夏里亚宾，作家亚·绥·绥拉菲莫维奇、斯基塔列茨，杂志编辑彼·伯·司徒卢威等人。——98。

108 指费·伊·夏里亚宾向沙皇下跪一事。1911年1月6日，夏里亚宾在彼得堡玛丽亚剧院演出歌剧《鲍里斯·戈都诺夫》。在沙皇前来观剧时，合唱队员向沙皇下跪，正在舞台上表演的夏里亚宾也跪下了。——98。

109 指恩格斯的《卡·马克思〈1848年至1850年的法兰西阶级斗争〉一书

导言》(见《马克思恩格斯文集》第 4 卷)。《导言》是恩格斯于 1895 年 2 月 14 日和 3 月 6 日之间为在柏林出版的马克思这部著作的单行本而写的。

在《导言》随单行本发表前,德国社会民主党执行委员会强调“帝国国会在讨论反颠覆法草案,国内局势紧张”,坚持要求恩格斯把其中“过分革命的调子”改得温和一些。在当时的条件下,恩格斯不得不考虑执委会的意见,在校样中作了某些删改。这样做虽使原稿受到一些损害,但没有影响整个《导言》的革命精神。

然而,德国社会民主党的一些领导人却企图根据这篇《导言》把恩格斯说成是主张工人阶级在任何情况下都要通过和平途径夺取政权的人。1895 年 3 月 30 日,德国社会民主党中央机关报《前进报》在一篇题为《目前革命应怎样进行》的社论中,未经恩格斯同意就从《导言》删改稿中断章取义地摘引了几处,用以证明恩格斯无条件地主张“守法”。恩格斯对这种歪曲他的观点的做法极为愤慨。4 月 1 日恩格斯给卡·考茨基写信,要求在《新时代》杂志上发表整个《导言》(删改稿),以“消除这个可耻印象”(见《马克思恩格斯文集》第 10 卷第 699 页)。这样,在马克思这一著作的单行本出版(4 月中旬)前不久,《新时代》杂志提前发表了《导言》的删改稿。

《导言》的全文于 1930 年在苏联首次发表。——101。

110 引自弗·梅林《1870 年战争回忆》一文。该文刊登在 1914 年 10 月 2 日《新时代》杂志第 1 期上。——103。

111 达摩克利斯剑出典于古希腊传说:叙拉古暴君迪奥尼修斯一世用一根马尾系着一把利剑挂于自己的宝座上方,命羡慕他的权势和尊荣的达摩克利斯坐在宝座上。达摩克利斯顿时吓得面色苍白,如坐针毡,赶快祈求国王恩准离座。后来人们常用达摩克利斯剑来譬喻时刻存在的威胁或迫在眉睫的危险。——103。

112 米勒兰主义是社会党人参加资产阶级政府的一种机会主义策略,因法国社会党人亚·埃·米勒兰于 1899 年参加瓦尔德克-卢梭的资产阶级政府而得名。1900 年 9 月 23—27 日在巴黎举行的第二国际第五次代表大会讨论了米勒兰主义问题。大会通过了卡·考茨基提出的调和主义决议。这个决议虽谴责社会党人参加资产阶级政府,但却认为在"非常"情况下可以这样做。法国社会党人和其他国家的社会党人就利用这项附带条件为他们在第一次世界大战期间参加帝国主义资产阶级政府的行为辩护。列宁认为米勒兰主义是一种修正主义和叛卖行为,社会改良主义者参加资产阶级政府必定会充当资本家的傀儡,成为这个政府欺骗群众的工具。——104。

113　《火星报》(«Искра»)是第一个全俄马克思主义的秘密报纸,由列宁创办。创刊号于1900年12月在莱比锡出版,以后各号的出版地点是慕尼黑、伦敦(1902年7月起)和日内瓦(1903年春起)。参加《火星报》编辑部的有:列宁、格·瓦·普列汉诺夫、尔·马尔托夫、亚·尼·波特列索夫、帕·波·阿克雪里罗得和维·伊·查苏利奇。编辑部的秘书起初是因·格·斯米多维奇,1901年4月起由娜·康·克鲁普斯卡娅担任。列宁实际上是《火星报》的主编和领导者。他在《火星报》上发表了许多文章,阐述有关党的建设和俄国无产阶级的阶级斗争的基本问题,并评论国际生活中的重大事件。

《火星报》在国外出版后,秘密运往俄国翻印和传播。《火星报》成了团结党的力量、聚集和培养党的干部的中心。在俄国许多城市成立了俄国社会民主工党列宁火星派的小组和委员会。1902年1月在萨马拉举行了火星派代表大会,建立了《火星报》俄国组织常设局。

《火星报》在建立俄国马克思主义政党方面起了重大的作用。在列宁的倡议和亲自参加下,《火星报》编辑部制定了党纲草案,筹备了俄国社会民主工党第二次代表大会。这次代表大会宣布《火星报》为党的中央机关报。

根据俄国社会民主工党第二次代表大会的决议,《火星报》编辑部改由列宁、普列汉诺夫、马尔托夫三人组成。但是马尔托夫坚持保留原来的六人编辑部,拒绝参加新的编辑部,因此《火星报》第46—51号是由列宁和普列汉诺夫二人编辑的。后来普列汉诺夫转到了孟什维主义的立场上,要求把原来的编辑都吸收进编辑部,列宁不同意这样做,于1903年10月19日(11月1日)退出了编辑部。《火星报》第52号是由普列汉诺夫一人编辑的。1903 年 11 月 13 日(26 日),普列汉诺夫把原来的编辑全部增补进编辑部以后,《火星报》由普列汉诺夫、马尔托夫、阿克雪里罗得、查苏利奇和波特列索夫编辑。因此,从第 52 号起,《火星报》变成了孟什维克的机关报。人们将第 52 号以前的《火星报》称为旧《火星报》,而把孟什维克的《火星报》称为新《火星报》。

1905 年 5 月第 100 号以后,普列汉诺夫退出了编辑部。《火星报》于 1905 年 10 月停刊,最后一号是第 112 号。——104。

114 吉伦特派和山岳派是 18 世纪末法国资产阶级革命时期的两个政治派别。山岳派又称雅各宾派,是法国国民公会中的左翼民主主义集团,以其席位在会场的最高处而得名。该派代表中小资产阶级的利益,主张铲除专制制度和封建主义,其领袖是马·罗伯斯比尔、让·保·马拉、若·雅·丹东、安·路·圣茹斯特等。吉伦特派代表共和派的大工商业资产阶级和农业资产阶级的利益,主要是外省资产阶级的利益。该派许多领导人在立法议会和国民公会中代表吉伦特省,因此而得名。吉伦特派的领袖是雅·皮·布里索、皮·维·维尼奥、罗兰夫妇、让·安·孔多塞等。该派主张各省自治,成立联邦。吉伦特派动摇于革命和反革命之间,走同王党勾结的道路。列宁称革命的社会民主党人为山岳派,即无产阶级的雅各宾派,而把社会民主党内的机会主义派别称为社会民主党的吉伦特派。在俄国社会民主工党分裂为布尔什维克和孟什维克之后,列宁经常强调指出,孟什维克是工人运动中的吉伦特派。

《在 20 世纪的门槛上》一文是格·瓦·普列汉诺夫写的。——105。

115 就让死人去埋葬死人吧出典于圣经《新约全书·路加福音》。一个信徒请求耶稣准许他回家埋葬了父亲再跟随耶稣外出行道,耶稣就用这句话回答了他。意思是:要专注于自己的信仰,把其他一切置之度外。这里借用这句话说明要同社会沙文主义者彻底决裂。——105。

116 出典于俄国作家尼·瓦·果戈理的小说《伊万·伊万诺维奇和伊万·尼基佛罗维奇吵架的故事》。伊万·伊万诺维奇和伊万·尼基佛罗维奇(伊万·伊万内奇和伊万·尼基佛雷奇)是小说中的主人公。这两个地主本是莫逆之交,竟为一支猎枪的争端而反目。伊万·尼基佛罗维奇骂伊万·伊万诺维奇是“一只真正的公鹅”(“公鹅”在俄语中喻狂妄自大的蠢人)。伊万·伊万诺维奇则捣毁了伊万·尼基佛罗维奇的鹅舍。为此,两人打了十几年的官司。在一次市长举行的宴会上,朋友们按照当地通行的调解习惯,设法将他们俩推到一起,使他们握手言和。但是这一努力没有成功。——105。

117 指1914年7月29日即奥匈帝国对塞尔维亚宣战的次日在布鲁塞尔召开的社会党国际局会议。

社会党国际局是第二国际的常设执行和通讯机关,根据1900年9月第二国际巴黎代表大会的决议成立,设在布鲁塞尔。社会党国际局由各国社会党代表组成。执行主席是埃·王德威尔得,书记是卡·胡斯曼。俄国社会民主党人参加社会党国际局的代表是格·瓦·普列汉诺夫和波·尼·克里切夫斯基。从1905年10月起,列宁代表俄国社会民主工党参加社会党国际局。1914年6月,根据列宁的建议,马·马·李维诺夫被任命为社会党国际局俄国代表。社会党国际局在第一次世界大战开始后实际上不再存在。——107。

118 进步党是俄国大资产阶级和按资本主义方式经营的地主的民族主义自由派政党,成立于1912年11月。它的核心是由和平革新党人和民主改革党人组成的第三届国家杜马中的“进步派”,创建人有著名的大工厂主亚·伊·柯诺瓦洛夫,大地主和地方自治人士伊·尼·叶弗列莫夫和格·叶·李沃夫等。该党纲领要点是:制定温和的宪法,实行细微的改革,建立责任内阁即对杜马负责的政府,镇压革命运动。列宁指出,进步党人按成分和意识形态来说是十月党人同立宪民主党人的混合物,这个党将成为德国也有的那种“真正的”资本主义资产阶级的政党(见本版全集第22卷第265、352页)。

第一次世界大战期间,进步党人支持沙皇政府,倡议成立军事工业委员会。1915年夏,进步党同其他地主资产阶级政党联合组成“进步同盟”,后于1916年退出。1917年二月革命后,进步党的一些领袖加入了国家杜马临时委员会，后又加入了资产阶级临时政府。但这时进步党本身实际上已经瓦解。十月革命胜利后，原进步党领袖积极反对苏维埃政权。——108。

119　各族人民的牢狱这句话源于法国作家和旅行家阿道夫·德·居斯蒂纳所著《1839年的俄国》一书。书中说："这个帝国虽然幅员辽阔，其实却是一座牢狱，牢门的钥匙握在皇帝手中。"——109。

120　贵族联合会是农奴主-地主的组织，于1906年5月在各省贵族协会第一次代表大会上成立，存在到1917年10月。成立该组织的主要目的是维护君主专制制度，维护大地主土地占有制和贵族特权。贵族联合会的领导人是阿·亚·鲍勃凌斯基伯爵、Н.Ф.卡萨特金-罗斯托夫斯基公爵、Д.А.奥尔苏菲耶夫伯爵、弗·米·普利什凯维奇等人。列宁称贵族联合会为"农奴主联合会"。贵族联合会的许多成员参加了国务会议和黑帮组织的领导中心。——109。

121　1914年11月2—4日(15—17日)，第四届国家杜马布尔什维克党团和一些地方的布尔什维克组织的代表在彼得格勒附近的奥泽尔基村举行会议，讨论了列宁关于战争的提纲，一致表示支持。参加会议的党团成员是：格·伊·彼得罗夫斯基、阿·叶·巴达耶夫、马·康·穆拉诺夫、费·尼·萨莫伊洛夫和尼·罗·沙果夫；其他一些人是：里加代表Ф.В.林德、哈尔科夫代表В.雅柯夫列夫、伊万诺沃-沃兹涅先斯克代表И.沃罗宁、彼得堡代表И.科兹洛夫和Н.安季波夫以及中央委员会代表列·波·加米涅夫。由于奸细告密，11月4日(17日)，当会议刚刚结束时，沙皇警察便袭击了奥泽尔基村。警察搜出了列宁关于战争的提纲(《革命的社会民主党在欧洲大战中的任务》)和载有俄国社会民主工党中央委员会宣言《战争和俄国社会民主党》的《社会民主党人报》第33号。全体与会人员都被逮捕。5名布尔什维党杜马党团成员虽然作为杜马代表享有不可侵犯的权利，当时没有被捕，但在第二天，11月5日(18日)的夜里，也被逮捕了。

1915年2月10日(23日)，彼得格勒高等法院特别法庭开庭审判这一案件。5名党团成员及其他参加会议的社会民主党人被指控参加以推翻现存国家制度为宗旨的组织，因而犯了叛国罪。5 名党团成员全被判处终身流放图鲁汉斯克边疆区（东西伯利亚）。关于这一审判，参看列宁在 1915 年 3 月 29 日《社会民主党人报》第 40 号上发表的《对俄国社会民主党工人党团的审判证明了什么?》一文（本卷第 170—178 页）。——114。

122 瑞典社会民主党的这次代表大会于 1914 年 11 月 23 日在斯德哥尔摩召开。这次代表大会主要讨论对战争的态度问题。亚·加·施略普尼柯夫（化名别列宁）代表俄国社会民主工党中央委员会向大会致贺词，宣读了一个号召反对帝国主义战争、谴责德国社会民主党以及走上社会沙文主义道路的其他各国社会党的领袖们的背叛行为的宣言。为此，瑞典社会民主党的右翼领导人卡·亚·布兰亭建议对宣言中谴责德国社会民主党的行为的地方表示遗憾，声称瑞典社会民主党人的代表大会“不应该谴责其他党”。瑞典社会民主党左翼领导人卡·塞·康·霍格伦反对布兰亭的建议，指出瑞典社会民主党中有许多人同意俄国社会民主工党中央委员会宣言的主张。但是，代表大会仍以多数票通过了布兰亭的建议。尤·拉林代表孟什维克的组织委员会在大会上发了言。1915 年 1 月 9 日《社会民主党人报》第 36 号报道了这次代表大会的情况。——114。

123 组织委员会（组委会）是 1912 年在取消派的八月代表会议上成立的俄国孟什维克的领导中心。第一次世界大战期间，组委会采取社会沙文主义立场，站在沙皇政府方面为战争辩护。组委会先后出版过《我们的曙光》、《我们的事业》、《事业》、《工人晨报》、《晨报》等报刊。1917 年 8 月孟什维克党选出中央委员会以后，组委会的职能即告终止。除了在俄国国内活动的组委会外，在国外还有一个组委会国外书记处。这个书记处由帕·波·阿克雪里罗得、伊·谢·阿斯特罗夫-波韦斯、尔·马尔托夫、亚·萨·马尔丁诺夫和谢·尤·谢姆柯夫斯基组成，持和中派相近的立场，实际上支持俄国的社会沙文主义者。书记处的机关报是《俄国社会民主工党组织委员会国外书记处通报》，1915 年 2 月—1917 年 3 月在日内瓦出版，共出了 10 号。——114。

124 《社会民主党人报》(«Социал-Демократ»)是俄国社会民主工党秘密发行的中央机关报。1908 年 2 月在俄国创刊,第 2—32 号(1909 年 2 月—1913 年 12 月)在巴黎出版,第 33—58 号(1914 年 11 月—1917 年 1 月)在日内瓦出版,总共出了 58 号,其中 5 号有附刊。根据俄国社会民主工党第五次代表大会选出的中央委员会的决定,该报编辑部由布尔什维克、孟什维克和波兰社会民主党人的代表组成。实际上该报的领导者是列宁。1911 年 6 月孟什维克尔·马尔托夫和费·伊·唐恩退出编辑部,同年 12 月起《社会民主党人报》由列宁主编。该报先后刊登过列宁的 80 多篇文章和短评。在斯托雷平反动时期和新的革命高涨年代,该报同取消派、召回派和托洛茨基分子进行斗争,宣传布尔什维克的路线,加强了党的统一和党与群众的联系。第一次世界大战期间,该报同国际机会主义、民族主义和沙文主义进行斗争,反对帝国主义战争,团结各国坚持国际主义立场的社会民主党人,宣传布尔什维克在战争、和平和革命等问题上提出的口号,联合并加强了党的力量。该报在俄国国内和国外传播很广,影响很大。列宁在《〈反潮流〉文集序言》中写道,"任何一个觉悟的工人,如果想了解国际社会主义革命思想的发展及其在 1917 年 10 月 25 日的第一次胜利",《社会民主党人报》上的文章"是不可不看的"(见本版全集第 34 卷第 116 页)。——114。

125 指高加索的孟什维克取消派分子、崩得分子和支持取消派的波兰王国和立陶宛社会民主党的代表。——114。

126 列宁在《俄国的休特古姆派》(见本卷第 121—127 页)等著作中批判了格·瓦·普列汉诺夫的小册子《论战争(答季·巴·同志)》。这本小册子是 1914 年 12 月底在巴黎出版的。——115。

127 指发表在《社会民主党人报》第 34 号上的彼得堡取消派彼·巴·马斯洛夫、亚·尼·波特列索夫、涅·切列万宁(费·安·利普金)等人对埃·王德威尔得电报的答复。王德威尔得的电报呼吁俄国社会党人积极参加反对"普鲁士军国主义"的斗争。电报经过俄国驻比利时大使伊·亚·库达舍夫的修改,并且是通过他发到俄国外交部,再转送给俄国社会民主党国家杜马党团领导人尼·谢·齐赫泽的。彼得堡取消派在答复中表示完全赞同社会沙文主义者的立场,并声明:“我们在自己的活动中不抵制战争。”——118。

128 尔·马尔托夫曾在《别打扰马克思了……》一文中十分激烈地批评过格·瓦·普列汉诺夫的立场。该文发表于1914年10月23日《呼声报》第35号。——118。

129 《马尔托夫的转变》是1915年1月9日《社会民主党人报》第35号上登载的一则短讯。短讯报道了尔·马尔托夫1914年12月3日(16日)在伯尔尼作的报告《战争和社会主义的危机》。这个报告标志着马尔托夫的明显右转。——118。

130 指帕·波·阿克雪里罗得在1914年10月26日和27日《伯尔尼哨兵报》第250号和第251号上发表的《俄国与战争》一文。

《伯尔尼哨兵报》(«Berner Tagwacht»)是瑞士社会民主党的机关报,于1893年在伯尔尼创刊。1909—1918年,罗·格里姆任该报主编。第一次世界大战初期,该报发表过卡·李卜克内西、弗·梅林及其他左派社会民主党人的文章。从1917年起,该报公开支持社会沙文主义者。——118。

131 指载于1914年12月12日《伯尔尼哨兵报》第291号的一篇简讯《国外俄国社会民主党人来讯》。

组织委员会曾宣布要出版自己的机关报《评论》,但是这一愿望没有实现。1915年6月14日《组织委员会国外书记处通报》第2号的一篇文章则说:组织委员会把《我们的言论报》看做是孟什维克国际主义派的共同的论坛,故而放弃了出版第二种报纸的打算。——119。

132 《思想报》(«Мысль»)是俄国社会革命党的报纸(日报),1914年11月在巴黎创刊,维·米·切尔诺夫和马·安·纳坦松任编辑。1915年3月被法国政府查封。接替该报出版的是《生活报》。——120。

133 指1913年9月23日—10月1日(10月6—14日)在波罗宁举行的有党的工作者参加的俄国社会民主工党中央委员会会议通过的《关于民

粹派》决议(见本版全集第 24 卷第 62—64 页)。——120。

134 三协约国(三国协约)是指与德、奥、意三国同盟相对立的英、法、俄三国帝国主义联盟。这个联盟的建立,始于 1891—1893 年缔结法俄同盟,中经 1904 年签订英法协定,而由 1907 年签订英俄协定最终完成。在第一次世界大战期间先后有美、日、意等 20 多个国家加入。十月革命后,协约国联盟的主要成员——英、法、美、日等国发动和组织了对苏维埃俄国的武装干涉。——121。

135 《我们的曙光》杂志(«Наша Заря»)是俄国孟什维克取消派的合法的社会政治刊物(月刊),1910 年 1 月—1914 年 9 月在彼得堡出版。领导人是亚·尼·波特列索夫,撰稿人有帕· 波· 阿克雪里罗得、费· 伊·唐恩、尔·马尔托夫、亚·马尔丁诺夫等。围绕着《我们的曙光》杂志形成了俄国取消派中心。第一次世界大战一开始,该杂志就采取了社会沙文主义立场。

列宁在本卷的一些文章中多次提到的《我们的曙光》集团即是指《我们的曙光》杂志的拥护者。——123。

136 指帕·波·阿克雪里罗得于 1914 年 12 月 2 日在苏黎世对《呼声报》编辑 P.格里戈里耶夫发表的谈话。谈话载于 1914 年 12 月 22 日和 23 日的《呼声报》第 86 号和第 87 号。——123。

137 见注 112。——127。

138 《拉林在瑞典代表大会上宣布的是什么样的"统一"?》一文是针对尤·拉林 1914 年 11 月 23 日在瑞典社会民主党代表大会上的发言而写的。

文中提到的 14 项条件,是在《俄国社会民主工党中央委员会在布鲁塞尔会议上的报告和给出席该会议的中央代表团的指示》(见本版全集第 25 卷)中提出的。——128。

139 七三联盟即布鲁塞尔联盟,是反对布尔什维克的联盟,由取消派、托洛茨基分子、前进派、普列汉诺夫派、崩得分子和高加索区域委员会的代表在布鲁塞尔"统一"会议结束后组成。

布鲁塞尔“统一”会议是根据社会党国际局1913年十二月会议的决定于1914年7月3—5日(16—18日)召开的。按照这个决定,召开会议是为了就恢复俄国社会民主工党统一的可能性问题“交换意见”。但是,早在1914年夏初,社会党国际局主席埃·王德威尔得访问彼得堡时,就同取消派的领袖们商定:社会党国际局将不是充当调停者,而是充当布尔什维克和孟什维克之间分歧的仲裁人。列宁和布尔什维克知道,布鲁塞尔会议所追求的真正目的是要取消布尔什维克党,但是考虑到布尔什维克如拒绝参加,将会使俄国工人无法理解,因此还是派出了俄国社会民主工党中央委员会的代表团。代表团由伊·费·阿尔曼德(彼得罗娃)、米·费·弗拉基米尔斯基(卡姆斯基)和伊·费·波波夫(巴甫洛夫)三人组成。列宁当时住在波罗宁,同代表团保持着最密切的联系。他指示代表团要采取进攻的立场,要牢牢记住社会党国际局是调停者,而不是法官,这是十二月会议决议宣布了的,谁也别想把别人意志强加于布尔什维克。

派代表参加布鲁塞尔会议的除俄国社会民主工党中央委员会外,还有10个团体和派别:组织委员会(孟什维克)以及归附于它的一些组织——高加索区域委员会和“斗争”集团(托洛茨基分子);社会民主党杜马党团(孟什维克);格·瓦·普列汉诺夫的“统一”集团;“前进”集团;崩得;拉脱维亚边疆区社会民主党;立陶宛社会民主党;波兰社会民主党;波兰社会民主党反对派;波兰社会党“左派”。

会议充满着尖锐斗争。国际局的领导人不让阿尔曼德在这次会议上读完列宁写的俄国社会民主工党中央委员会向会议的报告的全文,她只读了报告的一部分便不得不转到统一的条件问题。机会主义分子极力反对列宁拟定的条件。普列汉诺夫说这不是实现统一的条件,而是“新刑法条文”。王德威尔得声称,即使这些条件在俄国得到赞同,国际也不允许付诸实施。卡·考茨基以社会党国际局的名义提出了关于俄国社会民主工党统一的决议案,断言俄国社会民主党内不存在妨碍统一的任何重大分歧。由于通过决议一事已超出会议的权限,布尔什维克和拉脱维亚社会民主党人拒绝参加表决。但社会党国际局的决议案仍以多数票通过。布尔什维克拒绝服从布鲁塞尔会议决议。

布鲁塞尔联盟没有存在多久就瓦解了。——128。

140 指波兰社会党"左派"。

波兰社会党"左派"原为波兰社会党内的左派。波兰社会党是以波兰社会党人巴黎代表大会(1892 年 11 月)确定的纲领方针为基础于 1893 年成立的。这次代表大会提出了建立独立民主共和国、为争取人民群众的民主权利而斗争的口号,但是没有把这一斗争同俄国、德国和奥匈帝国的革命力量的斗争结合起来。该党右翼领导人约·皮尔苏茨基等认为恢复波兰国家的唯一道路是民族起义,而不是以无产阶级为领导的全俄反对沙皇的革命。从 1905 年 2 月起,以马·亨·瓦列茨基、费·雅·柯恩等为首的左派逐步在党内占了优势。1906 年 11 月在维也纳召开的波兰社会党第九次代表大会把皮尔苏茨基及其拥护者开除出党,该党遂分裂为两个党:波兰社会党"左派"和波兰社会党"革命派"("右派",亦称弗腊克派)。

波兰社会党"左派"反对皮尔苏茨基分子的民族主义及其恐怖主义和密谋策略,主张同全俄工人运动密切合作,认为只有在全俄革命运动胜利基础上才能解决波兰劳动人民的民族解放和社会解放问题。在 1908—1910 年期间,主要通过工会、文教团体等合法组织进行活动。该党不同意孟什维克关于在反对专制制度斗争中的领导权属于资产阶级的论点,可是支持孟什维克反对第四届国家杜马中的布尔什维克代表。第一次世界大战爆发后,该党持国际主义立场,参加了 1915 年的齐美尔瓦尔德会议和 1916 年的昆塔尔会议。该党欢迎俄国十月革命。1918 年 12 月,该党同波兰王国和立陶宛社会民主党一起建立了波兰共产主义工人党(1925 年改称波兰共产党,1938 年解散)。——128。

141 指 1908 年 12 月 21—27 日(1909 年 1 月 3—9 日)在巴黎举行的俄国社会民主工党第五次全国代表会议就各个工作报告通过的决议和 1910 年 1 月 2—23 日(1 月 15 日—2 月 5 日)在巴黎举行的俄国社会民主工党中央委员会全体会议通过的《党内状况》这一决议(参看《苏联共产党代表大会、代表会议和中央全会决议汇编》1964 年人民出版社版第 1 分册第 246 页和第 297—300 页)。——128。

142 《我们的工人报》(«Наша Рабочая Газета»)是俄国孟什维克取消派的合法报纸(日报),1914 年 5 月 3 日(16 日)—7 月在彼得堡出版。——128。

143 民族文化自治是奥地利社会民主党人奥·鲍威尔和卡·伦纳制定的资产阶级民族主义的解决民族问题的纲领。俄国孟什维克取消派和崩得分子都提出过民族文化自治的要求。1903 年俄国社会民主工党第二次代表大会在讨论党纲草案时否决了崩得分子提出的增补民族文化自治内容的建议。列宁对民族文化自治的批判,见《关于民族问题的批评意见》、《论"民族文化"自治》、《论民族自决权》(本版全集第 24 卷和第 25 卷)等著作。——129。

144 指俄国社会民主工党第二次代表大会(1903 年)《关于社会革命党人》的决议和俄国社会民主工党第五次(伦敦)代表大会(1907 年)《关于对非无产阶级政党的态度》的决议(参看《苏联共产党代表大会、代表会议和中央全会决议汇编》1964 年人民出版社版第 1 分册第 50—52、206—207 页)。——129。

145 保险理事会是 1914 年 3 月 2 日(15 日)由彼得堡的工人选举产生的。

1912 年 6 月 23 日(7 月 6 日),沙皇政府颁布了工人保险法。根据这个法律,在俄国将设立伤病救济基金会和各级保险机关。由于种种限制,有权享受此项保险的不及职工总人数的十分之一,救济金额也很低;并且工人交纳的保险费多于工厂主提供的部分。布尔什维克一方面向工人群众解释这个法律的反人民性质,另一方面号召群众不要抵制伤病保险基金会,而要利用这种合法组织进行革命工作。

围绕着保险机关的选举,布尔什维克同取消派、左派民粹派展开了尖锐的斗争。最后,保险理事会工人团的选举以布尔什维克取得胜利而结束。参加选举的 57 名受托人中,有 47 人投票赞成布尔什维克的委托书。《真理之路报》提出的候选人以多数票当选。被选为理事会理事的是:Г.М.施卡平、С.Д.丘金、Г.И.奥西波夫、Н.И.伊林和 С.И.扬金。他们都是布尔什维克建立的秘密保险中心的成员。孟什维克取消派号召工人不服从保险理事会的决议。——129。

146 《工人保险》杂志(«Страхование Рабочих»)是俄国孟什维克取消派的刊物(月刊),1912 年 12 月起在彼得堡出版。1917 年二月革命后用《工人保险和社会政策》的名称出版。1918 年 6 月停刊。——129。

147 齐赫泽党团指以尼·谢·齐赫泽为首的俄国第四届国家杜马中的孟什维克党团,1916 年其成员为马·伊·斯柯别列夫、伊·尼·图利亚科夫、瓦·伊·豪斯托夫、齐赫泽和阿·伊·契恒凯里。第一次世界大战期间,该党团采取中派立场,实际上全面支持俄国社会沙文主义者。列宁对齐赫泽党团的机会主义路线的批判,见《组织委员会和齐赫泽党团有自己的路线吗?》、《齐赫泽党团及其作用》(本版全集第 27 卷和第 28 卷)等文。——129。

148 这个宣言草案是列宁从马·马·李维诺夫来信中获悉协约国各国社会党人将召开代表会议后起草的。草案寄给了李维诺夫,供他在代表会议上宣读。娜·康·克鲁普斯卡娅还把宣言草案寄给了在斯德哥尔摩的亚·加·施略普尼柯夫。

协约国社会党人伦敦代表会议于 1915 年 2 月 14 日召开。出席代表会议的有英、法、比、俄四国的社会沙文主义派和和平主义派的代表:英国独立工党的詹·基尔·哈第、詹·拉·麦克唐纳等,英国社会党、工党、费边社的代表;法国社会党的马·桑巴、爱·瓦扬、让·龙格、阿·托马、阿·孔佩尔-莫雷尔,法国劳动总联合会的莱·茹奥;比利时社会党的埃·王德威尔得等;俄国社会革命党的维·米·切尔诺夫、马·安·纳坦松(博勃罗夫)、伊·阿·鲁巴诺维奇。伊·米·马伊斯基代表孟什维克组织委员会出席了代表会议。

列入代表会议议程的问题有:(1)民族权利问题;(2)殖民地问题;(3)保障未来和平问题。

布尔什维克未被邀请参加代表会议。但是,马·马·李维诺夫受列宁委托为宣读俄国社会民主工党中央委员会的宣言而出席了代表会议。这篇宣言是以列宁拟定的草案为基础写成的。宣言要求社会党人退出资产阶级政府,同帝国主义者彻底决裂,坚决反对帝国主义政府,谴责投票赞成军事拨款的行为。在李维诺夫宣读宣言过程中,会议主席打断了他的发言并取消了他的发言权，声称会议宗旨不是批评各个党。李维诺夫交了一份书面宣言给主席团以后退出了代表会议。这篇宣言后来刊登于1915年3月29日俄国社会民主工党中央机关报《社会民主党人报》第40号。列宁对这次代表会议的评论，见《关于伦敦代表会议》和《谈伦敦代表会议》两文（本卷第160—162、179—181页）。——131。

149 《钟声》杂志（«Дзвін»）是合法的资产阶级民族主义刊物（月刊），倾向孟什维克，1913年1月—1914年在基辅用乌克兰文出版，共出了18期。参加该杂志工作的有В.П.列文斯基、弗·基·温尼琴科、列·尤尔凯维奇（雷巴尔卡）、德·顿佐夫、西·瓦·佩特留拉、格·阿·阿列克辛斯基、帕·波·阿克雪里罗得、列·达·托洛茨基等人。第一次世界大战爆发后停刊。

《乌克兰与战争》一文的作者是列文斯基。——133。

150 乌克兰解放协会是乌克兰资产阶级民族主义组织，于1914年第一次世界大战初期建立，领导人为德·顿佐夫、А.Ф.斯科罗皮西-约尔图霍夫斯基和马·伊·美列涅夫斯基。该协会指望沙皇俄国在战争中被摧毁，力图使乌克兰从俄国分离出去，建立一个受德国保护的资产阶级和地主的乌克兰君主国。——133。

151 《打着别人的旗帜》一文是为原定于1915年在俄国出版的合法的马克思主义文集写的。文集遭到沙皇书报检查机关删改和扣压，直到1917年二月革命后才得见天日。

1917年3月，莫斯科浪涛出版社出版了这个文集，作为第1辑。该文集收入了下列文章：列宁的《打着别人的旗帜》（署名恩·康斯坦丁诺夫）、雅·米·斯维尔德洛夫的《德国社会民主党的分裂》（署名安·米哈伊洛维奇）、伊·伊·斯克沃尔佐夫的《尼·苏汉诺夫谈我们的派别》（署名伊·斯捷潘诺夫）、米·斯·奥里明斯基的《俄国自由派的计划》、弗·巴·米柳亭的《在新的道路上》（署名弗·巴甫洛夫）和维·巴·诺根的《战争与工人阶级的经济状况》（署名：М.法布里奇内）。——134。

152 《我们的事业》杂志(«Наше Дело»)是俄国孟什维克取消派和社会沙文主义者的主要刊物(月刊)。1915 年 1 月在彼得格勒出版,以代替 1914 年 10 月被查封的《我们的曙光》杂志,共出了 6 期。为该杂志撰稿的有叶·马耶夫斯基、彼·巴·马斯洛夫、亚·尼·波特列索夫、涅·切列万宁等。——134。

153 指卡·考茨基的《国际观点和战争》一文。这篇文章的俄译文载于 1915 年《我们的事业》杂志第 1 期和第 2 期(参看注 186)。列宁对这篇文章的批判,还见《社会沙文主义者的诡辩》一文(本卷第 195—200 页)。——143。

154 把自己过去崇拜的东西付之一炬出自俄国作家伊·谢·屠格涅夫的长篇小说《贵族之家》,是书中人物米哈列维奇的诗句,后来常被人们引用来譬喻背叛自己过去的信念。——144。

155 可能派(布鲁斯派)是 19 世纪 80 年代至 20 世纪初法国社会主义运动中以保·布鲁斯等人为首的机会主义派别。该派起初是法国工人党中改良主义的一翼,1882 年法国工人党分裂后称为社会主义革命工人党,1883 年改称法国劳动社会联盟。该派否定无产阶级的革命纲领和革命策略,模糊工人运动的社会主义目的,主张把工人阶级的活动限制在资本主义制度下"可能"办到的范围内,因此有"可能派"之称。1902 年,可能派同其他一些改良主义派别一起组成了以让·饶勒斯为首的法国社会党。——150。

156 共同事业派是保加利亚社会民主工党内的机会主义派别,因从 1900 年起出版《共同事业》杂志而有此称。在保加利亚社会民主工党分裂以后,该派于 1903 年正式成立了保加利亚社会民主工党(宽广社会党人),即宽广派,领导人是扬·伊·萨克佐夫。宽广派力求把党变成包括资产阶级在内的所有"生产阶层"的宽广组织。在第一次世界大战期间,宽广派持社会沙文主义立场。1918—1923 年宽广派领袖曾参加资产阶级政府和灿科夫法西斯政府。

紧密派即保加利亚社会民主工党(紧密社会党人),因主张建立紧密团结的党而得名，1903年保加利亚社会民主工党分裂后成立。紧密派的创始人和领袖是季·布拉戈耶夫，后来的领导人为格·约·基尔科夫、格·米·季米特洛夫、瓦·彼·柯拉罗夫等。第一次世界大战期间，紧密派反对帝国主义战争。1919年，紧密派加入共产国际并创建了保加利亚共产党。——153。

157 《每日公民报》(«The Daily Citizen»)是英国工党、费边社和独立工党的机会主义联盟的机关报(日报)，1912—1915年在伦敦和曼彻斯特出版。——153。

158 《每日先驱报》(«The Daily Herald»)是英国社会党的机关报，1912年4月起在伦敦出版。1922年起为工党的机关报。——153。

159 费边派是1884年成立的英国改良主义组织费边社的成员，多为资产阶级知识分子，代表人物有悉·韦伯、比·韦伯、拉·麦克唐纳、肖伯纳、赫·威尔斯等。费边·马克西姆是古罗马统帅，以在第二次布匿战争(公元前218—前201年)中采取回避决战的缓进待机策略著称。费边社即以此人名字命名。费边派虽然认为社会主义是经济发展的必然结果，但只承认演进的发展道路。他们反对马克思主义的阶级斗争和无产阶级革命学说，鼓吹通过细微的改良来逐渐改造社会，宣扬所谓"地方公有社会主义"(又译"市政社会主义")。1900年费边社加入工党(当时称劳工代表委员会)，但仍保留自己的组织。在工党中，它一直起制定纲领原则和策略原则的思想中心的作用。第一次世界大战期间，费边派采取社会沙文主义立场。关于费边派，参看列宁《社会民主党在1905—1907年俄国第一次革命中的土地纲领》第4章第7节和《英国的和平主义和英国的不爱理论》(本版全集第16卷和本卷)。——154。

160 指英国工党。

英国工党成立于1900年，起初称劳工代表委员会，由工联、独立工党和费边社等组织联合组成，目的是把工人代表选入议会。1906年改称工党。工党的领导机关执行委员会同工联总理事会、合作党执行委员会共同组成所谓全国劳动委员会。工党成立初期就成分来说是工人的政党(后来有大批小资产阶级分子加入),但就思想和政策来说是一个机会主义的组织。该党领导人从党成立时起就采取同资产阶级实行阶级合作的路线。第一次世界大战期间,工党领导机构多数人持沙文主义立场,工党领袖阿·韩德逊等参加了王国联合政府。从 1924 年起,工党领导人多次组织政府。——154。

161 这是列宁草拟的俄国社会民主工党国外支部代表会议通过的《中央机关报和新报纸》决议的第三条。

由于博日小组、巴黎支部等打算在俄国社会民主工党中央机关报之外另行筹办自己的报纸,在这次国外支部代表会议上提出了“中央机关报和新报纸”问题。考虑到在战时情况下经费和写作力量有限以及布尔什维克必须更紧密地相互联系,共同讨论一些最重要的问题,列宁认为出版地方报纸是不适宜的,因而建议修改提交代表会议讨论的关于这个问题的决议草案的第三条。代表会议采纳了列宁的建议,通过了列宁草拟的决议第三条。

关于俄国社会民主工党国外支部代表会议,见注 167。——156。

162 指《伯尔尼哨兵报》。1915 年 1 月 13 日该报第 9 号“党讯”栏摘引了《哥达人民小报》的文章。——157。

163 指 1848 年 6 月 23—26 日巴黎无产阶级的起义。参加这次起义的有 4 万多人,共构筑了 600 多个街垒。起义者提出的总口号是“社会共和国万岁!”起义者同五倍于己的敌人浴血奋战,终因寡不敌众而失败,并遭到残酷镇压。六月起义是欧洲 1848—1849 年革命发展的最高点,是“无产阶级和资产阶级之间的第一次伟大的国内战争”(见本版全集第 36 卷第 292 页)。——159。

164 指俄国第一次资产阶级民主革命期间的 1905 年十月全俄政治罢工和十二月武装起义。

十月全俄政治罢工是俄国第一次革命的最重要阶段之一。1905 年 10 月 6 日(19 日),在一些铁路线的布尔什维克组织的代表决定共同举行罢工后，俄国社会民主工党莫斯科委员会号召莫斯科铁路枢纽各线从 10 月 7 日(20 日)正午起实行总罢工，全俄铁路工会中央常务局支持这一罢工。到 10 月 17 日(30 日)，铁路罢工已发展成为全俄总罢工，参加罢工的人数达 200 万以上。在各大城市，工厂、交通运输部门、发电厂、邮电系统、机关、商店、学校都停止了工作。十月罢工的口号是：推翻专制制度、积极抵制布里根杜马、召集立宪会议和建立民主共和国。十月罢工扫除了布里根杜马，迫使沙皇于 10 月 17 日(30 日)颁布了允诺给予"公民自由"和召开"立宪"杜马的宣言。罢工显示了无产阶级运动的力量和声势，推动了农村和军队中革命斗争的展开。在十月罢工中，彼得堡及其他一些城市出现了工人代表苏维埃。十月罢工持续了十多天，是十二月武装起义的序幕。关于十月罢工，参看列宁《全俄政治罢工》一文(本版全集第 12 卷)。

十二月武装起义是俄国第一次革命的最高点。1905 年 12 月 5 日(18 日)，布尔什维克莫斯科市代表会议表达工人的意志，决定宣布总罢工并随即开始武装斗争。次日，布尔什维克领导的莫斯科苏维埃全体会议通过了同样的决议。12 月 7 日(20 日)，政治总罢工开始。在最初两天有 15 万人参加罢工。12 月 10 日(23 日)罢工转为武装起义。起义的中心是普列斯尼亚区、莫斯科河南岸区、罗戈日-西蒙诺沃区和喀山铁路区。武装斗争持续了 9 天，莫斯科工人奋不顾身地进行战斗。但由于起义者缺乏武装斗争的经验、武器不足、同军队的联系不够、打防御战而没有打进攻战以及起义一开始布尔什维克莫斯科委员会的领导人员维·列·尚采尔、米·伊·瓦西里耶夫-尤任等就遭逮捕等原因，莫斯科起义最终在沙皇政府从其他城市调来军队进行镇压之后遭到失败。为了保存革命力量和准备下一步的斗争，党的莫斯科委员会和苏维埃决定从 1905 年 12 月 19 日(1906 年 1 月 1 日)起停止武装抵抗。1905 年 12 月—1906 年 1 月，继莫斯科之后，下诺夫哥罗德、顿河畔罗斯托夫、新罗西斯克、顿巴斯、叶卡捷琳诺斯拉夫、彼尔姆(莫托维利哈)、乌法、克拉斯诺亚尔斯克、赤塔等城市都发生了起义，外高加索、波兰、波罗的海沿岸地区、芬兰也举行了大规模的武装起义。但这些零星分散的起义都遭到了沙皇政府的残酷镇压。关于十二月武装起义，参看列宁《莫斯科起义的教训》一文(本版全集第 13 卷)。——159。

165 《同时代人》杂志(«Современник»)是俄国文学、政治、科学、历史和艺术刊物,1911—1915 年在彼得堡出版,原为月刊,1914 年起改为半月刊。聚集在杂志周围的有孟什维克取消派、社会革命党人、人民社会党人和自由派左翼。1913 年以前该杂志事实上的编辑是亚·瓦·阿姆菲捷阿特罗夫,以后是尼·苏汉诺夫(尼·尼·吉姆美尔)。撰稿人有格·瓦·普列汉诺夫、叶·德·库斯柯娃、费·伊·唐恩、尔·马尔托夫、谢·尼·普罗柯波维奇、维·米·切尔诺夫等。《同时代人》杂志自称是"党外社会主义刊物",实际上是取消派和民粹派的刊物。该杂志同工人群众没有任何联系。第一次世界大战期间,该杂志采取社会沙文主义立场。——159。

166 《工人领袖》(«The Labour Leader»)是英国的一家月刊,1887 年起出版,最初刊名是《矿工》(«Miner»),1889 年起改用《工人领袖》这一名称,是苏格兰工党的机关刊物;1893 年起是独立工党的机关刊物;1894 年起改为周刊;在 1904 年以前,该刊的编辑是詹·基尔·哈第。1922 年该刊改称《新领袖》;1946 年又改称《社会主义领袖》。——162。

167 俄国社会民主工党国外支部代表会议于 1915 年 2 月 14—19 日(2 月 27 日—3 月 4 日)在伯尔尼举行。这次会议是在列宁的倡议下召开的,实际上起了全党代表会议的作用。

参加代表会议的有俄国社会民主工党中央委员会、中央机关报——《社会民主党人报》、社会民主党妇女组织以及俄国社会民主工党巴黎、苏黎世、伯尔尼、洛桑、日内瓦、伦敦等支部和博日小组的代表。列宁作为俄国社会民主工党中央委员会和中央机关报的代表出席了代表会议,并领导了代表会议的全部工作。

列入代表会议议程的问题是:各地工作报告;战争和党的任务(对其他政治集团的态度);国外组织的任务(对各集团的共同行动和共同事业的态度);中央机关报和新报纸;对"侨民团体"事务的态度(流亡者"侨民团体"的问题);国外组织委员会的选举;其他事项。

列宁就战争和党的任务这一主要议题作了报告,阐明了俄国社会民主工党中央委员会宣言《战争和俄国社会民主党》中的论点。从蒙彼利埃支部特别是博日小组在代表会议之前通过的决议可以看出，布尔什维克各支部的某些成员还不懂得列宁关于国内战争问题的提法。他们反对使“自己的”政府失败的口号，提出和平的口号，并且不了解与中派主义斗争的必要性和重要性。经过代表会议的讨论，列宁的提纲得到了一致的支持。只有尼·伊·布哈林仍坚持博日小组决议的观点。他在自己的提纲中反对民族自决权以及整个最低纲领的要求，宣称这些要求和社会主义革命是“矛盾”的。列宁后来在1916年3月(11日以后)给亚·加·施略普尼柯夫的信中对布哈林的提纲作了尖锐的批评(见本版全集第47卷第203号文献)。

“欧洲联邦”口号的问题引起了热烈的争论，但是这种争论只偏重了政治方面。会议决定把这个问题推迟到在报刊上讨论这个问题的经济方面时再来解决。关于这个问题参看《论欧洲联邦口号》一文(本卷第364—368页)。

代表会议根据列宁的报告通过的决议，规定了布尔什维克党在帝国主义战争条件下的任务和策略。

代表会议还通过了《俄国社会民主工党国外组织的任务》、《对“侨民团体”事务的态度》、《关于为中央机关报募捐》以及《中央机关报和新报纸》等决议。代表会议选出了新的国外组织委员会。

列宁高度评价伯尔尼代表会议的意义，并且作了很大努力来广泛宣传会议的决议。代表会议的主要决议和列宁为发表决议而写的引言刊载于1915年3月16日(29日)《社会民主党人报》第40号，而且作为附录收入了用俄文和德文出版的《社会主义与战争》这本小册子。伯尔尼代表会议的决议也用法文印成单行本，分发给了齐美尔瓦尔德代表会议的代表和国际社会民主党左派。代表会议的全部决议，参看《苏联共产党代表大会、代表会议和中央全会决议汇编》1964年人民出版社版第1分册第419—429页。——163。

168 崩得对战争的正式立场表述在1914年11月通过的崩得中央委员会的宣言中，该宣言发表于1915年1月《崩得国外组织新闻小报》第7号。崩得中央号召“通过对所有交战国政府施加有组织的压力的途径”进行争取和平的斗争。列宁所说的亲德沙文主义，显然是指崩得领导人之一弗·科索夫斯基（M.Я.列文松）于1914年10月10日在伯尔尼作的报告及其在《崩得国外组织新闻小报》第7号上发表的《解放的臆想》一文。——169。

169 《我们的言论报》（«Наше Слово»）是俄国孟什维克国际主义派的报纸（日报），1915年1月—1916年9月在巴黎出版，以代替被查封的《呼声报》。参加该报工作的有：弗·亚·安东诺夫-奥弗申柯、索·阿·洛佐夫斯基、列·达·托洛茨基、阿·瓦·卢那察尔斯基和尔·马尔托夫。1916年9月—1917年3月改用《开端报》的名称出版。——169。

170 《真理报》（«Правда»）是俄国布尔什维克的合法报纸（日报），根据俄国社会民主工党第六次（布拉格）全国代表会议的决定创办，1912年4月22日（5月5日）起在彼得堡出版。《真理报》是群众性的工人报纸，依靠工人自愿捐款出版，拥有大批工人通讯员和工人作者（它在两年多时间内就刊载了17 000多篇工人通讯），同时也是布尔什维克党的实际上的机关报。《真理报》编辑部还担负着党的很大一部分组织工作，如约见基层组织的代表，汇集各工厂党的工作的情况，转发党的指示等。

在不同时期参加《真理报》编辑部工作的有斯大林、雅·米·斯维尔德洛夫、尼·尼·巴图林、维·米·莫洛托夫、米·斯·奥里明斯基、康·斯·叶列梅耶夫、米·伊·加里宁、尼·伊·波德沃伊斯基、马·亚·萨韦利耶夫、尼·阿·斯克雷普尼克、马·康·穆拉诺夫等。第四届国家杜马的布尔什维克代表积极参加了《真理报》的工作。列宁在国外领导《真理报》，他筹建编辑部，确定办报方针，组织撰稿力量，并经常给编辑部以工作指示。1912—1914年，《真理报》刊登了300多篇列宁的文章。

《真理报》经常受到沙皇政府的迫害。仅在创办的第一年，编辑们就被起诉过36次，共坐牢48个月。1912—1914年出版的总共645号报纸中，就有190号受到种种阻挠和压制。报纸被查封8次，每次都变换名称继续出版。1913年先后改称《工人真理报》、《北方真理报》、《劳动真理报》、《拥护真理报》；1914年相继改称《无产阶级真理报》、《真理之路报》、《工人日报》、《劳动的真理报》。1914 年 7 月 8 日(21 日),即在第一次世界大战前夕,沙皇政府下令禁止《真理报》出版。

1917 年二月革命后,《真理报》于 3 月 5 日(18 日)复刊,成为俄国社会民主工党中央委员会和彼得堡委员会的机关报。列宁于 4 月 3 日(16 日)回到俄国,5 日(18 日)就加入了编辑部,直接领导报纸工作。1917 年七月事变中,《真理报》编辑部于 7 月 5 日(18 日)被士官生捣毁。7 月 15 日(28 日),资产阶级临时政府正式下令查封《真理报》。7—10 月,该报不断受到资产阶级临时政府的迫害,先后改称《〈真理报〉小报》、《无产者报》、《工人日报》、《工人之路报》。1917 年 10 月 27 日(11 月 9 日),《真理报》恢复原名,继续作为俄国社会民主工党中央委员会的机关报出版。1918 年 3 月 16 日起,《真理报》改在莫斯科出版。——169。

171 《日报》(«День»)是俄国自由派资产阶级的报纸(日报),1912 年在彼得堡创刊。孟什维克取消派参加了该报的工作。该报站在自由派和孟什维克的立场上批评沙皇制度和资产阶级地主政党。第一次世界大战期间持护国主义立场。从 1917 年 5 月 30 日起,成为孟什维克的机关报,支持资产阶级临时政府,反对布尔什维克。1917 年 10 月 26 日(11 月 8 日)被查封。——173。

172 《言语报》(«Речь»)是俄国立宪民主党的中央机关报(日报),1906 年 2 月 23 日(3 月 8 日)起在彼得堡出版,实际编辑是帕·尼·米留可夫和约·弗·盖森。积极参加该报工作的有马·莫·维纳维尔、帕·德·多尔戈鲁科夫、彼·伯·司徒卢威等。1917 年二月革命后,该报积极支持资产阶级临时政府的对内对外政策,反对布尔什维克。1917 年 10 月 26 日(11 月 8 日)被查封。后曾改用《我们的言语报》、《自由言语报》、《时代报》、《新言语报》和《我们时代报》等名称继续出版,1918 年 8 月最终被查封。——173。

173 《北方工人报》(«Северная Рабочая Газета»)是俄国孟什维克取消派的合法报纸(日报),1914 年 1 月 30 日(2 月 12 日)—5 月 1 日(14 日)代替《新工人报》在彼得堡出版。同年 5 月 3 日(16 日)起,该报改用《我们的工人报》的名称出版。列宁在文章中常讽刺地称该报为《北方取消派报》和《我们的取消派报》——175。

174 《时报》(«Le Temps»)是法国资产阶级报纸(日报),1861—1942年在巴黎出版。

《巴黎回声报》(«L'Echo de Paris»)是法国的一家资产阶级报纸,1884—1938年在巴黎出版。——179。

175 《辩论日报》即《政治和文学辩论日报》(«Journal des Débats politiques et littéraires»),是法国一家最老的报纸,1789—1944年在巴黎出版。七月王朝时期为政府的报纸,1848年革命时期,该报反映了反革命资产阶级的观点;1851年政变以后成了温和的奥尔良反对派的机关报;70—80年代该报具有保守主义的倾向。

列宁指的是刊载在1915年2月19日该杂志第15期上的《伦敦社会党人代表会议》一文。——179。

176 《新闻小报》即《崩得国外组织新闻小报》(«Информационный Листок Заграничной Организации Бунда»),是崩得的报纸,1911年6月—1916年6月在日内瓦出版,共出了11号。该报后来改名为《崩得国外委员会公报》继续出版。——180。

177 在协约国社会党人伦敦代表会议召开前不久,《我们的言论报》编辑部分别写信给帕·波·阿克雪里罗得(组织委员会)和列宁(俄国社会民主工党中央委员会),建议俄国社会民主工党内的国际主义者在即将召开的协约国社会党人伦敦代表会议上采取一致行动。

列宁于1915年2月9日复信《我们的言论报》编辑部,表示俄国社会民主工党中央委员会接受讨论共同行动计划的建议。列宁转述了准备在伦敦代表会议上宣读的宣言的草案,认为以它为基础是可以达成协议的。列宁在信中还指出孟什维克组织委员会和崩得持社会沙文主义立场(见本版全集第47卷第59号文献)。《我们的言论报》编辑部不同意布尔什维克的宣言草案,而制定了自己的宣言,把组织委员会和崩得的立场包庇下来。这个宣言发表于1915年2月27日该报第26号。

——180。

178 这是列宁准备作的一篇专题报告(或文章)的详细提纲,写于 1915 年 5 月 1 日以前。——184。

179 这里是指以尤·博尔夏特为首的"德国国际社会党人"。

"德国国际社会党人"(I.S.D.)是第一次世界大战期间围绕着在柏林出版的《光线》杂志而组成的德国左派社会民主党人集团,它公开反对战争和机会主义,在同社会沙文主义者和中派划清界限方面持最彻底的立场。在齐美尔瓦尔德会议上,该集团代表尤·博尔夏特在齐美尔瓦尔德左派的决议草案上签了名。但该集团与群众缺乏广泛联系,不久就瓦解了。——188。

180 《国际》杂志(«Die Internationale»)是罗·卢森堡和弗·梅林创办的关于马克思主义实践与理论问题的刊物。该杂志第 1 期于 1915 年 4 月出版,刊载了卢森堡的《国际的重建》、梅林的《我们的导师和党机关的政策》、克·蔡特金的《为了和平》及其他文章。这期杂志在杜塞尔多夫印刷,印了 9 000 份。杂志纸型曾寄给伯尔尼的罗·格里姆,由他翻印向瑞士及其他国家传播。该杂志是公开出版的,第 1 期出版后立即被查禁。1918 年德国十一月革命之后复刊。1933 年希特勒上台后作为秘密刊物继续出版,至 1939 年停刊。

在《国际》杂志周围的德国左派社会民主党人于 1916 年组成了国际派,即斯巴达克派。国际派和"德国国际社会党人"在第一次世界大战期间同为德国社会民主党内的左翼反对派。——188。

181 司徒卢威主义即合法马克思主义,是 19 世纪 90 年代出现在俄国自由派知识分子中的一种思想政治流派,主要代表人物是彼·伯·司徒卢威。司徒卢威主义利用马克思经济学说中能为资产阶级所接受的个别论点为俄国资本主义的发展作论证。在批判小生产的维护者民粹派的同时,司徒卢威赞美资本主义,号召人们"承认自己的不文明并向资本主义学习",而抹杀资本主义的阶级矛盾。司徒卢威主义者起初是社会民主党的暂时同路人,后来彻底转向资产阶级自由主义。到 1900 年

《火星报》出版时，司徒卢威主义作为思想流派已不再存在。

列宁在本卷的一些文章中用“司徒卢威主义”来形容社会沙文主义者阉割马克思主义的革命内容的行为。——189。

182 看来是指哥本哈根国际社会党代表大会。——189。

183 《工团战斗报》(«La Bataille Syndicaliste»)是法国无政府工团主义的报纸(日报)，1911年4月—1915年10月在巴黎出版。参加该报领导工作的有莱·茹奥、让·格拉弗、克·科尔纳利森等。第一次世界大战期间，该报持社会沙文主义的立场。《工团战斗报》后来改称《战斗报》继续出版。——189。

184 1905年1月3日(16日)，彼得堡普梯洛夫工厂爆发了罢工，1月7日(20日)罢工发展成全市总罢工。与俄国保安机关有联系的格·阿·加邦神父怀着挑衅的目的，建议工人列队前往冬宫向沙皇呈递请愿书。在讨论请愿书的工人集会上，布尔什维克进行解释工作，指出无产阶级只有进行革命斗争才能争得自己的权利。但工人对沙皇的信仰还很牢固，因此和平请愿未能被阻止。在这种情况下，布尔什维克通过了参加游行示威的决议。沙皇政府从外地调集4万名士兵和警察加强彼得堡的卫戍部队，并于1月8日(21日)批准了驱散请愿队伍的计划。1月9日(22日)，14万工人手执圣像和沙皇像向宫廷广场进发。根据彼得堡总督弗拉基米尔·亚历山德罗维奇大公的命令，军队对手无寸铁的工人和他们的妻子儿女开枪，结果有1 000多人被打死，2 000多人受伤。沙皇的暴行引起了工人的极大愤怒，当天，彼得堡街头就出现了街垒，工人同军警发生了武装冲突。1月9日成了1905—1907年俄国第一次革命的起点。——193。

185 指刊登在1915年4月27日《民权报》第97号上的短评《公债的螺旋线》。这篇短评揭露了德国财政大臣卡·黑尔费里希为了保证完成第二期100亿战时公债而施用的财政诡计。——193。

186 卡·考茨基的《国际观点和战争》一文发表在1914年11月27日《新时

代》杂志第 8 期上，1915 年由《前进报》编辑部出版了单行本。该文的俄译文发表在 1915 年《我们的事业》杂志的第 1 期和第 2 期上。列宁在本文中批评的亚·尼·波特列索夫的《在两个时代的交界点》一文刊登于该杂志第 1 期。——195。

187 指孟什维克取消派的《我们的曙光》杂志（见注 135）。——202。

188 指崩得分子约诺夫（费·马·科伊根）于 1915 年 3 月底在内尔维作的题为《恢复国际的组织方法》的报告。——202。

189 《保险问题》杂志（«Вопросы Страхования»）是俄国布尔什维克的合法刊物（周刊），由布尔什维克党中央领导，1913 年 10 月 26 日（11 月 8 日）—1914 年 7 月 12 日（25 日）和 1915 年 2 月 20 日（3 月 5 日）—1918 年 3 月在彼得堡出版，共出了 63 期。参加杂志工作的有列宁、斯大林、瓦·弗·古比雪夫和著名的保险运动活动家尼·阿·斯克雷普尼克、彼·伊·斯图契卡、亚·尼·维诺库罗夫、尼·米·什维尔尼克等。——204。

190 《北方呼声报》（«Северный Голос»）是俄国孟什维克的报纸（周报），1915 年 1—3 月在彼得格勒出版。——205。

191 《经济学家》杂志（«The Economist»）是英国的政治和经济问题刊物（周刊），1843 年由詹·威尔逊在伦敦创办，大工业资产阶级的喉舌。——206。

192 《我们的言论报》第 85 号刊载的这一决议阐述了该报编辑部的任务和政治立场。提出不同意见的两位编辑是弗·亚·安东诺夫-奥弗申柯和德·扎·曼努伊尔斯基。——209。

193 真是地道的基佐一语出自俄国作家伊·谢·屠格涅夫的长篇小说《处女地》，是书中人物 C 城省长对沙皇政府的枢密顾问、御前侍从西皮雅京的评语，意思是真够奸诈的。

弗·基佐是 19 世纪法国反动政治家，极力维护法国金融贵族利益。——210。

194 《光线》杂志(«Lichtstrahlen»)是德国社会民主党人左派集团——“德国国际社会党人”的机关刊物(月刊),1913—1921年在柏林不定期出版。尤·博尔夏特任该杂志主编,参加杂志工作的还有安·潘涅库克、安·伊·巴拉巴诺娃等人。——210。

195 一月代表会议即俄国社会民主工党第六次全国代表会议,于1912年1月5—17日(18—30日)在布拉格举行,会址在布拉格民众文化馆捷克社会民主党报纸编辑部内。

这次代表会议共代表20多个党组织。出席会议的有来自彼得堡、莫斯科、中部工业地区、萨拉托夫、梯弗利斯、巴库、尼古拉耶夫、喀山、基辅、叶卡捷琳诺斯拉夫、德文斯克和维尔诺的代表。由于警察的迫害和其他方面的困难,叶卡捷琳堡、秋明、乌法、萨马拉、下诺夫哥罗德、索尔莫沃、卢甘斯克、顿河畔罗斯托夫、巴尔瑙尔等地党组织的代表未能到会,但这些组织都送来了关于参加代表会议的书面声明。出席会议的还有中央机关报《社会民主党人报》编辑部、《工人报》编辑部、国外组织委员会、俄国社会民主工党中央运输组等单位的代表。代表会议的代表中有两位孟什维克护党派分子Д.М.施瓦尔茨曼和雅·达·捷文,其余都是布尔什维克。这次代表会议实际上起了代表大会的作用。

出席代表会议的一批代表和俄国组织委员会的全权代表曾经写信给拉脱维亚边疆区社会民主党中央委员会、崩得中央委员会、波兰和立陶宛社会民主党总执行委员会以及国外各集团,请它们派代表出席代表会议,但被它们所拒绝。马·高尔基因病没有到会,他曾写信给代表们表示祝贺。

列入代表会议议程的问题是:报告(俄国组织委员会的报告,各地方以及中央机关报和其他单位的报告);确定会议性质;目前形势和党的任务;第四届国家杜马选举;杜马党团;工人国家保险;罢工运动和工会;“请愿运动”;关于取消主义;社会民主党人在同饥荒作斗争中的任务;党的出版物;组织问题;党在国外的工作;选举;其他事项。

列宁代表中央机关报编辑部出席代表会议,领导了会议的工作。

列宁致了开幕词，就确定代表会议的性质讲了话，作了关于目前形势和党的任务的报告和关于社会党国际局的工作的报告，并在讨论中央机关报工作、关于社会民主党在同饥荒作斗争中的任务、关于组织问题、关于党在国外的工作等问题时作了报告或发了言。他起草了议程上所有重要问题的决议案，代表会议通过的决议也都经过他仔细审定。

代表会议的一项最重要的工作是从党内清除机会主义者。当时取消派聚集在两家合法杂志——《我们的曙光》和《生活事业》——的周围。代表会议宣布"《我们的曙光》和《生活事业》集团的所作所为已使它们自己完全置身于党外"，决定把取消派开除出俄国社会民主工党。代表会议谴责了国外反党集团——孟什维克呼声派、前进派和托洛茨基分子——的活动，认为必须在国外建立一个在中央委员会监督和领导下进行协助党的工作的统一的党组织。代表会议还通过了关于党的工作的性质和组织形式的决议，批准了列宁提出的党的组织章程修改草案。

代表会议共开了23次会议，对各项决议进行了详细的讨论(《关于党的工作的性质和组织形式》这一决议，是议程上的组织问题与罢工运动和工会问题的共同决议)。会议的记录至今没有发现，只保存了某些次会议的片断的极不完善的记录。会议的决议由中央委员会于1912年以小册子的形式在巴黎出版。

布拉格代表会议恢复了党，选出了中央委员会，并由它重新建立了中央委员会俄国局。当选为中央委员的是：列宁、菲·伊·戈洛晓金、格·叶·季诺维也夫、格·康·奥尔忠尼启则、苏·斯·斯潘达良、施瓦尔茨曼、罗·瓦·马林诺夫斯基(后来发现是奸细)。在代表会议结束时召开的中央委员会全会决定增补伊·斯·别洛斯托茨基和斯大林为中央委员。过了一段时间又增补格·伊·彼得罗夫斯基和雅·米·斯维尔德洛夫为中央委员。代表会议还决定安·谢·布勃诺夫、米·伊·加里宁、亚·彼·斯米尔诺夫、叶·德·斯塔索娃和斯·格·邵武勉为候补中央委员。代表会议选出了以列宁为首的《社会民主党人报》编辑委员会，并选举列宁为俄国社会民主工党驻社会党国际局的代表。

这次代表会议规定了党在新的条件下的政治路线和策略，决定把取消派开除出党,对俄国社会民主工党这一新型政党的进一步发展和巩固党的统一具有决定性意义。

关于这次代表会议,参看《俄国社会民主工党第六次(布拉格)全国代表会议文献》(本版全集第 21 卷)。——213。

196 第四届国家杜马的选举是在 1912 年秋进行的。1912 年 1 月召开的俄国社会民主工党第六次(布拉格)代表会议就第四届国家杜马选举问题作出了专门决定。会后不久,各地党组织就在党中央的领导下逐步展开了竞选活动。布尔什维克党对群众做了大量的政治教育工作和组织工作,并且同沙皇政府当局的横暴压迫和取消派的分裂活动进行了坚决的斗争,从而取得了工人选民团选举的完全胜利,囊括了全部 6 名杜马代表名额。选派布尔什维克参加杜马的 6 个工业省里的工人总数超过了 100 万人,而选派孟什维克参加杜马的几个省总共只有 136 000 名工人。布尔什维克利用了选举运动来巩固党的组织。例如在莫斯科省,大多数企业被分割成零碎分散的选举单位,但党支部的领导人都被选为初选人或复选人。通过参加选举的会议,他们比较容易地建立了联系,并重建了莫斯科地区的组织,而这一组织便成了布尔什维克中部工业区区域组织的核心。——213。

197 国际妇女社会党人代表会议于 1915 年 3 月 26—28 日在伯尔尼举行。这次代表会议是根据《女工》杂志国外组织的倡议,在当时担任妇女社会党人国际局主席的克拉拉·蔡特金的直接参与下召开的。出席会议的有来自英国、德国、荷兰、法国、波兰、俄国、瑞士的妇女组织的 29 名代表。代表会议的全部筹备工作是由伊·费·阿尔曼德、娜·康·克鲁普斯卡娅等在列宁领导下进行的。列宁还为会议起草了决议草案(见本卷第 220—222 页)。

但是代表会议的多数代表受中派影响,她们不讨论战争所引起的社会主义的总任务,而只限于讨论蔡特金的《关于妇女社会党人维护和平的国际行动》的报告。这个问题的决议案是蔡特金在英国和荷兰代表参与下起草的,具有中派主义性质。会议通过了这个决议,而否决了俄国社会民主工党中央委员会的代表提出的列宁起草的决议草案。

——215。

198　指德国社会民主党开姆尼茨代表大会于1912年9月20日通过的关于帝国主义和社会党人对战争的态度的决议。该决议谴责帝国主义政策，强调争取和平的重要性。决议指出："虽然只有通过铲除资本主义经济方式才能彻底消灭帝国主义这个资本主义经济方式的产物，但不能放弃任何旨在减少其一般性危险作用的工作。党代表大会决心尽一切可能促成各民族之间的谅解和保卫和平。党代表大会要求通过国际协定来结束军备竞赛，因为它威胁和平，给人类带来可怕的灾难。……党代表大会希望，党员同志要全力以赴、孜孜不倦地为扩大觉悟了的无产阶级的政治、工会和合作社组织而奋斗，以便更强有力地反对专横跋扈的帝国主义，直到它被打倒为止。无产阶级的任务就是使已经发展到最高阶段的资本主义过渡到社会主义社会，以保障各国人民的持久和平、独立和自由。"——224。

199　巴格达铁路是20世纪初人们对连接博斯普鲁斯海峡和波斯湾的铁路线（全长约2 400公里）的通称。德国帝国主义为了向中近东扩张，从19世纪末就开始谋求修建这条铁路。1898年，德皇威廉二世为此亲自访问了土耳其首都伊斯坦布尔。1903年德国同土耳其正式签订了关于修建从科尼亚经巴格达到巴士拉的铁路的协定。这条铁路建成后可以把柏林、伊斯坦布尔、巴格达连接起来，使德国的势力延伸到波斯湾。这不仅威胁着英国在印度和埃及的殖民统治地位，而且同俄国在高加索和中亚的利益发生矛盾。因此，英俄法三国结成同盟来反对德国。这条铁路到第一次世界大战爆发时尚未建成，它最后是由英法两国的公司于1934—1941年修建完成的。——235。

200　《生活报》（«Жизнь»）是俄国社会革命党的报纸，于1915年3月在巴黎开始出版，以代替当时被查封的《思想报》。该报后来迁到日内瓦出版，1916年1月停刊。——237。

201　《皇家统计学会杂志》（«Journal of the Royal Statistical Socity»）是英国刊物，1838年起在伦敦出版。——243。

202 套中人是俄国作家安·巴·契诃夫的同名小说的主人公别利科夫的绰号。此人对一切变动担惊害怕，忧心忡忡，一天到晚总想用一个套子把自己严严实实地包起来。后被喻为因循守旧、害怕变革的典型。——244。

203 出自德国诗人约·沃·歌德格言诗集《酬唱集》中的《悭吝》一诗。在这首诗里，歌德劝诫年轻人不要犹豫不决，不要成为灵魂空虚的怯懦的庸人。——248。

204 布里根杜马即沙皇政府宣布要在1906年1月中旬前召开的咨议性国家杜马。1905年8月6日（19日）沙皇颁布了有关建立国家杜马的诏书，与此同时，还颁布了《关于建立国家杜马的法令》和《国家杜马选举条例》。这些文件是受沙皇之托由内务大臣亚·格·布里根任主席的特别委员会起草的，所以这个拟建立的国家杜马被人们称做布里根杜马。根据这些文件的规定，在杜马选举中，只有地主、资本家和农民户主有选举权。居民的大多数——工人、贫苦农民、雇农、民主主义知识分子被剥夺了选举权。妇女、军人、学生、未满25岁的人和许多被压迫民族都被排除在选举之外。杜马只能作为沙皇属下的咨议性机构讨论某些问题，无权通过任何法律。布尔什维克号召工人和农民抵制布里根杜马。孟什维克则认为可以参加杜马选举并主张同自由派资产阶级合作。1905年十月全俄政治罢工迫使沙皇颁布10月17日宣言，保证召开立法杜马。这样布里根杜马没有召开就被革命风暴扫除了。——249。

205 饶勒斯派是19世纪末20世纪初法国社会主义运动中以让·饶勒斯为首的右翼改良派。饶勒斯派以要求"批评自由"为借口，修正马克思主义基本原理，宣传无产阶级同资产阶级的阶级合作。他们认为社会主义的胜利不会通过无产阶级同资产阶级的阶级斗争而取得，这一胜利将是民主主义思想繁荣的结果。他们还赞同蒲鲁东主义关于合作社的主张，认为在资本主义条件下合作社的发展有助于逐渐向社会主义过渡。在米勒兰事件上，饶勒斯派竭力为亚·埃·米勒兰参加资产阶级内阁的背叛行为辩护。1902年，饶勒斯派成立了改良主义的法国社会党。1905年该党和盖得派的法兰西社会党合并成统一的法国社会党(工人国际法国支部)。第一次世界大战期间,在法国社会党领导中占优势的饶勒斯派采取了社会沙文主义立场,公开支持帝国主义战争。——256。

206 盖得派是19世纪80年代至20世纪初法国社会主义运动中以茹·盖得为首的一个派别,基本成员是19世纪70年代末期团结在盖得创办的《平等报》周围的进步青年知识分子和先进工人。1879年组成了法国工人党。1880年11月在勒阿弗尔代表大会上制定了马克思主义纲领。在米勒兰事件上持反对加入资产阶级内阁的立场。1901年与其他反入阁派一起组成法兰西社会党。盖得派为在法国传播马克思主义作出过重要贡献。1905年法兰西社会党与饶勒斯派的法国社会党合并为统一的法国社会党(工人国际法国支部)。第一次世界大战爆发后,盖得和相当大一部分盖得派分子转到了社会沙文主义方面,盖得、马·桑巴参加了法国政府。1920年,以马·加香为首的一部分左翼盖得派分子在建立法国共产党方面起了重要作用。——256。

207 《社会主义》杂志(«Le Socialisme»)是法国社会党人茹·盖得创办和主编的刊物,1907年至1914年6月在巴黎出版。——256。

208 这里是借用圣经《新约全书·路加福音》第18章的话,其中说:"有两个人上殿里去祷告:一个是法利赛人,一个是税吏。法利赛人站着,自言自语地祷告说:'上帝啊,我感谢你,我不像别人,勒索,不义,奸淫,也不像这个税吏……'"法利赛人在圣经中被认为是伪善者。——256。

209 《新时代》杂志(«Ново Време»)是保加利亚社会民主党中的革命派——紧密派的科学理论刊物,1897年在普罗夫迪夫创刊,后来迁到索非亚出版。1903年起是保加利亚社会民主工党(紧密社会党人)的机关刊物。该杂志的创办人和编辑是季·布拉戈耶夫,撰稿人有加·格奥尔吉耶夫、格·约·基尔科夫、赫·斯·卡巴克奇耶夫、瓦·彼·柯拉罗夫等。杂志曾于1916年2月停刊,1919年复刊。1923年被保加利亚政府查封。自1947年起,《新时代》杂志成为保加利亚共产党中央委员会的理论月刊。——263。

210 赫罗斯特拉特是公元前4世纪希腊人。据传说，他为了扬名于世，在公元前356年纵火焚毁了被称为世界七大奇观之一的以弗所城阿尔蒂米斯神殿。后来，赫罗斯特拉特的名字成了不择手段追求名声的人的通称。——264。

211 指卡·李卜克内西写的呼吁书《主要敌人在本国!》。该呼吁书刊登于1915年5月31日《伯尔尼哨兵报》第123号，标题是《强有力的警告》。——265。

212 《普鲁士年鉴》(«Preußische Jahrbücher»)是德国保守派的政治、哲学、历史和文学问题杂志(月刊)，1858—1935年在柏林出版。——266。

213 出典于圣经《旧约全书·创世记》第25章。故事说，一天，雅各熬红豆汤，其兄以扫打猎回来，累得昏了，求雅各给他汤喝。雅各说，须把你的长子名分让给我。以扫就起了誓，出卖了自己的长子权。这个典故常被用来比喻因小失大。——268。

214 经济主义是19世纪末—20世纪初俄国社会民主党内的机会主义思潮，是国际机会主义的俄国变种。其代表人物是康·米·塔赫塔廖夫、谢·尼·普罗柯波维奇、叶·德·库斯柯娃、波·尼·克里切夫斯基、亚·萨·皮凯尔(亚·马尔丁诺夫)、弗·彼·马赫诺韦茨(阿基莫夫)等，经济派的主要报刊是《工人思想报》(1897—1902年)和《工人事业》杂志(1899—1902年)。

经济派主张工人阶级只进行争取提高工资、改善劳动条件等等的经济斗争，认为政治斗争是自由派资产阶级的事情。他们否认工人阶级政党的领导作用，崇拜工人运动的自发性，否定向工人运动灌输社会主义意识的必要性，维护分散的和手工业的小组活动方式，反对建立集中的工人阶级政党。经济主义有诱使工人阶级离开革命道路而沦为资产阶级政治附庸的危险。

列宁对经济派进行了始终不渝的斗争。他在《俄国社会民主党人抗议书》(见本版全集第 4 卷)中尖锐地批判了经济派的纲领。列宁的《火星报》在同经济主义的斗争中发挥了重大作用。列宁的《怎么办?》一书(见本版全集第 6 卷),从思想上彻底地粉碎了经济主义。——276。

215 《工人思想报》(«Рабочая Мысль»)是俄国经济派的报纸,1897 年 10 月—1902 年 12 月先后在彼得堡、柏林、华沙和日内瓦等地出版,共出了 16 号。头几号由"独立工人小组"发行,从第 5 号起成为彼得堡工人阶级解放斗争协会的机关报。参加该报编辑部的有尼·尼·洛霍夫(奥尔欣)、康·米·塔赫塔廖夫、弗·巴·伊万申、阿·亚·雅库波娃等人。该报号召工人阶级为争取狭隘经济利益而斗争。它把经济斗争同政治斗争对立起来,认为政治斗争不在无产阶级任务之内,反对建立马克思主义的无产阶级政党,主张成立工联主义的合法组织。它贬低革命理论的意义,认为社会主义意识可以从自发运动中产生。列宁在《俄国社会民主党中的倒退倾向》和《怎么办?》(见本版全集第 4 卷和第 6 卷)等著作中批判了《工人思想报》的观点。——276。

216 《工人事业》杂志(«Рабочее Дело»)是俄国经济派的不定期杂志,国外俄国社会民主党人联合会的机关刊物,1899 年 4 月—1902 年 2 月在日内瓦出版,共出了 12 期(9 册)。该杂志的编辑部设在巴黎,担任编辑的有波·尼·克里切夫斯基、帕·费·捷普洛夫、弗·巴·伊万申和亚·萨·马尔丁诺夫。该杂志支持所谓"批评自由"这一伯恩施坦主义口号,在俄国社会民主党的策略和组织问题上持机会主义立场。聚集在《工人事业》杂志周围的经济主义的拥护者形成工人事业派。工人事业派宣扬无产阶级政治斗争应服从经济斗争的机会主义思想,崇拜工人运动的自发性,否认党的领导作用。他们还反对列宁关于建立严格集中和秘密的组织的思想,维护所谓"广泛民主"的原则。《工人事业》杂志支持露骨的经济派报纸《工人思想报》,该杂志的编辑之一伊万申参加了这个报纸的编辑工作。在俄国社会民主工党第二次代表大会上,工人事业派是党内机会主义极右派的代表。列宁在《怎么办?》(见本版全集第 6 卷)中批判了《工人事业》杂志和工人事业派的观点。——276。

217 指爱·伯恩施坦、胡·哈阿兹和卡·考茨基的联名宣言《当务之急》。

该宣言发表于 1915 年 6 月 19 日《莱比锡人民报》第 139 号，俄译文发表于 1915 年 6 月 25 日《我们的言论报》第 123 号。——277。

218 列宁说的两种俄译本是：(1)《约·菲·贝克尔、约·狄慈根、弗·恩格斯、卡·马克思等致弗·阿·左尔格等书信集》，列宁作序，1907 年圣彼得堡帕·格·达乌盖版；(2)《卡·马克思、弗·恩格斯等致弗·左尔格等书信集》，帕·波·阿克雪里罗得校订并作序，1908 年圣彼得堡公益丛书版。——279。

219 《新政治家》杂志（«The New Statesman»）是英国费边社的刊物（周刊），1913 年在伦敦创办，1931 年起改称《新政治家和民族》杂志。——279。

220 《号角报》（«Clarion»）是英国社会主义报纸，1891—1934 年在伦敦出版，第一次世界大战期间成为社会沙文主义报纸。——281。

221 看来是指当时正准备付印的《共产党人》杂志。

《共产党人》杂志（«Коммунист»）是列宁创办的，由《社会民主党人报》编辑部和资助杂志的格·列·皮达可夫、叶·波·博什共同出版，尼·伊·布哈林参加了杂志编辑部。杂志于 1915 年 9 月在日内瓦出了一期合刊，刊载了列宁的三篇文章：《第二国际的破产》、《一位法裔社会党人诚实的呼声》和《意大利的帝国主义和社会主义》。列宁曾打算把《共产党人》杂志办成左派社会民主党人的国际机关刊物，为此力求吸收波兰左派社会民主党人（卡·拉狄克）和荷兰左派社会民主党人参加杂志的工作。可是在杂志筹办期间，《社会民主党人报》编辑部和布哈林、皮达可夫、博什之间很快就发生了严重的意见分歧。杂志创刊以后，分歧愈益加剧。这些分歧涉及对民主要求的作用和整个最低纲领的作用的估计。而拉狄克也与布哈林等结成联盟反对《社会民主党人报》编辑部。根据列宁的提议，《共产党人》杂志只出这一期就停刊了（参看本版全集第 27 卷第 307—309 页）。《社会民主党人报》编辑部随后出版了《〈社会民主党人报〉文集》来代替这个刊物。

关于《共产党人》杂志的创办以及处理同布哈林、皮达可夫、博什之间的分歧问题，可参看列宁 1916 年 3 月（11 日以后）、1916 年 5 月（6—

13 日之间)给亚·加·施略普尼柯夫的信,1916 年 5 月 21 日给格·叶·季诺维也夫的信,1916 年 6 月(17 日以前)给施略普尼柯夫的信和 1916 年 11 月 30 日给伊·费·阿尔曼德的信(本版全集第 47 卷第 203、236、245、258、344 号文献)。——285。

222 指爱·大卫的《社会主义和农业》一书,1903 年在柏林出版。列宁称这本书是"修正主义在土地问题方面的主要著作"。——289。

223 这个决议草案是在国际社会党第一次代表会议即齐美尔瓦尔德会议筹备期间写的。国际社会党第一次代表会议是根据意大利社会党人和瑞士社会民主党人的倡议于 1915 年夏开始筹备的。持中派立场的瑞士社会民主党领导人罗·格里姆主持筹备工作,7 月 11 日在伯尔尼召开了预备会议。参加预备会议的除了格里姆(作为《伯尔尼哨兵报》的代表)外,还有意大利社会党、波兰王国和立陶宛社会民主党、组织委员会(孟什维克)和俄国社会民主工党中央委员会的代表。这次预备会议未能就哪些人参加代表会议的问题达成一致意见,而仅仅决定于 8 月 7 日召开第二次预备会议。但是第二次预备会议未能举行。

列宁预计到考茨基分子和不彻底的国际主义者将占代表会议的多数,但他认为布尔什维克党必须参加这次会议。他提出,应当先团结各国的左派社会党人,使他们能在代表会议上提出共同的决议(或宣言)草案,清楚地、充分地、准确地申明自己的原则。为此,他同各国左派社会党人就制定这个共同宣言问题多次通信,反复解释布尔什维克的立场,并于 7 月写了这里收载的决议草案。草案写好后曾寄给各国左派征求意见。经过反复协商,最后制定了一份大家都认可的草案,提交给了代表会议(详见注 229)。

本卷《附录》中收有决议草案的一个草稿。——294。

224 俄国 1905 年革命期间,沙皇政府迫于人民革命斗争的压力,于 1905 年 10 月 17 日(30 日)发表宣言,答应给予人民以"公民自由"和召开"立法"杜马。沙皇政府的这一让步引起了奥匈帝国人民革命的高涨。维也纳及其他工业城市发生了声势浩大的游行示威,布拉格出现了街垒。斗争结果,奥匈帝国终于实行了普选制。——299。

225 这里说的是俄国作家伊·安·克雷洛夫的寓言《四重奏》。这则寓言说:猴子、熊、驴子和山羊表演四重奏,它们演奏得不成调子,却归咎于自己没有坐对位置;它们再三调换座位,结果仍然演奏不出和谐的调子。——306。

226 《北德总汇报》(«Norddeutsche Allgemeine Zeitung»)是德国大资产阶级的报纸(日报),1861年起在柏林出版。该报一直是普鲁士政府和德意志帝国政府的半官方报纸。1918年改称《德意志总汇报》。——310。

227 《民族自由党通讯》(«Nationalliberale Korrespondenz»)是德国民族自由党左翼的报纸,在柏林出版。——310。

228 指德国和奥匈帝国社会民主党人于1915年4月在维也纳举行的代表会议。这次会议是对"三协约国"社会党人伦敦代表会议的回答。会议赞同德、奥社会民主党的领导为战争辩护的社会沙文主义立场,赞成"保卫祖国"的口号,并且声称这同工人争取和平的斗争中的国际团结并不矛盾。——312。

229 《社会主义与战争(俄国社会民主工党对战争的态度)》这本小册子写于1915年7—8月,即国际社会党第一次代表会议(齐美尔瓦尔德会议)召开的前夕。小册子是列宁和格·叶·季诺维也夫合写的,列宁撰写了小册子的主要部分(第1章和第3、4章的一部分),并且审定了全书。小册子还在书末作为附录收载了俄国社会民主工党中央委员会的宣言《战争和俄国社会民主党》、在《社会民主党人报》发表的列宁的《俄国社会民主工党国外支部代表会议》和这次代表会议的决议以及有党的工作者参加的俄国社会民主工党中央委员会波罗宁会议通过的关于民族问题的决议。列宁把这部著作称为"对我党决议的解释或通俗的说明"(见本版全集第28卷第121页)。

《社会主义与战争(俄国社会民主工党对战争的态度)》最初于1915年8月用俄文和德文出版,并且散发给了参加齐美尔瓦尔德会议的代表。齐美尔瓦尔德会议以后,小册子又在法国用法文出版,并在挪威左派社会民主党人的机关刊物上用挪威文全文发表。列宁还曾多次尝试用英文在美国出版,但未能实现。1917 年十月革命后,这本小册子由彼得格勒工人和红军代表苏维埃于 1918 年在彼得格勒出版。——319。

230 齐美尔瓦尔德代表会议即国际社会党第一次代表会议,于 1915 年 9 月 5—8 日在瑞士齐美尔瓦尔德举行。这次会议是根据意大利和瑞士社会党人的倡议召开的。出席代表会议的有德国、法国、意大利、俄国、波兰、罗马尼亚、保加利亚、瑞典、挪威、荷兰和瑞士等 11 个欧洲国家的 38 名代表。第二国际的两个最大的党——德国社会民主党和法国社会党没有正式派代表参加会议:来自德国的 10 名代表代表了德国社会民主党内的三个不同色彩的反对派,来自法国的代表是工会运动中的一些反对派分子。巴尔干社会党人联盟、瑞典社会民主党反对派和挪威青年联盟、荷兰左派社会党人、波兰王国和立陶宛社会民主党边疆区执行委员会派代表出席了代表会议。在出席会议的俄国代表中,列宁和格·叶·季诺维也夫代表俄国社会民主工党中央委员会,帕·波·阿克雪里罗得和尔·马尔托夫代表孟什维克的俄国社会民主工党组织委员会,维·米·切尔诺夫和马·安·纳坦松代表社会革命党。出席会议的大多数代表持中派立场。

代表会议讨论了下列问题:各国代表的报告;德国和法国代表的共同宣言;齐美尔瓦尔德左派关于通过原则决议的建议;通过宣言;选举国际社会党委员会;通过对战争牺牲者和受迫害者表示同情的决议。

列宁积极参加了代表会议的工作,并在会前进行了大量的准备工作。他曾于 1915 年 7 月起草了左派社会民主党人的决议草案(见本卷第 294—296 页),并寄给各国左派征求意见。他还曾写信给季·布拉戈耶夫、戴·怀恩科普等人,阐述左派共同宣言的基本原则,即谴责社会沙文主义者和中派,断然拒绝在帝国主义战争中“保卫祖国”和“国内和平”的口号,宣传革命行动。在代表会议前夕,9 月 2 日和 4 日之间,俄国和波兰两国代表举行了会议,讨论了列宁起草的决议草案和卡·拉狄克起草的决议草案,决定向代表会议提出按列宁意见修改过的拉狄克草案。9 月 4 日,参加代表会议的左派代表举行了非正式会议。列宁在会上作了关于世界大战的性质和国际社会民主党策略的报告

(报告的提纲见本版全集第 27 卷《附录》)。会议通过了准备提交代表会议的决议草案和宣言草案。

在代表会议上,以列宁为首的革命的国际主义者同以格·累德堡为首的考茨基主义多数派展开了尖锐的斗争。代表会议通过了专门委员会起草的宣言——《告欧洲无产者书》。代表会议多数派否决了左派提出的关于战争与社会民主党的任务的决议草案和宣言草案。但是,由于列宁的坚持,在会议通过的宣言中还是写进了一些革命马克思主义的基本论点。会议还通过了德法两国代表团的共同宣言,通过了对战争牺牲者和因政治活动而遭受迫害的战士表示同情的决议,选举了齐美尔瓦尔德联盟的领导机关——国际社会党委员会。

列宁在《第一步》和《1915 年 9 月 5—8 日国际社会党代表会议上的革命马克思主义者》(见本版全集第 27 卷)两篇文章中,对齐美尔瓦尔德代表会议和布尔什维克在会上的策略作了评价。——321。

231 指威·李卜克内西在 1891 年德国社会民主党爱尔福特代表大会上的发言。——324。

232 指英国、法国、俄国和意大利四国。意大利于 1915 年退出同盟国,加入协约国。——328。

233 1915 年 3 月 11 日瑞士社会党人保尔·果雷在瑞士洛桑作了题为《正在死亡的社会主义和必将复兴的社会主义》的专题报告。当年,他把报告印成了小册子。详见列宁的《一位法裔社会党人诚实的呼声》(本版全集第 27 卷)一文。——335。

234 布伦坦诺主义是 19 世纪 70 年代德国资产阶级经济学家、讲坛社会主义学派的主要代表人物之一路·布伦坦诺所倡导的改良主义学说,是资产阶级对马克思主义进行歪曲的一个变种。它宣扬资本主义社会里的"社会和平"以及不通过阶级斗争克服资本主义社会矛盾的可能性,认为可以通过组织工会和进行工厂立法来解决工人问题,调和工人和资本家的利益,实现社会平等。列宁称布伦坦诺主义是一种只承认无产阶级的非革命的"阶级"斗争的自由派资产阶级学说(参看本版全集

第 35 卷第 229—230 页)。——335。

235 《新闻报》(«Новости»)是俄国社会革命党人的报纸(日报),1914 年 8 月—1915 年 5 月在巴黎出版。——342。

236 《无产者呼声报》(«Пролетарский Голос»)是俄国社会民主工党彼得堡委员会的秘密机关报,1915 年 2 月—1916 年 12 月在彼得格勒出版,共出了 4 号。最后一号被警察没收,抢救出来的只有为数不多的几份。该报创刊号曾刊登俄国社会民主工党中央委员会的宣言《战争和俄国社会民主党》。——344。

237 哥本哈根的代表会议即中立国社会党人代表会议。

中立国社会党人代表会议于 1915 年 1 月 17—18 日在哥本哈根举行。出席会议的有瑞典、丹麦、挪威和荷兰四国社会党的代表。会议通过决议,建议中立国的社会民主党议员敦促本国政府出面在交战国之间充当调停人和加速恢复和平。——349。

238 指国际社会主义青年代表会议。

国际社会主义青年代表会议于 1915 年 4 月 4—6 日在伯尔尼举行。出席代表会议的有保加利亚、德国、荷兰、丹麦、意大利、挪威、波兰、俄国、瑞士、瑞典共 10 个国家的青年组织的代表。代表会议的主要议题是战争和社会主义青年组织的任务。代表会议是在中派分子罗·格里姆的影响下组织和筹备的。

为了利用代表会议来团结青年国际主义分子,俄国社会民主工党中央委员会派伊·萨法罗夫参加代表会议。俄国社会民主工党中央委员会代表团把一份包含有布尔什维克关于战争问题的基本论点的决议草案提交会议审议。这一草案是根据列宁为国际妇女社会党人代表会议写的决议草案(见本卷第 220—222 页)拟的。但是代表会议没有通过这个决议,而通过了根据中派的精神写的决议。

代表会议选出了社会主义青年国际局,通过了关于出版社会主义青年的国际机关刊物《青年国际》杂志的决议,并决定每年庆祝国际青年节。——349。

239 论坛派是1907—1918年荷兰左派社会民主党人的称谓,因办有《论坛报》而得名。领导人为戴·怀恩科普、赫·哥尔特、安·潘涅库克、罕·罗兰-霍尔斯特等。1907—1909年,论坛派是荷兰社会民主工党内的左翼反对派,反对该党领导人的机会主义。1909年2月,《论坛报》编辑怀恩科普等人被荷兰社会民主工党开除。同年3月,论坛派成立了荷兰社会民主党。第一次世界大战期间,论坛派基本上持国际主义立场。1918年11月,论坛派创建了荷兰共产党。——353。

240 劳动解放社是俄国第一个马克思主义团体,由格·瓦·普列汉诺夫和维·伊·查苏利奇、帕·波·阿克雪里罗得、列·格·捷依奇、瓦·尼·伊格纳托夫于1883年9月在日内瓦建立。劳动解放社把马克思主义创始人的许多重要著作译成俄文,在国外出版后秘密运到俄国,对马克思主义在俄国的传播起了巨大作用。普列汉诺夫当时写的《社会主义与政治斗争》、《我们的意见分歧》、《论一元论历史观之发展》等著作有力地批判了民粹主义,用马克思主义的观点分析了俄国社会的现实和俄国革命的一些基本问题。普列汉诺夫起草的劳动解放社的两个纲领草案——1883年的《社会民主主义的劳动解放社纲领》和1885年的《俄国社会民主党人纲领草案》,对于俄国社会民主党的建立具有重要意义,后一个纲领草案的理论部分包含了马克思主义政党纲领的基本成分。劳动解放社在团结俄国社会民主党的力量方面也做了许多工作。它还积极参加社会民主党人的国际活动,和德、法、英等国的社会民主党都有接触。劳动解放社以普列汉诺夫为代表对伯恩施坦主义进行了积极的斗争,在反对俄国的经济派方面也起了重要作用。恩格斯曾给予劳动解放社的活动以高度评价(参看《马克思恩格斯文集》第10卷第532页)。列宁认为劳动解放社的历史意义在于它从理论上为俄国社会民主党奠定了基础,向着工人运动迈出了第一步。劳动解放社的主要缺点是:它没有和工人运动结合起来,它的成员对俄国资本主义发展的特点缺乏具体分析,对建立不同于第二国际各党的新型政党的特殊任务缺乏认识等。劳动解放社于1903年8月在俄国社会民主工党第二次代表大会上宣布解散。——355。

241 《光线报》(«Луч»)是俄国孟什维克取消派的合法报纸(日报),1912年9月16日(29日)—1913年7月5日(18日)在彼得堡出版,共出了237号。为该报撰稿的有帕·波·阿克雪里罗得、费·伊·唐恩、弗·叶若夫(谢·奥·策杰尔包姆)、诺·尼·饶尔丹尼亚、弗·科索夫斯基等。该报主要靠自由派捐款维持。对该报实行思想领导的是组成原国外取消派机关报《社会民主党人呼声报》编辑部的尔·马尔托夫、阿克雪里罗得、亚·马尔丁诺夫和唐恩。该报反对布尔什维克的革命策略,鼓吹建立所谓"公开的党"的机会主义口号,反对工人的革命的群众性罢工,企图修正党纲的最重要的论点。列宁称该报是叛徒的机关报。

从1913年7月11日(24日)起,《光线报》依次改用《现代生活报》、《新工人报》、《北方工人报》和《我们的工人报》等名称出版。——358。

242 指《马克思主义和取消主义。关于现代工人运动的基本问题的论文集。第2册》一书,该书于1914年7月由党的波涛出版社出版。文集收载了列宁和其他一些人的反对取消派的文章。此处列宁是指他写的《工人阶级和工人报刊》和《工人对在国家杜马中成立俄国社会民主党工人党团的反应》两篇文章(见本版全集第25卷),其中载有关于工人捐款的详细材料。——358。

243 八月联盟是俄国社会民主工党第六次全国代表会议后试图与党对抗的各个派别结成的联合组织,1912年8月12—20日(8月25日—9月2日)在维也纳举行的代表会议上成立,倡议者是列·达·托洛茨基。出席会议的代表共29名,其中有表决权的代表18名:彼得堡"中央发起小组"2名,崩得4名,高加索区域委员会4名,拉脱维亚边疆区社会民主党中央4名,莫斯科调和派小组1名,塞瓦斯托波尔、克拉斯诺亚尔斯克和黑海舰队水兵组织各1名;有发言权的代表11名:组织委员会代表2名,维也纳《真理报》代表1名,《社会民主党人呼声报》代表1名,《涅瓦呼声报》代表1名,莫斯科取消派小组代表1名,波兰社会党"左派"代表4名和以个人身份参加的尤·拉林。29人中只有3人来自俄国国内,其余都是同地方工作没有直接联系的侨民。普列汉诺夫派——孟什维克护党派拒绝出席这一会议。前进派代表出席后很快就退出了。代表会议通过的纲领没有提出建立民主共和国和没收地主土地的口号,没有提出民族自决权的要求,而仅仅提出了宪法改革、全权杜马、修订土地立法、结社自由、“民族文化自治”等自由派的要求。八月联盟还号召取消秘密的革命党。代表会议选出了试图与俄国社会民主工党中央委员会抗衡的组织委员会,但它在俄国国内只得到少数取消派小组、《光线报》和孟什维克七人团的承认。八月联盟成立后只经过一年多的时间就瓦解了。关于八月联盟的瓦解,可参看列宁的《“八月”联盟的瓦解》、《“八月联盟”的空架子被戳穿了》、《论高喊统一而实则破坏统一的行为》(本版全集第 25 卷)。——361。

244 《国际通讯》杂志(«Internationale Korrespondenz»)是德国社会沙文主义者的国际政治和工人运动问题周刊。1914 年 9 月底—1918 年 10 月 1 日在柏林出版。——362。

245 《现代世界》杂志(«Современный Мир»)是俄国文学、科学和政治刊物(月刊),1906 年 10 月—1918 年在彼得堡出版,编辑为尼·伊·约尔丹斯基等人。孟什维克格·瓦·普列汉诺夫、费·伊·唐恩、尔·马尔托夫等积极参加了该杂志的工作。布尔什维克在同普列汉诺夫派联盟期间以及在 1914 年初曾为该杂志撰稿。第一次世界大战期间,《现代世界》杂志成了社会沙文主义者的刊物。——362。

246 以《社会民主党人报》编辑部名义为俄国社会民主工党中央委员会的宣言《战争和俄国社会民主党》加的这个注释,最初刊印在 1915 年 8 月出版的《社会主义与战争》这本小册子里。小册子的附录中收有这篇宣言。

注释是在小册子已经付排后写的。1915 年 8 月(11 日以前)列宁写信给在日内瓦的维·阿·卡尔宾斯基,要他把这个注释加进小册子(见本版全集第 47 卷第 116 号文献)。——369。

247 大概是指奥·倍倍尔和爱·伯恩施坦编的《弗·恩格斯和卡·马克思通信集(1844—1883 年)》一书的《人名和名目索引》,见 1913 年斯图加特狄茨出版社出版的该书第 4 卷第 507—536 页。——372。

248 指第一国际日内瓦代表大会(1866 年 9 月)通过的关于工会的决议(参看《马克思恩格斯全集》第 1 版第 16 卷第 219—221 页)。——374。

249 按照格拉纳特百科词典编辑部的意见,列宁写的这个词条篇幅限定为正文 6 万字母,参考书目 15 000 字母。——375。

250 列宁大概是指 1915 年 5 月《高原》杂志第 8 期上刊载的 Th.布劳尔的《战争与社会主义》一文。列宁对这篇文章的摘录和批注,见列宁《关于帝国主义的笔记》的《笔记"ζ"("捷塔")》中的《布劳尔论德国的所谓"失败主义者"》(本版全集第 54 卷)。

《高原》杂志(«Hochland»)是德国教权派的机关刊物,1903 年起在慕尼黑出版。——377。

人名索引

A

阿德勒，维克多（Adler，Victor 1852—1918）——奥地利社会民主党创建人和领袖之一。早年是资产阶级激进派，19 世纪 80 年代中期参加工人运动。1883 年和 1889 年曾与恩格斯会晤，1889—1895 年同恩格斯有通信联系。是 1888 年 12 月 31 日—1889 年 1 月 1 日奥地利社会民主党成立大会上通过的党纲的主要起草人之一。在克服奥地利社会民主主义运动的分裂和建立统一的党方面做了许多工作。在党的一系列重要政策问题上（包括民族问题）倾向改良主义立场。1886 年创办《平等》周刊，1889 年起任奥地利社会民主党中央机关报《工人报》编辑。1905 年起为议员。第一次世界大战期间持中派立场，鼓吹阶级和平，反对工人阶级的革命发动。1918 年 11 月短期担任奥地利资产阶级共和国外交部长。——24、107、348、349。

阿恩——见饶尔丹尼亚，诺伊·尼古拉耶维奇。

阿克雪里罗得，帕维尔·波里索维奇（Аксельрод，Павел Борисович 1850—1928）——俄国孟什维克领袖之一。19 世纪 70 年代是民粹派分子。1883 年参与创建劳动解放社。1900 年起是《火星报》和《曙光》杂志编辑部成员。这一时期在宣传马克思主义的同时，也在一系列著作中把资产阶级民主制和西欧社会民主党议会活动理想化。1903 年在俄国社会民主工党第二次代表大会上是《火星报》编辑部有发言权的代表，属火星派少数派，会后是孟什维主义的思想家。1905 年提出召开广泛的工人代表大会的取消主义观点。1906 年在党的第四次（统一）代表大会上代表孟什维克作了关于国家杜马问题的报告，宣扬无产阶级同资产阶级实行政治合作的机会主义思想。斯托雷平反动时期和新的革命高涨年代是取消派的思想领袖，参加孟什维克取消派《社会民主党人呼声报》编辑部。1912 年加入“八月联

盟”。第一次世界大战期间表面上是中派，实际持社会沙文主义立场；曾参加齐美尔瓦尔德代表会议和昆塔尔代表会议，属于右翼。1917 年二月革命后任彼得格勒苏维埃执行委员会委员，支持资产阶级临时政府。十月革命后侨居国外，反对苏维埃政权，鼓吹武装干涉苏维埃俄国。——118、123—127、151、169、180、203、212、213、218、226、228、233、234、255、287、304—307、344、355、376。

阿列克辛斯基，格里戈里·阿列克谢耶维奇（Алексинский，Григорий Алексеевич 1879—1967）——俄国社会民主党人，后蜕化为反革命分子。1905—1907 年革命期间是布尔什维克。第二届国家杜马彼得堡工人代表，社会民主党党团成员，参加了杜马的失业工人救济委员会、粮食委员会和土地委员会，并就斯托雷平在杜马中宣读的政府宣言，就预算、土地等问题发了言。作为社会民主党杜马党团代表参加了俄国社会民主工党第五次（伦敦）代表大会的工作。斯托雷平反动时期是召回派分子、派别性的卡普里党校（意大利）的讲课人和前进集团的组织者之一。第一次世界大战期间是社会沙文主义者，曾为多个资产阶级报纸撰稿。1917 年加入孟什维克统一派，持反革命立场；七月事变期间伙同特务机关伪造文件诬陷列宁和布尔什维克。1918 年逃往国外，投入反动营垒。——42、128、202、262、305、309、360—362。

艾威林，爱德华（Aveling，Edward 1851—1898）——英国社会主义者，作家和政论家；马克思的小女儿爱琳娜的伴侣。1884 年起为社会民主联盟盟员，后为社会主义同盟创建人之一。起初宣传达尔文主义和无神论，同马克思和恩格斯结识后不久即成为马克思主义者。80 年代末—90 年代初是非熟练工人和失业工人群众运动和新工联运动的组织者之一。1893—1895 年参加独立工党。第二国际多次代表大会代表。是马克思《资本论》第 1 卷和恩格斯《社会主义从空想到科学的发展》英文版的译者之一。写有一些宣传马克思主义和达尔文主义以及工人运动问题的著作。——52。

艾威林，爱琳娜——见马克思-艾威林，爱琳娜。

爱尔威，古斯塔夫（Hervé，Gustave 1871—1944）——法国社会党人，政论家和律师。1905—1918 年是工人国际法国支部成员。1906 年创办《社会战争报》，宣传半无政府主义的反军国主义纲领。1907 年在第二国际斯图加特代表大会上坚持这一纲领,提出用罢工和起义来反对一切战争。第一次世界大战期间是社会沙文主义者。俄国十月革命后反对苏维埃国家和布尔什维克党。30年代拥护民族社会主义,主张法国同法西斯德国接近。——27、41、120、292。

安·潘·——见潘涅库克,安东尼。

B

巴达耶夫,阿列克谢·叶戈罗维奇(Бадаев,Алексей Егорович 1883—1951)——1904年加入俄国社会民主工党,在彼得堡做党的工作。第四届国家杜马彼得堡省工人代表,参加布尔什维克杜马党团,同时在杜马外做了大量的革命工作,是中央委员会俄国局成员,为布尔什维克的《真理报》撰稿,出席了有党的工作者参加的俄国社会民主工党中央委员会克拉科夫会议和波罗宁会议。因进行反对帝国主义战争的革命活动,1914年11月被捕,1915年流放图鲁汉斯克边疆区。1917年二月革命后从流放地回来,在彼得格勒参加布尔什维克组织的工作,是十月武装起义的参加者。十月革命后在党、苏维埃和经济部门担任领导工作。在党的第十四至第十八次代表大会上当选为中央委员。1938—1943年任俄罗斯联邦最高苏维埃主席团主席和苏联最高苏维埃主席团副主席。——170、347。

巴枯宁,米哈伊尔·亚历山德罗维奇(Бакунин,Михаил Александрович 1814—1876)——俄国无政府主义和民粹主义创始人和理论家之一。1840年起侨居国外,曾参加德国1848—1849年革命。1849年因参与领导德累斯顿起义被判死刑,后改为终身监禁。1851年被引渡给沙皇政府,囚禁期间向沙皇写了《忏悔书》。1861年从西伯利亚流放地逃往伦敦。1868年参加第一国际活动后,在国际内部组织秘密团体——社会主义民主同盟,妄图夺取总委员会的领导权。鼓吹无政府主义,宣称个人"绝对自由"是整个人类发展的最高目的,国家是产生一切不平等的根源;否定包括无产阶级专政在内的一切国家;不理解无产阶级的历史作用,公开反对建立工人阶级的独立政党,主张工人放弃政治斗争。由于进行分裂国际的阴谋活动,1872年在海牙代表大会上被开除出第一国际。——51。

巴雷斯,莫里斯(Barrès,Maurise 1862—1923)——法国作家和政论家,天主

教和黩武主义思想家。第一次世界大战期间宣扬反日耳曼的沙文主义，积极为反动资产阶级报纸《巴黎回声报》撰稿。——302。

鲍勃凌斯基，弗拉基米尔·阿列克谢耶维奇(Бобринский，Владимир Алексеевич 1868—1927)——俄国大地主和大糖厂主，伯爵，反动的政治活动家。1895—1898年任图拉省博戈罗季茨克县地方自治局主席。第二届、第三届和第四届国家杜马图拉省代表，在杜马中属于右翼。作为极端的民族主义者，主张在俄国少数民族边疆地区强制推行俄罗斯化。十月革命后参加君主派的俄国国家统一委员会，1919年起为白俄流亡分子。——110、111。

鲍威尔，奥托(Bauer，Otto 1882—1938)——奥地利社会民主党和第二国际领袖之一，"奥地利马克思主义"理论家。同卡·伦纳一起提出资产阶级民族主义的民族文化自治论。1907年起任社会民主党议会党团秘书，同年参与创办党的理论刊物《斗争》杂志。1912年起任党中央机关报《工人报》编辑。第一次世界大战期间应征入伍，在俄国前线被俘。俄国1917年二月革命后在彼得格勒，同年9月回国。敌视俄国十月革命。1918年11月—1919年7月任奥地利共和国外交部长，赞成德奥合并。1920年在维也纳出版反布尔什维主义的《布尔什维主义还是社会民主主义?》一书。1920年起为国民议会议员。第二半国际和社会主义工人国际的组织者和领袖之一。曾参与制定和推行奥地利社会民主党的机会主义路线，使奥地利工人阶级的革命斗争遭受严重损失。晚年修正了自己的某些改良主义观点。——340。

鲍威尔，布鲁诺(Bauer，Bruno 1809—1882)——德国唯心主义哲学家，青年黑格尔派的主要代表人物，资产阶级激进派。1834—1839年在柏林大学、1839—1842年在波恩大学任讲师。否定黑格尔的绝对观念，宣称自我意识是绝对的，认为"批判的个人"的脑力活动是历史的动力。马克思和恩格斯在《神圣家族，或对批判的批判所做的批判》和《德意志意识形态》这两部著作中批判了他的唯心主义观点。1848年以后从资产阶级激进派向右演变，1866年后成为民族自由党人、俾斯麦的拥护者。在基督教史方面著作甚多。——48、49。

贝尔格尔，埃尔温(Belger，Erwin 1875—1919至1922之间)——德国政治活

动家和政论家，君主派分子和沙文主义者，德国帝国主义的辩护士。第一次世界大战前是贵族和资产阶级君主派联盟代表人物的反动政治组织“反社会民主党人帝国联盟”的总书记。1915 年在《战争爆发后的社会民主党》这本小册子中赞扬了德国社会民主党机会主义派同德国统治阶级在帝国主义战争中的积极合作。——260。

倍倍尔，奥古斯特（Bebel，August 1840—1913）——德国工人运动和国际工人运动活动家，德国社会民主党和第二国际的创建人和领袖之一，马克思和恩格斯的朋友和战友；旋工出身。19 世纪 60 年代前半期开始参加政治活动，1867 年当选为德国工人协会联合会主席，1868 年该联合会加入第一国际。1869 年与威·李卜克内西共同创建了德国社会民主工党（爱森纳赫派），该党于 1875 年与拉萨尔派合并为德国社会主义工人党，后又改名为德国社会民主党。多次当选国会议员，利用国会讲坛揭露帝国政府反动的内外政策。1870—1871 年普法战争期间持国际主义立场，在国会中投票反对军事拨款，支持巴黎公社，为此曾被捕和被控叛国，断断续续在狱中度过近六年时间。在反社会党人非常法施行时期，领导了党的地下活动和议会活动。90 年代和 20 世纪初同党内的改良主义和修正主义进行斗争，反对伯恩施坦及其拥护者对马克思主义理论的歪曲和庸俗化。是出色的政论家和演说家，对德国和欧洲工人运动的发展有很大影响。马克思和恩格斯高度评价了他的活动。——25、332。

比索拉蒂，莱奥尼达（Bissolati，Leonida 1857—1920）——意大利社会党创建人和右翼改良派领袖之一。1896—1903 年和 1908—1912 年任社会党中央机关报《前进报》主编。1897 年起为议员。1912 年因支持意大利政府进行侵略战争被开除出社会党，后组织了改良社会党。第一次世界大战期间是社会沙文主义者，主张意大利站在协约国方面参战。1916—1918 年参加政府，任不管部大臣。——9、41、117、120、153、262、343、347。

彼得罗夫斯基，格里戈里·伊万诺维奇（Петровский，Григорий Иванович 1878—1958）——1897 年参加俄国社会民主主义运动。俄国第一次革命期间是叶卡捷琳诺斯拉夫工人运动的领导人之一。第四届国家杜马叶卡捷琳诺斯拉夫省工人代表，布尔什维克杜马党团主席。1912 年被增补为党中央委员。因进行反对帝国主义战争的革命活动，1914 年 11 月被捕，

1915年流放图鲁汉斯克边疆区，在流放地继续进行革命工作。积极参加十月革命。1917—1919年任俄罗斯联邦内务人民委员，1919—1938年任全乌克兰中央执行委员会主席。1922—1937年为苏联中央执行委员会主席之一，1937—1938年任苏联最高苏维埃主席团副主席。在党的第十至第十七次代表大会上当选为中央委员，1926—1939年为中央政治局候补委员。1940年起任国家革命博物馆副馆长。——170、173、174、175、347。

俾斯麦，奥托·爱德华·莱奥波德（Bismarck，Otto Eduard Leopold 1815—1898）——普鲁士和德国国务活动家和外交家。普鲁士容克的代表。曾任驻彼得堡大使（1859—1862）和驻巴黎大使（1862），普鲁士首相（1862—1872、1873—1890），北德意志联邦首相（1867—1871）和德意志帝国首相（1871—1890）。1870年发动普法战争，1871年支持法国资产阶级镇压巴黎公社。主张在普鲁士领导下"自上而下"统一德国。曾采取一系列内政措施，捍卫容克和大资产阶级的联盟。1878年颁布反社会党人非常法。由于内外政策遭受挫折，于1890年3月去职。——14、34、111、122、139、298。

毕希纳，弗里德里希·卡尔·克里斯蒂安·路德维希（Büchner，Friedrich Karl Christian Ludwig 1824—1899）——德国生理学家和哲学家，庸俗唯物主义代表人物，资产阶级改良主义者；职业是医生。1852年起任蒂宾根大学法医学讲师。认为自然科学是世界观的基础，但不重视辩证法，力图复活机械论的自然观和社会观。主要著作有《力和物质》（1855）、《人及其在自然界中的地位》（1869）、《达尔文主义和社会主义》（1894）等。——55。

别尔津，扬·安东诺维奇（Берзин，Ян Антонович 1881—1938）——拉脱维亚革命运动最早的参加者之一。1902年加入俄国社会民主工党。曾参加1905—1907年革命。1908年起侨居国外，是俄国社会民主工党中央委员会国外局和拉脱维亚边疆区社会民主党国外小组联合会的成员。拉脱维亚边疆区社会民主党第四次代表大会（1914年1月）代表，会后是该党国外委员会委员和中央机关报《斗争报》的编辑部成员。第一次世界大战期间持国际主义立场，曾出席齐美尔瓦尔德代表会议并参与建立齐美尔瓦尔德左派。1917年夏返回彼得格勒，积极参加十月革命。在俄国社会民主工党（布）第六次代表大会上当选为中央委员，第七次代表大会上当选为候补中央委员。1918年领导苏俄驻瑞士公使馆。1919年任苏维埃拉脱维亚教育人民委员。1920年起再次从事外交工作。1932年起任苏联和俄罗斯联邦中央档案局局长。——161。

别列宁——见施略普尼柯夫,亚历山大·加甫里洛维奇。

波里索夫,马·——见拉特涅尔,马尔克·波里索维奇。

波特列索夫,亚历山大·尼古拉耶维奇(Потресов,Александр Николаевич 1869—1934)——俄国孟什维克领袖之一。19世纪90年代初参加马克思主义小组。1896年加入彼得堡工人阶级解放斗争协会,后被捕,1898年流放维亚特卡省。1900年出国,参与创办《火星报》和《曙光》杂志。在俄国社会民主工党第二次代表大会上是《火星报》编辑部有发言权的代表,属火星派少数派,会后是孟什维克刊物的主要撰稿人和领导人。斯托雷平反动时期和新的革命高涨年代是取消派思想家,在《复兴》杂志和《我们的曙光》杂志中起领导作用。第一次世界大战期间是社会沙文主义者。1917年在反布尔什维克的资产阶级《日报》中起领导作用。十月革命后侨居国外,为克伦斯基的《白日》周刊撰稿,攻击苏维埃政权。——123、127、134—151、195—197、199、212、213、235、273、287、344、358。

伯恩施坦,爱德华(Bernstein,Eduard 1850—1932)——德国社会民主党和第二国际右翼领袖之一,修正主义的代表人物。1872年加入社会民主党,曾是欧·杜林的信徒。1879年和卡·赫希柏格、卡·施拉姆在苏黎世发表《德国社会主义运动的回顾》一文,指责党的革命策略,主张放弃革命斗争,适应俾斯麦制度,受到马克思和恩格斯的严厉批评。1881—1890年任党的中央机关报《社会民主党人报》编辑。从90年代中期起完全同马克思主义决裂。1896—1898年以《社会主义问题》为题在《新时代》杂志上发表一组文章,1899年发表《社会主义的前提和社会民主党的任务》一书,从经济、政治和哲学方面对马克思主义的理论和策略作了全面的修正。1902年起为国会议员。第一次世界大战期间持中派立场。1917年参加德国独立社会民主党,1919年公开转到右派方面。1918年十一月革命失败后出任艾伯特—谢德曼政府的财政部长助理。——27、85、91、277、308、312。

博勃罗夫——见纳坦松,马尔克·安德列耶维奇。

博尔夏特,尤利安(Borchardt,Julian 1868—1932)——德国社会民主党人,经

济学家和政论家。1900—1906年任社会民主党机关报《人民报》编辑。1911—1913年为普鲁士邦议会议员。1913—1916年和1918—1921年任左派社会民主党人《光线》杂志编辑。第一次世界大战期间领导以《光线》杂志为中心组成的左派社会民主党人的组织“德国国际社会党人”，开展反对社会沙文主义、反对帝国主义战争的斗争；曾参加齐美尔瓦尔德代表会议，加入齐美尔瓦尔德左派。但因不了解与社会沙文主义者彻底决裂和建立工人阶级独立政党的必要性，于战争结束前夕转向工团主义立场。战后不再积极参加政治活动。——158、188。

布尔采夫，弗拉基米尔·李沃维奇（Бурцев, Владимир Львович 1862—1942）——俄国政论家和出版家。19世纪80年代是民意党人。1885年被捕，流放西伯利亚，后逃往国外，从事收集和出版革命运动文献的工作。1897年在伦敦出版革命运动史料汇编《一百年来》。1900年开始出版《往事》杂志。曾把沙俄内务部警察司的秘密活动公之于众，揭露了奸细叶·菲·阿捷夫和罗·瓦·马林诺夫斯基等人。俄国第一次革命前夕接近社会革命党人，革命失败后支持立宪民主党人。1911年10月—1914年1月在巴黎出版自由派资产阶级的《未来报》。第一次世界大战期间是沙文主义者。1915年回国，反对布尔什维克。1917年二月革命后开始出版《共同事业报》（后转到巴黎出版）。十月革命后侨居国外，参与建立君主派白卫组织，反对苏维埃俄国。——108、343。

布克沃耶德——见梁赞诺夫，达维德·波里索维奇。

布拉奇福德，罗伯特，皮尔·格伦维尔（Blatchford, Robert Pill Glenville 1851—1943）——英国改良主义社会党人，新闻工作者和作家。1891年起出版社会主义周报《号角报》。独立工党创建人和思想家之一。1899—1902年英布战争开始后，持社会沙文主义立场。第一次世界大战初期曾为英国沙文主义报刊撰稿。1916年和海德门一起创建宗派主义—沙文主义的民族社会党。——282—283。

布兰亭，卡尔·亚尔马（Branting, Karl Hjalmar 1860—1925）——瑞典社会民主党和第二国际创建人和领袖之一，持机会主义立场。1887—1917年（有间断）任瑞典社会民主党中央机关报《社会民主党人报》编辑。1896年起为议员。1907年当选为党的执行委员会主席。第一次世界大战期间是社会沙文主义者。1917 年参加埃登的自由党—社会党联合政府，支持武装干涉苏维埃俄国。1920 年、1921—1923 年、1924—1925 年领导社会民主党政府，1921—1923 年兼任外交大臣。曾参与创建和领导伯尔尼国际。——114、153、263。

布劳恩，奥托(Braun，Otto 1872—1955)——德国社会民主党右翼领袖之一。1912 年起为德国社会民主党执行委员会委员。1913 年起是普鲁士邦议会议员。第一次世界大战期间是社会沙文主义者。1918 年 11 月起任普鲁士农业部长。德国国民议会议员和德国国会议员。1920—1932 年(有间断)领导由社会民主党和资产阶级政党代表组成的普鲁士联合政府。曾积极参与镇压德国无产阶级革命运动和罢工运动。——158。

布雷斯福德，亨利·诺埃尔(Brailsford，Henry Noel 1873—1958)——英国政论家，和平主义者。支持巴尔干、爱尔兰、埃及和印度的民族解放运动。曾积极为英国自由派报刊和工人报刊撰稿。1907 年加入独立工党。第一次世界大战爆发后是和平主义的民主监督联合会领导人之一。1922—1926 年任独立工党机关报《新领袖报》编辑。——235。

布歇，欧仁·阿尔蒂尔(Boucher，Eugene Arthur 1847—1933)——法国将军，军国主义者。参加过普法战争(1870—1871)和法国殖民主义者镇压阿尔及利亚民族解放运动的行动。19 世纪 80 年代末起以法军总参谋部军官的身份，参与制定法国和俄国进攻德国的作战计划。第一次世界大战期间指挥法军部队。——280。

C

蔡特金，克拉拉(Zetkin，Clara 1857—1933)——德国工人运动和国际工人运动活动家，国际社会主义妇女运动领袖之一，德国共产党创建人之一。19 世纪 70 年代末参加革命运动，1881 年加入德国社会民主党。1882 年流亡奥地利，后迁居瑞士苏黎世，为秘密发行的德国社会民主党机关报《社会民主党人报》撰稿。1889 年积极参加第二国际成立大会的筹备工作。1890 年回国。1892—1917 年任德国社会民主党主办的女工运动机关刊物《平等》杂志主编。1907 年参加国际社会党斯图加特代表大会，在由她发起的第一次国际妇女社会党人代表会议上当选为国际妇女联合会书记处书记。

1910 年在哥本哈根举行的第二次国际妇女社会党人代表会议上，根据她的倡议，通过了以 3 月 8 日为国际妇女节的决议。第一次世界大战期间持国际主义立场，反对社会沙文主义。曾积极参与组织 1915 年 3 月在伯尔尼召开的国际妇女社会党人代表会议。1916 年参与组织国际派(后改称斯巴达克派和斯巴达克联盟)。1917 年德国独立社会民主党成立后为党中央委员。1919 年起为德国共产党党员，当选为中央委员。1920 年起为国会议员。1921 年起先后当选为共产国际执行委员会委员和主席团委员，领导国际妇女书记处。1925 年起任国际支援革命战士协会主席。——352。

车尔尼雪夫斯基，尼古拉·加甫里洛维奇(Чернышевский，Николай Гаврилович 1828—1889)——俄国革命民主主义者和空想社会主义者，作家，文学评论家，经济学家，哲学家；俄国社会民主主义先驱之一，俄国 19 世纪 60 年代革命运动的领袖。1853 年开始为《祖国纪事》和《同时代人》等杂志撰稿，1856—1862 年是《同时代人》杂志的领导人之一，发扬别林斯基的民主主义批判传统，宣传农民革命思想，是土地和自由社的思想鼓舞者。因揭露 1861 年农民改革的骗局，号召人民起义，于 1862 年被沙皇政府逮捕，入狱两年，后被送到西伯利亚服苦役。1883 年解除流放，1889 年被允许回家乡居住。著述很多，涉及哲学、经济学、教育学、美学、伦理学等领域。在哲学上批判了贝克莱、康德、黑格尔等人的唯心主义观点，力图以唯物主义精神改造黑格尔的辩证法。对资本主义作了深刻的批判，认为社会主义是由整个人类发展进程所决定的，但作为空想社会主义者，又认为俄国有可能通过农民村社过渡到社会主义。所著长篇小说《怎么办?》(1863)和《序幕》(约 1867—1869)表达了社会主义理想，产生了巨大的革命影响。——109。

D

大卫，爱德华(David，Eduard 1863—1930)——德国社会民主党右翼领袖之一，经济学家；德国机会主义者的主要刊物《社会主义月刊》创办人之一。1893 年加入社会民主党。公开修正马克思主义关于土地问题的学说，否认资本主义经济规律在农业中的作用。1903 年出版《社会主义和农业》一书，宣扬小农经济稳固，维护所谓土地肥力递减规律。1903—1918 年和 1920—1930 年为国会议员，社会民主党国会党团领袖之一。第一次世界大战期间是社会沙文主义者；在《世界大战中的社会民主党》(1915)一书中为德国社会民主党右翼在第一次世界大战中的机会主义立场辩护。1919 年 2 月任魏玛共和国国民议会第一任议长。1919—1920 年任内务部长，1922—1927 年任中央政府驻黑森的代表。——226、256、270、289—293、301、331、362。

德莱齐，弗朗西斯(Delaisi，Francis 生于 1873 年)——法国经济学家，工团主义者和和平主义者。在自己的著作中揭露了金融寡头的统治和第一次世界大战的掠夺性质。同时坚决反对阶级斗争和国际主义，鼓吹“社会团结”论，提出了一个在工人辛迪加和资本家辛迪加之间实行阶级合作并在此基础上建立“世界合众国”以避免竞争、危机和战争的空想计划。20 世纪 30 年代反对法西斯主义和帝国主义者发动第二次世界大战的准备活动。——228。

迪马，沙尔(Dumas，Charles 生于 1883 年)——法国新闻工作者和政论家，社会党人，众议员。曾为法国和其他国家的社会主义报刊撰稿。第一次世界大战期间是社会沙文主义者。——225。

多尔戈鲁科夫，帕维尔·德米特里耶维奇(Долгоруков，Павел Дмитриевич 1866—1930)——俄国公爵，大地主，立宪民主党人。1893—1906 年为莫斯科省的县贵族代表。立宪民主党创建人之一，1905—1911 年任该党中央委员会主席，后为副主席；第二届国家杜马立宪民主党党团主席。曾为《俄罗斯新闻》撰稿。十月革命后是反对苏维埃政权活动的积极参加者。因进行反革命活动被判刑。——109。

E

恩格斯，弗里德里希(Engels，Friedrich 1820—1895)——科学共产主义创始人之一，世界无产阶级的领袖和导师，马克思的亲密战友。——27、36、47、48—51、53—57、59—60、70、76—79、81、83—84、85、87—88、90、95、101、104、110、122、137、139—140、150、151、236、237、279、290、327、331—332、338、341。

F

费尔巴哈，路德维希·安德列亚斯（Feuerbach，Ludwig Andreas 1804—1872）——德国唯物主义哲学家和无神论者，德国古典哲学代表人物之一，德国资产阶级最激进的民主主义阶层的思想家。1828 年起在埃朗根大学任教。在自己的第一部著作《关于死和不死的思想》（1830）中反对基督教关于灵魂不死的教义；该书被没收，本人遭迫害，并被学校解聘。1836 年移居布鲁克贝格村（图林根），在农村生活了近 25 年。在从事哲学活动的初期是唯心主义者，属于青年黑格尔派。到 30 年代末摆脱了唯心主义；在《黑格尔哲学批判》（1839）和《基督教的本质》（1841）这两部著作中，割断了与黑格尔主义的联系，转向唯物主义立场。主要功绩是在唯心主义长期统治德国哲学之后，恢复了唯物主义的权威。肯定自然界是客观存在的，不以人的意识为转移；人是自然的产物，人能认识物质世界和客观规律。费尔巴哈的唯物主义是马克思主义哲学的理论来源之一。但他的唯物主义是形而上学的和直观的，是以人本主义的形式出现的，历史观仍然是唯心主义的；把人仅仅看做是一种脱离历史和社会关系而存在的生物，不了解实践在认识和社会发展过程中的作用。晚年关心社会主义文献，读过马克思的《资本论》，并于 1870 年加入德国社会民主党。在马克思《关于费尔巴哈的提纲》和恩格斯《路德维希·费尔巴哈和德国古典哲学的终结》中对费尔巴哈的哲学作了全面的分析。——48、53、54、55、83、192、248。

费舍，理查（Fischer，Richard 1855—1926）——德国社会民主党人。1880—1890 年在苏黎世和伦敦的社会民主党印刷所工作。1890—1893 年任社会民主党执行委员会书记。1893—1903 年领导社会民主党的出版社，是该党中央机关报《前进报》的出版人和管理人。1893—1926 年为国会议员。第一次世界大战期间是社会沙文主义者。——26、28、29。

弗兰克，路德维希（Frank，Ludwig 1874—1914）——德国社会民主党人，社会沙文主义者；职业是律师。1907 年起为帝国国会议员。1910 年在德国社会民主党马格德堡代表大会上投票赞成军事拨款。第一次世界大战爆发后以志愿兵身份入伍，死于前线。——31。

福格特，卡尔（Vogt，Karl 1817—1895）——德国自然科学家，庸俗唯物主义主要代表之一,小资产阶级民主主义者。曾参加德国1848—1849年革命,是法兰克福国民议会议员。革命失败后流亡瑞士。反对科学社会主义,发表诽谤马克思和恩格斯的声明。马克思在《福格特先生》一文中揭露了他堕落为路易·波拿巴雇用的密探。写过一些动物学、地质学和生理学方面的著作。——55。

G

盖得,茹尔(**巴西尔,马蒂厄**)(Guesde,Jules(Basile,Mathieu)1845—1922)——法国工人运动和国际工人运动活动家,法国工人党创建人之一,第二国际的组织者和领袖之一。19世纪60年代是资产阶级共和主义者。拥护1871年的巴黎公社。公社失败后流亡瑞士和意大利,一度追随无政府主义者。1876年回国。在马克思和恩格斯影响下逐步转向马克思主义。1877年11月创办《平等报》,宣传社会主义思想,为1879年法国工人党的建立作了思想准备。1880年和拉法格一起在马克思和恩格斯指导下起草了法国工人党纲领。1880—1901年领导法国工人党,同无政府主义者和可能派进行坚决斗争。1889年积极参加创建第二国际的活动。1893年当选为众议员。1899年反对米勒兰参加资产阶级内阁。1901年与其拥护者建立了法兰西社会党,该党于1905年同改良主义的法国社会党合并,盖得为统一的法国社会党领袖之一。20世纪初逐渐转向中派立场。第一次世界大战一开始即采取社会沙文主义立场,参加了法国资产阶级政府。1920年法国社会党分裂后,支持少数派立场,反对加入共产国际。——2、27、29、41、116、120、126、182—183、188、217、225、255—256、267。

高尔基,马克西姆(**彼什科夫,阿列克谢·马克西莫维奇**)(Горький,Максим(Пешков,Алексей Максимович)1868—1936)——苏联作家和社会活动家,社会主义现实主义文学的奠基人,苏联文学的创始人。出身于木工家庭,当过学徒、装卸工、面包师等。1892年开始发表作品。1901年起因参加革命工作屡遭沙皇政府迫害。1905年夏加入俄国社会民主工党,同年11月第一次与列宁会面,思想上受到很大影响。1906年发表反映俄国无产阶级革命斗争的长篇小说《母亲》,被认为是第一部社会主义现实主义作品。1906—1913年旅居意大利,一度接受造神说。第一次世界大战爆发

后坚决谴责帝国主义战争，揭露战争的掠夺性，但也曾向资产阶级爱国主义方面动摇。十月革命后，积极参加社会主义文化建设工作。1934年发起成立苏联作家协会，担任协会主席，直到逝世。——98—99。

哥尔特，赫尔曼（Gorter，Herman 1864—1927）——荷兰左派社会民主党人，诗人和政论家。1897年加入荷兰社会民主工党。1907年是荷兰社会民主工党左翼刊物《论坛报》创办人之一，1909年起是荷兰社会民主党领导人之一。第一次世界大战期间是国际主义者，齐美尔瓦尔德左派的拥护者。1918年参与创建荷兰共产党，曾参加共产国际的工作，采取极左的宗派主义立场。1921年退出共产党，组织了荷兰共产主义工人党。1922年脱离政治活动。——153、198、262、336。

格拉弗，让（Grave，Jean 1854—1939）——法国小资产阶级社会主义者，无政府主义理论家。无政府主义刊物《反抗者》和《反抗》的编辑，写过一些论述无政府主义的著作。20世纪初转向无政府工团主义立场。第一次世界大战期间是社会沙文主义者，《工团战斗报》撰稿人。——189。

格雷，爱德华（Grey，Edward 1862—1933）——英国国务活动家，英国自由党右翼领袖之一。1885年起为下院议员。1892—1895年任副外交大臣，1905—1916年任外交大臣。执行对外扩张的殖民主义政策，以保障和平、解放被奴役民族之类的华丽词藻掩盖备战活动。1915—1916年与英国在第一次世界大战中的盟国签订了一系列关于瓜分世界的秘密协定。——39、206。

格里姆，罗伯特（Grimm，Robert 1881—1958）——瑞士社会民主党和第二国际领袖之一；职业是印刷工人。1909—1918年任《伯尔尼哨兵报》主编，1919年以前任瑞士社会民主党主席。第一次世界大战期间是中派分子，齐美尔瓦尔德代表会议和昆塔尔代表会议主席，国际社会党委员会主席。1921年参与组织第二半国际。1911年起为议员，1945—1946年任瑞士国民院议长。——153、263。

格罗伊利希，海尔曼（Greulich，Hermann 1842—1925）——瑞士社会民主党创建人之一，该党右翼领袖，第二国际改良派领袖之一。原为德国装订工人，1865年侨居苏黎世。1867年起为国际瑞士支部委员。1869—1880年在苏黎世编辑《哨兵报》。1887—1925年任瑞士工人联合会书记。曾任瑞士社会民主党执行委员会委员。1902 年起为联邦议会议员，1919 年和 1922 年任瑞士国民院议长。第一次世界大战期间是社会沙文主义者，反对齐美尔瓦尔德左派。后来反对瑞士社会民主党左翼加入共产国际。——153、263。

古列维奇，埃马努伊尔·李沃维奇（斯米尔诺夫，叶·）（Гуревич，Эммануил Львович（Смирнов，Е.）生于 1865 年）——俄国政论家，1890 年以前是民意党人，后来成为社会民主党人；俄国社会民主工党第二次代表大会后是孟什维克。斯托雷平反动时期和新的革命高涨年代是取消派分子，为左派立宪民主党人的《同志报》撰稿；是孟什维克取消派《我们的曙光》杂志的创办人之一和撰稿人。第一次世界大战期间是社会沙文主义者。——17、26、31、42、108、118、119。

古契柯夫，亚历山大·伊万诺维奇（Гучков，Александр Иванович 1862—1936）——俄国大资本家，十月党的组织者和领袖。1905—1907 年革命期间支持政府镇压工农。1907 年 5 月作为工商界代表被选入国务会议，同年 11 月被选入第三届国家杜马；1910 年 3 月—1911 年 3 月任杜马主席。第一次世界大战期间是中央军事工业委员会主席和国防特别会议成员。1917 年 3—5 月任临时政府陆海军部长。同年 8 月参与策划科尔尼洛夫叛乱。十月革命后反对苏维埃政权，1918 年起为白俄流亡分子。——109、238。

果雷，保尔（Golay，Paul 1877—1951）——瑞士社会民主党人，瑞士西部区（法语区）社会民主党组织的成员，政论家。曾任洛桑社会党报纸《格吕特利盟员报》编辑。第一次世界大战初期反对第二国际中的机会主义和社会沙文主义，但当时已表现出对机会主义者的调和主义态度。列宁曾邀请他参加齐美尔瓦尔德代表会议，但他未出席，后来很快转向中派和平主义立场。——335。

H

哈阿兹，胡戈（Haase，Hugo 1863—1919）——德国社会民主党领袖之一，中派分子。1911—1917 年为德国社会民主党执行委员会主席之一。1897—1907 年和 1912—1918 年为帝国国会议员。1912 年起任社会民主党国会

党团主席。第一次世界大战期间持中派立场。1917 年 4 月同考茨基等人一起建立德国独立社会民主党。1918 年十一月革命期间参加所谓的人民代表委员会,支持镇压无产阶级革命运动。——27、97、105、217、264、265、277、308、351。

哈第,詹姆斯·基尔(Hardie,James Keir 1856—1915)——英国工人运动活动家,改良主义者,独立工党领袖和创建人之一;职业是矿工。从 19 世纪 70 年代起参加工会运动。1887 年出版《矿工》杂志(后改名为《工人领袖》)。1888 年创建苏格兰工党,1893 年创建独立工党。1892 年作为"独立的"工人候选人被选入议会,执行同资产阶级政党代表妥协的政策。第一次世界大战初期持中派立场,后公开倒向社会沙文主义者。——27、29、39、41、160、162、179。

哈尔姆斯,伯恩哈德(Harms,Bernhard 1876—1939)——德国经济学家,讲坛社会主义的代表人物之一,德国帝国主义的辩护士。1908 年起任基尔大学教授,是基尔世界经济和海运研究所的创办人和所长(1911—1933)。写有一些关于世界经济和政治问题的著作。——243。

海德门,亨利·迈尔斯(Hyndman,Henry Mayers 1842—1921)——英国社会党人。1881 年创建民主联盟(1884 年改组为社会民主联盟),担任领导职务,直至 1892 年。曾同法国可能派一起夺取 1889 年巴黎国际工人代表大会的领导权,但未能得逞。1900—1910 年是社会党国际局成员。1911 年参与创建英国社会党,领导该党机会主义派。第一次世界大战期间是社会沙文主义者。1916 年英国社会党代表大会谴责他的社会沙文主义立场后,退出社会党。敌视俄国十月革命,赞成武装干涉苏维埃俄国。——41、42、115、116、182、217。

海涅,沃尔弗冈(Heine,Wolfgang 1861—1944)——德国政治活动家,右派社会民主党人;职业是律师。1898 年被选入帝国国会,但不久因拒绝参加社会民主党人组织的政治游行而被撤销当选证书。曾为《社会主义月刊》撰稿。他的修正主义观点受到倍倍尔、梅林等人的严厉批判。第一次世界大战期间是社会沙文主义者。1918 年十一月革命后任普鲁士政府司法部长,1919—1920 年任内务部长。1920 年起脱离政治活动,从事律师工作。——256、347、349、351。

韩德逊，阿瑟（Henderson，Arthur 1863—1935）——英国工党和工会运动领袖之一。1903年起为议员，1908—1910年和1914—1917年任工党议会党团主席，1911—1934年任工党书记。第一次世界大战期间是社会沙文主义者。1915—1917年先后参加阿斯奎斯政府和劳合-乔治政府，任教育大臣、邮政大臣和不管部大臣等职。俄国1917年二月革命后到俄国鼓吹继续进行战争。1919年参与组织伯尔尼国际。1923年起任社会主义工人国际执行委员会主席。1924年和1929—1931年两次参加麦克唐纳政府，先后任内务大臣和外交大臣。——273。

赫胥黎，托马斯·亨利（Huxley，Thomas Henry 1825—1895）——英国博物学家，达尔文的好友和达尔文学说的普及者。1871—1880年任英国皇家学会秘书，1883—1885年任会长。在动物学、古生物学、人类学和比较解剖学等方面进行了研究，证明人和高级猿猴形态相近。在哲学上是自发的"羞羞答答的"（恩格斯语）唯物主义者，但却否认唯物主义，自称是不可知论者（第一次把不可知论这个术语用于哲学）。主要著作有《人类在自然界的地位》（1863）、《休谟》（1879）、《进化论与伦理学》（1893）等。——54、373。

黑格尔，乔治·威廉·弗里德里希（Hegel，Georg Wilhelm Friedrich 1770—1831）——德国哲学家，客观唯心主义者，德国古典哲学的主要代表。1801—1807年任耶拿大学哲学讲师和教授。1808—1816年任纽伦堡中学校长。1816—1817年任海德堡大学哲学教授。1818年起任柏林大学哲学教授。黑格尔哲学是18世纪末至19世纪初德国唯心主义哲学的最高发展。他根据唯心主义的思维与存在同一的基本原则，建立了客观唯心主义的哲学体系，并创立了唯心主义辩证法的理论。认为在自然界和人类出现以前存在着绝对精神，客观世界是绝对精神、绝对观念的产物；绝对精神在其发展中经历了逻辑阶段、自然阶段和精神阶段，最终回复到了它自身；整个自然的、历史的和精神的世界都处于不断的运动、变化和发展中，矛盾是运动、变化的核心。黑格尔哲学的特点是辩证方法同形而上学体系之间的深刻矛盾。他的唯心主义辩证法是马克思主义哲学的理论来源之一。在社会政治观点上是保守的，是立宪君主制的维护者。主要著作有《精神现象学》（1807）、《逻辑学》（1812—1816）、《哲学全书》（1817）、《法哲

学原理》(1821)、《哲学史讲演录》(1833—1836)、《历史哲学讲演录》(1837)、《美学讲演录》(1835—1838)等。——48、53、54、55—57、234、235。

亨尼施,康拉德(Haenisch,Konrad 1876—1925)——德国社会民主党人,政论家。普鲁士邦议会议员。第一次世界大战期间是德国社会沙文主义思想家之一;1915年10月起任社会沙文主义者的刊物《钟声》杂志的编辑。1918—1921年任普鲁士宗教和教育部长。——154、203、256。

侯里欧克,乔治·杰科布(Holyoake,George Jacob 1817—1906)——英国合作社运动活动家,改良主义者。19世纪30—40年代追随宪章派和欧文派。40年代起是激进共和派一些定期刊物的出版者和撰稿人。50年代起同资产阶级激进派日益密切合作,赞成工人既参与合作社企业分红又参与资本主义企业分红的理论。——79。

霍格伦,卡尔·塞特·康斯坦丁(Höglund,Carl Zeth Konstantin 1884—1956)——瑞典社会民主党人,瑞典社会民主主义运动和青年社会主义运动的左翼领袖。1908—1918年任《警钟报》编辑。第一次世界大战期间是国际主义者,参加齐美尔瓦尔德左派。1916年因进行反战宣传被捕入狱。1917年参与创建瑞典共产党,1917年和1919—1924年任该党主席。1924年因犯机会主义错误和公开反对共产国际第五次代表大会的决议,被开除出瑞典共产党。1926年回到社会民主党。——153、263、353。

J

基尔-哈第——见哈第,詹姆斯·基尔。

基钦纳,霍雷修·赫伯特(Kitchener,Horatio Herbert 1850—1916)——英国元帅,伯爵,英国帝国主义军阀的代表人物之一。1874年起参加英国殖民军。1895—1898年指挥驻埃及的英军,领导镇压苏丹爱国者的起义。1899—1902年英布战争时期先后任英军参谋长和司令。1902—1909年任英国驻印度殖民军总司令。1911—1914年任英国驻埃及代表和总领事,实际上是该国的统治者。1914年起任英国陆军大臣。在访问俄国途中因所乘巡洋舰触水雷而死。——313。

基佐,弗朗索瓦·皮埃尔·吉约姆(Guizot,François-Pierre-Guillaume 1787—

1874)——法国历史学家和国务活动家。七月王朝时期历任内务大臣(1832—1836)、公共教育大臣(1836—1837)、外交大臣(1840—1848)和首相(1847—1848)。1840年起实际上操纵了法国的内外政策,1848年二月革命结束了其政治生涯。是资产阶级阶级斗争理论的创立者之一,试图用这种理论为资产阶级掌权提供论证;但这种理论只是简单地指出财产关系是阶级差别和阶级斗争的基础。由于资产阶级的局限性,没有提出私有制的真正起源问题,也不能从阶级关系中揭示出剥削关系;主张同贵族妥协,敌视人民群众的斗争。主要著作有《英国革命史》、《欧洲文明史》和《法国文明史》等。——61。

吉芬,罗伯特(Giffen,Robert 1837—1910)——英国经济学家和统计学家,财政问题专家。19世纪60年代起为一些资产阶级定期刊物撰稿。1876—1897年任英国商业部统计司司长,是英国一些统计学会和经济学会的主席和创办人。写有经济、财政和统计方面的著作。——235。

吉约姆,詹姆斯(Guillaume,James 1844—1916)——瑞士无政府主义者,巴枯宁的拥护者,政论家。第一国际会员,国际一些代表大会的参加者。巴枯宁派的社会主义民主同盟的组织者和领导人之一,曾积极参与破坏和分裂国际的活动,反对马克思主义。1872年在海牙代表大会上同巴枯宁一起被开除出国际。1872—1877年是国际无政府主义组织的领导人之一。1878年移居法国。从20世纪初起在法国参加无政府工团主义运动。第一次世界大战期间是社会沙文主义者。主要著作有:《革命研究》(2卷)、《国际——文件和回忆》(4卷)、《米哈伊尔·巴枯宁传略》等。——332。

加尔德宁,尤·——见切尔诺夫,维克多·米哈伊洛维奇。

加里波第,朱泽培(Garibaldi,Giuseppe 1807—1882)——意大利民族英雄,意大利统一时期民族解放运动的著名军事家,资产阶级民主派领袖之一。1834年参加热那亚海军起义,起义失败后逃往国外。1836—1848年流亡南美,参加了当地人民争取独立和解放的斗争。1848年回国投身革命,是1849年罗马共和国保卫战的领导人之一。1848—1849年、1859年和1866年领导志愿军,参加对抗奥地利的解放战争。1860年组织千人志愿军,解放了波旁王朝统治下的西西里后,实际上统一了意大利。1862年和1867

年两度进攻教皇统治下的罗马，但均告失败。1870—1871年普法战争期间，他和两个儿子一起参加法军同入侵法国的普军作战。拥护第一国际，积极协助建立第一国际意大利支部。支持巴黎公社，曾缺席当选为国民自卫军中央委员会委员。——137、238。

加米涅夫(**罗森费尔德**)，列夫·波里索维奇(Каменев(Розенфельд)，Лев Борисович 1883—1936)——1901年加入俄国社会民主工党，党的第二次代表大会后是布尔什维克。是高加索联合会出席党的第三次代表大会的代表。1905—1907年在彼得堡从事宣传鼓动工作，为党的报刊撰稿。1908年底出国，任布尔什维克的《无产者报》编委。斯托雷平反动时期对取消派、召回派和托洛茨基分子采取调和主义态度。1914年初回国，在《真理报》编辑部工作，曾领导第四届国家杜马布尔什维克党团。1914年11月被捕，在沙皇法庭上宣布放弃使沙皇政府在帝国主义战争中失败的布尔什维克口号，次年2月被流放。1917年二月革命后反对列宁的《四月提纲》。从党的第七次全国代表会议(四月代表会议)起多次当选为中央委员。十月革命前夕反对举行武装起义的决定。在全俄苏维埃第二次代表大会上当选为全俄中央执行委员会第一任主席。1917年11月主张成立有孟什维克和社会革命党人参加的联合政府，遭到否决后声明退出党中央。1918年起任莫斯科苏维埃主席。1922年起任人民委员会副主席，1924—1926年任劳动国防委员会主席。1923年起为列宁研究院第一任院长。1919—1925年为党中央政治局委员。1925年参与组织"新反对派"，1926年1月当选为中央政治局候补委员，同年参与组织"托季联盟"，10月被撤销政治局候补委员职务。1927年12月被开除出党，后来两次恢复党籍，两次被开除出党。1936年8月25日被苏联最高法院军事审判庭以"参与暗杀基洛夫、阴谋刺杀斯大林及其他苏联领导人"的罪名判处枪决。1988年6月苏联最高法院为其平反。——170。

K

凯约，约瑟夫(Caillaux，Joseph 1863—1944)——法国国务活动家，法国资产阶级激进党领袖之一。第一次世界大战前曾任财政部长、内阁总理和内务部长。在对外政策方面主张同德国接近，1911年缔结了关于瓜分非洲殖民地势力范围和允许德国资本进入法国交易所的法德协定。第一次世界大战期间继续谋求同德国和解,因而遭到本国反德的沙文主义集团的反对。1925 年起任参议员。1925 年和 1926 年任财政部长。1932—1940 年任参议院财政委员会主席。1940 年起脱离政治活动。——235。

康德,伊曼努尔(Kant,Immanuel 1724—1804)——德国哲学家,德国古典唯心主义哲学奠基人。1755—1770 年任柯尼斯堡大学讲师,1770—1796 年任该校教授。1770 年以前致力于研究自然科学,发表了《自然通史和天体论》(1755)一书,提出了关于太阳系起源的星云说。1770 年以后致力于"批判地"研究人的认识以及这种认识的方式和界限,发表了《纯粹理性批判》(1781)、《实践理性批判》(1788)、《判断力批判》(1790),分别阐述他的认识论、伦理学、美学等观点。康德哲学的基本特点是调和唯物主义和唯心主义。它承认在意识之外独立存在的物,即"自在之物",认为"自在之物"是感觉的源泉,但又认为"自在之物"是不可知的,是超乎经验之外的,是人的认识能力所不可能达到的"彼岸的"东西,人只能认识自己头脑里固有的先验的东西。——54。

考茨基,卡尔(Kautsky,Karl 1854—1938)——德国社会民主党和第二国际的领袖和主要理论家之一。1875 年加入奥地利社会民主党,1877 年加入德国社会民主党。1881 年与马克思和恩格斯相识后,在他们的影响下逐渐转向马克思主义。从 19 世纪 80 年代到 20 世纪初写过一些宣传和解释马克思主义的著作:《卡尔·马克思的经济学说》(1887)、《土地问题》(1899)等。但在这个时期已表现出向机会主义方面摇摆,在批判伯恩施坦时作了很多让步。1883—1917 年任德国社会民主党理论刊物《新时代》杂志主编。曾参与起草 1891 年德国社会民主党纲领(爱尔福特纲领)。1910 年以后逐渐转到机会主义立场,成为中派领袖。第一次世界大战前夕提出超帝国主义论,大战期间打着中派旗号支持帝国主义战争。1917 年参与建立德国独立社会民主党,1922 年拥护该党右翼与德国社会民主党合并。1918 年后发表《无产阶级专政》等书,攻击俄国十月革命,反对无产阶级专政。——21、25、29、30、36、41、43、90、91、96—97、100、102、103—105、107、116、120、126、135、136、142、143—145、147、151、154、167、181、182—183、189、195—199、203、206、207、211、217—218、225—226、227—228、

229、231、232、233、234—238、240—243、244—252、253—258、263—265、266、267、268、271、272、273、275、276、277、279、281、283、284、289、297、299、304、308、312、330、332、335、336、338、348、349、350、351—352、361、369。

科尔纳利森，克里斯蒂安(Cornelissen,Christian)——荷兰无政府主义者，克鲁泡特金的追随者，反对马克思主义。第一次世界大战期间是沙文主义者，曾为法国《工团战斗报》撰稿。——189。

科索夫斯基，弗拉基米尔(**列文松，М.Я.**)(Косовский，Владимир(Левинсон，М.Я.)1870—1941)——崩得创建人和领袖之一。19世纪90年代中期加入维尔诺社会民主主义小组，1897年参加崩得成立大会，被选入崩得中央委员会，任崩得中央机关报《工人呼声报》主编。1903年在俄国社会民主工党第二次代表大会上是崩得国外委员会的代表，反火星派分子，会后成为孟什维克。斯托雷平反动时期和新的革命高涨年代为孟什维克取消派刊物《我们的曙光》杂志和《光线报》撰稿。第一次世界大战期间是社会沙文主义者，采取亲德立场。敌视十月革命，革命后侨居国外，在波兰的崩得组织中工作。1939年移居美国。——151、180、223、273、305。

克劳塞维茨，卡尔(Clausewitz,Karl 1780—1831)——德国军事理论家和军事史学家，普鲁士将军。1792年参加普鲁士军队。1803年毕业于柏林普通军校。参加了1806—1807年普法战争。1808年起在普军总参谋部任职。1812年俄法战争时在俄军供职，1813年任俄普混成军参谋长。1814年回普军。1815年参加滑铁卢战役，任军参谋长。1818—1830年任柏林普通军校校长。1831年任驻波兰边境普军参谋长。写有拿破仑战争史和其他战争史方面的著作。主要著作《战争论》被译成多种文字，对世界军事理论有很大影响，书中提出了"战争是政治通过另一种手段的继续"的深刻论点。——235、236、327。

克列斯托夫尼科夫，格里戈里·亚历山德罗维奇(Крестовников，Григорий Александрович 1855—1918)——俄国大企业主和交易所经纪人。莫斯科商业银行董事长，莫斯科交易所委员会主席，工商界代表大会委员会委员。1905—1906年为工商党主席，1906年起为十月党中央委员。1906年代表工商业资产阶级被选入国务会议。十月革命后为白俄流亡分子。

——109。

克卢克,亚历山大(Kluck,Alexander 1846—1934)——德国上将,德国帝国主义军阀的代表人物。普奥战争(1866)和普法战争(1870—1871)的参加者。1906年起任军长。第一次世界大战初期任在法国北部作战的德国第1集团军总司令。1916年退役。——105。

克鲁泡特金,彼得·阿列克谢耶维奇(Кропоткин,Петр Алексеевич 1842—1921)——俄国无政府主义的主要活动家和理论家之一,公爵。1872年出国,在瑞士加入第一国际,属巴枯宁派。回国后作为无政府主义者参加民粹主义运动,为此于1874年被捕并被监禁在彼得保罗要塞。1876年逃往国外,在瑞士等国从事著述活动,宣传无政府主义,反对马克思关于阶级斗争和无产阶级专政的学说。第一次世界大战期间是沙文主义者。1917年6月回国,仍坚持资产阶级立场,但在1920年发表了给欧洲工人的一封信,信中承认十月革命的历史意义,并呼吁欧洲工人制止对苏维埃俄国的武装干涉。写有《科学和无政府主义》、《无政府主义及其哲学》、《1789—1793年法国大革命》以及一些地理学和地质学著作。——108、189、343。

克伦斯基,亚历山大·费多罗维奇(Керенский,Александр Федорович 1881—1970)——俄国政治活动家,资产阶级临时政府首脑。1917年3月起为社会革命党人。第四届国家杜马代表,劳动派党团领袖。第一次世界大战期间是护国派分子。1917年二月革命后任彼得格勒工兵代表苏维埃副主席、国家杜马临时委员会委员。在临时政府中任司法部长(3—5月)、陆海军部长(5—9月)、总理(7月21日起)兼最高总司令(9月12日起)。执政期间继续进行帝国主义战争,七月事变时镇压工人和士兵,迫害布尔什维克。1917年11月7日彼得格勒爆发武装起义时,从首都逃往前线,纠集部队向彼得格勒进犯,失败后逃亡巴黎。在国外参加白俄流亡分子的反革命活动,1922—1932年编辑《白日》周刊。1940年移居美国。——120、342。

克塞尔,古斯塔夫(Kessel,Gustav 1846—1918)——德国上将。19世纪80年代起指挥德军近卫部队。1909—1918年任柏林卫戍司令和勃兰登堡省驻军总司令。第一次世界大战期间残酷镇压柏林无产阶级的罢工运动和反战运动,禁止在社会民主党报刊上发表反战言论。——37。

克瓦尔克，麦克斯(Quarck，Max 1860—1930)——德国右派社会民主党人，法学家和政论家。1895—1917年编辑德国社会民主党机关报《人民呼声报》，并积极为该党的一些定期报刊，包括理论刊物《新时代》杂志和中央机关报《前进报》撰稿。第一次世界大战期间是社会沙文主义者。——310、311、312。

孔佩尔-莫雷尔，阿代奥达特·孔斯坦·阿道夫(Compère-Morel，Adéodat Constant Adolphe 生于1872年)——法国社会党人，政论家。法国社会党多种报刊的编辑和撰稿人。1909年起为众议员。第一次世界大战前属法国社会党左翼，大战开始后转向社会沙文主义立场，反对左派社会民主党人。1933年起是从法国社会党分裂出去的右派(所谓新社会党人)集团的领袖之一。——27。

库达舍夫，伊万·亚历山德罗维奇(Кудашев，Иван Александрович 生于1859年)——俄国外交官，公爵。1907—1910年任驻丹麦大使，1911—1916年任驻比利时大使。1914年曾参与起草埃·王德威尔得给俄国第四届国家杜马社会民主党党团的电报，该电报呼吁停止反对沙皇制度的斗争和支持对德战争。1917年任驻西班牙大使。——346。

库格曼，路德维希(Kugelmann，Ludwig 1828—1902)——德国社会民主主义者，医生，马克思和恩格斯的朋友。曾参加德国1848—1849年革命。1865年起为第一国际会员，是国际洛桑代表大会(1867)和海牙代表大会(1872)的代表。曾协助马克思出版和传播《资本论》。1862—1874年间经常和马克思通信，反映德国情况。马克思给库格曼的信1902年第一次发表于德国《新时代》杂志，1907年被译成俄文出版，并附有列宁的序言。——82、86。

库诺，亨利希(Cunow，Heinrich 1862—1936)——德国社会民主党的理论家，历史学家、社会学家和民族志学家。早期倾向马克思主义，后成为修正主义者。1902年任《前进报》编委。第一次世界大战期间是社会沙文主义者，战后在社会民主党内持极右立场。1917—1923年任德国社会民主党理论刊物《新时代》杂志编辑。1919—1930年任柏林大学教授，1919—1924年任民族志博物馆馆长。——228、231、232、238、250、276。

库特列尔，尼古拉·尼古拉耶维奇(Кутлер，Николай Николаевич 1859—

1924)——俄国立宪民主党领袖之一。曾任财政部定额税务司司长,1905—1906 年任土地规划和农业管理总署署长。第二届和第三届国家杜马代表,立宪民主党土地纲领草案的起草人之一。1917 年二月革命后与银行界和工业界保持密切联系,代表俄国南部企业主的利益参加了工商业部下属的各个委员会。十月革命后在财政人民委员部和国家银行管理委员会工作。——109。

L

拉狄克,卡尔·伯恩哈多维奇(Радек,Карл Бернгардович 1885—1939)——生于东加利西亚。20 世纪初参加加利西亚、波兰和德国的社会民主主义运动。1901 年起为加利西亚社会民主党的积极成员,1904—1908 年在波兰王国和立陶宛社会民主党内工作。1908 年到柏林,为德国左派社会民主党人的报刊撰稿。第一次世界大战期间持国际主义立场,但表现出向中派方面动摇。1917 年加入俄国社会民主工党(布)。十月革命后在外交人民委员部工作。1918 年是"左派共产主义者"。在党的第八至第十二次代表大会上当选为中央委员。1920—1924 年任共产国际执行委员会书记、委员和主席团委员。1923 年起属托洛茨基反对派。1925—1927 年任莫斯科中山大学校长。长期为《真理报》、《消息报》和其他报刊撰稿。1927 年被开除出党,1930 年恢复党籍,1936 年被再次开除出党。1937 年 1 月被苏联最高法院军事审判庭以"进行叛国、间谍、军事破坏和恐怖活动"的罪名判处十年监禁。1939 年死于狱中。1988 年 6 月苏联最高法院为其平反。——229。

拉法格,保尔(Lafargue,Paul 1842—1911)——法国工人运动和国际工人运动活动家,法国工人党和第二国际创建人之一,马克思主义的理论家和宣传家;马克思的女儿劳拉的丈夫。1865 年初加入第一国际巴黎支部,1866 年 2 月当选为国际总委员会委员。在马克思和恩格斯直接教诲下逐渐接受科学社会主义。巴黎公社时期曾组织波尔多工人声援公社的斗争,并前往巴黎会见公社领导人。公社失败后流亡西班牙,在反对巴枯宁主义者的斗争中起了重要作用。1872 年 10 月迁居伦敦,为创建法国独立的工人政党做了大量工作。1880 年和盖得一起在马克思和恩格斯指导下起草了法

国工人党纲领，任工人党机关报《平等报》编辑。1882 年回到巴黎，和盖得一起领导工人党，同可能派进行了坚决的斗争。1889 年积极参加创建第二国际的活动。1891 年当选为众议员。19 世纪末 20 世纪初反对伯恩施坦修正主义，谴责米勒兰加入资产阶级内阁的行为。1905 年统一的法国社会党成立后为党的领袖之一。——52、90。

拉法格，劳拉(Lafargue，Laura 1845—1911)——法国工人运动活动家；马克思的二女儿，保·拉法格的妻子。为在法国传播马克思主义做了很多工作；与丈夫一起把《共产党宣言》译成法文，还把马克思的《政治经济学批判》、恩格斯的《路德维希·费尔巴哈和德国古典哲学的终结》以及马克思和恩格斯的其他一些重要著作译成了法文。——52。

拉吉舍夫，亚历山大·尼古拉耶维奇(Радищев，Александр Николаевич 1749—1802)——俄国作家，革命的启蒙思想家。1790 年秘密印行了他的名著《从彼得堡到莫斯科旅行记》，书中愤怒地鞭挞了俄国的专制农奴制度，披露了俄国人民的悲惨境遇，是俄国文学史上第一本公开号召农民革命推翻沙皇专制制度的革命书籍。为此被叶卡捷琳娜二世下令逮捕，关进彼得保罗要塞，并被判处死刑，后改判流放西伯利亚十年；他的书也被烧毁。1801 年获准返回彼得堡，参加法律汇编编纂委员会的工作，在委员会提出了立即废除农奴制和宣布一切等级在法律面前平等的草案。在沙皇政府再次进行迫害的威胁下自杀。他的著作和活动对俄国革命解放运动的发展起了巨大作用。——109。

拉柯夫斯基，克里斯蒂安·格奥尔吉耶维奇(Раковский，Христиан Георгиевич 1873—1941)——生于保加利亚。17 岁时侨居日内瓦，受到普列汉诺夫的影响。曾参加保加利亚、罗马尼亚、瑞士、法国的社会民主主义运动。第一次世界大战期间是中派分子，参加齐美尔瓦尔德派。1917 年二月革命后到彼得格勒，加入俄国社会民主工党(布)。十月革命后从事党和苏维埃的工作。1918 年起任乌克兰人民委员会主席，1923 年派驻英国和法国从事外交工作。在党的第八至第十四次代表大会上当选为中央委员。是托洛茨基反对派的骨干分子，1927 年被开除出党。1935 年恢复党籍，1938 年被再次开除出党。1938 年 3 月 13 日被苏联最高法院军事审判庭以“参与托洛茨基的恐怖、间谍和破坏活动”的罪名判处二十年监禁。1941 年死于狱中。1988 年平反昭雪并恢复党籍。——336。

拉林,尤·(**卢里叶,米哈伊尔·亚历山德罗维奇**)(Ларин,Ю.(Лурье, Михаил Александрович)1882—1932)——1900 年参加俄国社会民主主义运动,在敖德萨和辛菲罗波尔工作。1904 年起为孟什维克。1905 年是俄国社会民主工党彼得堡孟什维克委员会委员。1906 年进入党的统一的彼得堡委员会;是党的第四次(统一)代表大会有表决权的代表。维护孟什维克的土地地方公有化纲领,支持召开"工人代表大会"的取消主义思想。党的第五次(伦敦)代表大会波尔塔瓦组织的代表。斯托雷平反动时期和新的革命高涨年代是取消派领袖之一,参加了"八月联盟"。第一次世界大战期间是中派分子。1917 年二月革命后领导出版《国际》杂志的孟什维克国际主义派。1917 年 8 月加入布尔什维克党。在彼得格勒参加十月武装起义。十月革命后主张成立有孟什维克和社会革命党人参加的联合政府。在苏维埃和经济部门工作,曾任最高国民经济委员会主席团委员、国家计划委员会主席团委员等职。1920—1921 年工会问题争论期间先后支持布哈林和托洛茨基的纲领。——114、115、118、128、129、169。

拉萨尔,斐迪南(Lassalle,Ferdinand 1825—1864)——德国工人运动活动家,小资产阶级社会主义者,德国工人运动中的机会主义——拉萨尔主义的代表人物。积极参加德国 1848 年革命。曾与马克思和恩格斯有过通信联系。1863 年 5 月参与创建全德工人联合会,并当选为联合会主席。在联合会中推行拉萨尔主义,把德国工人运动引上了机会主义道路。宣传超阶级的国家观点,主张通过争取普选权和建立由国家资助的工人生产合作社来解放工人。曾同俾斯麦勾结并支持在普鲁士领导下"自上而下"统一德国的政策。在哲学上是唯心主义者和折中主义者。——81、87、137、139、146、247、290。

拉特涅尔,马尔克·波里索维奇(波里索夫,马·)(Ратнер,Марк Борисович (Борисов,М.)死于 1917 年)——崩得分子,政论家。1898 年在《俄国财富》杂志上撰文,用修正主义观点批评马克思的《资本论》。第一次世界大战期间持社会沙文主义立场,写有《论"解放的使命"和"爱国主义"》一文,载于 1915 年崩得的《新闻小报》第 7 号。——180。

劳合-乔治,戴维(Lloyd George,David 1863—1945)——英国国务活动家和

外交家，自由党领袖。1890年起为议员。1905—1908年任商业大臣，1908—1915年任财政大臣。对英国政府策划第一次世界大战的政策有很大影响。曾提倡实行社会保险等措施，企图利用谎言和许诺来阻止工人阶级建立革命政党。1916—1922年任首相，残酷镇压殖民地和附属国的民族解放运动；是武装干涉和封锁苏维埃俄国的鼓吹者和策划者之一。曾参加1919年巴黎和会，是凡尔赛和约的炮制者之一。——235、243。

李卜克内西，卡尔(Liebknecht，Karl 1871—1919)——德国工人运动和国际工人运动活动家，德国社会民主党左翼领袖之一，德国共产党创建人之一；威·李卜克内西的儿子；职业是律师。1900年加入社会民主党，积极反对机会主义和军国主义。1912年当选为帝国国会议员。第一次世界大战期间持国际主义立场，反对支持本国政府进行掠夺战争。1914年12月2日是国会中唯一投票反对军事拨款的议员。是国际派(后改称斯巴达克派和斯巴达克联盟)的组织者和领导人之一。1916年因领导五一节反战游行示威被捕入狱。1918年10月出狱，领导了1918年十一月革命，与卢森堡一起创办《红旗报》，同年底领导建立德国共产党。1919年1月柏林工人斗争被镇压后，于15日被捕，当天惨遭杀害。——28、41、221、270、321、362。

李卜克内西，威廉(Liebknecht，Wilhelm 1826—1900)——德国工人运动和国际工人运动活动家，德国社会民主党的创建人和领袖之一，马克思和恩格斯的朋友和战友。积极参加德国1848年革命，革命失败后流亡国外，在国外结识马克思和恩格斯，接受了科学共产主义思想。1850年加入共产主义者同盟。1862年回国。第一国际成立后，成为国际的革命思想的热心宣传者和国际的德国支部的组织者之一。1868年起任《民主周报》编辑。1869年与倍倍尔共同创建了德国社会民主工党(爱森纳赫派)，任党的中央机关报《人民国家报》编辑。1875年积极促成爱森纳赫派和拉萨尔派的合并。在反社会党人非常法施行期间与倍倍尔一起领导党的地下工作和斗争。1890年起任党的中央机关报《前进报》主编，直至逝世。1867—1870年为北德意志联邦国会议员，1874年起多次被选为德意志帝国国会议员，利用议会讲坛揭露普鲁士容克反动的内外政策。因革命活动屡遭监禁。是第二国际的组织者之一。——82、122、324、332。

李嘉图，大卫（Ricardo,David 1772—1823）——英国经济学家，资产阶级古典政治经济学最著名的代表人物。早年从事证券交易所活动，后致力于学术研究。1819 年被选为下院议员。在资产阶级反对封建残余的斗争中维护资产阶级的利益，坚持自由竞争原则，要求消除妨碍资本主义生产发展的一切限制。在经济理论上发展了亚当·斯密的价值论，对商品价值决定于生产商品所耗费的劳动时间的原理作了比较透彻的阐述与发展，奠定了劳动价值学说的基础，并在这一基础上着重论证了资本主义的分配问题，发现了工人、资本家、土地所有者之间经济利益上的对立，从而初步揭示了阶级矛盾和阶级斗争的经济根源。但是由于资产阶级立场、观点、方法的限制，把资本主义生产方式看做是永恒的唯一合理的生产方式，在理论上留下了不少破绽和错误，为后来的庸俗政治经济学所利用。主要著作有《政治经济学和赋税原理》（1817）、《论对农业的保护》（1822）等。——70。

李维诺夫，马克西姆·马克西莫维奇（马克西莫维奇）（Литвинов, Максим Максимович（Максимович）1876—1951）——1898 年加入俄国社会民主工党，在切尔尼戈夫省克林齐市工人小组中进行社会民主主义宣传。1900 年任党的基辅委员会委员。1901 年被捕，在狱中参加火星派。1902 年 8 月越狱逃往国外。作为《火星报》代办员，曾担任向国内运送《火星报》的工作。是俄国革命社会民主党人国外同盟的领导成员，出席了同盟第二次代表大会。1903 年俄国社会民主工党第二次代表大会后是布尔什维克，任党的里加委员会、西北委员会委员和多数派委员会常务局成员；代表里加组织出席了党的第三次代表大会。1905 年参加了布尔什维克第一份合法报纸《新生活报》的出版工作。1907 年是出席国际社会党斯图加特代表大会的俄国社会民主工党代表团的秘书。1907 年底侨居伦敦。1908 年起任布尔什维克伦敦小组书记。1914 年 6 月起为俄国社会民主工党中央委员会驻社会党国际局的代表。1915 年 2 月受列宁委托在协约国社会党伦敦代表会议上发表谴责帝国主义战争的声明。十月革命后在外交部门担任负责工作。1918—1921 年任外交人民委员部部务委员，1921 年起任副外交人民委员。1922 年是出席热那亚国际会议的苏俄代表团团员和海牙国际会议的苏俄代表团团长。1930—1939 年任外交人民委员，1941—1943 年任副外交人民委员兼驻美国大使。从美国回国后至 1946 年任副外交人

民委员。在党的第十七次和第十八次代表大会上当选为中央委员。曾任苏联中央执行委员会委员、第一届和第二届苏联最高苏维埃代表。——160、162、179、180。

里茨勒尔，库尔特（吕多费尔）（Riezler，Kurt（Ruedorffer）1882—1955）——德国外交家，哲学家，政论家，资产阶级自由主义君主派代表人物之一。1906年起在德国外交部政治司任职。1915—1917年是德国首相贝特曼-霍尔韦格的顾问，积极支持首相所推行的在帝国主义战争中同德国社会民主党机会主义派实行合作的政策。1918年任德国驻莫斯科大使馆参赞。写有一些关于世界政治问题的著作。——260。

梁赞诺夫（**戈尔登达赫**），达维德·波里索维奇（布克沃耶德）（Рязанов（Гольдендах），Давид Борисович（Буквоед）1870—1938）——1889年参加俄国革命运动。曾在敖德萨和基什尼奥夫开展工作。1900年出国，是著作家团体斗争社的组织者之一；该社反对《火星报》制定的党纲和列宁的建党组织原则。俄国社会民主工党第二次代表大会反对斗争社参加大会的工作，并否决了邀请梁赞诺夫作为该社代表出席大会的建议。代表大会后是孟什维克。1905—1907年在国家杜马社会民主党党团和工会工作。后再次出国，为《新时代》杂志撰稿。1909年在"前进"集团的卡普里党校（意大利）担任讲课人，1911年在隆瑞莫党校（法国）讲授工会运动课。曾受德国社会民主党委托从事出版《马克思恩格斯全集》和第一国际史的工作。第一次世界大战期间是中派分子，为孟什维克的《呼声报》和《我们的言论报》撰稿。1917年二月革命后参加区联派，在俄国社会民主工党（布）第六次代表大会上随区联派集体加入布尔什维克党。十月革命后从事工会工作。1918年初因反对签订布列斯特和约一度退党。1920—1921年工会问题争论期间持错误立场，被解除工会职务。1921年参与创建马克思恩格斯研究院，担任院长直到1931年。1931年2月因同孟什维克国外总部有联系被开除出党。——297、298、301。

列宾顿，查理·考特（Repington，Charies Court 1858—1925）——英国军官和军事记者，英国帝国主义军阀的代表人物之一。参加过英国殖民主义者对阿富汗、东苏丹和南非布尔共和国的掠夺战争。曾任英国《泰晤士报》和《每日电讯》的军事记者。写有关于第一次世界大战的准备和进程的一系列著作。——281。

列德尔，弗拉基斯拉夫·L.(Leder，Wladyslaw L.1882—1938)——波兰工人运动活动家。1900年加入波兰王国和立陶宛社会民主党。1904年进入党的华沙委员会，1905年进入国外委员会。1905—1911年任波兰王国和立陶宛社会民主党总执行委员会委员。多次被捕。1908年因受政府迫害流亡国外。1910—1911年任波兰王国和立陶宛社会民主党总执行委员会书记和该党驻俄国社会民主工党中央机关报《社会民主党人报》编辑部代表。曾参加国外组织委员会和技术委员会。支持调和派反对布尔什维克。第一次世界大战期间持社会沙文主义立场。1919—1920年积极参加波兰共产主义工人党的工作。1921年起是共产国际和红色工会国际的负责工作人员，苏维埃报刊的积极撰稿人。——26、42。

列金，卡尔(Legien，Karl 1861—1920)——德国右派社会民主党人，德国工会领袖之一。1890年起任德国工会总委员会主席。1903年起任国际工会书记处书记，1913年起任主席。1893—1920年(有间断)为德国社会民主党国会议员。1919—1920年为魏玛共和国国民议会议员。第一次世界大战期间是社会沙文主义者。1918年十一月革命期间同其他右派社会民主党人一起推行镇压革命运动的政策。——257、265、268—269、271、273、362。

列宁，弗拉基米尔·伊里奇(**乌里扬诺夫，弗拉基米尔·伊里奇**；列宁，尼·；伊林，弗·)(Ленин，Владимир Ильич(Ульянов，Владимир Ильич，Ленин，Н.，Ильин，В.)1870—1924)——20、47、86、87、91、92、94、209、231、233、250、276、309、321、364。

列文斯基，В.П.(Левинский，В.П.1880—1953)——加利西亚乌克兰社会民主工党的活动家之一。1913—1914年积极为资产阶级民族主义合法刊物《钟声》杂志撰稿。十月革命后投入反动营垒。——133。

柳卡斯——见卢卡斯，查理·普雷斯特伍德。

龙格，让(Longuet，Jean 1876—1938)——法国社会党和第二国际领袖之一，政论家；沙尔·龙格和燕妮·马克思的儿子。19世纪末至20世纪初积极为法国和国际的社会主义报刊撰稿。1914年和1924年当选为众议员。第一次世界大战期间持中派和平主义立场。是法国中派分子的报纸《人民

报》的创办人(1916)和编辑之一。谴责外国武装干涉苏维埃俄国。反对法国社会党加入共产国际,反对建立法国共产党。1920年起是法国社会党中派领袖之一。1921年起是第二半国际执行委员会委员。1923年起是社会主义工人国际领导人之一。30年代主张社会党人和共产党人联合起来反对法西斯主义,参加了反法西斯和反战的国际组织。——52。

龙格,沙尔(Longuet,Charles 1839—1903)——法国工人运动活动家,蒲鲁东主义者,新闻工作者;马克思女儿燕妮的丈夫。19世纪60年代初积极参加反对第二帝国的共和主义和民主主义运动。1865年侨居比利时,后到英国,同年加入第一国际。1866—1867年和1871—1872年是第一国际总委员会委员,多次参加第一国际代表大会。1871年4月当选为巴黎公社委员。公社失败后流亡英国,1880年大赦后回国。80年代一度参加法国工人党中的机会主义派别"可能派"。——52。

龙格,燕妮(Longuet,Jenny 1844—1883)——国际工人运动活动家;马克思的大女儿,沙尔·龙格的妻子。曾撰文维护爱尔兰芬尼社社员,给流亡国外的巴黎公社战士以帮助。——52。

卢格,阿尔诺德(Ruge,Arnold 1802—1880)——德国政论家,青年黑格尔派,资产阶级激进派。1843—1844年同马克思一起在巴黎筹办和出版《德法年鉴》杂志,不久与马克思分道扬镳。1866年后成为民族自由党人,写文章支持俾斯麦所奉行的在普鲁士领导下"自上而下"统一德国的政策。——49、83。

卢卡斯,查理·普雷斯特伍德(Lucas,Charles Prestwood 1853—1931)——英国殖民部官员和历史学家,英国帝国主义的辩护士。1877年起在英国殖民部供职,1907—1911年在该部任自治领司司长。鼓吹无产阶级和资产阶级的阶级合作。写有一些关于英帝国殖民史的著作。《大罗马和大不列颠》(1912)一书的作者。——260。

卢森堡,罗莎(Luxemburg,Rosa 1871—1919)——德国、波兰和国际工人运动活动家,德国社会民主党和第二国际左翼领袖和理论家之一,德国共产党创建人之一。生于波兰。19世纪80年代后半期开始革命活动,1893年参与创建和领导波兰王国社会民主党,为党的领袖之一。1898年移居德国,积极参加德国社会民主党的活动,反对伯恩施坦主义和米勒兰主义。

曾参加俄国第一次革命(在华沙)。1907 年参加俄国社会民主工党第五次(伦敦)代表大会,在会上支持布尔什维克。斯托雷平反动时期和新的革命高涨年代对取消派采取调和主义态度。1912 年波兰王国和立陶宛社会民主党分裂后,曾谴责最接近布尔什维克的所谓分裂派。第一次世界大战期间持国际主义立场,是建立国际派(后改称斯巴达克派和斯巴达克联盟)的发起人之一。参加领导了德国 1918 年十一月革命,同年底参与领导德国共产党成立大会,作了党纲报告。1919 年 1 月柏林工人斗争被镇压后,于 15 日被捕,当天惨遭杀害。主要著作有《社会改良还是革命》(1899)、《俄国社会民主党的组织问题》(1904)、《资本积累》(1913)等。——128、227、249、254。

卢扎蒂,路易吉(Luzzatti,Luigi 1841—1927)——意大利国务活动家,法学家和经济学家,意大利工业垄断组织和大地主的"自由联盟"的右翼领袖之一。1867 年起在意大利一些大学任国家法教授。1871 年起为意大利众议员。曾任国库大臣、农业大臣和意大利内阁首相。写有一些财政经济、社会政治和法律问题的著作。多次进行蛊惑性宣传,鼓吹阶级合作和劳动者与剥削者利益的一致。1921 年起任参议员。支持意大利法西斯主义。——24、37。

鲁巴诺维奇,伊里亚·阿道福维奇(Рубанович,Илья Адольфович 1860—1920)——俄国社会革命党领袖之一。早年积极参加民意党运动,19 世纪 80 年代侨居巴黎,1893 年在巴黎加入老民意党人小组。社会革命党成立后即为该党积极成员。曾参加《俄国革命通报》杂志的工作,该杂志从 1902 年起成为社会革命党正式机关刊物。是出席国际社会党阿姆斯特丹代表大会(1904)和斯图加特代表大会(1907)的社会革命党代表,社会党国际局成员。第一次世界大战期间是社会沙文主义者。十月革命后反对苏维埃政权。——108、118、120、160、161、162、295、342。

吕多费尔——见里茨勒尔,库尔特。

伦纳,卡尔(Renner,Karl 1870—1950)——奥地利政治活动家,奥地利社会民主党右翼领袖,"奥地利马克思主义"理论家。同奥·鲍威尔一起提出资产阶级民族主义的民族文化自治论。1907 年起为社会民主党议员,同年参与创办党的理论刊物《斗争》杂志并任编辑。第一次世界大战期间是社

会沙文主义者。1918—1920年任奥地利共和国总理，赞成德奥合并。1931—1933年任国民议会议长。1945年出任临时政府总理，同年12月当选为奥地利共和国总统，直至1950年12月去世。——340。

伦施，保尔（Lensch，Paul 1873—1926）——德国社会民主党人。1905—1913年任德国社会民主党左翼机关报《莱比锡人民报》编辑。第一次世界大战爆发后转向社会沙文主义立场。战后任鲁尔工业巨头主办的《德意志总汇报》主编。1922年根据德国社会民主党普通党员的要求被开除出党。——154、203、231、238、256、331。

罗伯斯比尔，马克西米利安·玛丽·伊西多尔（Robespierre，Maximilien-Marie-Isidore 1758—1794）——18世纪末法国资产阶级革命家，雅各宾派领袖。1781—1789年在阿拉斯当律师，受启蒙思想家卢梭的思想影响。革命初期是制宪会议代表和雅各宾俱乐部会员。1792年8月巴黎人民起义后，被选入巴黎公社和国民公会，领导雅各宾派反对吉伦特派，力主处死国王路易十六和抗击外国干涉者。1793年5月31日至6月2日起义后，领导雅各宾派政府——公安委员会，在粉碎国内外反革命势力方面起了巨大作用。但由于他的资产阶级局限性，对要求革命深入发展的左派力量也进行了打击，从而削弱了雅各宾派专政的社会基础。1794年7月27日反革命热月政变时被捕，次日被处死。——238。

罗季切夫，费多尔·伊兹迈洛维奇（Родичев，Федор Измаилович 1853—1932）——俄国地主，地方自治运动活动家，立宪民主党领袖之一，该党中央委员。1904—1905年地方自治人士代表大会的参加者。第一届至第四届国家杜马代表。1917年二月革命后任临时政府芬兰事务委员。十月革命后为白俄流亡分子。——109。

罗兰-霍尔斯特，罕丽达（Roland Holst，Henriette 1869—1952）——荷兰左派社会党人，女作家。曾从事组织妇女联合会的工作。1907—1909年属于论坛派。第一次世界大战初期持中派立场，后转向国际主义，曾参加齐美尔瓦尔德左派理论刊物《先驱》杂志的工作。1918—1927年是荷兰共产党党员，参加共产国际的工作。1927年退出共产党，后转向基督教社会主义的立场。——336。

罗曼诺夫王朝（Романовы）——俄国皇朝（1613—1917）。——110、341。

罗普申,维·——见萨文柯夫,波里斯·维克多罗维奇。

罗森费尔德,列·波·——见加米涅夫,列夫·波里索维奇。

洛贝尔图斯-亚格措夫,约翰·卡尔(Rodbertus-Jagetzow, Johann Karl 1805—1875)——德国经济学家,国家社会主义理论家,资产阶级化的普鲁士贵族利益的表达者,大地主。认为劳动和资本的矛盾可以通过普鲁士容克王朝实行的一系列改革得到解决。由于不了解剩余价值产生的根源和资本主义基本矛盾的实质,认为经济危机的原因在于人民群众的消费不足;地租是由于农业中不存在原料的耗费而形成的超额收入。主要著作有《关于我国国家经济状况的认识》(1842)、《给冯·基尔希曼的社会问题书简》(1850—1851、1884)等。——70。

M

马尔托夫,尔·(**策杰尔包姆,尤利·奥西波维奇**)(Мартов, Л.(Цедербаум, Юлий Осипович)1873—1923)——俄国孟什维克领袖之一。1895年参与组织彼得堡工人阶级解放斗争协会。1896年被捕并流放图鲁汉斯克三年。1900年参与创办《火星报》,为该报编辑部成员。在俄国社会民主工党第二次代表大会上是《火星报》组织的代表,领导机会主义少数派,反对列宁的建党原则;从那时起成为孟什维克中央机关的领导成员和孟什维克报刊的编辑。曾参加党的第五次(伦敦)代表大会的工作。斯托雷平反动时期和新的革命高涨年代是取消派分子,编辑《社会民主党人呼声报》,参与组织"八月联盟"。第一次世界大战期间是中派分子,参加齐美尔瓦尔德代表会议和昆塔尔代表会议。曾参加孟什维克组织委员会国外书记处,为书记处编辑机关刊物。1917年二月革命后领导孟什维克国际主义派。十月革命后反对镇压反革命和解散立宪会议。1919年当选为全俄中央执行委员会委员,1919—1920年为莫斯科苏维埃代表。1920年9月侨居德国。参与组织第二半国际,在柏林创办和编辑孟什维克杂志《社会主义通报》。——32、37、42、103、107、123、151、160、169、255、258、305—307、362。

马克思-艾威林,爱琳娜(Marx-Aveling, Eleanor 1855—1898)——英国工人运动和国际工人运动活动家;马克思的小女儿。英国社会主义同盟(1884)和英国独立工党(1893)的创建人之一。马克思逝世后,在恩格斯的直接领

导下积极参加非熟练工人的群众运动，是1889年伦敦码头工人大罢工的组织者之一。第二国际多次代表大会代表。积极为英国和德国的社会主义报刊撰稿，整理和发表了马克思的著作《工资、价格和利润》以及马克思关于东方问题的一系列文章，著有关于马克思和恩格斯的回忆录。——52、86。

马克思，亨利希(Marx, Heinrich 1777—1838)——马克思的父亲；律师，后为特里尔司法参事；持自由主义观点。——48。

马克思，卡尔(Marx, Karl 1818—1883)——科学共产主义的创始人，世界无产阶级的领袖和导师。——21、33、35、47—95、96—97、110、111、112、122—124、136、137—140、145、146、147、150、151、195、197、198、226、236、237、239、252、278、279、317、322、327、331、332、337、341、372—375。

马克思(**冯·威斯特华伦**)，燕妮(Marx(von Westphalen), Jenny 1814—1881)——马克思的妻子，他的忠实朋友和助手。——49、52。

马克西莫维奇——见李维诺夫，马克西姆·马克西莫维奇。

马肯森，奥古斯特(Mackensen, August 1849—1945)——德国元帅(1915)，德国帝国主义军阀的代表人物。1870—1871年普法战争的参加者。第一次世界大战初期在东普鲁士指挥德国第17军，后在东线任德国集团军司令和德奥集团军群司令，1917年1月起任德国驻罗马尼亚占领军司令。1920年退役。——351。

马林诺夫斯基，罗曼·瓦茨拉沃维奇(Малиновский, Роман Вацлавович 1876—1918)——俄国社会民主主义运动中的奸细，莫斯科保安处密探；职业是五金工人。1906年出于个人动机参加工人运动，后来混入俄国社会民主工党；曾任工人委员会委员和五金工会理事会书记。1907年起主动向警察局提供情报，1910年被录用为沙皇保安机关密探。在党内曾担任多种重要职务，1912年在党的第六次(布拉格)全国代表会议上当选为中央委员。在保安机关暗中支持下，当选为第四届国家杜马莫斯科省工人选民团的代表，1913年任布尔什维克杜马党团主席。1914年辞去杜马职务，到了国外。1917年6月，他同保安机关的关系被揭穿。1918年回国，被捕后由全俄中央执行委员会最高法庭判处枪决。——129。

马斯洛夫，彼得·巴甫洛维奇(伊克斯)(Маслов, Петр Павлович(Икс)

1867—1946)——俄国经济学家，社会民主党人。写有一些土地问题著作，修正马克思主义政治经济学原理。曾为《生活》、《开端》和《科学评论》等杂志撰稿。俄国社会民主工党第二次代表大会后是孟什维克；曾提出孟什维克的土地地方公有化纲领。在俄国社会民主工党第四次(统一)代表大会上代表孟什维克作了关于土地问题的报告，被选入中央机关报编辑部。斯托雷平反动时期和新的革命高涨年代是取消派分子。第一次世界大战期间是社会沙文主义者。十月革命后脱离政治活动，从事教学和科研工作，研究社会主义政治经济学问题。1929 年起为苏联科学院院士。——17、26、42、108、118、119、129、136、142、205、212、344。

马希纳泽，勃·(**捷夫扎亚，维克多**)(Машинадзе，Б.(Тевзая，Виктор))——格鲁吉亚孟什维克。斯托雷平反动时期曾撰文反对取消派，维护秘密政党。第一次世界大战期间是中派分子。曾为一些孟什维克报刊撰稿。——305。

马伊斯基，伊万·米哈伊洛维奇(Майский，Иван Михайлович 1884—1975)——1903 年加入俄国社会民主工党，1918 年以前是孟什维克。1905—1907 年革命期间参加萨拉托夫工人代表苏维埃的活动。1908—1917 年侨居国外。第一次世界大战期间持中派立场。1918 年参加萨马拉的反革命立宪会议委员会，主管劳动部门。1919 年与孟什维克决裂，1921 年 2 月加入俄共(布)；任西伯利亚革命委员会经济部部长。1922 年起从事外交工作。1929—1932 年任驻芬兰全权代表，1932—1943 年任驻英国大使，1943—1946 年任副外交人民委员。写有一些历史著作和回忆录。1946 年起为苏联科学院院士。——160、161。

马志尼，朱泽培(Mazzini，Giuseppe 1805—1872)——意大利统一时期的资产阶级革命家，民族解放运动中民主派的领袖和思想家之一。早年参加秘密革命组织“烧炭党”，后被捕，流亡国外。1831 年在法国马赛建立青年意大利党。积极参加 1848 年革命，1849 年为罗马共和国临时政府首脑。1860 年支持加里波第对西西里的远征。主张通过革命道路把意大利从异族压迫下解放出来和建立统一的民主共和国，认为起义是基本的斗争手段，但惯于采用密谋策略，忽视农民利益，不懂得解决土地问题的重要性。反对阶级斗争，宣扬通过“劳资合作”来解决工人问题的小资产阶级空想主义计

划。——51。

麦克唐纳，詹姆斯·拉姆赛(MacDonald, James Ramsay 1866—1937)——英国政治活动家，英国工党创建人和领袖之一。1885年加入社会民主联盟。1886年加入费边社。1894年加入独立工党，1906—1909年任该党主席。1900年当选为劳工代表委员会书记，该委员会于1906年改建为工党。1906年起为议员，1911—1914年和1922—1931年任工党议会党团主席。推行机会主义政策，鼓吹阶级合作和资本主义逐渐长入社会主义的理论。第一次世界大战初期采取和平主义立场，后来公开支持劳合-乔治政府进行帝国主义战争。1918—1920年竭力破坏英国工人反对武装干涉苏维埃俄国的斗争。1924年和1929—1931年先后任第一届和第二届工党政府首相。1931—1935年领导由保守党决策的国民联合政府。——31、41、160、161。

曼科夫，伊万，尼古拉耶维奇(Маньков, Иван Николаевич 生于1881年)——俄国孟什维克取消派分子，第四届国家杜马伊尔库茨克省代表，社会民主党杜马党团成员。第一次世界大战期间是社会沙文主义者，1915年违背社会民主党党团决议，在杜马中投票赞成军事预算，因而被开除出杜马党团。——169。

梅尔黑姆，阿尔丰斯(Merrheim, Alphonse 1881—1925)——法国工会活动家，工团主义者。1905年起为法国五金工人联合会和法国劳动总联合会领导人之一。第一次世界大战初期是反对社会沙文主义和帝国主义战争的法国工团主义运动左翼领导人之一；曾参加齐美尔瓦尔德代表会议，属齐美尔瓦尔德右派。当时已表现动摇并害怕同社会沙文主义者彻底决裂，1916年底转向中派和平主义立场，1918年初转到公开的社会沙文主义和改良主义立场。——188。

梅林，弗兰茨(Mehring, Franz 1846—1919)——德国工人运动活动家，德国社会民主党左翼领袖和理论家之一，历史学家和政论家，德国共产党创建人之一。19世纪60年代末起是资产阶级民主主义政论家，1877—1882年持资产阶级自由主义立场，后向左转化，逐渐接受马克思主义。曾任民主主义报纸《人民报》主编。1891年加入德国社会民主党，担任党的理论刊物《新时代》杂志撰稿人和编辑，1902—1907年任《莱比锡人民报》主编，反对第二国际的机会主义和修正主义，批判考茨基主义。第一次世界大战爆发后坚决谴责帝国主义战争和社会沙文主义者的背叛政策；是国际派（后改称斯巴达克派和斯巴达克联盟）的组织者和领导人之一。1918年参加建立德国共产党的准备工作。欢迎俄国十月革命，撰文驳斥对十月革命的攻击，维护苏维埃政权。在研究德国中世纪史、德国社会民主党史和马克思主义史方面作出重大贡献，在整理出版马克思、恩格斯和拉萨尔的遗著方面也做了大量工作。主要著作有《莱辛传奇》(1893)、《德国社会民主党史》(1897—1898)、《马克思传》等。——27、28、41、43、103、139、227、249、254。

米勒兰，亚历山大·埃蒂耶纳（Millerand, Alexandre Étienne 1859—1943）——法国政治家和国务活动家，法国社会党和第二国际的机会主义代表人物。1885年起多次当选议员。原属资产阶级激进派，90年代初参加法国社会主义运动，领导运动中的机会主义派。1898年同让·饶勒斯等人组成法国独立社会党人联盟。1899年参加瓦尔德克-卢梭内阁，任工商业部长，是有史以来社会党人第一次参加资产阶级政府，列宁把这个行动斥之为"实践的伯恩施坦主义"。1904年被开除出法国社会党，此后同阿·白里安、勒·维维安尼等前社会党人一起组成独立社会党人集团（1911年取名为"共和社会党"）。1909—1915年先后任公共工程部长和陆军部长，竭力主张把帝国主义战争进行到底。俄国十月革命后是武装干涉苏维埃俄国的策划者之一。1920年1—9月任总理兼外交部长，1920年9月—1924年6月任法兰西共和国总统。资产阶级左翼政党在大选中获胜后，被迫辞职。1925年和1927年当选为参议员。——238。

米留可夫，帕维尔·尼古拉耶维奇（Милюков, Павел Николаевич 1859—1943）——俄国立宪民主党领袖，俄国自由派资产阶级思想家，历史学家和政论家。1886年起任莫斯科大学讲师。90年代前半期开始政治活动，1902年起为资产阶级自由派的《解放》杂志撰稿。1905年10月参与创建立宪民主党，后任该党中央委员会主席和中央机关报《言语报》编辑。第三届和第四届国家杜马代表。第一次世界大战期间为沙皇政府的掠夺政策辩护。1917年二月革命后任第一届临时政府外交部长，推行把战争进行到"最后胜利"的帝国主义政策；同年8月积极参与策划科尔尼洛夫叛乱。

十月革命后同白卫分子和武装干涉者合作。1920 年起为白俄流亡分子，在巴黎出版《最新消息报》。著有《俄国文化史概要》、《第二次俄国革命史》及《回忆录》等。——285—286。

米涅，弗朗索瓦·奥古斯特·玛丽（Mignet，François-Auguste-Marie 1796—1884）——法国历史学家，资产阶级阶级斗争理论的创立者之一。早年研究法律，并获得律师资格（1818），后进入巴黎新闻界，为《法兰西信使报》撰稿人，《国民报》创办人之一（1830）。写有《法国革命史》等历史著作。——61。

缅施科夫，米哈伊尔·奥西波维奇（Меньшиков，Михаил Осипович 1859—1919）——俄国政论家，黑帮报纸《新时报》撰稿人。十月革命后反对苏维埃政权，1919 年被枪决。——108。

摩莱肖特，雅科布（Moleschott，Jakob 1822—1893）——荷兰生理学家和哲学家，庸俗唯物主义的代表人物。先后在苏黎世大学、都灵大学、罗马大学任生理学教授。主要哲学著作是《生命的循环》（1852）。——55。

莫雷尔，埃德蒙·迪恩（Morel，Edmund Dene 1873—1924）——英国政论家，和平主义者。20 世纪初曾在刚果参加反对比利时殖民主义者的民族解放运动。第一次世界大战前属自由党左翼，战争爆发时加入独立工党。和平主义的民主监督联合会创建人和领导人之一。在一系列著作中积极揭露英国政府策动世界大战的帝国主义政策。1917 年因从事反军国主义宣传被监禁。1922 年起为议会议员。——281。

莫尼托尔（Monitor）——1915 年 4 月，德国社会民主党中的一个机会主义分子曾用这个笔名在《普鲁士年鉴》杂志上发表一篇文章，公开鼓吹要社会民主党继续保持中派主义性质，以便机会主义者能够用“左”的词句掩盖他们同资产阶级实行阶级合作的政策。——266、354。

莫斯特，约翰·约瑟夫（Most，Johann Joseph 1846—1906）——德国社会民主党人，新闻工作者，后为无政府主义者；职业是装订工人。19 世纪 60 年代参加工人运动，1871 年起为德国社会民主工党和社会民主党党员。1874—1878 年为帝国国会议员。在理论上拥护杜林，在政治上信奉“用行动做宣传”的无政府主义思想，认为可以立刻进行无产阶级革命。1878 年反社会党人非常法颁布后流亡伦敦，1879 年出版无政府主义的《自由》周报，号召工人进行个人恐怖活动，认为这是最有效的革命斗争手段。1880年被开除出社会民主党，1882年起侨居美国，继续出版《自由》周报和进行无政府主义宣传。晚年脱离工人运动。——82。

墨索里尼，贝尼托（Mussolini，Benito 1883—1945）——意大利法西斯党党魁，意大利法西斯独裁者，第二次世界大战的主要战犯之一。他的政治生涯是在社会党内开始的。第一次世界大战爆发后公开转向帝国主义资产阶级一边，因而于1914年12月被开除出党。1913年3月在米兰建立法西斯组织，1922年攫取了政权。墨索里尼政府对内实行法西斯恐怖，对外推行侵略政策，伙同希特勒德国发动了第二次世界大战。由于军事上的节节失利和国内反法西斯运动的高涨，墨索里尼独裁统治于1943年7月垮台。1943—1945年曾领导意大利北部希特勒军占领区的一个傀儡政府。1945年4月被意大利游击队捕获，由北意大利民族解放委员会军事法庭判处死刑。——117、347。

穆拉诺夫，马特维·康斯坦丁诺维奇（Муранов，Матвей Константинович 1873—1959）——1904年加入俄国社会民主工党，布尔什维克；职业是钳工。曾在哈尔科夫做党的工作。第四届国家杜马哈尔科夫省工人代表，参加布尔什维克杜马党团。曾为布尔什维克的《真理报》撰稿。因进行反对帝国主义战争的革命活动，1914年11月被捕，1915年流放图鲁汉斯克边疆区。1917—1923年在党中央机关工作。1923—1934年是苏联最高法院成员。在党的第六、第八和第九次代表大会上当选为中央委员。1922—1934年为中央监察委员会委员。——170、174、175、273、346—347。

N

拿破仑第三（**波拿巴，路易**）（Napoléon III（Bonaparte，Louis）1808—1873）——法国皇帝（1852—1870），拿破仑第一的侄子。法国1848年革命失败后被选为法兰西共和国总统。1851年12月2日发动政变，1852年12月称帝。在位期间，对外屡次发动侵略战争，包括同英国一起发动侵略中国的第二次鸦片战争。对内实行警察恐怖统治，强化官僚制度，同时以虚假的承诺、小恩小惠和微小的改革愚弄工人。1870年9月2日在普法战争色当战役中被俘，9月4日巴黎革命时被废黜。——137、139、237、

323、332。

纳坦松,马尔克·安德列耶维奇(博勃罗夫)(Натансон, Марк Андреевич (Бобров) 1851—1919)——俄国革命民粹派代表人物,后为社会革命党人。1869年参加革命运动,是土地和自由社的创建人之一。1869—1877年四次被捕,1879—1889年流放西伯利亚。1893年积极参与创建民权党。1905年加入社会革命党,为该党中央委员。1907—1917年十月革命前侨居国外。第一次世界大战期间采取不彻底的国际主义立场,向中派方面动摇。1917年二月革命后是左派社会革命党的组织者和领袖之一。1918年左派社会革命党人叛乱后,与该党决裂,组织"革命共产党",主张同布尔什维克合作。曾任全俄中央执行委员会主席团委员。——160、162。

尼古拉二世(**罗曼诺夫**;血腥的尼古拉)(Николай II (Романов, Николай Кровавый) 1868—1918)——俄国最后一个皇帝,亚历山大三世的儿子。1894年即位,1917年二月革命时被推翻。1918年7月17日根据乌拉尔州工兵代表苏维埃的决定在叶卡捷琳堡被枪决。——15、108、111、236、249、313、321、341。

涅纳罗科莫夫,格奥尔吉·彼得罗维奇(Ненарокомов, Георгий Петрович 生于1874年)——沙俄高等法院检察官。1915年2月沙皇当局审讯第四届国家杜马布尔什维克代表时充当起诉人。——347。

P

潘涅库克,安东尼(安·潘·)(Pannekoek, Antonie (А.П.) 1873—1960)——荷兰工人运动活动家,天文学家。1907年是荷兰社会民主工党左翼刊物《论坛报》创办人之一。1909年参与创建荷兰社会民主党。1910年起与德国左派社会民主党人关系密切,积极为该党的报刊撰稿。第一次世界大战期间是国际主义者,曾参加齐美尔瓦尔德左派理论刊物《先驱》杂志的出版工作。1918—1921年是荷兰共产党党员,参加共产国际的工作。20年代初是极左的德国共产主义工人党领袖之一。1921年退出共产党,不久脱离政治活动。——41、106、153、229、262、313、314、336。

佩什,乔治(Paish, George 1867—1957)——英国经济学家和统计学家,和平主义者。1881—1900年为英国保守党报纸《统计学家报》编辑部撰稿人,

1900—1916 年是该报编辑之一。1914—1916 年任英国国库(财政部)财政和经济问题顾问。一些经济学会和统计学会的主席和会员。写有一系列关于世界经济和政治问题的著作。——235、243。

彭加勒,雷蒙(Poincaré,Raymond 1860—1934)——法国政治活动家和国务活动家;职业是律师。1887—1903 年为众议员。1893 年起多次参加法国政府。1912—1913 年任总理兼外交部长,1913—1920 年任总统。推行军国主义政策,极力策划第一次世界大战。主张加强协约国和法俄同盟。俄国十月革命后是武装干涉苏维埃俄国的策划者之一。1922—1924 年和 1926—1929 年任总理,力主分割德国(1923 年占领鲁尔区),企图建立法国在欧洲的霸权。——15。

蒲鲁东,皮埃尔·约瑟夫(Proudhon,Pierre-Joseph 1809—1865)——法国政论家,经济学家,社会学家,小资产阶级思想家,无政府主义理论的创始人之一。1840 年出版《什么是财产?》一书,从小资产阶级立场出发批判大资本主义所有制,幻想使小私有制永世长存。主张由专门的人民银行发放无息贷款,帮助工人购置生产资料,使他们成为手工业者,再由专门的交换银行保证劳动者"公平地"销售自己的劳动产品,而同时又不触动生产工具和生产资料的资本主义所有制。认为国家是阶级矛盾的主要根源,提出和平"消灭国家"的空想主义方案,对政治斗争持否定态度。1846 年出版《经济矛盾的体系,或贫困的哲学》,阐述其小资产阶级的哲学和经济学观点。马克思在《哲学的贫困》一书中对该书作了彻底的批判。1848 年革命时期被选入制宪议会后,攻击工人阶级的革命发动,赞成 1851 年 12 月 2 日的波拿巴政变。——50、51、84。

普利什凯维奇,弗拉基米尔·米特罗范诺维奇(Пуришкевич,Владимир Митрофанович 1870—1920)——俄国大地主,黑帮反动分子,君主派。1900 年起在内务部任职,1904 年为维·康·普列韦的内务部特别行动处官员。1905 年参与创建黑帮组织"俄罗斯人民同盟",1907 年退出同盟并成立了新的黑帮组织"米迦勒天使长同盟"。第二届、第三届和第四届国家杜马代表,因在杜马中发表歧视异族和反犹太人的演说而臭名远扬。第一次世界大战期间鼓吹把战争进行到"最后胜利"。1917 年二月革命后主张恢复君主制。十月革命后竭力反对苏维埃政权,是 1917 年 11 月初被揭露

的军官反革命阴谋的策划者。——110、111、123、286、287。

普列汉诺夫，格奥尔吉·瓦连廷诺维奇（Плеханов，Георгий Валентинович 1856—1918）——俄国早期的马克思主义理论家，后来成为孟什维克和第二国际机会主义领袖之一。19 世纪 70 年代参加民粹主义运动，是土地和自由社成员及土地平分社领导人之一。1880 年侨居瑞士，逐步同民粹主义决裂。1883 年在日内瓦创建俄国第一个马克思主义团体——劳动解放社。翻译和介绍了马克思和恩格斯的许多著作，对马克思主义在俄国的传播起了重要作用；写过不少优秀的马克思主义著作，批判民粹主义、合法马克思主义、经济主义、伯恩施坦主义、马赫主义。20 世纪初是《火星报》和《曙光》杂志编辑部成员。曾参与制定俄国社会民主工党纲领草案和参加党的第二次代表大会的筹备工作。在代表大会上是劳动解放社的代表，属火星派多数派，参加了大会常务委员会，会后逐渐转向孟什维克。1905—1907 年革命时期反对列宁的民主革命的策略，后来在孟什维克和布尔什维克之间摇摆。在俄国社会民主工党第四次（统一）代表大会上作了关于土地问题的报告，维护马斯洛夫的孟什维克方案；在国家杜马问题上坚持极右立场，呼吁支持立宪民主党人的杜马。斯托雷平反动时期和新的革命高涨年代反对取消主义，领导孟什维克护党派。第一次世界大战期间持社会沙文主义立场。1917 年二月革命后支持资产阶级临时政府。对十月革命持否定态度，但拒绝支持反革命。最重要的理论著作有《社会主义与政治斗争》（1883）、《我们的意见分歧》（1885）、《论一元论历史观之发展》（1895）、《唯物主义史论丛》（1896）、《论个人在历史上的作用》（1898）、《没有地址的信》（1899—1900），等等。——17、20、21、26、37、41、42、89、97、107、108、112、114、115、116、117、118—120、121—122、128、136、142、169、177、182—183、189、201、202、203、205、217、225、226—227、231、232、233—237、238、255—256、262、264、267、276、283—284、287、295、304—306、309、328、331、335—336、338、347、348、355、360、361—362。

Q

齐博尔迪，卓万尼（Zibordi，Giovanni 1870—1943）——意大利社会党人，作家。曾为改良主义的《正义》杂志和《社会评论》杂志撰稿。1914—1921 年是意大利众议院议员。第一次世界大战期间曾揭露第二国际各社会党中的社会沙文主义,但认为组织反战的革命斗争是不可能的。——9、10。

齐赫泽,尼古拉·谢苗诺维奇(Чхеидзе, Николай Семенович 1864—1926)——俄国孟什维克领袖之一。19世纪90年代末参加社会民主主义运动。俄国社会民主工党第二次代表大会后是孟什维克。第三届和第四届国家杜马代表,第四届国家杜马孟什维克党团主席。第一次世界大战期间是中派分子。1917年二月革命后任国家杜马临时委员会委员、彼得格勒工兵代表苏维埃主席和第一届中央执行委员会主席,极力支持资产阶级临时政府。1918年起是反革命的外高加索议会主席,1919年起是格鲁吉亚孟什维克政府——立宪会议主席。1921年格鲁吉亚建立苏维埃政权后流亡法国。——118、129、169、173、288、298、305、306、307、309、344、347、358、362。

契恒凯里,阿卡基·伊万诺维奇(Чхенкели, Акакий Иванович 1874—1959)——格鲁吉亚孟什维克领袖之一;职业是律师。1898年参加社会民主主义运动。斯托雷平反动时期和新的革命高涨年代是取消派分子。第四届国家杜马代表,参加孟什维克杜马党团。第一次世界大战期间是社会沙文主义者。1917年二月革命后是临时政府驻外高加索的代表。1918年4月任外高加索临时政府主席,后任格鲁吉亚孟什维克政府外交部长。1921年格鲁吉亚建立苏维埃政权后成为白俄流亡分子。——362。

切尔诺夫,维克多·米哈伊洛维奇(加尔德宁,尤·)(Чернов, Виктор Михайлович(Гарденин, Ю.)1873—1952)——俄国社会革命党领袖和理论家之一。1902—1905年任社会革命党中央机关报《革命俄国报》编辑。曾撰文反对马克思主义,企图证明马克思的理论不适用于农业。第一次世界大战期间持社会沙文主义立场,曾参加齐美尔瓦尔德代表会议和昆塔尔代表会议。1917年5—8月任临时政府农业部长,对夺取地主土地的农民实行残酷镇压。敌视十月革命。1918年1月任立宪会议主席;曾领导萨马拉的反革命立宪会议委员会,参与策划反苏维埃叛乱。1920年流亡国外,继续反对苏维埃政权。在他的理论著作中,主观唯心主义和折中主义同修正主义和民粹派的空想混合在一起;企图以资产阶级改良主义的"结构社会主义"对抗科学社会主义。——158、159、160、162、237。

切列万宁，涅·(利普金，费多尔·安德列耶维奇)(Череванин，Н.(Липкин，Федор Андреевич)1868—1938)——俄国政论家，“马克思的批评家”，后为孟什维克领袖之一，取消派分子。俄国社会民主工党第四次(统一)代表大会和第五次(伦敦)代表大会的参加者，取消派报刊撰稿人，16个孟什维克关于取消党的“公开信”的起草人之一。1912年反布尔什维克的八月代表会议后是孟什维克领导中心——组委会成员。第一次世界大战期间是社会沙文主义者。1917年是孟什维克中央机关报《工人报》编辑之一和孟什维克中央委员会委员。敌视十月革命。——123、127、142、212、344、358。

R

饶尔丹尼亚，诺伊·尼古拉耶维奇(阿恩)(Жордания，Ной Николаевич (Ан) 1869—1953)——俄国社会民主党人。19世纪90年代开始政治活动，加入格鲁吉亚第一个社会民主主义团体“麦撒墨达西社”，领导该社的机会主义派。1903年在俄国社会民主工党第二次代表大会上是有发言权的代表，属火星派少数派，会后为高加索孟什维克的领袖。1905年编辑孟什维克的《社会民主党人报》(格鲁吉亚文)，反对布尔什维克在资产阶级民主革命中的策略。第一届国家杜马代表，社会民主党党团领袖。1907—1912年为俄国社会民主工党中央委员(代表孟什维克)。斯托雷平反动时期和新的革命高涨年代形式上参加孟什维克护党派，实际上支持取消派。1914年为托洛茨基的《斗争》杂志撰稿。第一次世界大战期间是社会沙文主义者。1917年二月革命后任梯弗利斯工人代表苏维埃主席。1918—1921年是格鲁吉亚孟什维克政府主席。1921年格鲁吉亚建立苏维埃政权后成为白俄流亡分子。——361。

饶勒斯，让(Jaurès，Jean 1859—1914)——法国社会主义运动和国际社会主义运动活动家，法国社会党领袖，历史学家和哲学家。1885年起多次当选议员。原属资产阶级共和派，90年代初开始转向社会主义。1898年同亚·米勒兰等人组成法国独立社会党人联盟。1899年竭力为米勒兰参加资产阶级政府的行为辩护。1901年起为社会党国际局成员。1902年与可能派、阿列曼派等组成改良主义的法国社会党。1903年当选为议会副议长。1904年创办《人道报》，主编该报直到逝世。1905年法国社会党同盖得领导的法兰西社会党合并后，成为统一的法国社会党的主要领导人。在理论和实践问题上往往持改良主义立场，但始终不渝地捍卫民主主义，反对殖民主义和军国主义。由于呼吁反对临近的帝国主义战争，于1914年7月31日被法国沙文主义者刺杀。写有法国大革命史等方面的著作。——25。

热里雅鲍夫，安德列·伊万诺维奇(Желябов, Андрей Иванович 1851—1881)——俄国革命家，民意党的组织者和领袖。是民粹派中最早认识到必须同沙皇专制制度进行政治斗争的人之一。在他的倡议下，创办了俄国第一家工人报纸《工人报》。但不理解工人阶级的历史作用，不懂得科学社会主义，把个人恐怖看做是推翻沙皇专制制度的主要手段，多次组织谋刺亚历山大二世的活动。1881年3月1日亚历山大二世遇刺前两天被捕，在法庭上拒绝辩护，并发表演说进行革命鼓动。同年4月3日(15日)在彼得堡被处以绞刑。——238。

S

萨尔托里乌斯·冯·瓦尔特斯豪森，奥古斯特(Sartorius von Waltershausen, August 1852—1938)——德国经济学家，德国帝国主义的辩护士。1888—1918年任斯特拉斯堡大学教授。写有一些关于世界经济和政治问题的著作。——260。

萨兰德拉，安东尼奥(Salandra, Antonio 1853—1931)——意大利国务活动家，意大利工业垄断组织和大地主的"自由联盟"的极右翼领袖之一。原为律师，曾在罗马大学任教。1886年起为意大利众议员。曾任农业大臣、财政大臣和国库大臣。1914—1916年任意大利内阁首相，1915年领导意大利参加协约国一方作战。战后是意大利参加巴黎和会和国际联盟的代表。支持意大利法西斯的夺权斗争；法西斯上台后，1922—1924年同墨索里尼政府合作。1925年起不再积极参加政治活动。——238。

萨莫伊洛夫，费多尔·尼基季奇(Самойлов, Федор Никитич 1882—1952)——1903年加入俄国社会民主工党，布尔什维克；职业是纺织工人。曾积极参加俄国第一次革命，在伊万诺沃-沃兹涅先斯克做党的工作。第四届国家杜马弗拉基米尔省工人代表，参加布尔什维克杜马党团。因进行反对

帝国主义战争的革命活动,1914 年 11 月被捕,1915 年流放图鲁汉斯克边疆区。1917 年二月革命后任伊万诺沃-沃兹涅先斯克苏维埃主席和党的委员会委员;在弗拉基米尔省参加建立苏维埃政权的领导工作。十月革命后在乌克兰和莫斯科工作。1921 年起任全俄中央执行委员会委员,1922—1928 年任俄共(布)中央党史委员会副主任,1932—1935 年任全苏老布尔什维克协会副主席,1937—1941 年任国家革命博物馆馆长。——170。

萨文柯夫,波里斯·维克多罗维奇(罗普申,维·)(Савинков,Борис Викторович(Ропшин,В.)1879—1925)——俄国社会革命党领袖之一,作家。在彼得堡大学学习时开始政治活动,接近经济派-工人思想派,在工人小组中进行宣传,为《工人事业》杂志撰稿。1901 年被捕,后被押送沃洛格达省,从那里逃往国外。1903 年加入社会革命党,1903—1906 年是该党"战斗组织"的领导人之一,多次参加恐怖活动。1909 年和 1912 年以维·罗普申为笔名先后发表了两部浸透神秘主义和对革命斗争失望情绪的小说:《一匹瘦弱的马》和《未曾有过的东西》。1911 年侨居国外。第一次世界大战期间是社会沙文主义者。1917 年二月革命后回国,任临时政府驻最高总司令大本营的委员、西南方面军委员、陆军部副部长、彼得格勒军事总督;根据他的提议在前线实行了死刑。十月革命后参加克伦斯基—克拉斯诺夫叛乱,参与组建顿河志愿军,建立地下反革命组织"保卫祖国与自由同盟",参与策划反革命叛乱。1921—1923 年在国外领导反对苏维埃俄国的间谍破坏活动。1924 年偷越苏联国境时被捕,被判处死刑,后改为十年监禁。在狱中自杀。——159、237。

桑巴,马赛尔(Sembat,Marcel 1862—1922)——法国社会党改良派领袖之一,新闻工作者。曾为社会党和左翼激进派刊物撰稿。1893 年起为众议员。1905 年法国社会党与法兰西社会党合并后,是统一的法国社会党的右翼领袖之一。第一次世界大战期间是社会沙文主义者。1914 年 8 月—1917 年 9 月任法国帝国主义"国防政府"公共工程部长。1920 年在法国社会党图尔代表大会上,支持以莱·勃鲁姆、让·龙格为首的少数派立场,反对加入共产国际。——2、105、160、188、217、264、273、312、347、352。

沙果夫,尼古拉·罗曼诺维奇(Шагов,Николай Романович 1882—1918)——

1905年加入俄国社会民主工党，布尔什维克；职业是织布工人。第四届国家杜马科斯特罗马省工人选民团的代表，1913年加入布尔什维克杜马党团。曾出席有党的工作者参加的俄国社会民主工党中央委员会克拉科夫会议和波罗宁会议。因进行反对帝国主义战争的革命活动，1914年11月被捕，1915年流放图鲁汉斯克边疆区，1917年二月革命后回到彼得格勒。——170。

沙佩尔，卡尔(Schapper，Karl 1812—1870)——德国工人运动和国际工人运动活动家。1836—1837年参与创建正义者同盟，1840年参与创建德意志工人教育协会。马克思和恩格斯把正义者同盟改组为共产主义者同盟后，他积极参加同盟的活动，任同盟中央委员会委员。德国1848—1849年革命期间是科隆工人联合会的领导人之一。革命失败后，于1850年7月流亡英国，和奥·维利希一起领导从共产主义者同盟中分裂出去的冒险主义宗派集团。认识错误后，于1856年恢复了同马克思和恩格斯的友好关系。1865年经马克思推荐，被增补进第一国际总委员会。——81。

施略普尼柯夫，亚历山大·加甫里洛维奇(别列宁)(Шляпников，Александр Гаврилович(Беленин)1885—1937)——1901年加入俄国社会民主工党。曾在索尔莫沃、穆罗姆、彼得堡和莫斯科做党的工作。1905—1906年两度被捕，1908年移居国外。第一次世界大战期间在彼得堡和国外做党的工作，负责在党中央委员会国外局同俄国局和彼得堡委员会之间建立联系。1917年二月革命后任党的彼得堡委员会委员、彼得格勒工兵代表苏维埃执行委员会委员和彼得格勒五金工会主席。十月革命后参加第一届人民委员会，任劳动人民委员，后领导工商业人民委员部。1918年参加国内战争，先后任南方面军革命军事委员会委员和里海—高加索方面军革命军事委员会主席。1919—1922年任全俄五金工会中央委员会主席，1921年5月起任最高国民经济委员会主席团委员。1920—1922年是工人反对派的组织者和领袖。1921年在党的第十次代表大会上当选为中央委员。后在经济部门担任负责职务。1933年清党时被开除出党。1935年因所谓"莫斯科反革命组织'工人反对派'集团"案被追究刑事责任，死于狱中。1988年恢复名誉。——114。

施米特，康拉德(Schmidt，Conrad 1863—1932)——德国经济学家和哲学家，

新康德主义者。活动初期赞同马克思的经济学说，后成为修正主义者。恩格斯在一些书信中曾批评他在政治上的消极被动。格·瓦·普列汉诺夫在1898—1899年所写的《康拉德·施米特反对卡尔·马克思和弗里德里希·恩格斯》等著作中对他的哲学观点给予了唯物主义的批评。1908—1930年曾编辑《社会主义月刊》。——375。

施泰因，洛伦茨（Stein，Lorenz 1815—1890）——德国国家法专家，哲学家，经济学家；基尔大学（1846—1851）和维也纳大学（1855—1885）教授。从黑格尔关于"超阶级"的君主制的保守的唯心主义学说出发，把唯心主义和唯物主义折中地混杂在自己的世界观里。用唯心主义辩证法来分析社会政治的现实，在自己的著作中赞美贵族和资产阶级的立宪君主制，把它描绘成似乎可以代表全民利益和调和对抗性阶级矛盾的"社会的"君主制。恩格斯称他为"把外国的原理译成没有弄懂的黑格尔语言的自作聪明的思辨哲学家"（见《马克思恩格斯文集》第2卷第596页）。——57。

施特勒贝尔，亨利希（Ströbel，Heinrich 1869—1945）——德国社会民主党人，中派分子。1905—1916年任德国社会民主党中央机关报《前进报》编委。1908—1918年为普鲁士邦议会议员。第一次世界大战初期反对社会沙文主义和帝国主义战争，属于国际派，在国际派中代表向考茨基主义方面动摇的流派。1916年完全转向考茨基主义立场。1917年是建立德国独立社会民主党的发起人之一。1918年11月—1919年1月为普鲁士政府成员。1919年回到社会民主党，因不同意该党领导的政策，于1931年退党。1922年起为德国国会议员。——265。

舒尔采，恩斯特（Schultze，Ernst 1874—1943）——德国经济学家，德国帝国主义的辩护士。1922年起任莱比锡高等商业学校教授，1925年起任世界经济研究所所长。写有一些关于世界经济和政治问题的著作。——245。

司徒卢威，彼得·伯恩哈多维奇（Струве，Петр Бернгардович 1870—1944）——俄国经济学家，哲学家，政论家，合法马克思主义主要代表人物，立宪民主党领袖之一。19世纪90年代编辑合法马克思主义者的《新言论》杂志和《开端》杂志。1896年参加第二国际第四次代表大会。1898年参加起草《俄国社会民主工党宣言》。在1894年发表的第一部著作《俄国经济发展问题的评述》中，在批判民粹主义的同时，对马克思的经济学说和哲学学说提出"补充"和"批评"。20 世纪初同马克思主义和社会民主主义彻底决裂,转到自由派营垒。1902 年起编辑自由派资产阶级刊物《解放》杂志,1903 年起是解放社的领袖之一。1905 年起是立宪民主党中央委员,领导该党右翼。1907 年当选为第二届国家杜马代表。第一次世界大战爆发后鼓吹俄国的帝国主义侵略扩张政策。十月革命后敌视苏维埃政权,是邓尼金和弗兰格尔反革命政府成员,后逃往国外。——98—99、238—239。

斯米尔诺夫,叶·——见古列维奇,埃马努伊尔·李沃维奇。

斯密,亚当(Smith,Adam 1723—1790)——英国经济学家和哲学家,资产阶级古典政治经济学最著名的代表人物。曾任格拉斯哥大学教授和校长。第一个系统地论述了劳动价值论的基本范畴,分析了价值规律的作用。研究了雇佣工人、资本家和地主这三大阶级的收入,认为利润和地租都是对劳动创造的价值的扣除,从而接触到剩余价值的来源问题,并在一定程度上揭露了资本主义社会阶级对立的经济根源。但由于历史的和阶级的局限性以及方法论上的矛盾,他的经济理论既有科学成分,又有庸俗成分。代表作《国民财富的性质和原因的研究》(1776)。——66。

T

特里维廉,查理·菲力浦斯(Trevelyan,Charles Philips 生于 1870 年)——英国政治活动家,和平主义者。1899—1918 年是自由党议员。1908 年起任教育部政务次官。第一次世界大战初期辞职,以抗议英国政府的帝国主义政策。是和平主义的民主监督联合会的创建人和领导人之一。1918 年加入独立工党。1922—1931 年是议会议员。1924 年和 1929—1931 年任麦克唐纳工党政府教育大臣。——30。

特鲁尔斯特拉,彼得·耶莱斯(Troelstra,Pieter Jelles 1860—1930)——荷兰工人运动活动家,右派社会党人。荷兰社会民主工党创建人和领袖之一。1897—1925 年(有间断)任该党议会党团主席。20 世纪初转向极端机会主义立场,反对党内的左派论坛派,直至把论坛派开除出党。第一次世界大战期间是亲德的社会沙文主义者。1918 年 11 月在荷兰工人运动高潮中一度要求将政权转归社会主义者,但不久放弃这一立场。列宁曾严厉批判他的机会主义政策。——153、215、217、262、352。

梯也尔，阿道夫（Thiers，Adolphe 1797—1877）——法国国务活动家，历史学家。早年当过律师和新闻记者。19 世纪 20 年代末作为自由资产阶级反对派活动家开始政治活动。七月王朝时期历任参事院院长、内务大臣、外交大臣和首相，残酷镇压 1834 年里昂工人起义。第二共和国时期是秩序党领袖之一，制宪议会和立法议会议员。1870 年 9 月 4 日第二帝国垮台后，成为资产阶级国防政府实际领导人之一，1871 年 2 月就任第三共和国政府首脑。上台后与普鲁士签订了丧权辱国的和约，又策划解除巴黎国民自卫军的武装，从而激起了 3 月 18 日起义。内战爆发后逃往凡尔赛，勾结普鲁士军队血腥镇压巴黎公社。1871—1873 年任第三共和国总统。作为历史学家，他的观点倾向于复辟王朝时期的资产阶级历史编纂学派。马克思在《法兰西内战》一书中对他在法国历史上的作用作了详尽的评述。——61、298。

梯叶里，奥古斯坦（Thierry，Augustin 1795—1856）——法国历史学家，资产阶级阶级斗争理论的创立者之一。承认社会划分为阶级，承认资产阶级反对贵族的阶级斗争，同时企图证明封建欧洲的阶级的产生是由于一些民族征服另一些民族的结果。曾致力于“第三等级”史的研究，但把“第三等级”看成是一个统一的阶级。对人民群众的革命行动持否定态度。主要著作有《诺曼人征服英国史》（1825）、《第三等级形成和发展的历史》（1850）等。——61。

屠格涅夫，伊万·谢尔盖耶维奇（Тургенев，Иван Сергеевич 1818—1883）——俄国作家，对俄罗斯文学语言的发展作出重大贡献。他的作品反映了 19 世纪 30—70 年代俄国社会的思想探索和心理状态，揭示了俄国社会生活的特有矛盾，塑造了一系列“多余人”的形象；这些“多余人”意识到贵族制度的必然灭亡，但对于改变这一制度又束手无策。在俄国文学中第一次描写了新一代的代表人物——平民知识分子。反对农奴制，但寄希望于亚历山大二世，期望通过“自上而下”的改革使俄国达到渐进的转变，主张在俄国实行立宪君主制。——210。

托洛茨基（**勃朗施坦**），列夫·达维多维奇（Троцкий（Бронштейн），Лев Давидович 1879—1940）——1897 年参加俄国社会民主主义运动。在俄国社会民主工党第二次代表大会上是西伯利亚联合会的代表，属火星派少数派。

1905年同亚·帕尔乌斯一起提出和鼓吹"不断革命论"。斯托雷平反动时期和新的革命高涨年代,打着"非派别性"的幌子,实际上采取取消派立场。1912年组织"八月联盟"。第一次世界大战期间持中派立场。1917年二月革命后参加区联派,在党的第六次代表大会上随区联派集体加入布尔什维克党,当选为中央委员。参加十月武装起义的领导工作。十月革命后任外交人民委员,1918年初反对签订布列斯特和约,同年3月改任共和国革命军事委员会主席、陆海军人民委员等职。参与组建红军。1919年起为党中央政治局委员。1920年起历任共产国际执行委员会候补委员、委员。1920—1921年挑起关于工会问题的争论。1923年起进行派别活动。1925年初被解除革命军事委员会主席和陆海军人民委员职务。1926年与季诺维也夫结成"托季联盟"。1927年被开除出党,1929年被驱逐出境,1932年被取消苏联国籍。在国外组织第四国际。死于墨西哥。——128、148、149—151、297、298、301、307、308、309、311、336、360—361、362。

托马,阿尔伯(Thomas,Albert 1878—1932)——法国政治活动家,右派社会党人。1904年起为社会党报刊撰稿。1910年起为社会党议会党团领袖之一。第一次世界大战期间是社会沙文主义者。曾参加资产阶级政府,任军需部长。俄国1917年二月革命后到俄国鼓吹继续进行战争。1919年是伯尔尼国际的组织者之一。1920—1932年任国际联盟国际劳工组织的主席。——2。

W

瓦扬,爱德华·玛丽(Vaillant,Édouard-Marie 1840—1915)——法国工人运动活动家,布朗基主义者。1866—1867年加入第一国际。1871年为巴黎公社执行委员会委员,领导教育委员会。公社失败后流亡伦敦,被选为第一国际总委员会委员。曾被缺席判处死刑,1880年大赦后返回法国,1881年领导布朗基派革命中央委员会。参与创建第二国际,是第二国际1889年巴黎和1891年布鲁塞尔代表大会代表。1893年和1897年两度当选为议员。在反对米勒兰主义斗争中与盖得派接近,是1901年盖得派与布朗基派合并为法兰西社会党的发起人之一。1905—1915年是法国社会党

（1905年建立）的领导人之一。第一次世界大战期间持社会沙文主义立场。——27、41、160、161、255—256、263、292、347、353。

王德威尔得，埃米尔（Vandervelde，Émile 1866—1938）——比利时政治活动家，比利时工人党领袖，第二国际的机会主义代表人物。1885年加入比利时工人党，90年代中期成为党的领导人。1894年起多次当选为议员。1900年起任第二国际常设机构——社会党国际局主席。第一次世界大战爆发后成为社会沙文主义者，是大战期间欧洲国家中第一个参加资产阶级政府的社会党人。1918年起历任司法大臣、外交大臣、公共卫生大臣、副首相等职。俄国1917年二月革命后到俄国鼓吹继续进行战争。敌视俄国十月革命，支持武装干涉苏维埃俄国。曾积极参加重建第二国际的活动，1923年起是社会主义工人国际书记处书记和常务局成员。——2、21、27、29、105、116、120、125、154、160、161、182、203、217、227、264、273、346、349、352、361。

威廉二世（**霍亨索伦**）（Wilhelm II（Hohenzollern）1859—1941）——普鲁士国王和德国皇帝（1888—1918）。——5、12、236。

威斯特华伦——见马克思，燕妮。

威斯特华伦，斐迪南·奥托·威廉·亨宁（Westphalen，Ferdinand Otto Wilhelm Henning 1799—1876）——普鲁士国务活动家，普鲁士封建贵族的代表人物之一，君主派分子；马克思夫人燕妮·威斯特华伦的异母哥哥。1850—1858年任普鲁士内务大臣，推行反动政策。——49。

韦伯，悉尼·詹姆斯（Webb，Sidney James 1859—1947）——英国经济学家和社会活动家，工联主义和所谓费边社会主义的理论家，费边社的创建人和领导人之一。1915—1925年代表费边社参加工党全国执行委员会。第一次世界大战期间持社会沙文主义立场。1922年起为议员，1924年任商业大臣，1929—1930年任自治领大臣，1929—1931年任殖民地大臣。与其妻比阿特里萨·韦伯合写的关于英国工人运动的历史和理论的许多著作，宣扬在资本主义条件下和平解决工人问题的改良主义思想，但包含有英国工人运动历史的极丰富的材料。主要著作有《英国社会主义》（1890）、《产业民主》（1897）（列宁翻译了此书的第1卷，并校订了第2卷的俄译文；俄译本书名为《英国工联主义的理论和实践》）等。——279。

维利希，奥古斯特（Willich，August 1810—1878）——德国工人运动参加者。原为普鲁士军官，1847年因政治信仰退伍，同年加入共产主义者同盟。德国1848—1849年革命期间参加过德国南部共和派的一系列武装发动。1849年巴登-普法尔茨起义时指挥志愿军部队，恩格斯担任他的副官。起义失败后，先后流亡瑞士和英国。是1850年从共产主义者同盟分裂出去的冒险主义宗派集团的领袖之一。他与其拥护者的策略遭到马克思和恩格斯的反对。1853年移居美国，积极参加美国内战（1861—1865），在北方军队中担任指挥职务。——81。

维维安尼，勒奈（Viviani，René 1863—1925）——法国政治活动家；职业是律师。19世纪80年代加入共和社会主义者同盟，后成为独立社会党人。1893年起多次当选议员。1898年加入法国独立社会党人联盟。1902年参加改良主义的法国社会党。1906年退出社会党，同亚·米勒兰和阿·白里安等人组成独立社会党人集团（1911年取名为"共和社会党"）。1906—1910年先后在克列孟梭内阁和白里安内阁任劳工部长。1913—1914年任教育部长。1914年6月任总理兼外交部长，1914—1915年组成"神圣同盟"内阁。1915—1917年任司法部长。1920—1921年为法国驻国际联盟代表，1921—1922年出席华盛顿会议。——179。

文德尔，赫尔曼（Wendel，Hermann 1884—1936）——德国社会民主党人，政论家和作家。第一次世界大战前属德国社会民主党左翼，曾积极为该党报刊（包括《新时代》杂志）撰稿。1911—1918年为帝国国会议员。大战期间持社会沙文主义立场，战后不再积极参加政治活动。——25、26。

X

西塞罗，马可·土利乌斯（Cicero，Marcus Tullius 公元前106—前43）——古罗马政治家、演说家、著作家和哲学家。——37。

希法亭，鲁道夫（Hilferding，Rudolf 1877—1941）——奥地利社会民主党、德国社会民主党和第二国际机会主义领袖之一，"奥地利马克思主义"理论家。1907—1915年任德国社会民主党中央机关报《前进报》编辑。1910年发表《金融资本》一书，对研究垄断资本主义起了一定的积极作用，但书中有理论错误。第一次世界大战期间是中派分子，主张同社会帝国主义者

统一。战后公开修正马克思主义，提出“有组织的资本主义”的理论，为国家垄断资本主义辩护。1917年起为德国独立社会民主党领袖之一。敌视苏维埃政权和无产阶级专政。1920年取得德国国籍。1924年起为国会议员。1923年和1928—1929年任魏玛共和国财政部长。法西斯分子上台后流亡法国。——375。

霞飞，约瑟夫·雅克·塞泽尔(Joffre，Joseph Jacques Césaire1852—1931)——法国元帅(1916)，法国帝国主义军阀代表人物。普法战争(1870—1871)和法国在东亚和非洲的殖民战争的参加者。1908年起任军长。1910年起任最高军事委员会委员，1911年起任最高军事委员会副主席兼总参谋长。1914—1916年任法军总司令，1916年12月起任政府军事顾问。1917—1918年任法国驻美国军事代表团团长，后任驻日本军事代表团团长。是武装干涉苏维埃俄国的策划者之一。1922年起任法国政府国防委员会主席。写有回忆录等。——308、312、313、318。

夏里亚宾，费多尔·伊万诺维奇(Шаляпин，Федор Иванович 1873—1938)——俄国男低音歌唱家，歌剧演员。对俄罗斯声乐艺术和世界歌剧艺术有很大影响。十月革命后任玛丽亚剧院艺术指导，曾参与大剧院的创建工作。1918年获共和国人民演员称号。1922年移居国外。——98。

谢德曼，菲力浦(Scheidemann，Philipp 1865—1939)——德国社会民主党右翼领袖之一。1903年起参加社会民主党国会党团。1911年当选为德国社会民主党执行委员会委员，1917—1918年是执行委员会主席之一。第一次世界大战期间是社会沙文主义者。1918年10月参加巴登亲王马克斯的君主制政府，任国务大臣。1918年十一月革命期间参加所谓的人民代表委员会，借助旧军队镇压革命。1919年2—6月任魏玛共和国联合政府总理。1933年德国建立法西斯专政后流亡国外。——217、257、265、273、275、312、352。

谢姆柯夫斯基，谢·(**勃朗施坦，谢苗·尤利耶维奇**)(Семковский，С.(Бронштейн，Семен Юльевич)1882—1937)——俄国社会民主党人，孟什维克。曾加入托洛茨基的维也纳《真理报》编辑部，为孟什维克取消派报刊和外国社会民主党人的报刊撰稿；反对民族自决权。第一次世界大战期间是中派分子，孟什维克组织委员会国外书记处成员。1917年回国后，进入孟什维克中央委员会。1920年同孟什维克决裂。后在乌克兰高等院校任教授，从事科学著述。——287、292、297、298、300、301、305、307。

辛克莱，厄普顿(Sinclair，Upton 1878—1968)——美国作家。大学毕业后从事写作和社会活动。1902年加入社会党。写有一系列长篇小说(《屠场》、《煤炭大王》、《石油》、《波士顿》等)，描写资本对劳动的残酷剥削，揭露社会黑暗面。以创作“揭发黑幕”的小说闻名，在现代美国文学史上占有一定的地位。就其世界观来说是空想社会主义者和小资产阶级改良主义者。从这一立场出发，曾反对第一次世界大战。——282—283。

兴登堡，保尔(Hindenburg，Paul 1847—1934)——德国军事家和国务活动家，元帅(1914)。普奥战争(1866)和普法战争(1870—1871)的参加者。第一次世界大战期间，1914年8月起任东普鲁士的德军第8集团军司令，11月起任东线部队司令，1916年8月起任总参谋长，实际上是总司令。1918年是武装干涉苏维埃俄国的策划者之一。参与镇压德国1918年十一月革命。1925年和1932年两度当选魏玛共和国总统。1933年授命希特勒组织政府，从而把全部政权交给了法西斯分子。——308、312、313、318、351。

休谟，大卫(Hume，David 1711—1776)——英国哲学家，主观唯心主义者，不可知论者；历史学家和经济学家。继乔·贝克莱之后，用唯心主义精神发展约·洛克的感觉论。承认感觉是认识的基础，认为认识的任务就是组合初步的感觉和由感觉形成的概念。否认唯物主义的因果观，认为外部世界的存在问题是无法解决的。认为人只能知道自己心理上的感觉，感受之外的东西，人是不可能知道的。主要著作有《人性论》(1739—1740)、《道德原则研究》(1751)等。——54。

休特古姆，阿尔伯特(Südekum，Albert 1871—1944)——德国社会民主党右翼领袖之一，修正主义者。1900—1918年是帝国国会议员。第一次世界大战期间是社会沙文主义者。在殖民地问题上宣扬帝国主义观点，反对工人阶级的革命运动。1918—1920年任普鲁士财政部长。1920年起不再积极参加政治活动。“休特古姆”一词已成为极端机会主义者和社会沙文主义者的通称。——8、29、37、97、115、119、120、121—122、127、159、231、250、254、264—265、273、275、277、308、311、355。

血腥的尼古拉——见尼古拉二世(罗曼诺夫)。

Y

亚历山大二世(**罗曼诺夫**)(Александр II(Романов)1818—1881)——俄国皇帝(1855—1881)。——323、332。

伊壁鸠鲁(Epikouros 公元前 342—前 270)——古希腊唯物主义哲学家,无神论者,德谟克利特的追随者。——48、83。

伊克斯——见马斯洛夫,彼得·巴甫洛维奇。

伊林,弗·——见列宁,弗拉基米尔·伊里奇。

约尔丹斯基,尼古拉·伊万诺维奇(Иорданский,Николай Иванович 1876—1928)——1899 年参加俄国社会民主主义运动。1903 年俄国社会民主工党第二次代表大会后是孟什维克。1904 年为孟什维克《火星报》撰稿人,1905 年进入彼得堡苏维埃执行委员会。1906 年是党的第四次(统一)代表大会有发言权的代表、俄国社会民主工党统一的中央委员会(孟什维克的)代表。斯托雷平反动时期接近孟什维克护党派。第一次世界大战期间支持战争。1917 年二月革命后是临时政府派驻西南方面军多个集团军的委员。1921 年加入俄共(布)。1922 年在外交人民委员部和国家出版社工作,1923—1924 年任驻意大利全权代表。1924 年起从事写作。——170。

约诺夫(**科伊根,费多尔·马尔科维奇**)(Ионов(Койген,Федор Маркович)1870—1923)——俄国社会民主党人,崩得领袖之一,后为布尔什维克。1893 年起在敖德萨社会民主主义小组工作。1903 年当选为崩得中央委员,1906 年代表崩得出席俄国社会民主工党第四次(统一)代表大会。1907 年是党的第五次(伦敦)代表大会的代表。1908 年 12 月参加俄国社会民主工党第五次代表会议的工作,在基本问题上支持孟什维克护党派的纲领,后对取消派采取调和主义态度。第一次世界大战期间加入接近中派立场的崩得国际主义派。十月革命后加入俄共(布),在党的沃佳基地区委员会工作。——202、305。

Z

左尔格,弗里德里希·阿道夫(Sorge,Friedrich Adolph 1828—1906)——美国工人运动和国际工人运动活动家,马克思和恩格斯的学生和战友。生于德国，参加过德国1848—1849年革命。革命失败后先后流亡瑞士、比利时和英国，1852年移居美国。在美国积极宣传马克思主义，是纽约共产主义俱乐部（1857年创立）和美国其他一些工人组织和社会主义组织的领导人之一。第一国际成立后，积极参加国际的活动，是第一国际美国各支部的组织者。1872年第一国际总委员会从伦敦迁至纽约后，担任总委员会总书记，直到1874年。1876年参加北美社会主义工人党的创建工作，领导了党内马克思主义者对拉萨尔派的斗争。与马克思和恩格斯长期保持通信联系。90年代从事美国工人运动史的研究和写作，著有《美国工人运动》一书以及一系列有关美国工人运动史的文章，主要发表在德国社会民主党理论刊物《新时代》杂志上。晚年整理出版了他与马克思和恩格斯等人的书信集。1907年书信集俄译本出版，并附有列宁的序言。列宁称左尔格为第一国际的老战士。——82、279。

文献索引

——235。

布洛赫，约·《战争与社会民主党》(Bloch，I. Der Krieg und die Sozialdemokratie.—«Sozialistische Monatshefte»，Berlin，1914，Bd.2，Hft.16，13. August，S.1023—1027)——27。

车尔尼雪夫斯基，尼·加·《序幕》(Чернышевский，Н.Г. Пролог)——109。

—《怎么办？》(Что делать?)——297。

大卫，爱·《社会民主党和保卫祖国》(David，E. Sozialdemokratie und Vaterlandsverteidigung. Rede des Reichs tagsabgeordneten Dr. Eduard David，gehalten am 6. März 1915 in Bielefeld. [Berlin]，Buchh. «Vorwärts»，[1915].32 S.)——226。

—《社会主义和农业》(Sozialismus und Landwirtschaft. Bd. I. Die Betriebsfrge. Berlin，Verl. der Sozialistischen Monatshefte，1903.703 S.)——289。

—《世界大战中的社会民主党》(Die Sozialdemokratie im Weltkrieg. Berlin，Singer，1915.192 S.)——270、289—293、300—301。

德莱齐，弗·《行将到来的战争》(Delaisi，F. La Guerre qui vient. Paris，«Guerre Sociale»，1911.48 p.)——227—228。

迪马，沙·《我们希望什么样的和平》(Dumas，Ch. La Paix que nous voulons. Paris，Rivière，1915.36 p.)——225—226。

恩格斯，弗·《波河与莱茵河》(Энгельс，Ф. По и Рейн. Конец февраля—начало марта 1859 г.)——122、237。

—《德国的社会主义》(Социализм в Германии. Около 24 октября и конец декабря 1891 г.)——27、36、104、122、332、338。

—《法德农民问题》(Engels，F. Die Bauernfrage in Frankreich und Deutschland.—«Die Neue Zeit»，Stuttgart，1894—1895，Jg. XIII，Bd. I，Nr. 10，S. 292—306)——77。

—《反杜林论》(Анти-Дюринг. Переворот в науке，произведенный господином Евгением Дюрингом. 1876—1878 гг.)——53、55、56、76。

—《给卡·考茨基的信》(1895年4月1日)(Письмо К. Каутскому. 1 апреля 1895 г.)——101。

—[《给卡·马克思的信》](1851年2月5日)([Brief an K. Marx]. 5.

tember 1879.—Ibidem,S.421—423)——81—82。

—[《给卡·马克思的信》](1881年8月11日)([Brief an K.Marx].11.August 1881.—Ibidem,S.432—433)——79。

—[《共产党宣言》]《1883年德文版序言》(Предисловие к немецкому изданию 1883 года [«Манифеста Коммунистической партии»]. 28 июня 1883 г.)——60。

—《家庭、私有制和国家的起源》(Происхождение семьи, частной собственности и государства. Апрель—Май 1884 г.)——76。

—《[卡·马克思〈1848年至1850年的法兰西阶级斗争〉一书]导言》(Введение [к работе К.Маркса «Классовая борьба во Франции с 1848 по 1850 г.»].6 марта 1895 г.)——101。

—《流亡者文献》(Эмигрантская литература. Май 1874 г.—апрель 1875 г.)——110、317、341。

—《路德维希·费尔巴哈和德国古典哲学的终结》(德文版)(Ludwig Feuerbach und der Ausgang der klassischen deutschen Philosophie. Revidierter Sonderabdruck aus der «Neuen Zeit». Mit Anhang: Karl Marx über Feuerbach vom Jahre 1845. Stuttgart, Dietz, 1888. VII, 72 S.)——54。

—《路德维希·费尔巴哈和德国古典哲学的终结》(俄文版)(Людвиг Фейербах и конец классической немецкой философии. Начало 1886 г.)——48、55—57。

—《西方土地问题》(К аграрному вопросу на Западе. Пер. с нем. [Одесса], Алексеева, 1905.24 стр.)——77。

费尔巴哈,路·《基督教的本质》(Feuerbach, L. Das Wesen des Christentums. Leipzig, Wigand, 1841.XII,450 S.)——48。

—《未来哲学原理》(Grundsätze der Philosophie der zukunft. Zürich—Winterthur, 1843.IV,84 S.)——48。

—《宗教本质讲演录》(Vorlesungen über das Wesen der Religion. Nebst Zusätzen und Anmerkungen. Leipzig, Wigand, 1851. VIII, 463 S.)——248。

1915,Bd.2,Hft.13,8.Juli,S.628—636)——348—349。

亨尼施,康·《德国党对国际的“背叛”》(Haenisch,K. Der deutsche «Verrat» an der Internationale.—«Hamburger Echo»,1914,Nr.286,8.Dezember, S.1—2)——118—119。

加尔德宁,尤·《马克思、恩格斯和斯拉夫人》(Гарденин,Ю. Маркс,Энгельс и славянство.—«Жизнь», Париж, 1915, №52, 23 мая, стр. 1 — 2) ——237。

杰列文斯基,И.《代表们的事业》(Деревенский,И. Дело депутатов.—«День», Пг.,1915,№40(838),11 февраля,стр.3—4;№41(839),12 февраля,стр. 3—4)——173、175、177。

卡列耶夫,尼·伊·《当前战争引出的关于俄国科学的设想》(Кареев,Н.И. Мысли о русской науке о поводу теперешней войны.—В кн.:Чего ждет Россия от войны.Сборник статей:Туган-Барановского,М.И.и др.С прил. 4-х географ.карт. Изд. 2-е. Пг.,«Прометей»,[1915],стр.81—97)—— 286—287。

考茨基,卡·《各种各样的革命家》(Kautsky,K. Allerhand Revolutionäres.—«Die Neue Zeit»,Stuttgart,1903—1904,Jg.22,Bd.I,Nr.19,S.620—627) ——251。

—《国际观点和战争》(1915 年柏林版)(Die Internationalität und der Krieg. Berlin,Singer,1915.40 S.)——195、196—198、199、272、304、348—350。

—《国际观点和战争》(载于 1915 年《我们的事业》杂志第 1 期)(Каутский, К. Международность и война.—«Наше Дело»,Пг.,1915,№1,стр.120—136;№2,стр.19—35)——143、144—145、147、195、196—198、199、217、348—349。

—《和平的前景》(Перспективы мира.—«Голос», Париж, 1914, №18, 2 октября,стр.1;№19,3 октября,стр.2)——29。

—《两本用于重新学习的书》(Zwei Schriften zum Umlernen.—«Die Neue Zeit»,Stuttgart,1915,Jg.33,Bd.2,Nr.5,30.April,S.138—146)——240、241—242、243。

—《论战争》——见考茨基,卡·《战争时期的社会民主党》。

孔佩尔-莫雷尔《分赴全国各地的特派员》(Compére-Morel. Les commissaires à la nation.—«L'Humanité»,Paris,1914,N 3788,31 août,p.1)——27。

库诺,亨·《党破产了吗?》(Cunow,H. Parteizusammenbruch? Ein offenes Wort zum inneren Parteistreit.Berlin,Singer,1915.38 S.)——229、230、250—251。

李卜克内西,卡·[《给〈前进报〉的一封信》](Liebknecht,K. [Ein Brief dem «Vorwärts»].—«Bremer Bürger-Zeitung»,1914,Nr.251,27.Oktober,S. 3.Под общ.загл.:Umschau)——28、41。

—《强有力的警告》(Ein kräftiger Mahnruf.—«Bermer Tagwacht»,1915,Nr.123,31.Mai,S.1)——265、350、377。

[里茨勒尔,库·]《当代世界政治的主要特征》([Riezler,K.] Grundzüge der Weltpolitik in der Gegenwart. Stuttgart—Berlin, Deutsche Verlags-Anstalt,1913.XIII,252 S.Перед загл.авт.:Ruedorffer,J.J.)——260。

[梁赞诺夫,达·波·]《胜利还是失败?》([Рязанов,Д.Б.] Победа или поражение? —«Известия Заграничного Секретариата Организационного Комитета Российской Социал-Демократической Рабочей Партии», [Женева],1915,№2,14 июня,стр.2—3.Подпись:Буквоед)——297、298、300、301。

列德尔,Z.、瑟嫩鲍姆,I.和柯恩,M.《波兰社会党人志愿参加法国军队》(Leder,Z.,Senenbaum,I.et Kon,M. Socialistes Polonais engagés dans l'Armée Française.—«L'Humanité»,Paris,1914,N 3808,20 septembre,p. 2,в отд.:La Vie à Paris)——26、42。

[列金,卡·]《为什么工会的官员应当更多地参加党内生活?》([Legien,C.] Warum müssen die Gewerkschaftsfunktionäre sich mehr am inneren Parteileben beteiligen? (Ein Vortrag von C.Legien in der Versammlung der Gewerkschaftskommission Berlins und Umgegend am 27. Januar 1915).Berlin,1915.47 S.)——268—270、271—272。

[列宁,弗·伊·]《对其他党派的态度》([Ленин,В.И.] Отношение к другим партиям и группам.[Резолюция,принятая на конференции заграничных секций РСДРП.1915 г.].—«Социал-Демократ»,Женева,1915,№40,29

——214。

—《俄国的休特古姆派》(Русские Зюдекумы.—«Социал-Демократ», Женева,
1915, №37, 1 февраля, стр. 1)——115。

—《俄国社会民主工党国外支部代表会议》(Конференция заграничных
секций РСДРП.—«Социал-Демократ», Женева, 1915, №40, 29 марта,
стр. 2)——179、214、252、298、311、312、319、364。

—《俄国社会民主工党中央委员会的信——致〈我们的言论报〉编辑部》
(1915 年 3 月 10 日(23 日))(Письмо ЦК РСДРП—редакции «Нашего
Слова». 10(23) марта 1915 г.)——202。

—《俄国社会民主工党中央委员会在布鲁塞尔会议上的报告和给出席该会
议的中央代表团的指示》(Доклад ЦК РСДРП и инструктивные указания
делегации ЦК на Брюссельском совещании. 23 июня(6 июля)— 30 июня
(13 июля) 1914 г.)——128—130。

—《反驳》([Lenin, W. I.] Eine Erwiderung.—«Leipziger Volkszeitung»,
1914, Nr. 165, 21. Juli. 2. Beilage zu Nr. 165 «Leipziger Volkszeitung», S. 2.
Подпись: Die Redaktion der Prawda)——358—359。

—《革命的社会民主党在欧洲大战中的任务》(Задачи революционной
социал-демократии в европейской войне. Август, не позднее 24 (6)
сентября 1914 г.)——9、20、28、42、176。

—《工人对在国家杜马中成立俄国社会民主工人党团的反应》(Отклик
рабочих на образование Российской социал-демократической рабочей
фракции в Государственной думе.—В кн.: Ленин, В. И. и др. Марксизм и

—《工人阶级和工人报刊》(Рабочий класс и рабочая печать.—В кн.: Ленин,

авт.:Г.Зиновьев,В.Ильин,Ю.Каменев)——359。

—《关于"保卫祖国"的口号》[1915 年俄国社会民主工党国外支部代表会议通过的决议](О лозунге «защиты отечества».[Резолюция,принятая на конференции заграничных секций РСДРП. 1915 г.].—«Социал-Демократ», Женева, 1915, №40, 29 марта, стр. 2. Под общ. загл.: Конференция заграничных секций РСДРП)——252。

—《关于民粹派》[有党的工作者参加的俄国社会民主工党中央委员会 1913 年夏季会议的决议](О народниках. [Резолюция, принятая на летнем 1913 г.совещании ЦК РСДРП с партийными работниками].—В кн.:Извещение и резолюции летнего 1913 года совещания Центрального Комитета РСДРП с партийными работниками. Изд. ЦК. [Париж, декабрь] 1913,стр.23—24.(РСДРП))——120。

—《国际妇女社会党人代表会议决议草案》——见列宁,弗·伊·《中央委员会代表团提出的决议案》。

—《国际主义者联合的问题》(Вопрос об объединении интернационалистов.—«Социал-Демократ», Женева, 1915, №41, 1 мая, стр. 1 — 2)——209。

—《和平主义与和平口号》[1915 年俄国社会民主工党国外支部代表会议通过的决议](Пацифизм и лозунг мира. [Резолюция, принятая на конференции заграничных секций РСДРП. 1915 г.].—« Социал-Демократ», 1915, №40, 29 марта, стр. 2. Под общ. загл.: Конференция заграничных секций РСДРП)——311、312。

—《卡尔·马克思(传略和马克思主义概述)》(Карл Маркс.Краткий очерк с изложением марксизма. М., «Прибой», 1918. 24 стр.(РКП(б)).Перед загл.авт.:Н.Ленин)——47。

—《拉林在瑞典代表大会上宣布的是什么样的"统一"?》(Какое «единство» провозгласил на шведском съезде Ларин? —« Социал-Демократ », Женева,1915,№37,1 февраля,стр.2)——114。

—《论欧洲联邦口号》(О лозунге Соединенных Штатов Европы.—«Социал-Демократ»,Женева,1915,№44,23 августа,стр.2)——369。

—《中央委员会代表团提出的决议案[在伯尔尼国际妇女社会党人代表会议上]》(Резолюция, предложенная делегацией ЦК [на интернациональной социалистической женской конференции в Берне].—«Социал-Демократ», Женева, 1915, №42. Приложение к №42 газеты «Социал-Демократ», 1 июня, стр. 2. Под общ. загл.: Женская международная социалистическая конференция)——215、216。

—《资产阶级慈善家和革命的社会民主党》(Буржуазные филантропы и революционная социал-демократия.—«Социал-Демократ», Женева, 1915, №41, 1 мая, стр.2)——232。

列宁,弗·伊·等《马克思主义和取消主义》(Ленин, В.И. и др. Марксизм и ликвидаторство. Сборник статей об основных вопросах современного рабочего движения. Ч.II. Спб., «Прибой», 1914. IV, 214 стр. Перед загл. кн. авт.: Г.Зиновьев, В.Ильин, Ю.Каменев)——358。

[列宁,弗·伊·和季诺维也夫,格·叶·]《社会主义与战争》(德文版)([Lénine, V.I. et Zinowieff, G.E.] Sozialismus und Krieg. (Stellung der S.-D.A.-P. Rußlands zum Kriege). Б. м., 1915. 36 S. (S.-D. A.-P.). После загл. авт.: G.Zinowjew und N.Lenin)——321。

—《社会主义与战争》(法文版)(Le socialisme et la guerre. (Point de vue du PSDO de Russie sur la guerre). Genève, Réd. du «Social-Démocrate», 1916. 77 p. (Parti social démocrate ouvrier de Russie). После загл. авт.: G. Zinowieff et N. Lénine)——321。

—《社会主义与战争》(挪威文版)(Socialisme og Krig.—«Klassenkampen», Kristiania, 1916, Nr.1, 8 januar, s. 2—3; Nr. 2, 15 januar, s. 2—3. Перед загл. авт.: G.Zinowjew og N.Lenin)——321。

—《社会主义与战争》(1915 年日内瓦俄文版)(Социализм и война. (Отношение РСДРП к войне). Изд. ред. «Социал-Демократа». Женева, Chaulmontet, 1915. 48 стр. (РСДРП). Перед загл. авт.: Г. Зиновьев и Н. Ленин)——319、321。

—《社会主义与战争》(1918 年彼得堡俄文版)(Социализм и война. (Отношение РСДРП к войне). Перепечатка с женевского изд. (1915 г.).

—《"最后的战争"的神话》(Мифология «последней войны».—«Голос», Париж, 1914, №22, 8 октября, стр. 1. Подпись: Л. М.)——45。

马克思,卡·《德谟克利特的自然哲学和伊壁鸠鲁的自然哲学的区别》(Маркс, К. Различие между натурфилософией Демокрита и натурфилософией Эпикура. С приложением. 1839 г.—март 1841 г.)——48。

—《第一国际宣言》——见马克思,卡·《国际工人协会成立宣言》。

—《发表在〈莱茵报〉上的文章》(Marx, K. Aus der Rheinischen Zeitung.—B кн.: Aus dem literarischen Nachlaß von K. Marx, F. Engels und F. Lassalle. Hrsg. von F. Mehring. Bd. I. Gesammelte Schriften von K. Marx und F. Engels. Von März 1841 bis März 1844. Stuttgart, Dietz, 1902, S. 169—328)——49。

—《法兰西内战》(Der Bürgerkrieg in Frankreich. Adresse des Generalrats der Internationalen Arbeiter-Assoziation an alle Mitglieder in Europa und der Vereinigten Staaten. Sonderabdr. aus dem «Volksstaat». Leipzig, Exped. des «Volksstaates», 1871. 52 S.)——51。

—《福格特先生》(Herr Vogt. London, Petsch, 1860. VI, 191 S.)——51。

—《给弗·阿·左尔格的信》(1879年9月19日)(Письмо Ф. А. Зорге. 19 сентября 1879 г.)——82、96—97。

—[《给阿·卢格的信》](1843年9月)([Brief an A. Ruge]. September 1843.—«Deutsch-Französische Jahrbücher», Paris, 1844, Lfrg. 1—2, S. 36—40)——49。

—[《给弗·恩格斯的信》](1856年4月16日)([Brief an F. Engels]. 16. April 1856.—B кн.: Der Briefwechsel zwischen Friedrich Engels und Karl Marx. 1844 bis 1883. Hrsg. von A. Bebel und E. Bernstein. Bd. 2. Stuttgart, Dietz, 1913, S. 106—108)——47、81。

—[《给弗·恩格斯的信》](1862年8月2日)([Brief an F. Engels]. 2. August 1862.—Ibidem, Bd. 3, S. 77—82)——70。

—[《给弗·恩格斯的信》](1862年8月9日)([Brief an F. Engels]. 9. August 1862.—Ibidem, S. 86—87)——70。

—[《给弗·恩格斯的信》](1863年4月9日)([Brief an F. Engels]. 9. April

г.)——54。

—《国际工人协会成立宣言》(Учредительный манифест Международного Товарищества Рабочих, основанного 28 сентября 1864 г. на публичном собрании, состоявшемся в Сент-Мартинс-холле, Лонг-Эйкр, в Лондоне. Между 21—27 октября 1864 г.)——51。

—《国际工人协会总委员会关于普法战争的第二篇宣言》(Второе воззвание Генерального Совета Международного Товарищества Рабочих о франко-прусской войне. Членам Международного Товарищества Рабочих в Европе и Соединенных Штатах. Между 6—9 сентября 1870 г.)——82、337。

—《〈黑格尔法哲学批判〉导言》(Zur Kritik der Hegel'schen Rechts-Philosophie. Einleitung.—Ibidem, S.71—85)——49。

—《路易·波拿巴的雾月十八日》(Восемнадцатое брюмера Луи Бонапарта. Декабрь 1851 г.—март 1852 г.)——72。

—《论蒲鲁东》(给约·巴·施韦泽的信)(О Прудоне. (Письмо И. Б. Швейцеру). 24 января 1865 г.)——124。

—《论犹太人问题》(Zur Judenfrage.—«Deutsch-Französische Jahrbücher», Paris, 1844, Lfrg.1—2, S.182—214)——49。

—《摩泽尔记者的辩护》(Rechtfertigung des Korrespondenten von der Mosel.—«Rheinische Zeitung für Politik, Handel und Gewerbe», Köln, 1843, Nr.15, 15.Januar, S.1—2; Nr.17, 17.Januar, S.1; Nr.18, 18.Januar, S.1—2; Nr.19, 19.Januar, S.1—2; Nr.20, 20.Januar, S.1)——49。

—《普鲁士革命的清算》(Bilanz der preußischen Revolution.—В кн.: Aus dem literarischen Nachlaß von K. Marx, F. Engels und F. Lassalle. Hrsg. von F. Mehring. Bd. III. Gesammelte Schriften von K. Marx und F. Engels. Von Mai 1848 bis Oktober 1850. Stuttgart, Dietz, 1902, S.206—229)——80—81。

—《剩余价值理论》(Теории прибавочной стоимости (IV том «Капитала»). Январь 1862 г.—июль 1863 г.)——70。

—《1848年至1850年的法兰西阶级斗争》(Классовая борьба во Франции с

экономии, т. II. 1885 г.)——68。

—《资本论》(1894 年俄文版第 3 卷)(Капитал. Критика политической экономии, т. III, ч. 1—2. 1894 г.)——68—71。

马克思,卡·和恩格斯,弗·《共产党宣言》(俄文版)(Маркс, К. и Энгельс, Ф. Манифест Коммунистической партии. Декабрь 1847 г.—январь 1848 г.)——2、16—17、21、25、38、43、60—62、74、75、78—79、165、292、332、374。

—《共产党宣言》(伦敦版)(Manifest der Kommunistischen Partei. London, «Bildungs-Gesellschaft für Arbeiter», 1848. 30 S.)——50。

—《神圣家族,或对批判的批判所做的批判》(Die heilige Familie oder Kritik der kritischen Kritik. Gegen Bruno Bauer und Konsorten.—В кн.: Aus dem literarischen Nachlaß von K. Marx, F. Engels und F. Lassalle. Hrsg. von F. Mehring. Bd. II. Gesammelte Schriften von K. Marx und F. Engels. Von Juli 1844 bis November 1847. Stuttgart, Dietz, 1902, S. 63—326)——53、54。

—《致〈社会民主党人报〉编辑部的声明》(Заявление в редакцию газеты «Social-Demokrat». 23 февраля 1865 г.)——111。

马斯洛夫,彼·巴·《战争和通商条约》(给编辑部的信)(Маслов, П. П. Война и торговрые договоы. (Письмо в редакцию).—«Русские Ведомости», [М.], 1914, №207, 10 сентября, стр. 2, в отд.: На темы дня)——17、26、42、119。

马希纳泽,勃·《高加索社会民主党》(Мащинадзе, Б. Кавказская социал-демократия.—«Известия Заграничного Секретариата Организационного Комитета Российской Социал-Демократической Рабочей Партии», [Женева], 1915, №2, 14 июня, стр. 4)——305。

梅林,弗·《抗议》(Mehring, F. Ein Protest.—«Vorwärts», Berlin, 1914, Nr. 250, 13. September. Beilage des «Vorwärts» Berliner Volksblatt, S. [2], в отд.: Aus der Partei)——9、27、28、41、44。

—《我们的导师和党机关的政策》(Unsere Altmeister und die Instanzenpolitik.—«Die Internationale», Berlin, 1915, Hft. 1, 15. April, S. 60—70)

——254。

—《1870 年战争回忆》(Erinnerungen aus dem Kriegsjahre 1870. Ein Wort zum Burgfrieden.—«Die Neue Zeit», Stuttgart, 1914, Jg.33, Bd.1, Nr.1, 2. Oktober, S.9—17)——102—103。

米留可夫,帕·尼·《俄国获得的领土》(Милюков, П.Н. Территориальные приобретения России.—В кн.: Чего ждет Россия от войны. Сборник статей: Туган-Барановского, М.И. и др. С прил. 4-х географ. карт. Изд. 2-е. Пг., «Прометей», [1915], стр.53—66)——285—286。

莫雷尔,埃·迪·《战争是怎样爆发的》(Morel, E.D. The outbreak of the War. Б.м., б.г., 18 p.)——280。

莫尼托尔《社会民主党和世界大战》(Monitor. Die Sozialdemokratie und der Weltkrieg.—«Preußische Jahrbücher», Berlin, 1915, Bd. 160, April bis Juni, S.30—53)——266、354。

[潘涅库克,安·]《国际的破产》([Panneckoek, A.] Der Zusammenbruch der Internationale.—«Berner Tagwacht», 1914, Nr.245, 20. Oktober, S.1; Nr. 246, 21. Oktober, S.1; Nr.247, 22. Oktober, S.1)——41、106。

—《社会党人的和平条件》(Sozialistische Friedensbedingungen.—«Berner Tagwacht», 1915, Nr.73, 29. März, S.1; Nr.75, 31. März, S.1. Подпись: A. P.)——313、314。

佩什,乔·《大不列颠在各殖民地和国外的投资》(Paish, G. Great Britain's Capital Investments in Individual Colonial and Foreign Countries.—«Journal of the Royal Statistical Society», London, 1911, v. LXXIV, part II, January, p.167—187)——243。

普列汉诺夫,格·瓦·《论战争》(Плеханов, Г.В. О войне. Ответ товарищу З. П. Paris, «Union», 1914, 32 стр.)——115、118、121—122、226—227、234。

—《普列汉诺夫同志致〈言语报〉编辑部的一封公开信》(Открытое письмо тов. Плеханова в редакцию газеты «Речь».—«Голос», Париж, 1914, №39, 28 октября, стр.1)——17、42。

—《再论战争》(Еще о войне. (Ответ товарищу Н—ву).—В кн.: Война. Сборник статей. При участии: И. Аксельрод и др. [Paris, «Ideal», 1915], стр.11—48)——309、348—349。

—《在20世纪的门槛上》(На пороге двадцатого века.—«Искра»,[Мюнхен],1901,№2,февраль,стр.1)——104—105。

齐博尔迪,卓·《欧洲社会主义和意大利社会主义》(Zibordi,G.Il Socialismo europeo e il Socialismo italiano.—«Avanti!», Milano, 1914, N. 242, 2 Settembre,p.2.Под общ.загл.:Intorno alla guerra)——9、10。

契恒凯里,阿·《在柏林的五个星期》(Чхенкели,А. Пять недель в Берлине.—«Современный Мир»,Пг.,1915,№5,стр.125—152)——362。

契诃夫,安·巴·《套中人》(Чехов,А.П. Человек в футляре)——244。

切列万宁,涅·《德国面临国内危机》(Череванин,Н. Германия перед внутренним кризисом.—«Наша Заря», Спб., 1914, №7—8—9, стр. 88—108)——123。

饶勒斯,让·《新军队》(Jaurès,J. L'Armée nouvelle.Paris,Rouff,[1911].686 p.(L'organisation socialiste de la France))——25。

萨尔蒂科夫-谢德林,米·叶·《被忘记的言论》(Салтыков-Щедрин,М.Е. Забытые лсова)——100、224。

—《时代特征》(Признаки времени)——150。

—《五光十色的书信》(Пестрые письма)——213。

萨尔托里乌斯·冯·瓦尔特斯豪森,奥·《国外投资的国民经济制度》(Sartorius von Waltershausen,A. Das volkswirtschaftliche System der Kapitalanlage im Auslande.Berlin,Reimer,1907.442 S.)——260。

失业者,И.等《论组织问题》(Безработный,И. и др. К организационному вопросу.[Особое мнение 2-х членов редакции и 2-х сотрудников «Нашего Слова», оглашенное на собрании редакции и коллегии парижских сотрудников].—«Наше Слово»,Париж,1915,№107,6 июня,стр.1—2)——307、362。

施特勒贝尔,亨·《国会见闻》(Ströbel,H. Aus den Parlamenten.—«Die Internationale»,Berlin,1915,Hft.1,15.April,S.41—54)——265。

舒尔采,恩·《在俄国的法国资本》(Schultze,E. Das französische Kapital in Rußland.—«Finanz-Archiv», Stuttgart—Berlin, 1915, Jg. 32, Bd. 1, S.

Социал-Демократической Рабочей Партии»，[Женева]，1915，№2，14 июня，стр.1—2)——287、297、298、300、301、302、307、339、377。

—《要瓦解俄国吗?》(Распад России? —«Наше Слово»，Париж，1915，№45，21 марта，стр.2，в отд.：Свободная трибуна)——287、301。

辛克莱，厄·《反战宣言》(Sinclair，U. A manifesto against it. An Appeal to the Socialist Movement.—В кн.：Sinclair，U. and Blatchford，R. Socialism and War. London，Clarion，[1915]，p.1—10.(Pass on pamphlets. No.27. Id.))——282—283。

辛克莱，厄·和布拉奇福德，罗·《社会主义与战争》(Sinclair，U. and Blatchford，R. Socialism and War. London，Clarion，[1915].16 p.(Pass on pamphlets. No.27. Id.))——281—284。

许布纳尔，奥·《世界各国地理统计表》(Hübner，O. Geographischstatistische Tabellen aller Länder der Erde. Fortgeführt und ausgestaltet von F. Juraschek. 63. umgearb. Ausgabe für das Jahr 1914. Frankfurt a. M.，Keller，1914. XV，155 S.)——325—326。

约诺夫《崩得论战争》(Ионов. Бунд о войне.—«Известия Заграничного Секретариата Организационного Комитета Российской Социал-Демократической Рабочей Партии»，[Женева]，1915，№2，14 июня，стр.3—4)——305。

兹纳缅斯基，С.Ф.《教育领域的基本任务》(Знаменский，С.Ф. Основные задачи в области образования.—В кн.：Чего ждет Россия от войны. Сборник статей：Туган-Барановского，М.И. и др. С прил. 4-х географ. карт. Изд. 2-е. Пг.，«Прометей»，[1915]，стр.144—172)——287。

*　　*　　*

巴黎，1月3日。[社论](Париж，3-го января.[Передовая].—«Голос»，Париж，1915，№96，3 января，стр.1)——127。

《巴黎回声报》(«L'Écho de Paris»)——179。

《巴塞尔国际社会党代表大会的宣言》(Манифест Базельского международного социалистического конгресса.—«Коммунист»，[Женева]，1915，№1—2， стр. 193—195. Под общ. загл. : Забытые слова)——224、226。

《百科词典》(格拉纳特兄弟出版公司版)(Энциклопедический словарь т-ва «Бр. А. и И. Гранат и К⁰». 7-е, совершен. переработ. изд. под ред. Ю. С. Гамбарова и др. Т. 28. М., [1914], стлб. 219—243, 243′—246′)——47、 372—375。

《保险问题》杂志(彼得格勒)(«Вопросы Страхования», Пг.)——204。

《报刊评论》(载于 1914 年 9 月 22 日《呼声报》第 9 号)(Обзор печати.— «Голос», Париж, 1914, №9, 22 сентября, стр. 1—2)——26。

《报刊评论》(载于 1914 年 9 月 25 日《呼声报》第 12 号)(Обзор печати.— «Голос», Париж, 1914, №12, 25 сентября, стр. 1—2)——28。

《报刊评论》(载于 1914 年 9 月 27 日《呼声报》第 14 号)(Обзор печати.— «Голос», Париж, 1914, №14, 27 сентября, стр. 1—2)——31。

"报刊述评"(载于 1914 年 9 月 15 日《我们的呼声报》第 3 号)(Обзор печати.—«Наш Голос», Париж, 1914, №3, 15 сентября, стр. 1)——26。

《北德总汇报》(柏林)(«Norddeutsche Allgemeine Zeitung», Berlin)—— 310—311。

《北方工人报》(圣彼得堡)(«Северная Рабочая Газета», Спб.)——175、306。

《北方呼声报》(圣彼得堡)(«Северный Голос», Пг.)——205。

3—7, 14—16) ——128、151、180、306。

—1915, №8, май, стр. 2—6.——223。

《崩得中央委员会论战争》[1914 年 11 月崩得中央委员会会议通过的决议] (Центральный Комитет Бунда о войне. [Резолюция, принятая на совещании, созванном ЦК Бунда в ноябре 1914 г.].—«Информационный Листок Заграничной Организации Бунда», [Женева], 1915, №7, январь, стр. 3)——180。

《比利时和法国社会党人宣言》——见《第二国际比利时和法国社会党宣言》。

[《彼得堡取消派对王德威尔得电报的答复》]([Ответ петербургских ликвида- торов на телеграмму Вандервельде].—«Социал-Демократ», Женева,

1914, №34, 5 декабря, стр. 2. Под общ. загл.: С.-Петербург, в отд.: Хроника)——118、119、346。

彼得格勒，1914 年 8 月 30 日。［社论］（Петроград, 30 августа 1914г. [Передовая].—«Русское Знамя», Пг., 1914, №195, 30 августа (12 сентября), стр.1—2)——30。

《必要的说明》(Eine notwendige Erklärung.—«Hamburger Echo», 1914, Nr. 211, 10.September, S.1—2)——9、28。

《编辑部的话》[为卡·考茨基《国际观点和战争》一文加的按语]（От редакции. [Примечание к статье К. Каутского «Международность и война»].—«Наше Дело», Пг., 1915, №2, стр.19—20)——287、304。

《编辑部的话》[为 Р.格里戈里耶夫《帕·波·阿克雪里罗得论国际和战争》一文加的按语]（От редакции.[Примечание к статье Р.Григорьева «П.Б. Аксельрод об Интернационале и войне»].—«Голос», Париж, 1914, №87, 23 декабря, стр.1)——127。

[《编辑部为〈格·瓦·普列汉诺夫和帕·波·阿克雪里罗得论战争〉一文加的按语》]（[Примечание редакции к статье «Г. В. Плеханов и П. Б. Аксельрод о войне»].—«Наше Дело», Пг., 1915, №2, стр.103, в отд.: По России и за границей)——287、305。

[《编辑部为马·波里索夫〈论"解放的使命"和"爱国主义"〉一文加的按语》]（[Примечание редакции к статье М. Борисова «Об освободительной миссии» и о «патриотизме»].—«Информационный Листок Заграничной Организации Бунда», [Женева], 1915, №7, январь, стр.7)——180。

[《编辑部为〈我们的言论报〉编辑部和在巴黎的全体撰稿人会议通过的决议加的按语》]（[Примечание редакции к резолюции, принятой собранием редакции и коллегии парижских сотрудников «Нашего Слова»].—«Наше Слово», Париж, 1915, №85, 9 мая, стр.1)——209、211。

《并非"国际和平宣传"》(Keine«internationale Friedenspropaganda».—«Arbeiter-Zeitung». Morgenblatt, Wien, 1915, Nr. 176, 27. Juni, S. 3) ——310—311。

《伯尔尼哨兵报》(«Berner Tagwacht»)——215、263、313。

1914,Nr.254,30.Oktober,S.1)——41。

《德国社会民主党爱尔福特代表大会会议记录(1891 年 10 月 14—20 日)》(Protokoll über die Verhandlungen des Parteitages der Sozialdemokratischen Partei Deutschlands. Abgehalten zu Erfurt vom 14. bis 20. Oktober 1891. Berlin,«Vorwärts»,1891.368 S.)——323。

《德国社会民主党开姆尼茨代表大会决议》(Резолюция Хемницкого партейтага Германской соц.-демокр. партии.—«Коммунист»,[Женева],1915,№1—2,стр.195—196.Под общ.загл.:Забытые слова)——224。

《帝国法令公报》(柏林)(«Reichsgesetzblatt»,Berlin,1878,Nr.34,S.351—358)——82、97、269。

《帝国主义》[德国社会民主党开姆尼茨代表大会通过的决议](Der Imperialismus.[Резолюция,принятая на Хемницком съезде Германской социал-демократической партии].—В кн.:Protokoll über die Verhandlungen des Parteitages der Sozialdemokratischen Partei Deutschlands. Abgehalten in Chemnitz vom 15. bis 21. September 1912. Berlin, Singer,1912,S.529—530,в отд.:Anhang)——189、224—225、251。

《第二国际比利时和法国社会党宣言》(Un manifeste des partis socialistes belge et français à l'Internationale.—«L' Humanité», Paris, 1914, N 3794,6 septembre,p.1)——9、28。

《多数派在哪里?》[社论](Где большинство? [Передовая].—«Наше Слово», Париж,1915,№42,18 марта,стр.1)——201—202。

《夺取国家政权和与资产阶级政党联盟》[第二国际伦敦代表大会通过的决议](Die Eroberung der staatlichen Macht und die Bündnisse mit bürgerlichen Parteien.[Резолюция,принятая на Парижском конгрессе II Интернационала].—В кн.: Internationaler Sozialisten-kongreß zu Paris. 23. bis 27. September 1900. Berlin, Buchh. «Vorwärts»,1900,S.16—18)——126。

《俄国对战争的期望》(Чего ждет Россия от войны. Сборник статей: Туган-Барановского, М. И. и др. С прил. 4-х географ. карт. Изд. 2-е. Пг., «Прометей»,[1915].227 стр.)——285—287。

《俄国旗帜报》(彼得格勒)(《Русское Знамя», Пг.,1914,№195,30 августа(12 сентября),стр.1—2)——30。

《俄国社会党人不投票赞成军事拨款》(I socialisti russi non hanno votato crediti per la guerra.—«Avanti!»,Milano,1914,N.241,1 Settembre,p.1) ——38。

《俄国社会民主党的领袖们论战争》(Вожди русской с.-д. о войне.—«Голос», Париж,1914,№31,18 октября,стр.1;№32,20 октября,стр.1;№33,21 октября,стр.1.Подпись:И.К.)——20—22、37、107。

《俄国社会民主工党纲领(党的第二次代表大会通过)》(Программа Российской

《俄国社会民主党的领袖们论战争》(Вожди русской с.-д. о войне.—«Голос», Париж,1914,№31,18 октября,стр.1;№32,20 октября,стр.1;№33,21 октября,стр.1.Подпись:И.К.)——20—22、37、107。

《俄国社会民主工党纲领(党的第二次代表大会通过)》(Программа Российской соц.-дем. рабочей партии, принятая на Втором съезде партии.—В кн.: Второй очередной съезд Росс. соц.-дем. рабочей партии. Полный текст протоколов. Изд. ЦК. Genève, тип. партии, [1904], стр. 1 — 6. (РСДРП)) ——356。

рабочей партии. Полный текст протоколов. Изд. ЦК. Genève, тип. партии, [1904], стр. 1 — 6. (РСДРП)) ——356。

《俄国社会民主工党国外组织巴黎支部的致敬的决议》(Резолюция приветствия

《俄国社会民主工党国外组织巴黎支部的致敬的决议》(Резолюция приветствия парижской секции ЗО РСДРП.—«Наше Слово», Париж, 1915, №122, 24 июня, стр.2, в отд.:По организациям. На газ. №123)——307。

[《俄国社会民主工党中央委员会关于工会工作的决议》]([Резолюция ЦК РСДРП о работе в профессиональных союзах].—«Социал-Демократ», [Вильно—Спб.], 1908, №1, февраль, стр. 38 — 39, в отд.: Из партии) ——129。

《俄国社会民主工党中央委员会的声明(党的代表马克西莫维奇同志提交伦敦代表会议的)》(Декларация Центрального Комитета РСДРП, представленная Лондонской конференции делегатом партии тов. Максимовичем.— «Социал-Демократ», Женева, 1915, №40, 29 марта, стр. 1)—— 162、179、180。

《俄国社会民主工党组织委员会国外书记 партии тов. Максимовичем.— «Социал-Демократ», Женева, 1915, №40, 29 марта, стр. 1)—— 162、179、180。

《俄国社会民主工党组织委员会国外书记处通报》[日内瓦](«Известия Заграничного Секретариата Организационного Комитета Российской Социал-Демократической Рабочей Партии», [Женева], 1915, №1, 22 февраля, стр.1)——180、300、301、302、303、339、376。

—1915,№2,14 июня.4 стр.——287、297、298、300、301、302、303、304、305、

февраля, стр.1)——180、300、301、302、303、339、376。

306—307、339、362、376。
《俄罗斯新闻》(莫斯科)(«Русские Ведомости»,[M.],1914,№202,3 сентября,стр.2—3)——17、26、31、42、119。
—1914,№207,10 сентября,стр.2.——17、26、41—42、119。
《俄罗斯言论报》(莫斯科)(«Русское Слово»,M.,1914,№223,28 сентября(11 октября),стр.4)——98—99。
《法兰克福报》(«Frankfurter Zeitung»,1914,Nr.254,13.September.1.Morgenblatt,S.1)——30。
《反对沙皇制度的斗争》(Der Kampf gegen den Zarismus.—«Vorwärts»,Berlin,1914,Nr.209,3.August,S.1.Под общ.загл.:Die eisernen Würfel rollen!)——26。
《反社会民主党企图危害治安法》(1878 年 10 月 21 日)(Gesetz gegen die gemeingefährlichen Bestrebungen der Sozialdemokratie. Vom 21. Oktober 1878.—«Reichsgesetzblatt»,Berlin,1878,Nr.34,S.351—358)——82、97、269。
《高原》杂志(慕尼黑)(«Hochland»,München,1915,Hft.8,S.176—189)——377。
《哥达人民小报》(«Gothaer Volksblatt»,1915,Nr.8,9.Januar.Beilage zum «Gothaer Volksblatt»,S.[2])——157。
《格·瓦·普列汉诺夫和帕·波·阿克雪里罗得论战争》(Г.В.Плеханов и П.Б.Аксельрод о войне.—«Наше Дело»,Пг.,1915,№2,стр.103—110,в отд.:По России и за границей)——287、304—305。
《格·瓦·普列汉诺夫〈论社会党人对战争的态度〉的报告》——见《俄国社会民主党的领袖们论战争》。
《格·瓦·普列汉诺夫论战争》(Г.В.Плеханов о войне.—«Современное Слово»,Пг.,1914,№2374,23 августа(5 сентября),стр.3)——26。
《给埃·王德威尔得的答复》(Ответ Э.Вандервельду.—«Социал-Демократ»,Женева,1914,№33,1 ноября,стр.1—2.Подпись:Центральный Комитет Росс.с.-д.рабочей партии)——346。
《工会。它们的过去、现在和未来》[第一国际日内瓦代表会议通过的决议]

表大会通过]》(Резолюция об отношении к непролетарским партиям, [принятая на Пятом (Лондонском) съезде РСДРП].—В кн.: Лондонский съезд Российской соц.-демокр. раб. партии (состоявшийся в 1907 г.). Полный текст протоколов. Изд. ЦК. Paris, 1909, стр. 454—455. (РСДРП))——129。

《关于工作报告的决议[(1908年)俄国社会民主工党第五次(全国)代表会议通过]》(Резолюция по отчетам, [принятая на Пятой конференции РСДРП (Общероссийской 1908 г.)].—В кн.: Извещение Центрального Комитета Российской с.-д. рабочей партии о состоявшейся очередной общепартийной конференции. [Изд. ЦК РСДРП. Paris, 1909], стр. 4. (РСДРП))——128。

《[关于建立国家杜马的]诏书》[1905年8月6日(19日)](Манифест [об учреждении Государственной думы. 6 (19) августа 1905 г.].—«Правительственный Вестник», Спб., 1905, №169, 6(19) августа, стр. 1)——249。

《关于社会革命党人》[俄国社会民主工党第二次代表大会通过的主要决议](О социалистах-революционерах. [Главнейшие резолюции, принятые на Втором съезде РСДРП].—В кн.: Второй очередной съезд росс. соц-дем. рабочей партии. Полный текст протоколов. Изд. ЦК. Genève, тип. партии, [1904], стр. 14—15, 358—359 (РСДРП))——129。

《关于审讯时的供词》[俄国社会民主工党第二次代表大会通过的主要决议](О показаниях на следствии. [Главнейшие резолюции, принятые на Втором съезде РСДРП].—Там же, стр. 13)——170。

《关于组织委员会》[1912年取消派八月代表会议通过的决议](Об Организационном комитете. [Резолюция, принятая на августовской конференции ликвидаторов 1912 г.].—В кн.: Извещение о конференции организаций РСДРП. Изд. ОК. [Wien], сентябрь 1912, стр. 44. (РСДРП))——361。

《光线报》(圣彼得堡)(«Луч», Спб.)——358。

《光线》杂志(柏林)(«Lichtstrahlen», Berlin)——210、350。

《国际》杂志(Die Internationale.—«Berner Tagwacht», 1915, Nr. 101, 3. Mai, S. 2—3)——210、227。

—1914,№22,8 октября,стр.1.——45。

—1914,№23,9 октября,стр.1—2.——37、42、103、107、258、306。

—1914,№31,18 октября,стр.1;№32,20 октября,стр.1;№33,21 октября,стр.1.——20、21、37、107。

—1914,№35,23 октября,стр.1.——118。

—1914,№39,28 октября,стр.1.——17、42。

—1914,№52,12 ноября,стр.1.——120。

—1914,№86,22 декабря,стр.1;№87,23 декабря,стр.1,2.——123—127、180、234、255。

—1915,№96,3 января,стр.1.——127。

《呼声报》第3号——见《我们的呼声报》。

《皇家统计学会杂志》(伦敦)(«Journal of the Royal Statistical Society»,London,1911,v.LXXIV,part II,January,p.167—187)——243。

《火星报》(旧的、列宁的)[莱比锡—慕尼黑—伦敦—日内瓦](«Искра»(старая, ленинская),[Лейпциг—Мюнхен—Лондон—Женева])——356。

—1901,№2,февраль,стр.1.——104。

《阶级斗争》(克里斯蒂安尼亚)(«Klassenkampen»,Kristiania,1916,Nr.1,8 januar,s.2—3;Nr.2,15 januar,s.2—3)——321。

《金融文汇》(斯图加特—柏林)(«Finanz-Archiv»,Stuttgart—Berlin,1915,Jg.32,Bd.1,S.125—133)——245。

《禁止在战壕之间进行和平接触》(Friedliche Annäherungen zwischen den Schützengräben verboten.—«Berner Tagwacht»,1915,Nr.5,8.Januar,S.1—2.Под общ.загл.:Zur Kriegslage)——182。

《经济学家》杂志(伦敦)(«The Economist»,London)——206。

—1915,v.LXXX,No.3,729,February 13,p.262—263.——206—207。

—1915,v.LXXX,No.3,735,March 27,p.614—615.——206—207。

—1915,v.LXXX,No.3,740,May 1,p.846—847.——243。

《警察保护下的社会民主党国会党团的政策》(载于1915年1月9日《哥达人民小报》)(Die sozialdemokratische Fraktionspolitik unter Polizeischutz.—

«Gothaer Volksblatt», 1915, Nr. 8, 9. Januar. Beilage zum «Gothaer Volksblatt», S.[2], в отд.: Aus der Partei)——157。

《警察保护下的社会民主党国会党团的政策》(载于1915年1月13日《伯尔尼哨兵报》)(Die sozialdemokratische Fraktionspolitik unter Polizeischutz.—«Berner Tagwacht», 1915, Nr. 9, 13. Januar, S. 3, в отд.: Parteinachrichten)——157—158。

《决议(伯尔尼国际妇女社会党人代表会议通过)》(Резолюция, принятая на интернациональной социалистической женской конференции в Берне.—«Социал-Демократ», Женева, 1915, №42. Приложение к №42 газеты «Социал-Демократ», 1 июня, стр. 2. Под общ. загл.: Женская международная социалистическая конференция)——215—216、217—218、219、352。

[《决议(社会民主党布鲁塞尔统一代表会议通过)》]([Резолюция, принятая на Брюссельской с.-д. объединительной конференции].—«Информационный Листок Заграничной Организации Бунда», [Женева], 1915, №7, январь, стр. 15. Под общ. загл.: Брюссельская с.-д. объединительная конференция)——128、306。

[《决议(1915年2月14日协约国社会党人伦敦代表会议通过)》]([Резолюция, принятая на Лондонской конференции социалистов союзных стран 14 февраля 1915 г.].—«Наше Слово», Париж, 1915, №16, 16 февраля, стр. 2, В отд.: Социалистическая хроника. Под общ. загл.: Лондонская конференция)——162、342、352。

《军国主义和国际冲突》[第二国际斯图加特代表大会通过的决议](Der Militarismus und die internationalen Konflikte. [Резолюция, принятая на Штутгартском конгрессе II Интернационала].—В кн.: Internationaler Sozialistenkongreß zu Stuttgart. 18. bis 24. August 1907. Berlin, Buchh. «Vorwärts», 1907, S. 64—66)——16、25、29、38、44、103、189、198、199、209、216、218、220—221、223—224、274、330—331。

《军事拨款的批准》(Die Bewilligung der Kriegskredite.—«Vorwärts», Berlin, 1914, Nr. 211, 5. August. 1. Beilage des «Vorwärts», S. 1—2)——2、27。

《民权报》(苏黎世)(«Volksrecht»,Zürich)——192、263。
—1914,Nr.206,5.September,S.1.——26、28。
—1914,Nr.211,11.September,S.1.——9、28、43。
—1915,Nr.97,27.April,S.[4].——193。
《民族自由党通讯》(柏林)(«Die Nationalliberale Korrespondenz»,Berlin)——310—311。
《目前革命应怎样进行》(Wie man heute Revolutionen macht.—«Vorwärts»,Berlin,1895,Nr.76,30.März,S.1—2)——101。
《内尔维社会民主党人的决议》(Резолюция соц.-дем. в Нерви.—«Наше Слово», Париж, 1915, №53, 31 марта, стр. 2, в отд.: По организациям)——202。
《破产了的国际》(Die zertrümmerte Internationale.—«Bremer Bürger-Zeitung»,1914,Nr.211,10.September,S.1)——9、28、43。
《普鲁士年鉴》(柏林)(«Preußische Jahrbücher»,Berlin,1915,Bd.160,April bis Juni,S.30—53)——266、354。
《70 式厕所》(W.C.Modell 70.—«Vorwärts»,Berlin,1914,Nr.227,21.August. Unterhaltungsblatt des «Vorwärts»,Nr.162,S.[2],в отд.:Kleines Feuilleton)——30。
《前进报》(柏林)(«Vorwärts»,Berlin)——30、37、42、307、311。
—1895,Nr.76,30.März,S.1—2.——101。
—1914,Nr.200,25.Juli,S.1.——26。
—1914,Nr.209,3.August,S.1.——26。
—1914,Nr.211,5.August.1.Beilage des «Vorwärts»,S.1—2.——1—2、27。
—1914,Nr.227,21.August.Unterhaltungsblatt des «Vorwärts»,Nr.162,S.[2].——29。
—1914,Nr.232,26.August,S.[1—2].——27。
—1914,Nr.247,10.September.Unterhaltungsblatt des «Vorwärts»,Nr.179,S.[3].——9。
—1914,Nr.249,12.September.Bezirks-Beilage des «Vorwärts» für Norden-

—1915,№107,6 июня,стр.1—2.——307、362。

—1915,№122,24 июня,стр.2.На газ.№123.——307。

《〈我们的言论报〉编辑部和在巴黎的全体撰稿人会议通过的决议》(Резолюция, принятая собранием редакции и коллегии парижских сотрудников «Нашего Слова».—«Наше Слово», Париж, 1915, №85, 9 мая, стр. 1)——209—214。

《〈我们的言论报〉的宣言》——见《〈我们的言论报〉撰稿人的话》。

《〈我们的言论报〉撰稿人的话》(От сотрудн[иков] «Нашего Слова».—«Наше Слово», Париж, 1915, №26, 27 февраля, стр. 1, в отд.: К материалам Лондонской конференции)——181。

《无产者呼声报》(彼得格勒)(«Пролетарский Голос»,Пг.)——344。

《现代世界》杂志(彼得格勒)(«Современный Мир»,Пг.,1915,№5,стр.125—152)——362。

《现代言论报》(彼得格勒)(«Современное Слово», Пг., 1914, №2374, 23 августа(5 сентября),стр.3)——26。

《协约国社会党人会议》(Socialists of Allied Countries Meet.—«Labour Leader»,[London],1914,No.7,February 18,p.4,в отд.:Review of the week)——162。

《新莱茵报》(科隆)(«Neue Rheinische Zeitung»,Köln)——50。

《新路,宗教宣传月刊》(苏黎世)(«Neue Wege,Blätter für religiöse Arbeit», Zürich,1914,September)——96—97。

《新普鲁士报》(柏林)(«Neue Preußische Zeitung»,Berlin)——31。

《新时报》(彼得格勒)(« Новое Время»,Пг.)——31。

《新时代》杂志(斯图加特)(«Die Neue Zeit»,Stuttgart)——11、255。

—1894—1895,Jg.XIII,Bd.I,Nr.10,S.292—306.——77。

—1903—1904,Jg.22,Bd.1,Nr.19,S.620—627.——251。

—1911,Jg.29,Bd.2,Nr.30,28.April,S.97—107.——196。

—1914,Jg.32,Bd.2,Nr.18,31.Juli,S.793—796.——26。

—1914,Jg.32,Bd.2,Nr.19,21.August,S.841—843.——25、43。

—1914,Jg.33,Bd.1,Nr.1,2.Oktober,S.1—8,9—17.——21、25、43、102—

年　　表

（1914 年 7 月—1915 年 8 月）

1914 年

1914 年 7 月—1915 年 8 月

列宁先后侨居在奥匈帝国的波罗宁和瑞士的伯尔尼，领导俄国布尔什维克党和工人阶级为反对帝国主义战争、为推翻沙皇制度和资本主义而进行的斗争；制定布尔什维克党在战争、和平和革命问题上的理论和策略；编辑《社会民主党人报》；团结国际社会民主党的革命分子。

7 月 19 日（8 月 1 日）

得悉德国向俄国宣战；同一些布尔什维克讨论当前的局势；强调必须探索党在战争条件下工作的新形式和新方法，恢复被战争破坏了的同国内党组织的联系；坚信战争将加速革命的到来。

7 月 20 日（8 月 2 日）

致函在丹麦哥本哈根的米·韦·科别茨基，请他通报最重要的事件，并告知报上的消息，特别是关于俄国的消息。

7 月 23 日（8 月 5 日）

从克拉科夫的报上获悉德国社会民主党议员表决赞成德国政府提出的军事预算的消息，认为这是德国社会民主党领导人对国际工人运动的背叛，是第二国际的末日。列宁还说："从今天起我不再是社会民主党人，而要成为共产党人。"

7 月 25 日（8 月 7 日）

列宁被诬告从事间谍活动，住所遭到搜查，土地问题手稿被没收，并被勒令乘第二天早晨 6 时的火车到新塔尔格接受警察局的传讯。

在波罗宁会见谢·尤·巴戈茨基和看望雅·斯·加涅茨基，告知遭到搜查一事。

致电克拉科夫警察局长，请求证明他是政治流亡者、社会民主党人。

7月26日(8月8日)

应召来到新塔尔格警察局，在那里被捕并被关进地方监狱第5号牢房。

7月26日—8月6日(8月8日—19日)

被囚禁在新塔尔格监狱中，仔细考虑布尔什维克党在帝国主义战争爆发以后的任务和策略；同被关押的农民谈话，向他们提出诉讼的建议，为他们写申诉状、声明等。

7月26日和31日(8月8日和13日)之间

多次受审。

7月26日和8月6日(8月8日和19日)之间

在新塔尔格监狱遇见作为政治流亡者被捕的立陶宛社会民主党人普·温·埃杜基亚维奇乌斯。

7月27日—8月6日(8月9日—19日)

娜·康·克鲁普斯卡娅每天去新塔尔格监狱探望列宁并设法营救他。

7月29日(8月11日)

娜·康·克鲁普斯卡娅致函奥地利社会民主党议员维·阿德勒，请求设法营救列宁出狱。

8月1日(14日)

娜·康·克鲁普斯卡娅用波兰文致函在利沃夫的奥地利社会民主党议员赫·迪阿曼德，请他急电克拉科夫的师部法庭，说明他本人认识列宁，可以为列宁作担保。

8月3日(16日)

维·阿德勒和赫·迪阿曼德同奥匈帝国内务部交涉，为列宁作担保。

8月5日(18日)

列宁的案件因无起诉根据而告结束。

8月6日(19日)

上午11时10分，从监狱获释，返回比亚韦-杜纳耶茨村。

8月7日(20日)

在娜·康·克鲁普斯卡娅给维·阿德勒的信上写附言，对他和赫·迪阿曼德的营救表示感谢。

8月13日(26日)以后

列宁偕同娜·康·克鲁普斯卡娅及其母亲离开比亚韦-杜纳耶茨，前往克拉科夫。

偕全家到达克拉科夫。

8月16日(29日)

列宁全家得到由克拉科夫警察局长签署的前往维也纳的证明书。

8月16日和21日(8月29日和9月3日)之间

列宁偕全家离开克拉科夫前往瑞士。

在维也纳停留，获得前往瑞士的证件。

在维也纳会见维·阿德勒。

从维也纳打电报到瑞士，请求寄来保证书，否则无法进入这个国家。海·格罗伊利希为列宁作担保。

8月21日(9月3日)

列宁偕全家离开维也纳前往瑞士。

8月23日(9月5日)

列宁偕全家到达苏黎世。

从苏黎世用德文写明信片给维·阿德勒，感谢他帮助从奥匈帝国迁往瑞士。

列宁偕全家到达伯尔尼。在格·李·什克洛夫斯基的住所会见居住在伯尔尼的布尔什维克侨民，同他们谈布尔什维克党对待帝国主义战争的态度问题，向他们了解孟什维克、社会革命党人和第二国际的领导人在这一问题上的立场。

晚上，拜访瑞士社会民主党书记罗·格里姆，同他就战争的性质、第二国际的破产、工人阶级及其政党在战争条件下的任务和策略等问题进行交谈。

8月23日—24日(9月5日—6日)

写关于战争的提纲《革命的社会民主党在欧洲大战中的任务》。

8月23日(9月5日)—1916年1月

在伯尔尼图书馆阅览厅进行研究工作。

8月24日(9月6日)

致函在日内瓦的维·阿·卡尔宾斯基,告知已顺利到达伯尔尼并打算在那里居住;询问日内瓦的生活条件以及能否使用读者协会的日内瓦图书馆、是否有俄文印刷所、可否出版反对战争和反对社会沙文主义者的印刷品、在日内瓦是否还有布尔什维克等情况。

8月24日—26日(9月6日—8日)

领导在伯尔尼举行的布尔什维克会议,作关于布尔什维克党对战争的态度问题的报告。列宁的关于战争的提纲成为布尔什维克伯尔尼会议所通过的决议,即《一批社会民主党人通过的决议》。

8月26日(9月8日)以后

写关于战争的提纲——布尔什维克伯尔尼会议决议的引言。列宁的提纲以《革命的社会民主党在欧洲大战中的任务》为题,以"一批社会民主党人,俄国社会民主工党党员"的名义,分别寄给俄国社会民主工党各国外支部。列宁委托第四届杜马代表费·尼·萨莫伊洛夫把提纲送往俄国,准备将提纲印成单行本。

会见从洛桑来到伯尔尼的布尔什维克并同他们谈话。

8月27日(9月9日)

用德文致函在波罗宁的维·亚·吉霍米尔诺夫,告知自己已来到伯尔尼,还谈到费·尼·萨莫伊洛夫即将去俄国以及同俄国建立联系的办法。

8月底—9月

写《欧洲大战和国际社会主义》一文(文章没有写完)。

就战争问题从德文、法文和意大利文的报刊上作摘录;编写关于社会和经济问题的新书目录。

夏天

研究关于哲学问题的资料,并作笔记。

9月2日(15日)

致函格拉纳特出版社编辑部秘书,告知自己打算住在伯尔尼;询问《卡尔·马克思(传略和马克思主义概述)》这一条目释文的新的交稿日期。

9月14日(27日)

列宁的关于战争的提纲通过瑞士社会民主党人交给了在卢加诺召开的

意大利瑞士社会党人代表会议的两位代表。提纲中的许多论点写进了代表会议通过的决议。

9月15日(28日)

复函在波罗宁的雅·斯·加涅茨基,请求向新塔尔格地方长官了解一下,在搜查时从列宁那里抄走的土地问题手稿是否已经寄往伯尔尼。

不早于9月15日(28日)

收到维·阿·卡尔宾斯基的来信,信中阐述了布尔什维克日内瓦支部对列宁的关于战争的提纲的意见。

致函在日内瓦的维·阿·卡尔宾斯基,告知自己即将作关于欧洲大战和社会主义的报告,强调必须竭尽全力反对无耻的沙文主义;还谈到出版《社会民主党人报》和秘密的布尔什维克书刊的事。

9月19日(10月2日)以后

收到姐姐安·伊·乌里扬诺娃-叶利扎罗娃从沃洛格达的来信,信中告知母亲的病情,谈到妹妹玛丽亚·伊里尼奇娜由于收藏没收的出版物而被捕,还谈到《启蒙》杂志可能复刊等情况。

9月27日(10月10日)以前

收到布尔什维克洛桑支部成员的来信,信中谈到格·瓦·普列汉诺夫即将在俄国社会民主工党孟什维克举行的会议上作题为《论社会党人对战争的态度》的报告。列宁复信建议布尔什维克争取参加这次会议,并请告知报告会的日期。

9月27日(10月10日)

在伯尔尼出席崩得分子弗·科索夫斯基举行的题为《战争与社会民主党》的报告会,并在讨论时提出了批评意见。

9月28日(10月11日)以前

在伯尔尼作关于战争问题的报告。

把提纲《革命的社会民主党在欧洲大战中的任务》改写成宣言《战争和俄国社会民主党》。

用英文致函在莱阿旺的伊·费·阿尔曼德,请求把俄国社会民主工党中央委员会宣言《战争和俄国社会民主党》和《答埃·王德威尔得》译成法文并寄给《哨兵报》;对欧洲社会党人在战争中所采取的社会沙文主义立场表示焦虑；认为布尔什维克对取消派分子亚·马尔丁诺夫的言论必须表明自己的看法。

致函在日内瓦的维·阿·卡尔宾斯基，同时给他寄去俄国社会民主工党中央委员会宣言《战争和俄国社会民主党》，要求在严格保密的情况下组织宣言的出版工作。

9月28日(10月11日)

致电布尔什维克洛桑支部成员，告知自己到达洛桑的时间。

到达洛桑，会见那里的布尔什维克并同他们谈话。

出席在洛桑民众文化馆举行的格·瓦·普列汉诺夫的题为《论社会党人对战争的态度》的报告会，作简短的笔记，在讨论时发言批评普列汉诺夫的沙文主义观点。

致函在日内瓦的维·阿·卡尔宾斯基，谈到自己在格·瓦·普列汉诺夫的报告会上的发言，谈到自己将在洛桑和日内瓦作关于欧洲大战和欧洲社会主义的报告。

不早于9月

写《关于变帝国主义战争为国内战争的口号》一段文字，这段文字看来是准备插入俄国社会民主工党中央委员会宣言《战争和俄国社会民主党》或布尔什维克关于战争的某个决议的。

9月—10月

草拟《欧洲大战和欧洲社会主义》一书提纲。

9月和11月4日(17日)之间

作路·费尔巴哈《对莱布尼茨哲学的叙述、阐发和批判》一书的摘要。

9月—12月

作乔·黑格尔的《逻辑学》一书的摘要。

10月1日(14日)

在瑞士洛桑民众文化馆作关于无产阶级和战争的报告。

10月2日(15日)以前

致函在日内瓦的维·阿·卡尔宾斯基，说已收到他关于瑞士社会党人、联邦议会议员让·西格同意协助在日内瓦出版社会民主党书刊的信，建议首先印刷俄国社会民主工党中央委员会宣言《战争和俄国社会民主党》。

起草《欧洲大战和社会主义》报告的提纲。

10月2日(15日)

晚上8时30分，在日内瓦民众文化馆作题为《欧洲大战和社会主义》的报告。

10月3日(16日)

在洛桑和日内瓦作报告后返回伯尔尼。

收到俄国社会民主工党彼得堡委员会和中央委员会驻斯德哥尔摩代表亚·加·施略普尼柯夫寄来的几封信，信中说俄国社会民主工党中央委员会俄国局、第四届杜马布尔什维克党团和国内的党组织赞成列宁的关于战争的提纲。在这些信中，还谈了俄国的状况，并要求列宁就在帝国主义战争条件下党的策略和口号问题作出更为详细的解释。

列宁和娜·康·克鲁普斯卡娅多次致函在斯德哥尔摩的亚·加·施略普尼柯夫，询问是否给列宁寄过钱，是否有列宁的亲属的消息等。

10月4日(17日)

致函在日内瓦的维·阿·卡尔宾斯基，告知已经收到第四届杜马布尔什维克党团对埃·王德威尔得来电的答复；说决定恢复出版俄国社会民主工党中央机关报《社会民主党人报》，并在下一号即第33号上刊登布尔什维克对待战争的态度的宣言；委托卡尔宾斯基在日内瓦组织《社会民主党人报》的出版工作。

致函在斯德哥尔摩的亚·加·施略普尼柯夫，详细阐述在战争条件下革命社会民主党的策略和布尔什维克的口号；强调要坚定不移地和有组织地同沙文主义进行斗争；指出考茨基的“中派”能迷惑工人的耳目、理智和良心，是十分危险的；要求较详细地谈谈彼得堡委员会关于战争的传单，谈谈工人的意见和反应以及彼得堡党组织中各派力量的对比。

阅读第四届杜马布尔什维克党团对埃·王德威尔得来电的答复草稿，并写自己的意见。

10月4日和8日(17日和21日)

致函在斯德哥尔摩的亚·加·施略普尼柯夫，告知自己对第四届杜马布尔什维克党团对埃·王德威尔得的答复的意见；提醒要当心取消派分子和其他机会主义分子的阴谋;强调指出卡·考茨基的立场比其他所有的人更为有害;要求同国际机会主义作斗争时必须执行有原则的路线。

10月5日(18日)

致函在日内瓦的维·阿·卡尔宾斯基,随信寄去布尔什维克党团对埃·王德威尔得的答复和作了5处修改的俄国社会民主工党中央委员会宣言《战争和俄国社会民主党》,以便发表在《社会民主党人报》第33号上。

不晚于10月7日(20日)

为《社会民主党人报》第33号写《社会党国际的状况和任务》一文。

10月7日(20日)

致函在日内瓦的维·阿·卡尔宾斯基,告知供《社会民主党人报》第33号刊用的几篇文章已经寄去;建议为了节省版面全部用小号铅字排印,保持报纸原有的版面;对文章的排列次序提出建议。

10月10日(23日)

致函在日内瓦的维·阿·卡尔宾斯基,对俄国社会民主工党中央委员会宣言《战争和俄国社会民主党》未能按时排版表示焦虑;要求尽快把《社会民主党人报》第33号的校样寄来;说他即将在蒙特勒和苏黎世作报告。

10月11日和14日(24日和27日)之间

收到亚·加·施略普尼柯夫从斯德哥尔摩寄来的两封信,信中谈到彼得格勒的反战罢工和游行示威等情况。

10月13日(26日)

在瑞士蒙特勒作关于战争问题的报告,在讨论报告时作记录。

10月14日(27日)

致函在斯德哥尔摩的亚·加·施略普尼柯夫,感谢他给《社会民主党人报》寄来关于彼得格勒事态的消息;严厉批评卡·考茨基等机会主义分子;建议设法同瑞典的左派社会民主党人接近,指出目前的中心任务是从思想上回击第二国际的机会主义者和考茨基。

不早于10月14日(27日)

在苏黎世作题为《战争和社会民主党》的报告。报告后的第二天,列宁在布尔什维克苏黎世支部会议上,详细阐述同社会沙文主义作不调和斗争的必要性。

10 月 15 日(28 日)

在格·叶·季诺维也夫给维·阿·卡尔宾斯基的信上写附言,询问下一号即第 34 号《社会民主党人报》的准备情况。

10 月 17 日(30 日)

娜·康·克鲁普斯卡娅在给在哥本哈根的米·韦·科别茨基的信中说,列宁请他把丹麦报纸上有关第二国际破产的材料剪下寄来。

10 月 18 日(31 日)

致函亚·加·施略普尼柯夫,要求布尔什维克决不参加社会沙文主义者和中派分子召开的任何代表会议;认为革命社会民主党的重要任务是同沙文主义尤其是社会沙文主义作毫不留情的斗争,是宣传革命,宣传变帝国主义战争为国内战争;谴责阿·马·高尔基在以资产阶级爱国主义精神写成的《作家、艺术家和演员的呼吁书》上签名。

10 月 19 日(11 月 1 日)以前

收到有关布尔什维克巴黎支部工作情况的报告以后,写信给该支部,对支部多数同志忠实于革命社会主义的立场表示满意。

10 月 19 日(11 月 1 日)

列宁主编的俄国社会民主工党中央委员会机关报《社会民主党人报》中断近一年后继续出版。列宁写的俄国社会民主工党中央委员会宣言《战争和俄国社会民主党》以及《社会党国际的状况和任务》一文发表在《社会民主党人报》第 33 号上。

不早于 10 月 19 日(11 月 1 日)

将发表在《社会民主党人报》第 33 号上的俄国社会民主工党中央委员会宣言《战争和俄国社会民主党》寄给社会党国际局。

10 月 19 日和 11 月 5 日(11 月 1 日和 18 日)之间

将俄国社会民主工党中央委员会宣言寄给法国、英国和德国的社会民主党报纸供发表。

10 月 29 日和 11 月 8 日(11 月 11 日和 21 日)之间

致函柏林的《前进报》和维也纳的《工人报》编辑部,抗议这两家报纸歪曲他在苏黎世所作的报告《战争和社会民主党》的内容。

10 月 31 日(11 月 13 日)以后

致函卡·伯·拉狄克,说给他寄去《哨兵报》第 265 号;询问是否有可能用德文发表俄国社会民主工党中央委员会宣言。

10 月—11 月

阅读 1914 年 9—10 月的《新路,宗教宣传月刊》并作摘录,在《一个德国人对战争的评论》一文中部分地引用了这一材料。

11 月 1 日(14 日)以前

阅读威·李卜克内西的《纪念卡尔·马克思。传记与回忆》一书,在写《卡尔·马克思》这一条目时参考了这本书。

11 月 1 日(14 日)

致函在斯德哥尔摩的亚·加·施略普尼柯夫,建议他在瑞典社会民主党代表大会上以革命的国际社会民主党的精神发言;详细阐述在帝国主义战争条件下"和平"口号的错误性质。

致函在日内瓦的维·阿·卡尔宾斯基,说《社会民主党人报》第 33 号销售情况良好,报纸很快就能越过国境运到国内。

致函在彼得格勒的姐姐安·伊·乌里扬诺娃-叶利扎罗娃,告知《卡尔·马克思》这一条目已经写完;对留在波罗宁的书籍表示担心;询问《启蒙》杂志能否复刊。

11 月 1 日和 12 月 9 日(11 月 14 日和 12 月 22 日)之间

致函在彼得格勒的安·伊·乌里扬诺娃-叶利扎罗娃,说他打算写一本关于土地问题的书,请她寻找出版者。

11 月 4 日(17 日)

致函格拉纳特出版社编辑部秘书,告知《卡尔·马克思》这一条目释文的手稿已经寄出;要求保留《卡尔·马克思》这一条目中有关马克思主义主要原理的引文;请他把释文的校样或者清样寄来。

11 月 5 日(18 日)

在娜·康·克鲁普斯卡娅的信上写附言,询问维·阿·卡尔宾斯基和索·瑙·拉维奇《社会民主党人报》第 33 号是否可以加印。

将刊登俄国社会民主工党中央委员会宣言摘要的《哨兵报》第 265 号寄给维·阿·卡尔宾斯基,请他在日内瓦的一家报纸上刊登这篇宣言。

11月7日(20日)

致函维·阿·卡尔宾斯基,指示再印1 000份《社会民主党人报》第33号;请他来信告知下一号报纸什么时候可以发排。

11月8日(21日)

复函维·阿·卡尔宾斯基,鉴于格·瓦·普列汉诺夫在进行沙文主义宣传,委托他在日内瓦安排伊·费·阿尔曼德用法语作题为《俄国社会党人在战争问题上的各种派别》的报告。

11月9日(22日)

致函维·阿·卡尔宾斯基,对《社会民主党人报》第34号的付排准备工作提出具体建议;询问是否来得及发表俄国社会民主工党中央委员会宣言。

11月10日(23日)

亚·加·施略普尼柯夫受列宁委托,以俄国社会民主工党中央委员会代表的身份,在斯德哥尔摩举行的瑞典社会民主党代表大会上致贺词。

11月10日和19日(11月23日和12月2日)之间

阅读从斯德哥尔摩寄来的关于布尔什维克中央委员会代表和孟什维克组织委员会代表在瑞典社会民主党代表大会上发言的材料,在《以后怎么办?(论工人政党反对机会主义和社会沙文主义的任务)》和《拉林在瑞典代表大会上宣布的是什么样的"统一"?》两篇文章中,对这些发言进行了分析。

11月11日(24日)

从报上得知,在奥泽尔基(彼得格勒近郊)参加代表会议的布尔什维克,其中包括第四届杜马的5名布尔什维克代表遭到逮捕。

11月12日(25日)

致电在斯德哥尔摩的卡·亚·布兰亭,请求查明第四届杜马的5名布尔什维克代表是否确实被捕。

致函在日内瓦的维·阿·卡尔宾斯基,说供《社会民主党人报》第34号刊用的部分材料已寄出,并说打算很快就出版第35号报纸。

致函亚·加·施略普尼柯夫,坚决反对他从斯德哥尔摩迁往丹麦;

强调俄国社会民主工党中央委员会同国内保持秘密联系的重要性。

11月13日或14日(26日或27日)

两次致函在日内瓦的维·阿·卡尔宾斯基,说供《社会民主党人报》第34号和第35号刊用的材料已寄出;建议这两号报纸应紧接着出版,要求把校样寄来。

11月14日(27日)以后

阅读卡·考茨基发表在1914年《新时代》杂志第8期上的《国际观点和战争》一文,在《社会沙文主义者的诡辩》和《第二国际的破产》两篇文章中对这篇文章进行了批判。

11月15日(28日)

收到卡·亚·布兰亭的电报,电报中证实了第四届杜马布尔什维克代表被捕一事。

致函在斯德哥尔摩的亚·加·施略普尼柯夫,说由于第四届杜马布尔什维克代表被捕,党的工作增加了困难,但坚信党能克服这些困难,将重新建立领导集体——党的俄国中央委员会;要求施略普尼柯夫加强同俄国的联系。

11月上半月

代表《社会民主党人报》编辑部为格鲁吉亚社会民主党人日内瓦小组的决议写按语。

11月15日和25日(11月28日和12月8日)之间

致函在哥本哈根的亚·米·柯伦泰,对她寄来告妇女社会党人书并愿意给《社会民主党人报》寄送英国左派社会党人的消息表示感谢;对她在"国内战争"和"和平"的口号问题上的错误观点作了分析。

11月18日(12月1日)

阅读从俄国寄来的关于第四届杜马布尔什维克代表被捕的政府公告后,把它寄给在日内瓦的维·阿·卡尔宾斯基;在附信中要求把这一公告加进即将出版的《社会民主党人报》第34号的社论,并对报纸的出版作了指示。

11月22日(12月5日)

列宁的《一个德国人对战争的评论》和《寄语〈鹰之歌〉的作者》两篇文章

发表在《社会民主党人报》第 34 号上。

11 月 22 日和 29 日(12 月 5 日和 12 日)之间

致函在日内瓦的维·阿·卡尔宾斯基,希望谢·莫·谢姆科夫给列宁寄来从《前进报》和美国出版的德国社会民主党人的报纸上摘录下来的重要消息;随信附去供《社会民主党人报》第 35 号刊用的一篇短文。

11 月 22 日和 12 月 3 日(12 月 5 日和 16 日)之间

收到米·亚·柯伦泰从哥本哈根的来信,以及由她转寄来的英国独立工党机关刊物《工人领袖》记者的信,记者在信中要求告知俄国社会民主工党对待战争与和平问题的态度。

复函《工人领袖》记者,阐述布尔什维克在战争与和平问题上的立场。

致函在哥本哈根的亚·米·柯伦泰,强调指出,如果不同时突出宣传秘密组织和无产阶级反对资产阶级的国内战争,那么和平的愿望是徒劳无益的。

11 月 26 日(12 月 9 日)

致函在日内瓦的维·阿·卡尔宾斯基,建议不要急于出版《社会民主党人报》第 36 号;不同意卡尔宾斯基对《论大俄罗斯人的民族自豪感》一文的意见,强调必须从各个不同的方面说明沙文主义。

11 月 28 日(12 月 11 日)

致函在哥本哈根的亚·加·施略普尼柯夫,询问同彼得格勒进行秘密联系的情况。

致函在哥本哈根的米·韦·科别茨基,请他来信谈谈斯堪的纳维亚国家工人运动和反对社会沙文主义的情况。

11 月 29 日(12 月 12 日)

列宁的《死去的沙文主义和活着的社会主义(怎样重建国际?)》和《论大俄罗斯人的民族自豪感》两篇文章发表在《社会民主党人报》第 35 号上。

不早于 11 月

阅读列·达·托洛茨基的小册子《战争和国际》,在《打着别人的旗帜》一文中揭露了这本小册子的机会主义内容。

12 月 3 日(16 日)

在伯尔尼出席尔·马尔托夫的题为《战争和社会主义的危机》的报告会,

在讨论时批评马尔托夫的立场，说他已经转向社会沙文主义。

12月9日(22日)

写回信给在莫斯科的妹妹玛·伊·乌里扬诺娃，介绍自己在伯尔尼的生活情况，请她为土地问题一书找一个出版者，并向格拉纳特出版社编辑部了解一下是否已收到他的《卡尔·马克思》一文。

12月10日(23日)

写《以后怎么办？(论工人政党反对机会主义和社会沙文主义的任务)》一文。

12月15日(28日)

致函在米兰的В.Л.博格罗娃，询问她的健康状况并想了解何时可以听到她"为了革命的利益"举办的音乐会。

12月15日或16日(28日或29日)

致函在哥本哈根的亚·加·施略普尼柯夫，认为他根本不应该去参加即将召开的瑞典、挪威、丹麦和荷兰等中立国的社会民主党人代表会议。

12月16日—17日(29日—30日)

写对彼得·盖诺夫《费尔巴哈的认识论和形而上学》(1911年苏黎世版)一书的批评意见。

12月18日深夜至19日凌晨(12月31日深夜至1915年1月1日凌晨)

与亲人、朋友们一起迎接新年；同前来欢聚的布尔什维克交谈。

12月21日(1915年1月3日)

致函在日内瓦的维·阿·卡尔宾斯基，请他研究能否降低《社会民主党人报》的出版费用；通知他已决定每周出一号报纸，并祝贺新年。

致函亚·加·施略普尼柯夫，建议不要参加中立国社会党人哥本哈根代表会议，而只要给代表会议寄去俄国社会民主工党中央委员会宣言和关于杜马布尔什维克代表被捕的政府公告。

电告格拉纳特出版社编辑部，同意编辑部来信中提出的为了应付书报检查拟对《卡尔·马克思》这一条目的释文作删节的意见。

12月21日和1915年1月4日(1915年1月3日和17日)之间

同罗·格里姆谈对待1月4日(17日)在哥本哈根召开的中立国社会党人代表会议的态度问题。

致函亚·加·施略普尼柯夫，指示不参加中立国社会党人哥本哈根代表会议，而只寄去俄国社会民主工党中央委员会关于战争的宣言。

12月22日(1915年1月4日)

致函格拉纳特出版社编辑部秘书，同意按照书报检查机关的要求删节《卡尔·马克思》一文，同时对此表示遗憾；希望为百科词典撰写关于政治经济学、政治、工人运动、哲学及其他问题的条目。列宁在信中还谈到娜·康·克鲁普斯卡娅可以撰写有关教育问题的条目。

12月27日(1915年1月9日)

列宁的《以后怎么办？(论工人政党反对机会主义和社会沙文主义的任务)》一文发表在《社会民主党人报》第36号上。

复函在维也纳的达·波·梁赞诺夫，告知已收到他的文章，建议他更加仔细地读一读孟什维克的《呼声报》。

12月28日和1915年2月13日(1915年1月10日和2月26日)之间

领导俄国社会民主工党国外支部代表会议的筹备工作，起草最重要的决议草案：《关于战争的性质》、《关于"保卫祖国"的口号》、《革命的社会民主党的口号》、《机会主义和第二国际的破产》、《第三国际》、《和平主义与和平口号》、《沙皇君主政府的失败》、《对其他党派的态度》等；修改中央委员会国外局就召开代表会议一事致各国外支部的信稿。

12月30日(1915年1月12日)

同孟什维克弗·姆格拉泽谈乌克兰解放协会领导人之一马·伊·美列涅夫斯基(巴索克)提出的关于共同合作的建议。列宁在托他转交给美列涅夫斯基的信中声明，持国际革命社会民主党观点的布尔什维克和维护资产阶级民族主义利益的乌克兰解放协会走的不是一条道路。

12月

写札记《关于论述黑格尔的最新文献》，阅读阿·莱伊对让·佩兰的《物理化学论文。原理》(1903年巴黎版)一书的书评并作笔记。

12月—1915年初

代表俄国社会民主工党中央委员会委托娜·康·克鲁普斯卡娅、伊·费·阿尔曼德等人团结各国左派妇女社会党人，筹备妇女社会党人代表大会。

1914年—1915年

为写《关于农业中资本主义发展规律的新材料。第一编。美国的资本主义和农业》一书,继续进行准备工作;写该书的几种提纲稿;分析1900年和1910年的美国人口普查统计材料;写关于美国的农业统计笔记。

1915年

1月4日(17日)

致函伊·费·阿尔曼德,对她准备为女工写的小册子的提纲提出意见。

1月7日和17日(1月20日和2月1日)之间

致函在哥本哈根的亚·加·施略普尼柯夫,告知已给他寄去《社会民主党人报》第36号,并正在印刷第37号;对孟什维克的情况作了评述。

1月14日(27日)以后

阅读德国右派社会民主党人、德国工会领导人之一卡·列金的小册子《为什么工会的官员应当更多地参加党内生活?》(1915年柏林版),在《第二国际的破产》一文中批判了这本小册子。

1月17日或18日(30日或31日)

复函在斯德哥尔摩的亚·加·施略普尼柯夫,赞同他去英国安排下一步秘密返回俄国的计划;说收到代替《呼声报》在巴黎出版的《我们的言论报》;根据《我们的言论报》上发表的尔·马尔托夫和唐恩的声明,认为在孟什维克取消派中间发生了严重分裂。

1月19日(2月1日)以前

阅读发表在1914年《我们的曙光》杂志第7、8、9期合刊上的文章,在《俄国的休特古姆派》一文中对这些文章进行了批判。

1月19日(2月1日)

列宁的《俄国的休特古姆派》和《拉林在瑞典代表大会上宣布的是什么样的"统一"?》两篇文章发表在《社会民主党人报》第37号上。

1月19日—27日(2月1日—9日)

同波兰社会民主党人约·罗特斯塔特两次谈话,讨论在《社会民主党人报》上发表雅·斯·加涅茨基的文章问题;请他帮助组织妇女社会党人代表会议,并弄清是否能派一位波兰社会民主党的女代表出席会议。

1月20日(2月2日)以前

致函莫斯科布尔什维克,阐述党对帝国主义战争所持的立场。

1月27日(2月9日)以前

写俄国社会民主工党中央委员会向协约国社会党人伦敦代表会议提出的宣言草案。

1月27日(2月9日)

致函《我们的言论报》编辑部,表示同意编辑部提出的建议,即讨论如何采取共同行动,反对各社会党领导集团的社会爱国主义;信中陈述了俄国社会民主工党中央委员会向协约国社会党人伦敦代表会议提出的宣言草案。

致函在莫斯科的妹妹玛·伊·乌里扬诺娃,告知自己在伯尔尼的生活情况;指出在德国社会民主党内反对沙文主义的情绪愈来愈高;感谢她寄来书,并请她再给他寄一些书。

1月29日(2月11日)以前

同从俄国来的格·瓦·普列汉诺夫的拥护者A.Л.波波夫和尼·斯托伊诺夫谈话。

1月29日(2月11日)

致函在斯德哥尔摩的亚·加·施略普尼柯夫,告知《我们的言论报》编辑部成员的建议和自己对这个问题的意见,认为和他们达成协议的希望不大;指出俄国和世界各国的社会民主党内都正在形成新的主要派别,即沙文主义者和反沙文主义者。

1月30日(2月12日)

为B.列文斯基的《乌克兰与战争》一文加的编者按语发表在《社会民主党人报》第38号上。

1月—6月

列宁和娜·康·克鲁普斯卡娅同侨居在巴黎的柳·尼·斯塔尔通信,就布尔什维克巴黎支部和国外组织委员会的活动、支部成员同法国左派社会党人的联系、士兵中的反战工作等问题交换意见。

1月和5月之间

阅读登载在1915年《我们的事业》杂志第1期上的两篇文章:亚·波特

列索夫的《在两个时代的交界点》和卡·考茨基的《国际观点和战争》，在《打着别人的旗帜》和《社会沙文主义者的诡辩》两篇文章中批判了他们的观点。

1月以后

写《打着别人的旗帜》一文。

2月1日和11日(14日和24日)之间

写《关于伦敦代表会议》一文。

2月4日(17日)

致函雅·斯·加涅茨基，说自己对协约国社会党人伦敦代表会议持否定态度。

2月7日(20日)以前

致函维·阿·卡尔宾斯基，要求采取一切措施，使《社会民主党人报》能按时出版。

2月7日(20日)

收到亚·加·施略普尼柯夫从斯德哥尔摩的来信，信中讲了被捕的布尔什维克杜马代表的情况。

2月10日(23日)

在伯尔尼出席社会民主党人和工会会员抗议俄国审判布尔什维克杜马代表的第一次国际群众大会。

2月11日(24日)

把《社会民主党人报》第39号的校样及一份补充材料寄给在日内瓦的维·阿·卡尔宾斯基；在给卡尔宾斯基的信中，通知他务必在这一号报纸上发表俄国社会民主工党中央委员会代表关于协约国社会党人伦敦代表会议的文章，要求加速出版这一号报纸。

2月14日—19日(2月27日—3月4日)

在伯尔尼主持俄国社会民主工党国外支部代表会议；作关于战争和党的任务的报告；参加各项决议的讨论和修订工作；尖锐批评尼·伊·布哈林的提纲(列宁后来称这个提纲是正在产生的“帝国主义经济主义”倾向和“半无政府主义”)；提出《中央机关报和新报纸》决议的第三点草案；参加俄国社会民主工党国外组织委员会的选举；同与会代表座谈。

2月18日(3月3日)

列宁的《警察和反动分子是怎样保护德国社会民主党的统一的》和《关于伦敦代表会议》两篇文章发表在《社会民主党人报》第39号上。

不早于2月19日(3月4日)

同叶·波·博什谈话。博什从流放地逃出后到过日本和美国。列宁向她询问俄国的情况、流放者对待战争的态度、美国同志的立场、布尔什维克小组的工作以及其他问题。

2月27日(3月12日)

用法文致函在阿姆斯特丹的戴·怀恩科普,要求派一位荷兰社会民主党的女代表参加左派妇女社会党人代表会议。

3月1日(14日)

受俄国社会民主工党中央委员会委托,用德文写关于波·德·维吉列夫的情况,说他自己很早就知道维吉列夫是受沙皇制度迫害的流亡者。

3月10日(23日)

复函《我们的言论报》编辑部,回答它再次提出的在团结国际主义者方面采取共同行动的建议。列宁在信中指出,团结真正的国际主义者是一件最迫切的事情,但必须在组织上同一切形式的机会主义决裂,不能把实际上支持社会沙文主义者的崩得和组织委员会算做国际主义者。

同娜·康·克鲁普斯卡娅一起参加他岳母的葬礼,并在墓旁种了一棵小树。

不晚于3月12日(25日)

写《国际妇女社会党人代表会议决议草案》。

3月13日—15日(26日—28日)

领导俄国社会民主工党中央委员会代表团在伯尔尼国际妇女社会党人代表会议上的工作。

在伯尔尼到医院探望布尔什维克阿·斯科夫诺。

3月16日(29日)

列宁的《俄国社会民主工党国外支部代表会议》、《对俄国社会民主党工人党团的审判证明了什么?》、《谈伦敦代表会议》和《一个说明国内战争口号的实例》等四篇文章发表在《社会民主党人报》第40号上。

3月21日(4月3日)

代表俄国社会民主工党中央委员会,用德文给伊·费·阿尔曼德和格·伊·萨法罗夫写证明书,证明他们被授权出席国际社会主义青年代表会议。

3月22日(4月4日)以前

会见波兰国际主义派即“分裂派”的代表,建议他们派一位代表出席国际社会主义青年代表会议。

会见出席国际社会主义青年代表会议的保加利亚紧密派代表斯·米涅夫,并对他的发言稿提出意见。

3月22日—24日(4月4日—6日)

领导俄国社会民主工党中央委员会代表团在国际社会主义青年代表会议上的工作。代表会议讨论社会主义青年组织对战争的态度和任务的问题。

在住所同代表会议代表伊·费·阿尔曼德、格·伊·萨法罗夫以及“分裂派”代表А.Л.克拉耶夫斯基谈话。他们由于代表会议的中派多数企图把自己的观点强加于布尔什维克代表而退出了会议。列宁建议他们重新参加会议,为继续坚持国际主义的立场而斗争。

3月24日(4月6日)以后

收到戴·怀恩科普从阿姆斯特丹的来信,怀恩科普在信中代表荷兰社会民主党表示同意在团结左翼社会党人方面与布尔什维克共同工作。

4月9日和21日(4月22日和5月4日)之间

致函在巴黎的布尔什维克巴黎支部书记格·雅·别连基,为制定国际主义者俱乐部行动纲领提出一系列建议。

4月13日(26日)

致函在日内瓦的维·阿·卡尔宾斯基,要求按指出的地方订正《社会沙文主义者的诡辩》一文。

不早于4月14日(27日)

写题为《五一节和战争》的报告或文章的详细提纲。

4月18日(5月1日)

列宁的《社会沙文主义者的诡辩》、《国际主义者联合的问题》和《资产阶级慈善家和革命的社会民主党》等三篇文章发表在《社会民主党人报》第41号上。

4月22日(5月5日)

致函戴·怀恩科普,要求把附信交给荷兰左派社会民主党人赫·哥尔特。列宁在给哥尔特的信中赞成出版国际主义社会党人杂志的想法,列宁提出,如果不可能实现这一想法,就用德文出几本反对国际社会沙文主义的小册子。

4月23日(5月6日)以后

阅读从彼得格勒寄来的格·伊·彼得罗夫斯基在法庭上的辩护词,在杜马代表受沙皇政府迫害,“仅仅是因为他们在国家杜马讲台上的发言尖锐地反对统治阶层,反对这些阶层对人民的压迫”这段话下面画了着重线。

4月30日(5月13日)

就准备出版《社会民主党人报》第42号的问题写信给在日内瓦的索·瑙·拉维奇。

4月底—8月底

筹备出版《共产党人》杂志第1期,召开编辑部会议,撰写和修改文章,设法吸引各国左派国际主义者为杂志撰稿。

4月下半月

同娜·康·克鲁普斯卡娅一起向布尔什维克巴黎支部成员发出“五一”贺信。

5月8日(21日)

列宁的《空泛的国际主义的破产》一文发表在《社会民主党人报》第42号上。

5月中—9月23日(10月6日)

由于娜·康·克鲁普斯卡娅患病,列宁住在泽伦堡山村(瑞士)。列宁利用伯尔尼和苏黎世图书馆的图书资料勤奋工作;领导国际社会党代表会议的筹备工作;经常到山里散步。

5月19日(6月1日)

列宁的《论反对社会沙文主义》一文和他拟的《国际妇女社会党人代表会

议决议草案》发表在《社会民主党人报》第 42 号附刊上。

5 月 24 日(6 月 6 日)

致函芬兰社会民主党人卡·维克,告知俄国社会民主工党中央委员会打算于 1915 年秋天在斯德哥尔摩召开俄国社会民主工党代表会议,请他协助作好会议的准备工作,接送从俄国来的同志们。

5 月下半月—6 月上半月

为《共产党人》杂志写《第二国际的破产》一文。

不晚于 5 月

研究卡·克劳塞维茨的《论战争》第 1—3 卷,作摘录并用德文写批语,在《第二国际的破产》和《社会主义与战争》两篇文章中引用了这部著作。

5 月

在《共产党人》杂志编辑部反对吸收列·达·托洛茨基参加杂志的工作。

不早于 5 月

阅读 1915 年 5 月《崩得国外组织新闻小报》第 8 号,并作标记;写《感谢他的坦率》一文,批判这一期杂志。

6 月初—8 月

领导布尔什维克为即将召开的国际社会党反战代表会议作准备工作;同各国左派社会民主党人通信以便同他们在共同原则基础上团结起来;委托各布尔什维克支部同各国国际主义者建立联系;组织翻译和出版布尔什维克党的主要文件:俄国社会民主工党中央委员会宣言、俄国社会民主工党国外支部伯尔尼代表会议决议。

6 月 6 日和 22 日(6 月 19 日和 7 月 5 日)之间

致函在伯尔尼的卡·伯·拉狄克,谴责罗·格里姆企图撇开俄国社会民主工党中央委员会进行国际社会党代表会议的准备工作,并尖锐批评他的中派政策。

用德文致函在兹沃勒的戴·怀恩科普,揭露卡·考茨基及其他中派分子企图利用空谈和平的"左的词句"来"扼杀"革命风潮;强调必须在变帝国主义战争为国内战争的口号下发展革命运动;告知预定召开左派社会民主党代表会议的事情;询问俄国社会民主工党与荷兰左派在会上是否有可能发表共同宣言。

6月11日(24日)

致函维·阿·卡尔宾斯基,请他把《俄国社会民主工党组织委员会国外书记处通报》第2号寄到泽伦堡,同时也把日内瓦出版的所有新书刊寄来;询问他的健康状况。

6月11日(24日)以后

写《为反动派效劳和玩弄民主的把戏是怎样结合起来的?》一文。

6月22日(7月5日)以前

致函在克里斯蒂安尼亚的亚·米·柯伦泰,对她发表在《我们的言论报》上的文章以及她为《共产党人》杂志写的文章提出批评意见,并请她为该杂志收集和分析斯堪的纳维亚国家社会民主党内在对待战争态度问题上革命派和机会主义派斗争的材料。

致电和致函叶·费·罗兹米罗维奇,请他到泽伦堡来商谈出版《共产党人》杂志的有关事宜。

6月22日(7月5日)以后

同卡·伯·拉狄克通信,讨论出版俄国社会民主工党对战争的态度的小册子的计划。

致函格·叶·季诺维也夫,说随信寄去小册子《社会主义与战争》的提纲草稿;指出这本小册子对于俄国社会民主党人宣传鼓动员和工人领导者以及对于国际工人运动都具有意义;提议共同修改这本小册子。

6月28日(7月11日)以前

把供《社会民主党人报》刊用的材料寄给在瑞士黑尔滕斯泰恩的格·叶·季诺维也夫。

6月28日(7月11日)

致电在伯尔尼的格·李·什克洛夫斯基,通知筹备国际社会党代表会议的预备会议的召开日期;指示派一名布尔什维克代表去参加会议。

6月28日和7月13日(7月11日和26日)之间

致函在克里斯蒂安尼亚的亚·米·柯伦泰,告知筹备国际社会党代表会议第一次预备会议召开的情况,并说第二次会议即将召开;要求尽快把俄国社会民主工党中央委员会宣言和俄国社会民主工党国外支部伯尔尼代表会议决议译成瑞典文和挪威文;询问斯堪的纳维亚各国的左派是否同意以这些文件为基础准备一个共同宣言；认为宣言中必须谴责社会沙文主义者和机会主义者，提出革命行动的纲领来反对“保卫祖国”的口号。

6月28日(7月11日)以后

致函在索非亚的季·布拉戈耶夫，谈到由于即将召开国际社会党代表会议，左派社会民主党人必须团结的问题。

致函格·叶·季诺维也夫，指示组织俄国社会民主工党代表团参加即将召开的国际社会党代表会议，并准备好一切必要的材料；反对给孟什维克的《我们的言论报》参加这一会议的权利。

6月29日和7月5日(7月12日和18日)之间

致函在伯尔尼的卡·伯·拉狄克，通知他筹备国际社会党代表会议第二次预备会议召开的日期，并要他对此事注意保密。

不晚于6月

阅读厄·辛克莱和罗·布拉奇福德的小册子《社会主义与战争》和埃·迪·莫雷尔的小册子《战争是怎样爆发的》，在写《英国的和平主义和英国的不爱理论》一文时对这两本小册子进行了分析。

6月—7月8日(21日)

阅读发表在孟什维克的文集《战争》中的一些文章，在《关于俄国社会民主党内的状况》一文中对这本文集中的社会沙文主义倾向进行了批判。

6月—7月

阅读爱·大卫的《世界大战中的社会民主党》一书；写《德国机会主义论战争的一本主要著作》一文，对大卫的这本书进行了分析批判。

多次致函格·叶·季诺维也夫，商谈出版《社会民主党人报》和《共产党人》杂志以及撰写小册子《社会主义与战争》等问题；强调必须对孟什维克杜马党团的机会主义立场进行批判；对季诺维也夫的一些文章提出批评意见。

6月—8月

对米·尼·波克罗夫斯基的《战争罪犯》一文提出书面意见，这篇文章预定发表在《共产党人》杂志上；在给作者的答复中，建议为宣传鼓动员写一篇近百年来沙皇政府外交政策简史；还就刊登波克罗夫斯基这篇文章一事与《共产党人》杂志编辑部成员交换信件。

7月2日(15日)

给在伯尔尼的卡·伯·拉狄克寄去一封俄国社会民主工党中央委员会代表通报筹备国际社会党代表会议的预备会议情况的信，要他把这封信转寄给《光线》杂志中的德国左派社会民主党人阅读，认为他们必须团结一致。

用德文致函在兹沃勒的戴·怀恩科普，对荷兰左派社会民主党机关报《论坛报》没有全文刊登俄国社会民主工党中央委员会宣言《战争和俄国社会民主党》一事表示遗憾；提出一些巩固革命的国际主义者阵地的措施。

7月2日(15日)以后

致函在日内瓦的维·阿·卡尔宾斯基，赞扬他为《共产党人》杂志写的《知识界和战争》一文。

7月8日(21日)以前

拟定《关于自己的政府在帝国主义战争中的失败》的文章的提纲。

致函在日内瓦的尼·达·基克纳泽，要基克纳泽为他搞一套战时出版的格鲁吉亚孟什维克的报纸《新思想报》。

致函在黑尔滕斯泰恩的格·叶·季诺维也夫，告知已为《社会民主党人报》写了两篇文章:《关于自己的政府在帝国主义战争中的失败》和《关于俄国社会民主党内的状况》。

7月8日(21日)

致函在日内瓦的维·阿·卡尔宾斯基，告知已给他寄去《社会民主党人报》第43号的校样，并随信寄去《关于俄国社会民主党内的状况》一文的附言。

7月9日(22日)

用德文致函在兹沃勒的戴·怀恩科普，告知已给他寄去俄国社会民主工党国外支部伯尔尼代表会议决议的德文译本；强调必须巩固国际主义者的阵地；提出要更明确地揭示出战争的帝国主义性质，捍卫马克思主义使之免遭考茨基和普列汉诺夫之流的篡改；建议在召开国际社会党代表会议以前举行一次左派会议；请他帮助用英文出版《社会主义与战争》这本小册子。

写左派社会民主党人为国际社会党第一次代表会议准备的决议草案。

7月10日(23日)以后

致函在黑尔滕斯泰恩的格·叶·季诺维也夫，告知已给他寄去供《社会民主党人报》刊用的《论欧洲联邦口号》一文。

7月11日(24日)以后

致函格·叶·季诺维也夫，告知已给他寄去左派社会民主党人向国际社会党代表会议提出的决议草案，该决议草案也寄给了荷兰左派和其他社会民主党人。

用德文致函在兹沃勒的戴·怀恩科普，强调必须加速起草共同宣言；批评左派社会民主党人在武装人民问题上的错误；谴责罕·罗兰-霍尔斯特的中派立场；指出左派社会民主党人最重要的任务是划清马克思主义左派同机会主义者(和考茨基派)、无政府主义者之间的界限；还指出有必要在秘密刊物上向群众解释革命斗争的问题。

列宁与格·叶·季诺维也夫把左派社会民主党人向国际社会党代表会议提出的决议草案译成德文。

7月13日(26日)

致函在克里斯蒂安尼亚的亚·米·柯伦泰，阐述关于武装人民和民族自决权这些纲领性要求的重要性；指出某些左派社会民主党人在这些问题上的错误；告知已给她寄去左派社会民主党人向国际社会党代表会议提出的决议草案；请她把这份决议草案翻译出来，转给瑞典和挪威的左派，并提出自己的意见。

列宁的《关于自己的政府在帝国主义战争中的失败》和《关于俄国社会民主党内的状况》两篇文章发表在《社会民主党人报》第43号上。

7月13日(26日)以后

两次致函在黑尔滕斯泰恩的格·叶·季诺维也夫，对格·列·皮达可夫和叶·波·博什没有执行有关出版《共产党人》杂志的决定表示愤慨。列宁在谈到杂志内容时，指出四面八方都应有反对社会沙文主义者的呼声。

7月15日(28日)

致函维·阿·卡尔宾斯基,告知小册子《社会主义与战争》已写好,请他尽快出版这本书。

7月15日和20日(7月28日和8月2日)之间

致函格·叶·季诺维也夫,告知已把《论欧洲联邦口号》一文直接寄往印刷厂,建议赶快把供《社会民主党人报》刊用的材料寄给索·瑙·拉维奇。

7月15日(28日)以后

致函格·叶·季诺维也夫,说打算把《社会主义与战争》这本小册子寄到日内瓦去出版;信中还讲到必须加速《社会民主党人报》第44号的出版准备工作。

7月17日(30日)

用德文致函在阿姆斯特丹的戴·怀恩科普,告知已给他寄去俄国社会民主工党中央委员会宣言《战争和俄国社会民主党》的法文译本;强调各国的国际主义者必须团结起来并通过彻底的革命的宣言,来帮助工人找到正确的道路。

7月22日(8月4日)以前

致函卡·伯·拉狄克,告知给他寄去俄国社会民主工党关于战争的宣言、俄国社会民主工党国外支部伯尔尼代表会议的决议、左派社会民主党人的决议草案;建议把修改方案或另拟的草案寄来;指出团结德国左派社会民主党人并由他们发表宣言的重要性;批评拉狄克在这一问题上的立场。

不早于7月22日(8月4日)

致函在克里斯蒂安尼亚的亚·米·柯伦泰,强调左派按照国际主义精神联合行动的重要性;阐明区别战争类型和支持民族解放战争的必要性;批判罕·罗兰-霍尔斯特、克·格·拉柯夫斯基和列·达·托洛茨基的考茨基主义。

7月22日和8月6日(8月4日和19日)之间

致函在黑尔滕斯泰恩的格·叶·季诺维也夫,反对他为格·列·皮达可夫和叶·波·博什没有执行关于出版《共产党人》杂志的决定一事进行辩护。

7月29日(8月11日)以前

致函维·阿·卡尔宾斯基,告知给他寄去《社会主义与战争》小册子和为俄国社会民主工党中央委员会宣言《战争和俄国社会民主党》加的注释。

7月29日(8月11日)

致函维·阿·卡尔宾斯基,对《社会主义与战争》一书迟迟未能出版表示担忧,并询问《社会民主党人报》第44号是否发表了《论欧洲联邦口号》一文。

7月29日和8月15日(8月11日和28日)之间

复函亚·米·柯伦泰,赞同她到美国去进行反战的宣传演说。

7月或8月初

致函在索非亚的季·布拉戈耶夫,建议派一名保加利亚紧密派的代表参加国际社会党代表会议。

7月—8月

写《评"和平"口号》和《和平问题》两篇文章。

8月2日(15日)以后

致函在阿姆斯特丹的戴·怀恩科普,告知已给他寄去挪威社会民主青年联盟宣言;告诉他保加利亚紧密派支持左派力量;认为"提出左派的国际的原则宣言是可能的"。

8月3日(16日)

致函在日内瓦的索·瑙·拉维奇,对迟迟不出版《社会民主党人报》第44号表示担忧,并询问何时能出版这一号报纸和《社会主义与战争》一书。

8月3日(16日)以后

致函索·瑙·拉维奇,告知已给她寄去《社会主义与战争》一书的校样和两处补充;说该书的附录必须收进下列文件:俄国社会民主工党中央委员会宣言、俄国社会民主工党波罗宁会议关于民族问题的决议和俄国社会民主工党国外支部伯尔尼代表会议的决议。

8月6日(19日)以前

致函亚·米·柯伦泰,告知延期召开筹备国际社会党代表会议的第二次预备会议；指出瑞典和挪威的左派社会民主党人应该自行争取获得参加代表会议的邀请，而把他们的声明和宣言交给俄国社会民主工党中央委员会；要求对寄给她的决议草案提出意见并询问斯堪的纳维亚左派是否同意各国左派的共同宣言。

8月6日(19日)

致函在伯尔尼的卡·伯·拉狄克，批评他写的国际社会党代表会议的决议草案只字不提反对社会沙文主义和机会主义的斗争；要求把自己写的决议草案的德译文和俄国社会民主工党中央委员会波罗宁会议关于民族问题的决议的译文寄来；强调在代表会议开幕前用德文出版《社会主义与战争》这本小册子的重要性。

致函在伯尔尼的弗·米·卡斯帕罗夫，告知国际社会党代表会议定于8月23日(9月5日)开幕；要求在这以前用德文出版《社会主义与战争》一书。

8月6日和23日(8月19日和9月5日)之间

用德文致函戴·怀恩科普，告知国际社会党代表会议开幕的日期；谈到卡·拉狄克写的决议草案的缺点；要求怀恩科普同英国社会党少数派以及比利时社会党人-国际主义者取得联系，并同他们磋商他们参加代表会议的问题。

致函亚·米·柯伦泰，请她催促瑞典和挪威左派社会民主党人的代表尽快来参加国际社会党代表会议并要他们明确宣布同社会沙文主义进行无情的斗争。

8月7日(20日)

致函在伦敦的扬·安·别尔津，告知已收到代表拉脱维亚边疆区社会民主党出席国际社会党代表会议的委托书；要求把左派社会民主党人的决议草案转交给马·马·李维诺夫尽快译成英文。

8月8日(21日)

致函在日内瓦的维·阿·卡尔宾斯基，告知用于出版《社会主义与战争》一书的钱已经寄去；要求介绍该书出版工作的进展情况。

8月8日和18日(21日和31日)之间

收到卡·伯·拉狄克寄来的信和经他修改的左派社会民主党人向国际

社会党代表会议提出的决议草案的校样；对校样作原则性的修改，并强调不应低估机会主义的危险性。

8月10日(23日)

致函格·叶·季诺维也夫，谈俄国社会民主工党出席即将召开的国际社会党代表会议的代表团组成情况和动身去伯尔尼的大致日期，以及其他问题。

致函亚·加·施略普尼柯夫，说俄国的事态证实布尔什维克在战争问题上的立场是正确的；说明党在战胜沙皇制度条件下的策略；认为俄国军事上的失败加速了沙皇制度的崩溃，也促进了俄国与其他各国革命工人的联盟；指出必须把两三个中心城市里的领导集团团结起来，恢复中央委员会俄国局，并使它与中央委员会国外局建立牢固的、经常的联系。

列宁的《论欧洲联邦口号》一文发表在《社会民主党人报》第44号上。

8月10日(23日)以后

分别致函在日内瓦的维·阿·卡尔宾斯基和索·瑙·拉维奇，告知寄去《社会主义与战争》一书的校样，请卡尔宾斯基询问用德文出版该书需要多少钱。

8月13日和17日(26日和30日)之间

致函亚·加·施略普尼柯夫，对他去俄国作如下指示：在俄国应当由老练的、精明的、对战争问题有充分了解的工人真理派成立一些小组，其中的优秀分子(2—3人)应吸收到中央委员会中来；告知《社会主义与战争》一书和《共产党人》杂志第1—2期合刊即将出版；说施略普尼柯夫已被增补为党中央委员。

8月15日(28日)

致函在洛桑的保·果雷，建议他参加国际社会党代表会议。

8月17日(30日)以前

致函在黑尔滕斯泰恩的格·叶·季诺维也夫，对准备参加国际社会党代表会议的许多问题谈了自己的看法。

8月17日(30日)

就布尔什维克代表团前去参加国际社会党代表会议一事致函格·叶·

季诺维也夫，要他随身带去全部必要的材料。

不晚于8月21日(9月3日)

抵达伯尔尼。

8月21日(9月3日)

列宁和卡·伯·拉狄克致电安·潘涅库克，请他立即前来参加国际社会党代表会议。

8月21日或22日(9月3日或4日)

出席布尔什维克和波兰社会民主党“分裂派”举行的联席会议，在国际社会党代表会议召开前夕协调双方的立场。

《列宁全集》第二版第26卷编译人员

译文校订：周秀风　高枝青
资料编写：丁世俊　张瑞亭　刘叔春　刘方清　王锦文　刘彦章
编　　辑：许易森　江显藩　项国兰　李桂兰　孙凌齐　薛春华
刘京京
译文审订：张启荣　岑鼎山

《列宁全集》第二版增订版编辑人员

李京洲　高晓惠　翟民刚　张海滨　赵国顺　任建华　刘燕明
孙凌齐　门三姗　韩　英　侯静娜　彭晓宇　李宏梅　付　哲
戢炳惠　李晓萌

审　　定：韦建桦　顾锦屏　柴方国

本卷增订工作负责人：李京洲　张海滨

项目统筹：崔继新
责任编辑：曹　歌
装帧设计：石笑梦
版式设计：周方亚
责任校对：吕　飞

图书在版编目(CIP)数据

列宁全集.第26卷/(苏)列宁著；中共中央马克思恩格斯列宁斯大林著作编译局编译.
—2版(增订版)-北京：人民出版社，2017.3

ISBN 978-7-01-017105-0

Ⅰ.①列… Ⅱ.①列… ②中… Ⅲ.①列宁著作-全集 Ⅳ.①A2

中国版本图书馆CIP数据核字(2016)第320345号

书　　名　列宁全集
LIENING QUANJI
第二十六卷
编 译 者　中共中央马克思恩格斯列宁斯大林著作编译局
出版发行　人民出版社
（北京市东城区隆福寺街99号　邮编 100706）
邮购电话　(010)65250042　65289539
经　　销　新华书店
印　　刷　北京新华印刷有限公司
版　　次　2017年3月第2版增订版　2017年3月北京第1次印刷
开　　本　880毫米×1230毫米 1/32
印　　张　19.375
插　　页　4
字　　数　520千字
印　　数　0,001—3,000册
书　　号　ISBN 978-7-01-017105-0
定　　价　48.00元

ISBN 978-7-01-017105-0
9 787010 171050 >